普通高等院校“十三五”规划教材

土地利用规划学

主　编　胡光伟
参　编　刘桂芳　邓武军　张　明
　　　　许　滢　古黄玲

中国建材工业出版社

图书在版编目（CIP）数据

土地利用规划学/胡光伟主编．--北京：中国建材工业出版社，2020.1（2022.1重印）
普通高等院校“十三五”规划教材
ISBN 978-7-5160-2677-9

Ⅰ.①土… Ⅱ.①胡… Ⅲ.①土地规划—高等学校—教材 Ⅳ.①F301.2

中国版本图书馆CIP数据核字（2019）第205545号

土地利用规划学
Tudi Liyong Guihuaxue
主编 胡光伟
参编 刘桂芳 邓武军 张 明 许 滢 古黄玲

出版发行：中国建材工业出版社
地　　址：北京市海淀区三里河路1号
邮　　编：100044
经　　销：全国各地新华书店
印　　刷：北京鑫正大印刷有限公司
开　　本：787mm×1092mm　1/16
印　　张：19.75
字　　数：450千字
版　　次：2020年1月第1版
印　　次：2022年1月第4次
定　　价：59.80元

本社网址：www.jccbs.com，微信公众号：zgjcgycbs

本书如有印装质量问题，由我社市场营销部负责调换，联系电话：（010）88386906

前　　言

土地是人类社会物质财富的重要源泉。我国人多地少，如何保持土地总需求和总供给的平衡是土地合理利用的关键问题。如何珍惜和合理利用每寸土地，切实保护耕地是我国的一项基本国策。为加强土地合理利用的宏观控制和计划管理，有效地解决土地供需矛盾，《中华人民共和国土地管理法》第十五条明确规定，各级人民政府必须编制土地利用总体规划。

本教材的编写是根据自然地理与资源环境、城乡规划和测绘工程等专业的培养目标和学生需掌握的基础知识，通过长期的土地利用规划和教学等实践经验，以“教学结合、理论和实践相结合”的理念为指导，以培养学生的能力为目标，突出对土地利用规划项目实践操作能力和土地管理、政策、法规等灵活运用能力的培养，对教材内容体系进行了优化重构。

本教材由胡光伟（湖南工业大学）担任主编，刘桂芳（湖南工业大学）、邓武军（湖南省国际工程咨询中心）、张明（湖南省国土资源规划院）、许滢（湖南工业大学）、古黄玲（湖南工业大学）参加了编写工作。具体编写分工：第一章由胡光伟、许滢编写，第二章由胡光伟、张明编写，第三章至第八章、第十章至第十四章由胡光伟编写，第九章由刘桂芳、胡光伟编写，第十五章由胡光伟、邓武军编写，第十六章由古黄玲、胡光伟编写，全书图片由许滢制作，胡光伟负责全书的统稿工作。

本教材以土地利用规划编制的理论与实践为重点，具有较强的科学性与实用性，可作为自然地理与资源环境、城乡规划和测绘工程等专业的教学用书，也可作为相关行业人员的参考用书。在编写过程中，编者参阅了大量的相关书籍、研究成果，在此向相关作者致谢，同时向关心本教材编写和出版工作的所有朋友和同行们表示感谢。

由于编者水平有限，疏漏和不当之处在所难免，敬请各位读者批评指正。

胡光伟
2020 年 1 月于株洲

目　　录

第一部分　土地利用规划总论

第二部分　土地利用总体规划

第三部分 土地利用详细规划

第四部分 土地利用专项规划

第五部分　土地利用规划的实施管理与GIS技术的应用

第一部分

土地利用规划总论

第一章 概 述

【内容提要】

本章主要介绍土地、土地利用、土地利用规划的基本概念及其特性，土地利用规划的起源与发展、任务和内容、研究方法、体系构成和规划编制的基本程序，以及土地利用规划学的基本理论体系，为进一步了解和认识土地利用规划的具体内容打下基础。

第一节 土地与土地利用

一、土地的概念

何为土地（Land）？不同学科有不同的定义。土地既是自然科学研究的内容，又是社会科学研究的内容，它的内涵与外延比较丰富，从事不同工作的学者，从不同的角度对它的理解有所不同。对于土地的定义，虽然学术界还未有一致看法，但土地的概念可以从其自然属性和社会属性两个角度加以界定，从自然属性来看，土地即为资源，有狭义和广义之分，通常又与平面和立体相交织。

为了深刻理解土地的概念，还要从“土”字和“地”字说起。我国古代学者许慎（公元 121 年，东汉经学家、文学家）的《说文解字》对“土”字的解释为“土者，吐也，即吐生万物之意”，并以图示之，把“土”字分解为植物地上部分（茎、叶）、表土层、植物地下部分（根）和底土层（图 1-1）。关于“土壤”，许慎在书中写道：“壤者，讓也，即松柔无块而宜于耕之土”①。这也是人类历史上较早对土和土壤概念的表述。

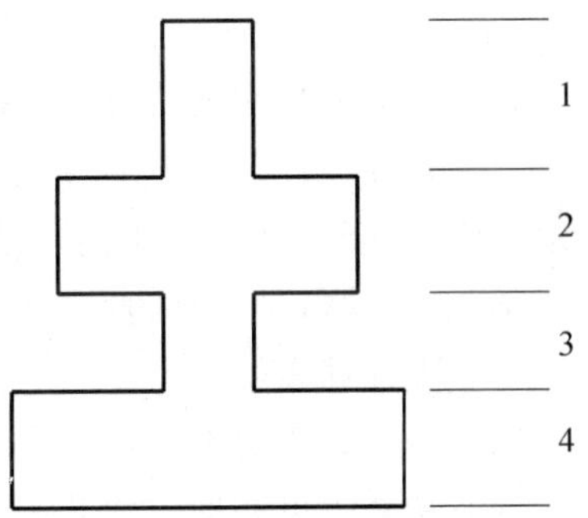

图 1-1 土字图解

1—植物地上部分；2—表土层；3—植物地下部分；4—底土层

从字型来看，“二横”分别代表土壤的两个基本层次，即表层和底层。二横的比例长短也有它的科学内涵，分别代表表层和底层土壤比例。上层能生长植物的优质土壤占的比例较小；下层是坚硬的不能生长植物的底土或基岩，土壤位于岩面之上，根系未能穿透底土层。“｜”直立，显然表示植物，说明土壤是能生

① 王万茂，韩桐魁．土地利用规划学［M］．8 版．北京：中国农业出版社，2013.

产植物收获物的介质，土壤与岩石有很大区别。

现代土壤学专著中常引用伟大的苏联土壤学家威廉斯（B. P. Велъямс，1863—1939 年）关于土壤的定义：土壤是地球陆地表面能够生长绿色植物的疏松表层。道库恰耶夫（B. B. Докчаев，1846—1903 年），苏联著名的土壤学和土壤地理学家，近代土壤发生学的奠基人，认为土壤是由岩石、气候、生物、地形和时间五个因素共同作用的结果，即$\Pi = f(k, o, r, p)t$，即 k、o、r、p、t 依次代表气候、生物、岩石、地形、时间。

另外，地与天对称，土地中的“地”是指地球的地，土地不能离开地球。土地养育了地球上的人类，是人类生存和发展的重要资源和物质载体。土地资源（Land Resource）是人类赖以生存和繁衍的基石，是首要资源。人们最初仅把地球表面的陆地部分，由泥土与砂石堆成的固体场所称为土地。至于海洋、江河、湖泊、池塘等均不列入土地范畴之内。但是水流作为土地的附属物，从土地经济学角度来讲，水面也是土地的一部分。现代大陆地质研究结果表明，大多数大陆在漫长的历史时期里，都经历过反复的升降运动，时而下沉，为海水所淹没，沉积作用显著；时而上升，露出海面，侵蚀作用显著。沧海桑田的变化也即如此，所以，现代的海洋只不过是因下沉而被海水淹没的大陆而已。

综上所述，土地不仅包括陆地（涵盖内陆水域），还延伸至广阔的海洋。海洋又称为“蓝色国土”，其蕴藏着丰富的生物资源、矿产资源和油气资源。中国是海洋大国，海洋生物资源是我国海洋经济发展的基础。中国海域辽阔，海岸线全长超过 32000km，其中大陆岸线长超过 1800km，岛屿岸线长约 14000km，邻接大陆的海区从南到北可划分为南海、东海、黄海和渤海，总面积约 470 多万 km^2。中国海洋生物资源种类繁多，现已记录有物种 20278 种，隶属 44 门。中国诸海区的生物产量为 $2.7t/km^2$，总生物生产量为 1.3×10^7t，已经确认海域浮游藻类有 1500 多种，固着性藻类 320 多种，海洋动物共有 12500 多种。中国的渔场是世界上重要的渔场之一，年可捕鱼量可保持在 500 万 t 以上。从全球来看，在不破坏生态平衡的前提下，海洋每年可以产出的水产品足够 300 亿人食用，海洋向人类提供食物的能力等于全球所有耕地提供农产品的 1000 倍。因此，土地的平面观认为土地指整个地球表面（包含陆地和海洋）。

随着人类社会的发展和科学技术的进步，土地概念由地球表面扩展至地球表层，由平面扩展至立体，形成了土地的立体观。我国著名科学家钱学森提出建立“地球表层学”的主张，把地球表层学作为环境系统工程的理论基础。我国多数地学家和苏联学者主张地球表层的上界以对流层的顶层为限（极地上空约 8km，赤道上空约 17km，平均 10km），下界至岩石圈的上部（陆地上平均高 5～6km，海洋下平均深 4km）。澳大利亚学者克里斯钦（Chrestim）提出土地综合体观点，认为“土地是地表上的一个立体垂直剖面，从空中环境到地下的物质层，并包括动植物群体以及过去和现在与土地相联系的人类活动”。这一观点后来被反映在 1976 年出版的联合国粮食与农业组织编写的《土地评价纲要》（Framework for Land Evaluation，FAO，Rome，1976）中，即“土地是比土壤更为广泛的概念，它包括影响土地用途潜力的自然环境，如气候、地貌、土壤、水文与植被，还包括过去和现在的人类活动成果”。英国著名经济学家马歇尔（A. Marshall，1842—1924 年）认为："土地是指大自然为了帮助人类，在陆地、海上、空气、光和热各方面所赠予的物质和力量。"美国土地经济学家雷利·巴洛维（R. Barlowe）提出"土地是受控制的附着于地球表面的自然和人工资源的总和"①。美国土地经济学家伊利（R. T. Ely，1854—1943 年）认为："经济学家所使用的土地这个词，指的是自然的各种力量，或自然资源……经济学上的土地是侧重于大自然所赋予的东西。"马克思认为：经济学上的土地是未经人的协助而自然存在的劳动对象②。

我国学者也提出了大量类似的观点，石玉林认为："土地是气候、地貌、岩石、土壤、植被和水文等自然要素组成的自然综合体和人类过去、现在生产劳动的产物。土地是一个垂直系统，它可分为三层，即地上层、地表层和地下层。它包括地形、土壤、植被的全部，以及影响它的地表水，浅层地下水，表层岩石和作用于地表的气候条件。"我国制定《1∶100 万土地资源制图》时，人们提出：土地是地球陆地表面的部分，是人类生活与生产活动的空间。土地是由气候、地貌、岩石、土壤、植被和水文等自然要素组成的自然综合体和人类过去与现在劳动的产物。林培认为：土地是指上自大气的对流层的下部，下至地壳一定深度的风化壳，这一立体空间的有关自然要素与人类劳动所形成的自然-经济综合体。

从法律的角度来理解土地，土地不是传统地理学上所指的整个陆地表面，而是人们能够利用和控制的土地。人类现有技术水平难以达到和利用的陆地，不能成为法律意义上的土地③。国土是指一个国家主权所管辖的地域空间，是某个国家的人民赖以生存的场所，是一个主权国家所管辖的地域范围内的全部国土资源④。国土资源一般包含人口和劳动力资源、土地资源、水资源、矿产资源、森林资源、海洋资源、气候资源、山区资源、自然保护区等自然资源和社会资源。依照国际法的观点，国家领土是指在国家主权管辖下的地球表面的特定部分，包括领陆、领水、领陆和领水的底层土，以及领陆和领水上面的空气空间⑤。

我国是一个发展中国家，拥有大陆海岸线长达 1.8 万多 km，居世界第四位，面积在 $500m^2$ 以上的海岛有 6500 多个，岛屿岸线长 1.4 万多 km。根据《联合国海洋法公约》的规定，我国享有充分自主权的领海海域面积为 38 万多 km^2，可以管辖的海域即海洋国土面积近 299.7 万 km^2。加上这部分"蓝色国土"，我国国土总面积达到 1260 万 $km^2$⑥。

在人类出现以前，土地是自然界的产物，只包含土地物质；随着人类的出现，劳动作用改造赋予了土地新的特征，即土地资本，体现了土地的经济价值。从经济学分析，土地不仅是一项重要的不可替代的资源，也是一项巨大的社会资产和农业中的主要生产资料。马克思指出"土地是一切生产和一切存在的源泉"，正如威廉·配第所说

---

① ［美］雷利·巴洛维（R. Barlowe）. 土地资源经济学：不动产经济学［M］. 谷树忠，等译. 北京：北京农业大学出版社，1989.

② 马克思. 资本论：第 3 卷［M］. 北京：人民出版社，1966.

③ 孙宪忠. 国有土地使用权财产法论［M］. 北京：中国社会科学出版社，1993.

④ 杨树珍. 国土经济学［M］. 天津：天津人民出版社，1986.

⑤ 魏敏. 国际法概论［M］. 北京：光明日报出版社，1985.

⑥ 国家海洋局. 中国海洋政策［M］. 北京：海洋出版社，1998.

“劳动是财富之父，土地是财富之母”[①]。随着现代商品经济的发展，国家、社会企事业单位或个人占用的土地资源作为其财产的权利，称作土地资产（Land State）。在取得土地资产时按成本计价，它是资本的物的表现，在其所有权和使用权转让时均是有偿的，并应在经济核算上要把土地资产作为资金占用来反映。也就是说，土地不仅是一种珍贵的自然资源，可以不断地为人类社会提供产品和活动场所，而且是能产生巨大财富和增值价值的经济资产或生产性资本。有关资料表明，美国不动产价值约占其财富的 3/4，日本地产价值占其资产总值的 1/2 以上。据中国社会科学院财政税收研究中心“中国政府资产负债表”项目组估算[②]，中国政府总资产规模庞大且稳定，6 年间基本维持在百万亿元的水平，2015 年超 125 万亿元，其中，土地资产总价值为 39 万亿元（2015 年）。随着土地使用制度改革，土地资产的增值将成为我国财政收入的重要来源。就土地权利而言，土地属不动产（Real Estate），是指拥有土地所有权的地球表面，包括土地物质（自然物）、土地改良物（农作改良物、建筑改良物）和存在于土地之中的排他性完全权利（土地所有权、土地使用权、土地他项权利）。土地被作为财富积累和所有权的对象完全由土地在人类社会中的重要性、稀缺性及其能为所有者带来剩余产品的性质所决定。土地属于资源性资产，指特定主体控制的并拥有排他性权益的自然资源。资源性资产的使用往往需要追加劳动，并在其使用权转让中得到补偿。

因此，土地包括土地物质和土地资本。马克思、马歇尔和伊利强调土地的自然性，林培、石玉林和 FAO（Food and Agriculture Organization of the United Nations，联合国粮食及农业组织）《土地评价纲要》所提出的土地不仅是一个自然综合体，还包括过去和现在人类劳动的结果。

综上所述，本书将土地的概念归纳为：土地是地球表层的特定地域，是由气候、水文、地质地貌、土壤、岩石、生物和人类劳动的结果共同构成的土地生态系统，是一个自然地理综合体。其水平范围包括陆地、海洋、内陆水域和滩涂；其垂直范围由大气层、地表层和地下层所组成。

因此，认识土地的概念需把握的几个要点如下：

（1）土地概念是一个动态概念，其内涵和外延随人们的认识的深入而变化。

（2）土地有广义和狭义之分。

（3）土地是重要的资源，是自然资源，同时又是资源性资产。

（4）土地与土壤、国土、环境等既有区别又有联系。

二、土地的功能

土地是一种特殊、重要的自然资源，也是一种基础性资源，这是由于土地所具有的基本功能所决定的。土地本身是自然的产物，不是劳动产品，但当土地被施加人类劳动之后，投入人类社会生产活动中，土地就成为社会物质生产部门所必需的物质条

① 马克思，恩格斯．马克思恩格斯全集［M］．北京：人民出版社，1972.

② 中国社会科学院财政税收研究中心“中国政府资产负债表”项目组《中国政府资产负债表 2017》报告。

件，农业需要在土地上劳作，工业生产需要土地提供场所和原材料，等等。马克思历来把土地看作广义的劳动手段，指出："它们不直接加入劳动过程，但是没有它们，劳动过程就不能进行，或者只能不完全进行。"① 从这个意义上讲，任何生产、任何产业都不能离开土地。土地具有下列主要功能。

（一）养育功能

万物土中生，土地具有肥力，能够提供生长于其中的农作物对水分、养分、空气和热量的需要，是人类赖以生存和农作物吸取营养的主要源泉。土地是劳动对象，"土地本身也是一种劳动手段"，"土地自身在农业生产中是当作生产工具来发挥作用的"①，直接参与农产品形成。植物生长依赖于土地，动物生存也要依赖于土地上的初级生产者提供营养，土地在农业生产中是重要的不可代替的生产资料，为人类的生存提供必需的生活资料。

（二）承载功能

土地是生物生存的场所基地，是人类修建的一切建筑物和构筑物的载体，如建筑业、交通运输业、工业等作为地基、场地和操作基础发生作用，为人类提供居住、休息、娱乐和进行工业生产的场所。城市、道路、乡村和水利设施等是土地承载功能的具体表现形式。

（三）仓储功能（提供生产资料）

人类进行物质生产必需的生产资料，都直接或间接来自土地，如工业生产需要的原料、粮食和棉花等，来源于在土地上进行农业生产的生产产品，工业生产需要的自然资源，也都来自土地，如矿业资源（金、铁矿），动力资源（煤、石油）等。土地不仅是这些自然资源的仓储地，而且为这些资源的开采、利用、运输提供了特殊的土地利用方式。

（四）景观功能

在景观生态学中，土地等同于景观，是一种环境资源，土地在一定区域呈现的景象，即视觉效果，其不同组合反映了土地及土地上的空间和物质所构成的综合体，表现出秀、奇、险、美和文化等美学特征，形成人文景点和自然景点即风景旅游地，为人们提供进行旅游、观光、休闲的场所。

（五）资产功能

由于土地具有面积有限、位置固定以及永续利用等特点，使人们想利用土地进行生产，必须花费大量货币才能获得使用权，这也是土地巨大资产功能的表现。

总之，土地功能集中表现为土地的有用性，耕地和林地有用是因为它们生产了人类所需要的农业产品和生态产品，居民点用地的作用在于它们为人类提供了生存空间。生态意义上：人类可在同一块土地上年复一年地收获产品，实现持续利用，无限期地生产流动性产品，土地就如水力、风能和太阳能一样的资源，属于可持续利用资源。

---

① 马克思．资本论：第1卷［M］．北京：人民出版社，1975.

空间意义上：人类可利用的地球表面和空间是有限的，用掉一点就少一点，随着空间被利用，可利用空间将越来越少。这就是土地有用性的差异，作为流动资源的“生态土地”和作为储备资源的“空间土地”的功能特点①。

三、土地的特性

（一）土地的自然特性

土地不是人类的劳动成果，而是自然产物，人类历史仅有 300 万年，而地球至今已有 46 亿年的历史，所以说在人类社会出现之前，土地已经客观存在。即使人类出现之后，人类也不可能创造土地。据考证，东非猿人出现于 200 万年至 300 万年前，北京猿人出现于 50 万年前，人类开始从事农业生产在 6000～7000 年前。由此看来，土地的产生和存在是不以人的意志为转移的，人类只能通过技术的改进来提高土地的利用率和生产率，人类劳动可以影响土地利用，但人类绝对不能创造出新的土地。在国外海洋被称作水地，海洋是被海水所覆盖的陆地。从这个角度讲，围垦海涂也不能被称为创造土地之举。古今中外，沧海桑田，水陆变迁，仅是土地形态和利用方式的改变，并非新土地的创造。

（二）土地面积的有限性

土地总面积由地球大小决定。古希腊地理学家、天文学家埃拉托色尼于公元前 200 年测算的地球表面的总面积为 5.1 亿 km^2，其中海洋的面积为 3.61 亿 km^2，占地球总面积的 70.8%，陆地的面积为 1.49 亿 km^2，占地球总面积的 29.2%。土地数量是一个恒定常数，既不会增加，也不会减少，人们只能提高土地利用效率。但随着地球人口的增加，人均土地越来越少，土地资源变得越来越宝贵，所以必须切实珍惜和合理利用每一寸土地，充分和高效利用每一寸土地，在有限土地上生产出更多的物质，满足人们物质和文化的需求。

（三）土地利用的永续性

土地是一种非消耗性资源，它不会随着人们的使用而消失，相对于消耗性资源而言，土地资源在利用上具有永续性。土地利用的永续性具有两层含义：第一，作为自然的产物，它与地球共存亡，具有永不消失性；第二，作为人类的活动场所和生产资料，可以永续利用。其他的生产资料或物品，在产生过程或使用过程中，会转变成另一种资料、物品，或逐渐陈旧、磨损，失去使用价值而报废。土地则不然，只要人们在使用或利用过程中注意保护它，是可以年复一年地永远使用下去的。但是，土地的这种永续利用性是相对的。只有在利用过程中维持了土地的功能，才能实现永续利用。

（四）土地空间位置的固定性

一块土地是地球表面某个特定区域，它有一定的形状和大小，但不能移动，其组成部分如土壤可以搬迁。但土地这一自然经济综合体不能移动。这块土地有其特定的经济、交通和地理区位，周围的地理环境条件决定了这块固定土地的利用方式及其经

---

① 王万茂，韩桐魁．土地利用规划学［M］．8 版．北京：中国农业出版社，2013.

济价值。正是由于土地属于不动产，位置不能移动，致使土地的肥沃程度和地理位置、土地等级和土地级差收入存在着很大的空间差异，导致各地区之间土地价值大小的差异性。土地位置直接影响交通运输费用，位置有利的土地可以提供与它所节省的交通运输费用相等的超额利润即级差地租。

（五）土地质量的差异性

不同地域，由于地理位置及社会经济条件的差异，不仅土地构成的诸要素（如土壤、气候、水文、地貌、植被、岩石）的自然性状不同，而且人类活动的影响也不同，从而使土地的结构和功能各异，最终表现在土地质量的差异上。土地质量是土地的综合属性，具体表现为对某种用途的适宜与否及适宜程度。土地质量及其利用方式取决于土地的构成因素的综合影响，在一定的时间和一定的技术条件下，不同质量的土地使投入资本的生产率产生差别，是形成土地级差地租的重要条件。

（六）土地属性的两重性

一方面，土地是自然资源，是由地貌、土壤、水文、植被、岩石等自然要素组成的自然综合体；另一方面，经过利用的土地又凝结着人类劳动结果，是一种资产，是重要的生产资料，同时又是生产关系的客体，对土地的所有、占有、使用、收益是一切财富的源泉。所以，土地既是土地物质，又是土地资本。任何一种土地利用方式都具有一定的社会形式，土地利用反映着一定的土地关系。

四、土地利用

土地利用（Land Use）随着人类的出现就已经产生，在原始捕猎阶段，人地关系是人被动地适应自然，但随着人类对土地利用能力的提高，人类无节制地向大自然索取。人类为了扩大种植面积，采用刀耕火种、大肆垦荒、破坏草原、砍伐森林、填海造陆、围湖造田等措施，导致严重的水土流失、河流泛滥、风沙危害和土地盐渍化、沼泽化，工业化和城市化的发展，也使耕地缩减、质量退化，造成环境污染和破坏。所以说，人类的发展史就是土地利用的历史。人类占有土地的最终目的，就是利用土地。

（一）土地利用的概念

土地利用是人们依据土地资源的特殊功能和一定的经济目的，对土地的开发、利用、保护和治理。人们利用土地的目的，就是利用土地的功能，满足自身生存对物质资料的需要。土地利用主要表现在两方面：一是人与地的关系，人类以土地为劳动对象，从土地上取得生产资料、生活资料及场所；二是人与人的关系，由于土地是社会经济部门进行生产的基本生产资料，涉及土地在各部门的分配，涉及地权关系，继而影响到人与人的关系。所以要使土地利用得好，不仅要从自然条件认识土地，还要处理好人的因素，如人的积极性等。在当今人口剧增、经济迅猛发展时期，与土地有关的粮食、资源、环境等问题日趋严重，如何合理利用有限的土地资源，提高土地的利用率和土地生产力，已具有越来越重要的意义。

学术界不同学者对土地利用的界定有所不同，具有代表性的几个观点有：刘书楷认为土地利用是人们根据土地资源的特性、功能和一定的经济目的，对土地的使用、保护和改造①。毕宝德认为土地利用是人类通过与土地结合获得物质产品和服务的经济活动过程，这一过程是人类与土地进行的物质、能量和价值、信息的交流、转换的过程②。林英彦认为土地利用是指人类对特定土地投入劳动力资本，以期从土地得到某种欲望的满足③。FAO 给土地利用下的定义是由自然条件和人为干预所决定的土地功能④。

概括地说，土地利用是指人类通过一定的行动，以土地为劳动对象（或手段），利用土地的特性来满足自身需要的过程。

在土地利用过程中，人们一般把土地利用分为两种形式，即生产性利用和非生产性利用。生产性利用，把土地作为生产资料和劳动对象，主要用来生产生物产品和矿物产品，如农作物与工矿企业生产；非生产性利用，主要利用土地承载功能，进行非生产性活动，如公路和桥梁、住宅、旅游用地及其服务设施等。

（二）土地的合理利用

土地是生活之源，民生之本。在经济飞速发展过程中，土地是不可或缺的重要生产因素。因此，如何有效和合理利用有限的土地，已经成为亟待解决的重要问题之一。土地资源是非可再生资源，所以要杜绝土地资源的浪费，提高其有效利用率。

人口的快速增长打破了人地之间的供需平衡。我国每减少 0.133hm^2 耕地就等于减少 1 个人的生物食品来源，每增加 1 亿人口就意味着对耕地的需求增加 0.133 亿 hm^2。几千年来，人类幻想着能在“九重天外”找到自己的同类和邻居。近几十年来人们仍然常常谈论人类迁居其他星球居住的可能性。自 1957 年 10 月 4 日苏联发射了世界第一颗人造地球卫星，1961 年 4 月 12 日，苏联人加加林乘飞船进入太空，1969 年 7 月 20 日美国宇航员第一次登月以后，至今已有 18 人先后去过月球。科学家们对太阳系中的火星（1976 年）、金星（1975 年）、水星（1974 年、1975 年），以及太阳系以外的星球进行探索，已经证明在 40 万亿 km 范围内的“九重天外”没有生命。在其他天体上至今还没有找到生物及适合其生存的环境，并非人类无能，而实在是太难寻觅，因为生命太挑剔。

历史上人类为了解决土地问题，开始了掠夺式开发。例如，19 世纪 60 年代美国开发西部移民和 20 世纪 50 年代苏联开垦西伯利亚处女地移民，结果造成了生态环境的破坏。20 世纪 70 年代人类意识到环境问题给人类带来的负面作用，世界上 113 个国家出席了 1972 年 6 月 5 日在瑞典的斯德哥尔摩举行的联合国第一次人类环境会议，发出了“只有一个地球”的呼吁，问题又转回到如何充分合理利用与保护现有的土地资源，人类必须与环境处于和谐与平衡之中，共存共荣，天人合一，人类只有一个地球，在此基础和前提下，人们在环境与发展、人口与土地问题上取得共识。

---

① 刘书楷．土地经济学原理［M］．南京：江苏科学技术出版社，1989.

② 毕宝德．土地经济学［M］．北京：中国人民大学出版社，1990.

③ 林英彦．土地利用概要［M］．台北：台湾文笙书局，1995.

④ FAO. 立法在发展中国家土地利用规划中的作用，1985.

土地是民生之本，发展之基，土地问题始终是我国现代化进程中具有全局性、战略性和根本性的问题。我国城镇化、工业化、农业现代化和生态文明建设的快速推进，对土地资源的需求压力越来越大。

一方面，农业、建设和生态的用地与土地资源总量有限之间的矛盾不可避免；另一方面，土地资源不合理利用和环境污染造成的土地污染、损毁、废弃和退化问题日益突出。实现经济社会可持续发展，就必须不断推进土地资源的合理利用。土地是地表某一地段包括地质、地貌、气候、水文、土壤、植被等多种要素在内的自然综合体，具有生产、生活、生态和文化功能。农用地、建设用地和生态用地等不同土地利用功能各有分布，如何有效协调和整体持续发挥土地的基础功能和经济社会功能，核心在于构建合理的土地利用格局。

第二节 土地利用规划

一、土地利用规划的概念

（一）规划（plan）

在理解土地利用规划的概念之前，首先要了解什么是规划。1983 年商务印书馆出版的《词源》这样定义规划：计划、谋划；比较全面的长远的发展计划；计划、安排。

事实上，20 世纪以来，规划在全球迅速形成热点。规划之所以兴起，是因为人类为了自身利益，打破了生态平衡，自然界遭受了前所未有的破坏，使全球范围内多处出现森林覆盖减少、草原退化、水土流失、沙漠扩大、水源枯竭、水质污染、大气质量恶化，严重地威胁人类的生存和发展。早在 100 多年以前，恩格斯就以美索不达米亚、希腊、小亚细亚等地由于林地自然生态系统被破坏而变为荒芜不毛之地为例，对后人发出警告：“我们不要过分陶醉于我们对自然界的胜利。对于每一次这样的胜利，自然界都报复了我们。”可是，人类并未接受教训，美国由于盲目开垦西部，酿成 1934 年骇人听闻的黑风暴，毁坏了十几个州的农场，三天内，3.5 亿 t 肥沃表土被黑风暴卷走。20 世纪 50 年代，苏联由于不合理开垦中亚处女地，引起了 1963 年的黑风暴，哈萨克新开垦地区受灾面积达 2000 多万 hm^2。我国黄土高原，本为林草茂密、土壤肥沃之地，在秦汉之后，由于滥垦滥伐，破坏了生态系统平衡，导致大量的水土流失和频繁的自然灾害。

大量事实告诉我们，潜伏中的生态危机很难被察觉，然而土地生态系统的破坏一旦达到极限，上百年也难以恢复。因此，人类要在生态环境尚未被严重破坏时，对土地利用做出科学合理的规划，促进人地关系和谐，避免或减轻环境对人类的报复。

我国古代早有“凡事预则立，不预则废”（西汉·戴圣《礼记·中庸》），意在告诉我们事情在发生之前做准备的重要性。“谋定而后战，能以少覆众”（唐书·李光弼传），意思是做一件事之前，先要做好计划，以减少失败和损失。规划是发现事物各种联系的最优手段，是生产力布局的最优方法，是提高大系统负熵的理想工具。规划能减少重复建设、尔建吾拆、尔填吾挖的损失，能提高政策的连续性和连贯性，能减少全局中局部决策的个体局限性，提高决策的整体性和科学性。

综上所述，规划是一种科学的预测，在人类社会发展中起着重要的作用，规划不仅能解决目前问题，而且也是解决战略发展的有力工具；规划不仅是解决部门问题，而且是处理全局问题和整个区域发展的重要手段。规划是指对客观事物和现象未来的发展进行超前性的调配和安排。

理解规划的概念应该把握以下几个要点①：

（1）规划属于未来学研究的范畴。科学的预测方法的不断创立和完善，使未来研究和规划研究进入科学的阶段。预测功能与规划功能紧密结合，预测和未来研究始终贯穿在整个规划过程中。

（2）规划是对未来的控制。更明确地讲，规划不只停留在选择实现目标的途径上，它本身也是实现目标的一种控制方式，在参与政策实施过程中，规划体现了存在价值。

（3）规划是对系统结构的优化。规划是发现事物各种联系的最优手段，是生产力布局的最优方法，是提高大系统负熵的理想工具。

（4）规划是提高决策的整体性和科学性的一种手段。规划能提高政策的连续性和连贯性，规划能减少全局中局部决策的个体局限性。

（5）规划不是时点行为，而是时间过程。规划应理解为给出行动的过程，向人们指出为实现未来的目标所要采取的行动过程与途径。

（二）土地利用规划（land use planning）

何谓土地利用规划？国内外学者对此一直有争议。西方国家把以研究合理组织土地利用为对象的学科称为“土地利用规划”［Land use planning（英）］、“土地整治”［Amenagement des terre（法）］。联合国粮农组织的《土地利用规划指南》认为：“土地利用规划是指对自然、社会和经济因素的系统评价，以此来鼓励和帮助土地利用者选择提高其生产力、可持续利用和满足社会需要的最佳途径。”加拿大的《土地利用规划规程》认为：“土地利用规划是对打算实现的土地用途最终做出决策的过程。”Hok Lin Leung 在其《简明土地利用规划》一书中认为“土地利用规划是土地利用的空间安排和影响土地利用的政府行为的拟议过程”②。

很早之前，俄文“Землеустройство”一词被译成“土地整理”传入我国，在 20 世纪 50 年代后期改称为土地规划。20 世纪 60 年代初期，我国土地规划的专家和学者曾对土地规划的概念进行几次有益的讨论，归纳起来有以下三种意见③：

（1）认为土地规划应当解决土地利用和与土地利用有关的全部问题，其依据是土地利用是整个生产组织的重要组成部分，它与其生产资料和劳动力的利用密不可分，在进行土地规划的同时必须制定与土地利用相关的其他生产资料和劳动力利用的规划。

持这种意见者认为，土地规划实质上是一个地区或一个农业企业的全面经济规划。

---

① 严金明．中国土地利用规划：理论、方法、战略［M］．北京：经济管理出版社，2001.

② Hok Lin Leung. Land Use Planning Made Plain. Ronald P. Frye&Company，Canada，1994.

③ 王万茂．土地利用规划学［M］．北京：中国大地出版社，1996.

（2）认为土地规划应当解决有关土地利用的全部规划问题，土地规划既应解决土地利用在空间上的组织，也应制定集约经营土地和提高土地生产率的规划。

持这种意见者认为，土地规划应称作土地利用规划。

（3）认为土地规划主要是解决在空间上合理组织土地利用，仅与解决土地利用问题的其他措施和整个生产组织措施有着密切的联系，但不可相互替代。

持这种意见者认为，土地规划是空间上合理组织土地利用的综合措施。

以上简略的阐述可见，土地规划与土地利用规划之间的差异依然存在，但两者之间的内涵是基本相同的。为了保持名称的连续性，现在一般沿用“土地利用规划”这个名称。

经过几十年的规划实践，尤其是改革开放以来我国土地利用总体规划编制工作实践，我们可以对土地利用规划做如下定义：土地利用规划是对一定区域未来土地利用超前性的计划和安排，是依据区域社会经济发展和土地的自然历史特性在时空上进行土地资源合理分配和土地利用协调组织的综合措施。土地利用规划学是以研究合理组织土地利用规律性和科学方法的边缘科学①。

二、土地利用规划的起源与发展

（一）土地利用规划的起源

土地利用规划究竟始于何时，没有确切定论。据史料记载，“土地规划”最早出现在汉代的《尔雅》一书中，其中有关于公元前 15 世纪商代农、林、牧用地的布局的记载，“邑外谓之郊，郊外谓之牧，牧外谓之野，野外谓之林”，邑指人居住的地方即村庄，郊在邑外，即村庄周围是耕地；牧在郊外，即耕地的外围是牧地；野在牧外，即牧地外围是荒地；林在野外，即荒地外围是林地。公元前 5 世纪，战国时期的《禹贡》记载了有关对周朝全国土壤的分类和肥力鉴别的科学论述。周朝的井田制、宋朝的方田制都属于早期的土地利用规划。中国有文字记载的第一次水利规划出现在距今 4000 多年的夏代，大禹制定的黄河道规划，引黄河水入海和沿岸的土地灌溉。历史上最著名的规划，在公元前 256—公元前 251 年规划的都江堰水利工程，是秦国太守李冰父子亲自规划和建设的。李冰父子巧设分水鱼嘴，起到了分流引水和控制灌溉水中泥砂量的作用，还规划了飞沙堰、离堆旁的宝瓶口来调节水量、控制砂石，从而将有害于人类的岷江规划为灌溉成都平原 53 万 hm^2 良田的有用之河。

（二）国外土地利用规划的发展

虽然许多国家早已开始进行土地规划，但土地规划学作为一门学科得到充分发展是从十月革命后的苏联开始。十月革命使社会制度和生产关系发生了根本的改变，当时苏维埃国家提出了关于合理利用作为重要生产资料和社会关系对象的土地这一极其重大的社会问题，并开展了大规模的土地规划工作。起始阶段土地规划的重心在调整土地关系，后来随着农业社会主义改造的完成，随着全盘集体化和建设大型国营农场，

① 王万茂，韩桐魁．土地利用规划学［M］．8 版．北京：中国农业出版社，2013.

土地规划调整到土地利用生产组织上来，土地规划的方法技术也在不断发展和完善，土地规划理论得到充实和发展，对企业间和企业内的土地规划设计的理论和方法、土地规划工作的组织计划等一系列问题，都有了一定程度的研究。

（1）日本人多地少，日本政府一直十分重视国土资源管理与利用工作。1950 年，在国务部下设有国土局，负责全国的国土资源调查与制图，1974 年成立了直属总理府的管理国土工作的领导机构——国土厅，承担全国国土利用计划和国土行政的管理职能。国土厅下设主要机构有：计划调整局，负责编制国土综合开发计划；土地局，管理全国的国土整治；水资源部，负责管理全国的水资源开发；地方振兴局，负责地方开发与发展。日本国土厅是对以土地资源和水资源为主体的国土资源进行相对集中管理的专门机构。日本国土规划包括国土综合开发规划、国土利用规划、土地利用基本规划、部门土地利用规划等。国土综合开发规划是全面考虑自然条件和社会、经济、文化政策，综合开发、利用、保护国土，合理调整产业布局，提高社会福利的综合性规划。国土利用规划是从土地资源开发、利用、保护的角度，确定国土利用的基本方针、用地数量、布局方向和实施措施的纲要性规划，其自上而下分为全国国土利用规划、都道府县国土利用规划和市町村国土利用规划三级。在土地利用规划中，充分利用高新技术与手段，如从 1974 年开始，着手进行国土情报数字化，即将各种自然条件、土地利用现状、规划等有关信息通过网络和坐标形式，储存于计算机磁盘。为了保证规划的进行和实施，日本政府还颁布了与土地利用、规划有关的许多法律，如《土地基本法》《农地法》《土地征用法》《土地改良法》《国土调查法》《城市再开发法》《国土综合开发法》《国土利用计划法》《城市规划法》《市街地建筑物法》等。这些信息和措施为制定日本土地利用规划奠定了基础，使土地利用朝着科学化方向发展，为日本的农业发展和整个国民经济腾飞起到了保证作用。

（2）在英国，土地虽然绝大部分私有，但国家颁布一系列法律，对土地开发利用做出限制和调整，如 1947 年的《城市农村计划法》，1967 年的《土地委员会法》，1975 年的《土地公有法》，1980 年的《关于地方政府、城市规划及土地的法律》等。颁布这些法律的基本目的是实现土地开发权的国有化，强化公法对私有权的限制。在法规中具体规定了要求各地区编制县总体规划、城市总体规划和年度计划。其后又加进了结构规划（由县编制，部长批准）、地方规划（地方规划厅编制，要求与上级规划一致）两种规划。英国的《城乡规划法》规定地方上的规划机构，不能仅仅编制规划，还必须同时具有实施规划的职能，包括有权制止违反规划的开发利用活动，并规定英国最高一级地方当局的最高权力机构“郡”或“郡级市”的议会，就是地方规划机构，由其组织编制辖区发展规划，并有权为规划的实施强行征用土地。发展规划对未来 20 年内土地开发利用的战略方向和重大方案加以描述规定，报请中央政府负责区域规划的环境事务大臣审查批准后实施，每 5 年进行一次修订。任何人从事土地开发，必须经郡或郡级市议会审查批准，取得“规划许可证”。

（3）美国的国土资源管理机构为内政部，其主要职责是负责管理国家公有土地、矿产、森林、水域等资源和国立公园及领地；进行地质普查，管理对石油、煤炭、天然气、水力、矿产及其他自然资源的开发、调查，保护历史名胜和野生环境、野禽等。

主要内设机构有：土地管理局，负责管理联邦土地，并对州和私人土地进行协调；矿务局，负责矿产资源的开发和利用；地质勘探局，负责矿产资源的勘探、普查等；水利政策局，负责对水资源的开发与利用等。可见，美国由内政部统一管理国土资源（包括土地、矿产、水、森林资源等）。美国 1976 年制定的《土地政策管理法》中，第二章明确地规定了土地利用规划的编制程序、实施办法等。此法对保护公共土地十分重要，对私有土地利用则用法律、税率予以调整与指导。美国把土地利用规划视为公共规划，并把这种规划作为对社会控制的一个方面。美国的土地利用规划是其社会经济规划中最重要的规划，它有两种形式，即总体规划和区域规划，通过这种办法，达到合理、有序地开发、利用土地的目的。美国的土地利用规划包括确定目标、制订计划和实施计划三个步骤。美国各级土地利用规划的编制过程比较复杂，主要过程包括预测、形成规划方案、公众讨论、听证、地方议会批准和实施。一经议会批准，规划就以法案的形式出台，具有法律效力。

（4）德国自 1965 年就成立联邦区域整治委员会作为国土调查规划的管理机构，以制度形式要求进行编制土地利用规划。在德国并没有一部统一的土地利用规划法，只有一部统一的联邦建筑法。该法对土地利用规划与城市建设总体规划提出了具体要求，其主要特征是以土地利用规划为“龙头”，以此规范城市建设规划的编制。而各州则依据联邦建筑法的规定，制定符合本州实际情况的土地利用规划作为州所辖各城市建设规划的依据。他们赋予土地利用规划一定的法律地位，使土地利用规划具有很高的权威性。一般来说，城市规划、生态环境规划都必须在土地利用规划的基础上编制，不得违背。德国各州的土地利用规划的编制，必须符合三个原则，一是符合联邦建筑法的总体要求、总体精神，二是符合本州土地保护和利用实际，三是要与邻州、相邻城市的风格相协调。德国各级政府以很大力度配置土地资源，采取严格的土地用途管制措施，来保证土地资源的合理开发利用。耕地、林地、牧草地都规划得十分详细，城镇土地利用规划侧重于自然景观和生态环境的协调，将建设项目对水、土壤、森林等自然景观的影响限定在最小范围。在德国，一部成功的土地利用规划要经过以下过程：编制初步方案—市民讨论—修改—市民讨论—最后审定。德国的土地利用规划具有很强的可操作性，例如，因与城镇建筑规划、生态规划互为一体，所以城市土地利用规划在实施中易于操作，在土地利用规划的基础上按照联邦建筑法的要求，对每一块地编制详细的自然景观保护规划，使开发商有章可循、有法可依。德国强调土地利用规划的稳定性，各州土地利用规划的年限一般是 15～20 年，在规划时，需预测一个城市的发展趋向，包括经济、人口增长因素，确定交通、供电、供热、供水、公用事业发展需占用的土地。如确需改变，仍然需要交给市民讨论再通过议会审定修改。

在德国，与土地利用规划有关的规划还有空间计划和国土规划。

德国的空间计划体系由四个部分组成：联邦一级的国土建设计划；州一级的州发展计划；全国分成若干个大范围地区的区域计划；各市镇村一级的城市建设管理计划。各级的计划都在上一级计划的指导下编制，构成一个连续性的体系。德国在 1960 年公布的《联邦建设法》，是城市规划的基本法，同时也是建筑的基本法，适用于新建和改建的法规，还有 1971 年颁布的《城市建设促进法》。1987 年颁布的《建设法典》，是城市开发建设的综合规范性法律。在城市土地使用方面，法典中规定有土地利用法规（简称F规划）和地区详细规划（简称B规划）两种，是具有法律约束力的规划。

德国的国土规划体系一般与行政体系相一致，自上而下分为联邦、州、管理区和县四级。在联邦这一级，从宏观上对全国进行区域性规划，并制定“联邦区域规划纲要”，“纲要”中对区域性规划和土地规划提出了要求，规定了明确的原则，并对公共利益设施进行长远规划；州级规划则根据联邦区域规划纲要的规定和精神，结合本州的具体情况，制定本州的区域发展规划及城市建设、文化教育、农业、林业、水利、交通、邮电、垃圾处理等方面的专项规划；州下面的管理区则根据州的区域发展规划，结合本区情况，制定自己的区域发展规划，并根据州级各专项规划的规定和要求制定本区的景观规划纲要；乡镇根据地区区域发展规划的要求，针对当地的具体情况和居民的要求，制定全乡镇的土地利用规划、土地整理规划、小区建设规划、景观规划、绿地规划等，并在地区专项规划指导下制定全乡镇的交通、农业、林业、水利、文化教育、土地整理、垃圾处理等专项规划，由于乡镇规划是国土规划体系中的最基层规划，因此其内容比其他层次的规划更为详细，它对各种用地包括建筑物做出具体安排，甚至对某些建筑物形式也有所规定。

（5）有关国际组织也非常重视土地利用总体规划，FAO不仅成立了土地利用规划国际工作组，而且在1989年开始出版土地利用规划指南。1990年12月在罗马召开了国际土地规划研讨会，并且有会议文集出版。近年来，随着地理信息系统（GIS）技术的成熟，使考虑众多因素和环境的规划能够得以实现，由此发展起来多目标土地利用总体规划、土地利用生态规划、景观规划和可持续土地利用规划成为这个领域的发展方向。1995年7月，在夏威夷召开的第一次对土地、水和环境管理多目标决策支持系统国际会议，集中讨论了多目标土地利用总体规划的概念及原则。所以，土地利用总体规划在计算机、遥感和GIS技术支持下，发展到了新的阶段。

（三）国内土地利用规划的发展

由于我国人口众多，人均用地较少，各项建设占用耕地增多，人口、粮食、环境矛盾突出，我国政府对土地利用规划工作一直比较重视。但是土地利用规划在我国的发展比较曲折，直到国家土地管理局成立之后，土地利用规划工作才步入正轨。

1. 第一阶段：土地规划阶段（1950—1978年）

这一阶段主要包括中华人民共和国成立初期到改革开放前的国营农场、农业合作社、人民公社和“文化大革命”的土地利用规划阶段。

（1）从中华人民共和国成立到1954年，我国的土地利用规划大多数沿用苏联模式，当时为发展农业生产，其主要侧重于国营农场。国营农场开始兴建时规模很大，要求对土地进行全面的、科学的规划，即按“山、水、田、林、路、居”全面布局土地。1951年，国营红星农场在勘测的基础上，对土地利用、田渠、林的配置及居民点的安排和配置做了规划。1952年，黑龙江集贤县三道岗地区在测绘地形图和进行土壤普查的基础上，参考苏联模式进行了规划设计。当时由于翻译的原因，土地规划被译为“土地区划”，随后几年，黑龙江几个大型国营农场也独立进行了土地规划工作，这时土地规划被译为“土地整理”，直到20世纪50年代后期才改称为“土地规划”。

1954年，在苏联的帮助下，我国建立了黑龙江省国营友谊农场，以马斯洛夫为首的专家组把苏联的规划方法和经验传入我国，提出了土地利用规划的理论与方法，并在东北农学院设置了土地规划专业。黑龙江国营友谊农场的建立标志着我国第一次有组织地进行社会主义土地规划工作。在此推动下，我国培养了大量的土地规划专业人才，各省农业厅和农垦系统都建立了局处、研究机构和事业单位，土地规划也随之迅速开展起来。

(2) 从1954年到1958年，我国处于农业合作社阶段，开展土地规划工作的目的在于从经济上和组织上巩固社会主义农业，创造最适宜的土地组织条件。土地规划的重点是解决小农经济遗留下来的土地利用不合理现象和农业合作化安排集体生产有关的迫切需要解决的问题，如消除不合理边界，改善水利设施，合理配置农、林、牧用地，开垦小片荒地，扩大耕地面积，改良盐、碱、砂、洼和瘠薄土壤等，尽量发挥土地生产潜力，制定轮作制。农业部于1956年下半年，通知各省进行合作社初步土地规划试点工作，1956年7月至1957年6月共试点约1500个合作社。1957年，农业部为适应初级农业社过渡到高级农业社的需要，先后发出两次通知，帮助进行土地规划。高级农业社土地规划工作是从无到有逐渐开展起来的。在正式开展前，农业部于1955年、1956年先后两年在哈尔滨、北京两市举办两期土地规划学习班，为各省培养土地规划技术骨干700多人，自1956年冬开始，各省又相继举办土地规划训练班。同时，在东北农学院建立土地规划专业，在全国三个农业专科学校设立土地规划专业，着手培养我国土地规划方面的中高级人才。

(3) 从1958年到1966年，我国处于人民公社阶段，人民公社土地规划的任务是根据党在那个时期所提出的政治任务和经济任务的原则所规定的。1958年10月4日，农业部土地利用局向全国发布了《关于开展人民公社土地利用规划工作的通知》，人民公社土地利用规划内容比较广泛，与农、林、牧、副、渔和工、农、商、学、兵全面安排相结合进行。

在1960年3月17日，《人民日报》发表了《人民公社要制定土地利用规划》的社论。1963—1966年，我国正处于第三个五年计划时期，土地规划的任务是继续巩固人民公社经济，为实现农村技术改造创造土地条件。1963年，农垦部决定在全国组建100个机械化生产队，同时进行土地规划。随后，在人民公社系统内形成了以机械化为中心内容的土地规划工作，并配合“农业学大寨”，广泛开展山水田综合治理，进行以方田、条田为中心内容的土地规划。在此期间，学术气氛也很活跃，人们在土地利用规划的理论和方法的研究上，积累了一定的经验。

(4)“文化大革命”到改革开放前，土地利用规划处于低潮阶段（1966—1978年），结合编制“四五”规划开展土地规划工作。在“文化大革命”中，作为“修正主义路线”的代表，几乎所有土地规划方面的教学、科研以及生产单位都被撤销，全部工作基本停止。但在这种艰难的情况下，土地科技工作者仍然积极投身于“四五”规划编制工作，使土地规划和综合经济发展规划的编制相结合。这期间的土地规划基本上都围绕荒地开发和基本农田建设的农业土地利用规划，规划中具有鲜明的农业区划印记。

这个阶段我国基本是照搬苏联的计划经济的土地规划理论。土地规划在我国多年实践表明，它在国营农场地址选择、场部、道路、水利渠系等配置以及地块设计等方面起了一定的作用，在巩固人民公社，促进农业的生产发展方面起到了良好的作用。但在集体所有制农业企业，土地规划的实际收效甚微，原因颇多：一是经营体制多变；二是农业生产率低，对规划并无多大需求；三是缺乏实施的法律约束。土地规划事业从诞生时起，一直处于艰难坎坷的境地，规划理论与生产实践脱节，没有形成一个与我国社会主义初级阶段生产力水平相适应的理论体系和应用技术体系。

2. 第二阶段：改革开放后的土地利用总体规划阶段（1978 年至今）

改革开放以来，国民经济快速发展，经济建设对土地的需求日益增加，人地矛盾越来越突出，土地规划的作用更加明显。这一期间土地规划的重点是编制各级土地利用总体规划，并形成完整体系①。

（1）从 1978 年到 1986 年，我国开始了全国土地利用总体规划的探索工作。为合理利用土地，加强土地宏观管理，从 20 世纪 70 年代末到 80 年代初，陆续进行了乡级、县级、省级的规划试点工作。1981 年年末，全国人大五届四次会议通过的《政府报告》中提出“十分珍惜每寸土地，合理利用每寸土地，是我们的国策”，并提出积极开展土地资源调查，制定全国和省、县的农业区划，土地利用总体规划以及社、队土地利用规划具体措施，努力实行科学种田。为了贯彻这个精神，农业部土地管理局于 1982 年 4 月召开了土地利用总体规划学术座谈会，草拟《县级土地利用总体规划要点》。同年 8 月开始，我国用了 1 年时间，完成黑龙江省集贤县、辽宁省康平县、河南省光山县和四川省眉县的县级土地利用总体规划试点工作。在试点推广基础上，我国草拟的《县级土地利用总体规划要点》（修订稿）在扩大规划试点中开始参照试行。试点经验说明，在农业自然资源调查、土地利用调查及农业区划基础上，进行土地利用总体规划是协调各部门用地矛盾，合理利用和开发土地的有效手段。

这个时期的土地利用规划基本上是参照苏联的土地利用规划设计理论与方法，主要是以编制农业的土地利用规划为重点，解决局部地区土地利用存在的问题，土地规划工作并没有在全国全面展开。

（2）1986 年到 1997 年是我国土地利用规划的新生阶段，在全国范围内广泛开展以土地利用总体规划为龙头的各项土地管理工作。

从 1986 年到 1997 年，我国进行了第一轮全国土地利用总体规划工作。随着人地矛盾的日益激化，1986 年 3 月，中共中央国务院发布 7 号文件，宣布成立国家土地管理局，作为国务院直属机构，县以上各级人民政府建立健全土地管理机构，明确要求“各地要尽快制定和完善土地利用总体规划”。1986 年，中共中央、国务院的《关于加强土地合理利用、制止乱占耕地的通知》指出“各地尽快制定和完善土地利用总体规划和城市、村镇建设规划”。同年 6 月 25 日，国家颁布了《中华人民共和国土地管理法》，第十五条规定，“各级人民政府编制土地利用总体规划”，开始了土地利用总体规划的新时期，标志着我国土地利用总体规划走上了依法、统一、全面、科学管理的轨

① 张占录，张正峰．土地利用规划学［M］．北京：中国人民大学出版社，2006.

道。同年12月，我国开展了辽宁、黑龙江、四川3个省级，黑龙江省穆棱县、河北省辛集市、广东省花县和云南省宜良县4个县级规划试点。在总结试点经验的基础上，我国制定了《省级土地利用总体规划编制要点》和《县级土地利用总体规划编制要点》。在我国经济建设加快发展过程中出现的建设用地规模扩张过快、耕地大量减少的背景下，1986年起，各级土地利用总体规划（1986—2000）的编制工作开始在全国范围内部署和展开。这是我国开展的第一轮全国土地利用总体规划。

1992年前后，全国大多数地方都完成了第一轮省、市、县、乡级土地利用总体规划，构成了五级规划体系。

1993年，国务院正式批准实施《全国土地利用总体规划纲要（草案）》《土地利用总体规划编制审批暂行办法》和《县级土地利用总体规划编制规程》，1994年，《中华人民共和国基本农田保护条例》颁布实施，1995年、1996年，我国部署编制基本农田保护区规划。

在这个时期，我国土地管理工作开始由分散多头管理转为集中统一管理，由单一行政管理转向由行政、法律、经济和技术措施相结合的综合管理新阶段，土地规划工作也随之有了较大的发展。规划指标和规划分区构成了这一轮规划的基本内容，也可以说是基本的规划手段。在规划体系上，除了过去重点进行的农村土地规划外，又增加了区域性土地规划和城镇土地规划；在规划内容上，深度和广度方面都有了很大发展，土地规划在土地分配的空间组织和土地利用的空间组织方面都有了进一步的补充和完善。然而由于没有具体规划审批等事项，因而没有得到很好的实施，也就没有起到应有的作用，但就科学的方法而言，对后来的规划起到了重要的指导和借鉴作用。

（3）从1997年到2003年，我国进行了第二轮全国土地利用规划修编工作。

1997年7月开始，在全国范围内全面开展了新一轮土地利用总体规划修编（1997—2010年）工作。1997年，中共中央国务院发出了11号文件即《关于进一步加强土地管理、切实保护耕地的通知》，决定在全国范围内冻结非农业建设项目占用耕地一年，冻结县改市的审批。此次规划修编是在非农建设大量占用耕地的背景下，以实现耕地总量动态平衡为战略目标，实施贯彻中央发出的11号文件精神，加强国家对土地利用的宏观调控能力和引导作用，真正在土地利用管理中体现国家的权力，适应耕地总量动态平衡的需要，认识土地管理的核心问题即土地的合理规划与利用，真正体现土地规划的“龙头”作用。1997年10月28日，原国家土地管理局颁布了《土地利用总体规划编制审批规定》，对编制土地利用总体规划的原则、程序、要求以及国家、省、市、县、乡（镇）五级土地利用总体规划编制的任务、内容、原则及土地利用总体规划的评审和报批均做了详尽的规定。这是我国改革开放以来第一部专门对土地利用总体规划进行规范的部门规章，它提高了规划编制的科学性和可操作性。为贯彻中央11号文件精神和《土地利用总体规划编制审批规定》，全国各地转变观念，开展了以保护耕地为重点，按照实现耕地总量动态平衡、实施土地用途管制、以土地供给决定需求、集约用地等为原则的土地利用总体规划修编工作。

1998年，国务院机构调整，成立国土资源部，同年9月，国土资源部发出《关于加强土地利用总体规划工作的通知》，要求提高认识，把土地利用总体规划修编作为实施《土地管理法》的重要措施，要依法编制土地利用总体规划，确保规划质量，要加快土地利用总体规划修编进程，加强规划审批和实施管理。1999 年 1 月 1 日正式实施修订后的《土地管理法》，第三章对土地利用总体规划做了详细规定，保护耕地的主要手段是编制和实施土地利用总体规划，要求各级人民政府编制土地利用总体规划。确定土地用途管制的前提和依据就是土地利用总体规划，并将确保本行政区耕地总量不减少作为编制土地利用总体规划的一个标准。此外，新的《土地管理法》对土地利用总体规划与乡村和集镇规划以及有关专业规划的关系做了规定，同时还规定了国家建立土地调查制度和土地统计制度，要求建立全国土地管理信息系统，对土地利用情况进行动态监测。新一轮规划突出了耕地总量动态平衡、土地用途管制、土地整理、土地供给制约需求和土地可持续利用等新的特点，规划中强调采用用地指标和用途分区相结合编制总体规划。

1999 年 4 月，国务院正式批准并印发《全国土地利用规划纲要》，实行“自上而下”逐级控制，规划方法上采取了土地利用分区与土地利用控制指标层层分解相结合的规划模式。截至 1999 年 6 月，全国省级规划已全部完成，地市县规划完成 90%以上，乡镇规划完成 80%以上，到 2000 年年底，第二轮全国土地利用五级规划基本完成，并开始正式实施。

在第二轮土地利用规划修编阶段，土地利用规划取到了大的飞跃。土地利用规划在这一阶段中连续有多部重要的法律、法规、规章出台，土地利用总体规划在土地管理中的“龙头”作用得到体现和加强，建立了实行社会主义市场经济体制时期以耕地保护为主的规划。本轮规划注重城市规划、村镇规划的协调，基层规划划分了土地用途管制区，但必须注意到规划指标多被突破。以耕地保有量指标为例，截至 2002 年，有 20 多个省的数量已突破 2010 年的指标，客观上对如何改善规划编制方法、加强规划的基础研究提出了进一步要求。

（4）从 2003 年到现在，我国进行了第三轮全国土地利用规划修编工作。随着我国城市化、工业化进程的加快，人地矛盾不断加剧，同时，产业结构调整和生态环境建设也对土地资源管理提出了新挑战。为保持宏观经济平稳发展，协调各种矛盾，中央要求严把土地供应“闸门”，运用市场手段积极参与宏观调控，而土地规划正是土地供应的重要依据；而且第二轮的全国土地利用总体规划已经执行 8 年，经济、社会发生了很大变化，按照国内外有关规划惯例，已经到了修编期。2003 年，国土资源部下发了《关于土地利用总体规划修编试点采用基数有关事项的通知》，部署了 12 个县级和 14 个市（地）级土地利用总体规划修编试点。

2005 年 7 月，全国土地利用总体规划修编前期工作座谈会在北京开幕，第三轮全国土地利用总体规划修编（2006—2020 年）正式启动。这次规划修编的重点是针对经济、社会快速发展形势下，解决如何协调保护农用地与保障经济发展用地关系的问题，国土资源部提出以严格保护耕地特别是保护基本农田为修编的首要原则，为了确保规划的法律效力，国土资源部开始着手起草土地利用规划条例。

回顾中华人民共和国成立后我国土地利用规划发展的历程，规划的内容、深度得到不断丰富和发展，规划方法也不断更新，由土地利用总体规划、土地利用专项规划、土地利用详细规划构成的土地利用规划体系基本确立，全国、省、市、县、乡（镇）五级土地利用总体规划体系不断完善。在规划内容上，由过去比较单一的农业用地规划，转为对行政辖区内城乡全部土地利用的总体安排；由侧重土地的开发利用设计，转为包括土地开发、利用、保护和整治在内的综合规划；由注重微观的土地利用组织，向加强土地宏观调控和政策引导转变；由以往强调生产发展，向统筹规划，促进经济、社会、资源、环境协调发展转变。在规划方法上，由计划经济体制下形成的定额测算、专业设计到综合平衡的方法，并在继承传统方法优点的基础上，综合运用多学科知识和技术手段，定性、定量、定位、定序相结合。通过两轮规划的编制和实施，全社会按规划用地、管地的意识不断增强，土地规划的法律地位得以提高，社会各界对土地规划空前关注，许多地方在规划编制和实施方面取得了很多好的经验。同时，通过近20年的土地规划实践，我国积累了大量的有关基础信息，培养了一批人才，在学科建设上也取得了很大进步。但是由于土地利用总体规划是一项内容极其复杂、技术难度很大的社会工作，所以土地规划在制定和实施过程中难免会遇到很多难题，使制定特别是实施土地利用总体规划并没有达到预定的效果。

需要指出的是，土地利用规划本身的理论、方法、技术、体系还需不断加强，规划的理念和制度需要继续创新，有关法律还待完善。因此，可以说，我国的土地利用规划任重而道远①。

根据土地管理法的有关规定，在全国范围内开展第一轮、第二轮、第三轮土地利用总体规划的编制工作，建立了我国土地利用规划五级规划体系（全国、省、市、县、乡）。我国目前已经完成全国第二次土地调查和第三轮土地利用总体规划的编制工作。2017年年底，我国开始开展第三次全国国土调查，为第四轮土地利用总体规划修编做准备。

三、土地利用规划的任务和内容

（一）土地利用规划的任务②

土地利用规划主要是通过合理调整土地利用结构和布局，最终解决土地利用中存在的问题，协调人地关系矛盾。所以，土地利用规划的主要任务是根据社会经济发展计划、国土规划和区域规划的要求，结合区域内的自然生态和社会经济具体条件，寻求符合区域特点的和土地资源利用效益最大化要求的土地利用优化体系。不同国家的土地利用规划肩负着不同的任务，对我国土地公有制来说，其任务主要包括以下几个。

（1）土地供需综合平衡：协调土地的供需矛盾，是首要任务。人口的不断增长和社会经济发展对土地的需求呈逐步扩大的趋势，而土地供给是有限的，因此，土地的供给与需求之间常常产生矛盾。土地供需不协调往往会导致国民经济结构失衡，也会导致土地资源的破坏和浪费，因此，协调土地的供需矛盾是土地利用规划的首要任务。在协调土地的供给与需求使之达到综合平衡时，必须遵从经济规律、自然规律和社会

① 张占录，张正峰．土地利用规划学［M］．北京：中国人民大学出版社，2006.
② 王万茂，韩桐魁．土地利用规划学［M］．8版．北京：中国农业出版社，2013.

发展规律，使土地利用达到经济、生态、社会效益的总体最优，使土地资源分配符合国家产业政策的具体要求。

（2）土地利用结构优化：土地利用规划的核心内容是资源约束条件下寻求最优的土地利用结构。系统结构决定系统功能，所以，土地利用结构优化和调整是土地利用的核心内容。土地利用结构调整应根据国民经济发展的需要和区域社会、经济与生态条件，在区域发展战略指导下，因地制宜地加以合理组织并作为土地利用空间布局的基础和依据。土地利用结构的实质是国民经济各部门用地面积的数量比例关系，土地利用结构调整和优化，是在不增加土地投入的条件下，实现土地产出增长以获得结构效应的有效途径，从而使土地资源成为国民经济的重要调控手段。

（3）土地利用宏观布局：土地位置的固定性决定了土地利用存在于不同的空间。土地利用规划的重要内容就是要确定在何时、何地和何种部门使用土地的数量及其分布状态，并结合土地质量和环境条件加以区位选择，最终将各产业用地落实在土地之上。

（4）土地利用微观设计：各类用地和各部门用地的数量和位置确定之后，需要对各类土地利用进行微观设计。宏观布局主要解决用地的数量和位置的问题，而土地利用的微观设计就是在宏观布局的基础上，合理组织利用土地，以最大限度地提高其产出率和利用率，降低其占有率。土地利用的微观设计是从内涵和外延上扩大土地利用以及改善生态环境的重要途径和有效措施，并使其成为国民经济与社会持续发展的重要载体。土地利用的微观设计主要表现为土地利用专项规划及土地详细规划。

（二）土地利用规划的内容

土地利用规划内容取决于土地利用规划的任务。土地规划的对象、范围和任务不同，决定了土地规划的内容有所差异。我国土地利用规划体系按性质和任务不同分为土地利用总体规划、土地利用详细规划和土地利用专项规划；按时间期限分为土地利用长期、中期和短期规划；按空间范围分为区域性土地利用规划（包括行政区、自然区、经济区、跨区域土地利用规划等）和城乡土地利用规划。

不同类型、不同层次的土地利用规划的范围、任务不同，其规划内容也不尽相同，但一般应包括以下基本内容：

（1）土地利用规划区域概述。

（2）土地利用总体规划专题研究。

① 土地利用现状分析与评价；

② 土地质量评价；

③ 土地利用潜力分析；

④ 土地供给与需求预测；

⑤ 土地供需平衡和土地利用结构优化；

⑥ 土地利用规划效益预测；

⑦ 土地利用分区和用途管制；

⑧ 重点用地项目布局。

（3）土地利用发展战略研究。

（4）土地利用专项规划，包括土地开发、复垦、整理、基本农田保护区规划等。

（5）土地利用详细规划，包括居民点用地规划、交通运输用地规划、水利工程用地规划、农业用地规划（耕地规划；园地规划；林地规划；牧草地规划）、水域规划、旅游风景用地规划、自然保护区规划、生态环境用地规划等。

（6）土地利用规划实施和规划管理。

各地区可根据区域自然和社会经济条件，适当增减上述规划内容。

四、土地利用规划的体系

土地利用规划体系是指由不同类型、不同级别和不同时序的规划所组成的一个相互联系的规划系统。例如，苏联依据规划性质和任务的不同，将土地利用规划划分成企业间（区域性）土地规划和企业内（局部性）土地利用规划①。前者主要解决在国民经济各部门间、企业间土地资源分配问题，调整土地关系和划定土地使用范围；后者则只针对农业企业用地（乡、国营农场、农村合作经济组织等）在空间上进行合理组织、利用，工业、交通和其他非农企业内的土地组织不包括在企业内土地规划的范畴。我国台湾土地利用规划分为都市土地利用规划（计划）和非都市土地利用规划（计划），分别与都市计划和区域规划同步完成。

（一）我国现行土地利用规划体系的形成

我国土地利用规划体系是在 20 世纪 50 年代提出来的，当时是以农村土地利用规划为主，并参考苏联土地规划的体系，分为企业间土地规划和企业内土地规划，后来，又把企业间土地规划延伸为区域性土地规划，即以不同类型的经济区、自然区或流域为范围进行土地规划。随着农村经济体制改革的进行和不断深入，以农业企业为范围进行的土地规划已不适应农村经济发展的客观要求。为此，农村土地规划逐步转为按行政管理体制进行土地利用总体规划②。

我国现行土地利用规划制度：按《土地管理法》的规定，土地利用总体规划由各级人民政府编制，经上级政府批准后执行。20 世纪七八十年代，我国的土地利用总体规划同国土规划、农业区划和城镇体系规划、城市规划等相关规划紧密联系和衔接，并已初步形成当时我国土地利用规划的体系。

总体来说，我国现行的土地利用规划是以土地利用总体规划为主体的一个多层次的规划体系。我国土地利用规划体系按性质和任务不同分为土地利用总体规划、土地利用详细规划和土地利用专项规划；按时间期限分为土地利用长期、中期和短期规划；按空间范围分为区域性土地利用规划（包括行政区、自然区、经济区、跨区域土地利用规划等）和城乡土地利用规划。根据分级管理的原则，土地利用总体规划可以分为行政区土地利用总体规划和跨行政区的土地利用总体规划。其中，行政区土地利用总体规划可以分为全国、省、市、县和乡（镇）五级。各级规划之间存在相互联系和相互补充的关系，上一级规划对下一级起着控制作用，而下一级规划对上一级规划存在

① ［苏］M. A. 根杰利曼，等．土地规划设计［M］．王万茂，译．北京：农业出版社，1992.

② 张占录，张正峰．土地利用规划学［M］．北京：中国人民大学出版社，2006.

反馈作用。同一层次不同单位和区域的土地资源构成一个土地利用大系统，系统内部各子系统之间以及系统内外存在着错综复杂的联系。跨行政区土地利用总体规划可以按自然区、经济区和流域来划分某一区域的土地利用总体规划，如黄土高原区土地利用总体规划、珠三角土地利用总体规划、长株潭城市群土地利用总体规划等。

（二）土地利用规划体系的分类

1. 根据规划性质和任务不同，分为土地利用总体规划、专项规划和详细规划

（1）土地利用总体规划：是指在一定的规划区域内，根据国民经济和社会发展规划、土地供给能力及各项建设对土地的需要，确定和调整土地利用结构和用地布局的长期的、战略性的总体部署和统筹安排。土地利用总体规划由各级人民政府编制，对一定行政区域的土地利用起总体控制作用，是进行土地利用管理的重要手段，是对土地利用进行宏观控制的战略安排，其核心是确定和调整土地利用结构和用地布局。它具有全局性、长期性、战略性、权威性、动态性等性质。土地利用总体规划具有以下特点。

① 土地利用总体规划是按国家行政管理体系编制，分全国、省、市、县和乡（镇）五级。上一级规划是下一级规划的控制和依据，下一级规划是上一级规划的具体实现，从而形成全国范围的严密而协调的土地利用宏观控制网络。

② 土地利用总体规划以规划地区国民经济发展战略为依据，是国家对农业用地及非农业建设用地实行的宏观控制、协调、组织和监督。

③ 各级土地利用总体规划必须以行政区划为单位编制，覆盖区域内全部土地。这是区别于其他类型土地利用规划的重要特征。

④ 土地利用总体规划经上级主管部门审核批准将具有一定的法律效应，代表国家利益控制国民经济各部门的土地利用。从这个意义上讲，其他部门或专业的规划、跨地区的总体规划，都受土地利用总体规划的约束。

（2）土地利用专项规划：是在土地利用总体规划的框架控制之下，为解决土地开发、利用、整治、保护的某一专门问题或某一产业部门的土地利用问题而编制的土地规划。土地利用专项规划除具有土地利用总体规划的基本性质外，还具有针对性、选择性等特点。土地利用专项规划的任务是保护和改善土地生态系统，一般可分为土地开发规划、土地整理规划、土地复垦规划、基本农田保护规划等。土地利用专项规划以土地资源的开发、利用、整治、保护为主要内容，是土地利用总体规划的深化、继续和补充。

（3）土地利用详细规划：也称土地利用规划设计，是在总体规划和专项规划的控制和指导下，详细规定各类用地的各项控制指标和规划管理要求，或直接对某一地段、某一土地使用单位的土地利用及其配套设施做具体的安排和规划设计。详细规划属于微观土地规划，是土地利用总体规划和专项规划的继续和深入，是对各项用地的具体安排，是规划实施的最终依据。土地利用详细规划可分为农用地详细规划和建设用地详细规划。其中，农用地详细规划包括耕地规划、林地规划、园地规划、牧草地规划等；建设用地详细规划包括城镇用地规划、村庄用地规划、工业用地规划、交通用地

规划、水利用地规划等。通过它完成土地利用规划的任务，达到土地利用规划的目的。

2. 根据规划规模的大小，分为微观规划和宏观规划

由单位和个人做的土地利用规划，在微观经济范围内进行（农村、工厂等），主要内容是选择最佳的土地用途、空间布局和利用措施（如稻田养殖等）获得最佳经济效果，即微观的土地利用规划或称企业内土地利用规划，这种规划往往具有一定的局限性。

由部门（如城镇规划、乡村规划）或通过人民政府土地管理部门，对全部土地做的土地利用规划则是所谓宏观的土地利用规划，其任务是控制、协调各类用地的矛盾，合理分配土地，以满足人类对土地的各种需求，又能充分合理地发挥土地的性能，以获得最佳的宏观经济效果，则称为土地利用总体规划，具有综合性。

3. 根据规划时间期限的长短，分为长期规划、中期规划和短期规划

长期规划：时间一般在 10 年或以上，土地利用总体规划属于长期规划，现行的土地利用总体规划期限均为 15 年。中期规划：属于过渡性规划，是长期规划的深化和补充，是由宏观向微观过渡的规划。短期规划：即土地利用年度计划，是保证规划实施的具体年际用地指标。土地利用年度计划，是根据国民经济和社会发展计划、国家产业政策、土地利用总体规划以及建设用地和土地利用的实际状况编制的。它以一年为期，属于中期土地利用计划的具体化。土地利用年度计划要对中期土地利用计划所规定的分年任务做出具体安排，但它的指标并非是对中期指标的机械分段，而是在充分考虑当年的实际情况的基础上，对中期土地利用计划进行必要的调整和补充。土地利用年度计划必须与中期土地利用计划相互衔接，才能保证土地利用年度计划的连续性。

4. 根据规划行政区划单位，分为全国、省（区）、地（市）、县（市）和乡（镇）五级规划

以土地利用总体规划为例，我国目前的土地利用总体规划按行政区域划分为全国、省（区）、地（市）、县（市）和乡（镇）五个层次，如图 1-2 所示。

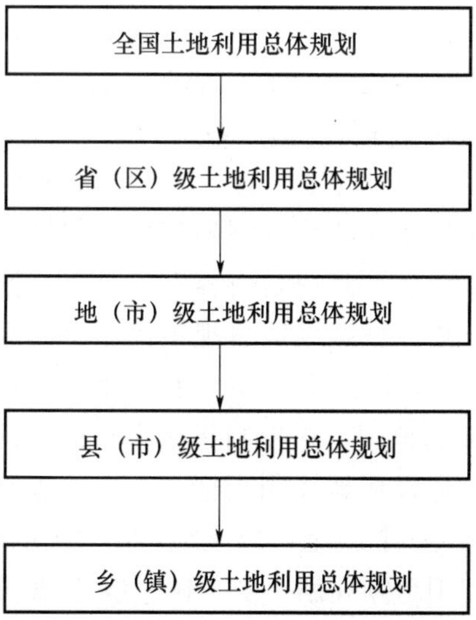

图 1-2 我国现行的土地利用规划体系

（1）全国土地利用总体规划。全国土地利用总体规划属于战略性、政策性规划，为国家的宏观经济调控提供依据。其基本内容是从促成全国的人口合理分布、资源优化配置、生产力科学布局与经济均衡发展的要求出发，制定全国土地利用的战略目标，确定土地开发、利用、整治和保护的重点项目和重点地区，协调全局性的重大基础设施建设的用地关系，提出不同类型地区土地利用方向、目标、重点和土地利用政策。按这一规划内容要求，全国规划一般以文本为主，规划成果主要体现为制定一系列政策，同时确定一些土地利用的战略性目标，如全国的耕地保有量指标、林地指标、城乡建设用地总规模指标、土地整治（土地整理复垦开发、风沙地治理、水土流失治理等）指标等，指标应突出重点，不需要面面俱到。

（2）省（区）级土地利用总体规划。我国的省（区）级行政区范围较大，经济结构、产业结构、土地利用结构都比较完整。省（区）级土地利用总体规划仍然属于政策性规划的范畴，它的规划内容与全国土地利用总体规划相近，但它更强调区域内土地供需总量的平衡，土地开发、利用、整治和保护的重点地区和项目更加明确，土地利用政策的区域差异性更加明确具体。省（区）级规划应协调好各地市间的用地关系，要根据各地市的经济发展状况与土地资源状况，提出各地市的耕地总量动态平衡目标和城市用地规模控制目标。省级规划要协调好跨区域的骨干工程建设用地的关系，为下一级规划提供依据。省级规划可以对全省进行地域分区，但应淡化这种地域分区的土地利用布局控制功能，而代之以土地利用政策的区域差异。省级规划以文本为主，反映主要用地的控制指标，辅之以反映土地开发、利用、整治与保护的重点地区和项目的示意图。

（3）地（市）级土地利用总体规划。地（市）级土地利用总体规划就其深度而言属于政策性规划范畴，它是由省（区）级土地利用总体规划向县（市）级土地利用总体规划的过渡层次，其基本内容是在上级规划的控制下，结合区域规划的要求，在分析本市的人口、土地与经济发展的基础上，进一步分析土地的供需情况，提出土地供应的总量控制指标和确定本市区域土地开发、利用、整治和保护的重点地区和范围。在分析土地的供需关系时，需重点从本地区的工农业发展、城市化水平与进程、区域城市体系和各城市的中心职能与分工等方面研究，合理确定各中心城市的人口规模、用地规模以及区域性骨干基础设施的用地关系。

（4）县（市）级土地利用总体规划。县（市）级土地利用总体规划属于管理型规划，重在定性、定量、定位地落实，强调规划的可操作性。县（市）级土地利用总体规划作为总量控制的最基本层次，其规划内容重点是总量控制指标应落实到位，尤其对于城镇用地，不仅要有全县的城镇用地总规模控制，而且要有每一个城镇的控制指标。在土地的开发、整治、保护层面上，县（市）级土地利用总体规划要具体确定重点项目的类型、时序、规模和范围。在控制指标上，重点突出耕地保有量指标、建设用地总量控制指标、各城镇建设用地控制指标、土地整理复垦开发指标和生态性、公益性的用地指标。在土地用途的控制上，以土地利用大类的用途区域范围控制为主。

（5）乡（镇）级土地利用总体规划。乡（镇）级土地利用总体规划属于规划的最低层次，属实施型规划，规划成果以规划图为主，为用地管理提供直接依据。乡（镇）

级土地利用总体规划内容的重点是在县（市）级土地利用总体规划总量控制与用地分区控制的基础上编制详细的土地用途，即把各类用地定量、定位落实到具体地段，并确定每类用途土地的具体要求和限制条件，为土地的用途管制提供直接依据。乡（镇）级土地利用总体规划还应提出需要进行土地整理的具体区段、方式和范围以及实施的时间。

第三节 土地利用规划学

一、土地利用规划学的研究对象

土地利用的实践为土地利用规划学的产生提供了丰富的营养和坚实的基础。土地利用作为人类社会生产活动，随着人类的出现而产生，在原始捕猎阶段，人类只是自然食物的采集者和捕食者，主要是利用土地，视土地为人类生存所需的食物来源。随着社会生产力的发展，人类社会出现了农业和畜牧业，为了扩大种植面积，采用刀耕火种、不合理垦荒、破坏草原、砍伐森林等措施，导致了严重的水土流失、河流泛滥、风沙危害和土地盐渍化、沼泽化。随着大工业的兴起和农业化学化的发展，在提高粮食单产的同时，使土地和环境遭受污染。这一切都是由于不合理地利用土地带来的严重后果，冲击着对待土地资源及其利用的唯意志论，促使人们冷静地思考人类在自然界中的位置，重新审视人与土地的关系以及土地利用问题。

土地资源是人类赖以生存和发展的且无法替代的自然环境资源，它既是环境的重要组分，又是其他自然环境资源和社会经济资源的载体。土地面积的有限性和对土地需求的增长性之间的矛盾需要借助于合理地组织土地利用来解决。人类在利用土地资源时，必须有一个整体观念、全局观念和系统观念，考虑土地利用系统的内部和外部的各种相互关系，不能只考虑单纯对土地的利用，以期获得眼前的最大利用效益，而忽视土地的开发以及整治和利用对土地本身及其周围生态环境所带来的不利影响。不能只考虑局部地区的土地资源充分利用，而忽视整个地区和更大范围内对其合理利用。任何一项土地利用技术措施和工程措施，既会带来措施的正效益，同时也伴随着措施实施带来的负效益，如开垦荒地能扩大种植面积，增加农产品产量，同时不合理的垦荒也会造成水土流失、气候变化，导致土地盐碱化的发生等。土地利用实践提出合理地组织土地利用的客观要求，制订科学合理的土地利用方案，使其实施以后获得最大的综合效益的同时，重视其对未来土地本身和周围生态环境可能带来的不利影响的预测研究，以使人们在规划实施过程中采取相应措施以减轻或避免不利影响。综上所述，土地利用实践提出土地分配和合理组织土地利用的客观必要性是产生土地利用规划学的坚实基础①。

从以上土地和土地利用的论述中可知，土地利用不单是一个自然范畴，同时也是

① 王万茂，韩桐魁．土地利用规划学［M］．8 版．北京：中国农业出版社，2013.

一个经济范畴，是自然科学和社会科学以及近年来产生的边缘学科共同研究的对象。在土地利用研究领域内，土地利用规划学不单研究制约土地利用的生产力因素，也不单研究制约土地利用的生产关系因素，更不是研究土地利用的全部内容，而是着重研究土地资源部门间分配和时空组织土地利用这一特殊矛盾。因此，这就构成了土地利用规划学的研究对象。土地利用规划学是土地利用研究领域中的横断学科，集土地科学各分支学科之大成。正如美国城市规划专家约翰·M. 利维所指出，最好和最有成效的规划师是那些具有良好边缘学科知识的人，他们不仅掌握规划的技巧，而且熟悉规划问题与围绕这些问题的社会主导力量的相互关系。从操作层面讲，土地利用规划系指在一定区域尺度范围内，应用自然科学与社会科学中有关土地利用的理论与方法及其研究成果，对区域内全部土地资源利用合理组织的一项综合科学与技术。

对于某一现象的领域所特有的某一种矛盾的研究，就构成某一门科学的对象。土地利用规划所要解决的矛盾是土地利用需求与供给之间的矛盾，即协调平衡社会经济发展对土地利用组织的要求与限制土地利用组织的经济因素之间的矛盾。实质是人类对未来土地利用及其发展趋势所做的预先估算过程，目的在于维持人类生存、优化组织土地利用，保护整个人类利益。职责是土地供需预测，协调供需矛盾，追求满意效益，引导持续利用。

二、土地利用规划学的研究任务

根据我国当前存在的主要土地利用问题，在一定时期内，我国土地利用规划的主要任务是对土地利用控制、协调、组织和监督，为满足人们的物质生活需要和国民经济建设需要服务，为创造良好的生态环境服务[①]。

（一）控制土地利用

从数量上控制各类用地规模，如城乡建设总规模、独立工矿用地、水利工程建设等占用农业用地数量特别是耕地数量，保护耕地资源；从质量上控制土地退化，防止水土流失、土地沙漠化、土壤污染等，提高土地生产力。

（二）协调土地利用

土地资源的短缺造成各部门、各用地单位之间的争地现象，所以土地利用规划可以根据国民经济发展战略从总体上宏观协调各部门土地利用需求的矛盾，杜绝土地利用存在的不合理和浪费现象，提高土地利用率；微观上可以进行各用地单位间的用地调整，消除飞地、插花、用地界限不清等土地利用上的缺点。

（三）组织土地利用

（1）土地利用宏观组织。国家通过土地利用规划从宏观上为国民经济各部门和农业各业分配土地资源，选择用地位置，即确立各类用地的结构和布局，包括农业用地、牧业用地、水产用地、城镇建设用地、工矿用地、交通用地、水利工程用地等其他非农建设用地和自然保护区、风景旅游区等专项用地的规划与布局。同时，要为土地资

① 彭补拙，周生路，等. 土地利用规划学［M］. 南京：东南大学出版社，2003.

源的合理开发、利用、整治和保护制定相应的战略措施和政策，以提高土地资源的利用率和产出率。

（2）土地利用微观组织。国家通过各种形式的土地利用专项规划和土地利用详细规划，为土地资源的开发、利用、保护、整治制定具体措施和进行用地规划设计。如基本农田保护区规划、低产田改造规划、土地复垦规划、后备资源开发规划、农村道路建设规划、渠系建设规划、农村居民点规划、耕地规划、林地规划、牧草地规划、建设项目用地选择、田间地块调整，等等。

（四）为土地利用监督服务

根据土地管理法，国家对违反土地管理法规的行为进行监督。土地利用监督是通过对土地利用单位进行定期、定点的检查，及时掌握土地类型的数量、质量的动态变化趋势和规律，使土地资源得到保护，一旦土地使用违反规定，就要及时制止甚至惩罚。由于通过土地利用规划，一来可以清查土地资源利用状况，二来可以指导未来土地利用结构、布局和方向，所以土地利用规划可以为土地利用监督提供科学依据，对各部门的土地利用状况进行监督和检查，使之能够合理、充分地利用土地。

三、土地利用规划学的发展趋势

土地利用规划学的产生应运于社会经济发展的需求，从发展过程来看，它的生命力在于规划成果的应用。因此，增强土地利用规划的权威性、科学性和可操作性，充分发挥规划对土地利用的引导和控制作用显得特别重要。土地利用规划研究应在以下几个方面加强开拓研究。

（一）土地利用规划理论和方法体系的建设和深化

规划理论和方法体系的建设和深化是增强土地利用科学性和进一步发展的基础。尽管20世纪70年代以来，其他国家在土地利用规划理论方面得到长足的发展，出现了以土地评价为基础的土地利用规划模式，联合国粮农组织于1993年出版了一本《土地利用规划指南》，对土地利用规划的本质和目的、规划的尺度和对象等理论问题做了较深入的研究；1994年，H. N. Vanlier 等对可持续土地利用规划的概念、动机、内容体系进行较深入的理论探讨；在城市合理用地规模的理论研究方面也取得重要进展。这些理论均可为我们进行土地利用规划所借鉴，但由于土地是个复杂的开放系统，区域的差异性明显，土地利用则是一个涉及社会、经济生态、文化等更为复杂的动态化的开发系统，以系统的整体性和动态性为特征，应在吸取国内外相关规划理论和方法的基础上，运用系统理论和方法，结合我国的具体情况，开展可持续土地利用规划，多目标协调规划，市场经济条件下动态和弹性规划的研究，建立较为完整的土地利用规划的理论和方法体系，不断提高土地利用规划的权威性和科学性。

（二）充实和完善规划内容，增强可操作性

各国土地利用规划的内容一般都以确定土地用途、规定土地使用范围、条件、标准和限制行为等为主，以此作为政府实行土地用途控制的依据。此外，以政策指南和以利用设计为主体的两大类土地利用规划将会得到充分的发展，充分和完善规划的内容，特别是扩充环境保护、生态开发、发展管理、金融职能、实施手段，自上而下地逐级深化，精心搞好详细规划，切实落实总体和专项规划的内容，增强土地利用规划的操作性和应用价值。

（三）地理信息系统和新技术的应用

土地利用规划应建立一套科学、高效的技术支持系统。随着地理信息系统（GIS）、遥感（RS）和全球定位系统（GPS）的广泛运用，逐步建立土地利用规划管理信息系统，进一步提高上述现代技术手段在土地利用规划管理中的应用水平，从而使有关规划的数据的收集和适时更新、大量规划信息的及时处理、数学模型的建立和规划方案的调整修改、规划实施的动态跟踪管理等提供先进技术手段，从而使土地利用规划向模型化、动态化、智能化的方向发展，必将大大提高土地利用规划的科学性和工作效率。

复习思考题

1. 名词解释。

土地　土地利用　土地合理利用　土地利用规划（学）　土地利用结构　土地利用布局

2. 什么是土地？土地有哪些特性？
3. 简述土地的功能。
4. 为什么要编制土地利用规划？
5. 简述土地利用规划与其他规划的关系。
6. 简述土地利用规划的任务。
7. 试述土地利用规划的内容和体系。
8. 土地利用规划学的研究对象是什么？
9. 如何编制土地利用规划？
10. 现行土地利用规划体系构成与存在的问题有哪些？
11. 简述土地利用规划与城市规划的关系。
12. 如何建立城乡一体化土地利用规划体系？
13. 如何建立国土规划和区域规划控制下的土地利用规划和城市规划相协调的规划体系？

第二章 土地利用规划的理论基础

【内容提要】

本章主要介绍土地利用规划的理论依据。土地区位论是土地利用空间布局及其选址的依据；地域分异理论是实现因地制宜利用土地资源的理论依据；非平衡系统理论是土地利用规划编制中科学编制规划的重要思想和方法；土地资源配置的经济学理论是土地资源配置中获得土地利用最大经济效益的依据；人地协调理论是土地利用中协调人与自然关系的重要依据。

第一节 土地区位论

所谓区位，就是从空间的观点确定地理现象位置、距离、规模、结构的合理性。区位是空间区域的综合体，包括自然地理区位、经济地理区位和交通地理区位。

自然地理区位包含地球上某一位置与其周围陆地、山川、河湖、海洋等自然环境的空间位置关系，以及该位置上的地质、地貌、植被、气候等自然条件的组合特征。

经济地理区位是指地球上某一位置在人类社会经济活动过程中创造的人地关系，就城市而言，是指一个城市在特定的经济区内所处的具体位置及其与其他城市、城镇或农村居民点之间经济上的相互关系。

交通地理区位主要是指区域内某一地段与交通线路和设施的关系。通达性好的区位，其土地使用必多竞争，人们也趋向集约化、高密度地利用土地，导致较高的集聚效益和高额租金。

1826 年，德国农业经济和农业地理学家杜能（J. H. Von Thunen）的著作《孤立国同农业和国民经济的关系》的出版标志着区位论的问世。区位论是关于人类活动的空间分布及其空间中的相互关系的学说，通过地球表面的几何要素（点、线、面）及其组合实体（网络、地带、地域类型、区域），从空间地域方面研究自然和社会现象，特别是经济活动的空间组合规律。区位论包括杜能的农业区位论（孤立国）、韦伯的工业区位论、克里斯塔勒的中心地理论、廖什的市场区位论等。

一、农业区位论

农业区位论的创始人是德国农业地理学家杜能（J. H. Von Thunen），同时他也是经济活动空间区位模式的创始人。他于 1826 年出版了《孤立国同农业和国民经济的关系》一书，集中阐述了农业土地利用的布局思想。杜能的农业区位论指出：农业土地利用类型和农业土地经营集约化程度，不仅取决于土地的自然特性，而且更重要的是依赖于其经济状况，其中特别取决于它到农产品消费地（市场）的距离。

（一）杜能的基本假定

杜能在进行农业区位问题研究时，为了能推导出基本模式，运用了归纳和理论演绎相结合的方法，舍弃非主导地域现象，构造均一地理研究区域。他提出的假设条件主要包括：

（1）在一个大平原中央有一个城市，它与周围农业地带组成一个孤立的地区。除城市外，该区域农业发展的自然条件完全相同，宜于植物、作物生长。而在这个平原之外，没有适合耕种的土地，只有荒原与外部世界隔绝。

（2）“孤立国”中既无河川也无运河，马车是产品唯一的运输手段。

（3）城市是“孤立国”中商品农产品的唯一销售市场，而农村则靠城市供给工业品。

（4）市场的农产品价格、农业劳动者工资、资本的利息皆假定固定不变。

（5）农业经营者以获取最大经济收益为目的，并根据市场供求关系，调整他们的经营品种。

（6）农产品的运费与运输的质量和产地到消费市场的距离成正比关系，运输费用由农业生产者负担。

（二）杜能的农业区位论的主要内容

杜能从上述假设前提出发，对农业生产如何才能从单位面积土地上获得最大利润的问题进行了分析，进而论述了区位地租的内涵，最后形成了他的农业区位理论体系。

（1）杜能区位论的基本经济分析：杜能认为在“孤立国”中，市场上的农产品销售价格决定农业经营的产品种类和经营方式；农产品的销售成本等于生产成本与运输成本之和；而运输费用又决定着农产品的总生产成本。农业经营利润由式（2-1）表示：

$$P=V-(E+T) \tag{2-1}$$

式中，P 为利润；V 为市场价格；E 为生产成本；T 为运费。

由于孤立国中城市唯一，是全国各地农产品的唯一销售市场，故农产品的市场价格由这个城市来决定。因此，在一定时间内，孤立国中各种农产品的市场价格（V）是固定的。同时，孤立国中的农业生产条件相同，所以同一种农产品的生产成本（E）也是相对固定的。农业经营利润实际上取决于由距离决定的运输费用，故：

$$P+T=V-E=K \tag{2-2}$$

K 是一个常数，也就是说，利润加运费等于一个常数。其意义是只有把运输费用压到最低，才能将利润增加到最大。因此，杜能农业区位论所要解决的问题归结在一点，就是通过合理布局农业生产来节省运费，从而最大限度地增加利润。

（2）杜能圈：根据假设条件以及基本的经济分析，杜能在其“孤立国”一书中，提出了六种耕作制度，每种耕作构成一个区域（图 2-1），且每个区域都以城市市场为中心，围绕城市呈同心圆状分布，称作“杜能圈”。

这些同心圆以城市为中心，越接近城市的圈层，运费越低，越适宜集约经营，于

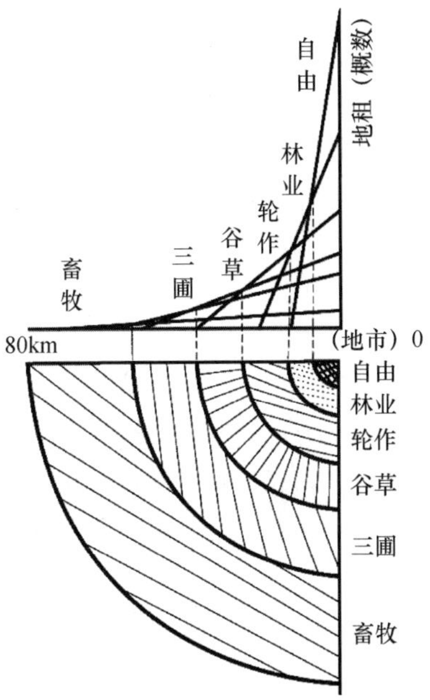

图 2-1　“杜能圈”示意图

是就形成了以城市为中心，由里向外的六种耕作的同心圆结构。

① 第一圈——自由式农业圈：为最近的城市农业地带，主要生产易腐难运的产品，如蔬菜、鲜奶。由于运输工具为马车，速度慢，且又缺乏冷藏技术，因此新鲜蔬菜、不便运输的果品（如草莓等）以及易腐产品（如鲜奶等）等就在距城市最近处生产，形成自由式农业圈。本圈的大小由城市人口规模所决定的消费量的大小而决定。

② 第二圈——林业圈：供给城市用的薪材、建筑用材、木炭等。由于其质量和体积均较大，只有在城市近处（第二圈）种植才能更经济。

③ 第三圈——轮作式农业圈：没有休闲地，在所有耕地上种植农作物，以谷物（麦类）和饲料作物（马铃薯、豌豆等）的轮作为主要特色。杜能提出每一块地的六区轮作：第一区种马铃薯，第二区种大麦，第三区种苜蓿，第四区种黑麦，第五区种豌豆，第六区种黑麦。其中，耕地的 50%用来种植谷物。

④ 第四圈——谷草式农业圈：为谷物（麦类）、牧草、休耕轮作地带。杜能提出每一块地的七区轮作。同第三圈不同的是，第四圈总有一区为休闲地，第一区种黑麦，第二区种大麦，第三区种燕麦，第四区、第五区、第六区种牧草，而第七区为荒芜休闲地。全耕地的 43%为谷物种植面积。

⑤ 第五圈——三圃式农业圈：此圈是距城市最远的谷作农业圈，也是最粗放的谷作农业圈。三圃式农业将农家近处的每一块地分为三区，第一区种植黑麦，第二区种植大麦，第三区为休闲地，三区轮作，即为三圃式轮作制度。远离农家的地方则作为永久牧场。本圈内全部耕地中仅有 24%为谷物种植面积。

⑥ 第六圈——畜牧业圈：此圈是杜能圈的最外圈，生产谷麦作物仅用于自给，而生产牧草用于养畜，以畜产品如黄油、奶酪等供应城市市场。据杜能计算，本圈层位

于距城市 51～80km 处。

此圈之外，地租为零，为无人利用的荒地。

杜能从农业土地利用角度阐述了对农业生产的区位选择问题。杜能理论的核心部分，从经济上看就是农业生产者所处位置的级差地租。土地位置级差地租为土地经济利用时的价格，与需求之间成正相关。在当时历史条件下，杜能是第一个对区位论做了系统分析计算的学者，尽管其中存在不尽完善之处，但对土地利用及其规划起着重要的作用。

二、工业区位论

1909 年，德国经济学家阿尔弗雷德·韦伯（Alfred Weber）在其《论工业区位》一书中首次系统地论述了工业区位，标志着工业区位论的问世。他认为，运输成本和工资是决定工业区位的主要因素。韦伯首次引用了“区位因素”，即指一个地理点上能对工业生产起积极作用和吸引作用的因素。

（一）韦伯区位论的若干假设

与杜能一样，韦伯首先做了如下假设：

（1）研究对象是一个均质的国家或特定的地区，假定在此范围内该国家或地区的自然条件、政治制度和政策、民族及技术发展均相同，只讨论其经济因素。

（2）工业原料、燃料产地为已知地点，生产条件和埋藏状况不变；消费地点为已知点，需求量不变；劳动供应地为已知点，供给情况不变，工资固定。

（3）生产与销售均就同一产品进行讨论。

（4）运输费是质量和距离的函数，即运费与载运质量及运输距离成正比，运输方式为铁路。

（二）韦伯区位论的主要内容

韦伯区位论的核心是区位因子的合理组合，使企业成本和运费最低，于是，工厂就要将其场所放在生产和流通上最节约的地点。韦伯工业区位论中排除了社会文化方面的区位因素，只考虑原材料、劳动力和运费，甚至把原材料费用及其地区差异纳入运费之中，因此，“孤立的工业生产”的区位就取决于运输费用和劳动费用。

1. 区位因素及其体系

韦伯认为影响工业区位的因素主要是经济方面的因素，称为“区位因素”，这些因素可根据不同标准进行分类。

（1）按作用程度划分：一般性区位因素和特殊性区位因素。一般性区位因素是指对一般工业生产都产生影响的因素，如运输费、工资、地租等；特殊性区位因素是指对某些特定的工业生产有影响的因素，如地质条件、空气湿度、水质等。

（2）按作用方式划分：区域因素、集聚因素和分散因素。区域因素是指影响工业企业配置的地理区域或地点，如矿产资源的分布通常决定工业企业的配置的地理区域或地点；集聚因素是指促使工业集中到一定地点的因素，如工业企业的协作配套、成组布局、动力使用等；分散因素即指不利于工业向一定地区集中的因素，如地价、房租的上涨，以及环境污染等。

（3）按区位因素的属性划分：自然技术区位因素和社会文化区位因素。自然技术区位因素一方面是指由于自然条件和资源的地理差异引起的工业区位变化，如气候；另一方面是指由于技术进步和发展所导致的区位变化，如运输工具和运输方式等。社会文化区位因素指由于社会意识形态和一定的文化水平而使工业区位变化的因素，如居民的消费水平和习惯等。

2. 运输成本对工业区位的影响

工厂企业的位置选择，要使原料和成品二者的总运输费用最小，即要使工业生产成本最低，首先要寻求吨千米总和的最低点。因为运输费用与吨千米总和成正比，运输费用差异的产生，除了运输距离，就是原材料的性质，而后者对工业区位的选择有决定性的意义。

工业原料包括常见性原料和稀有性原料。

（1）常见性原料指到处都有的原料，如空气、水、砂、黏土、谷物等。无论工业生产在何处进行都能取得的原料，对工业区位影响不大。

（2）稀有性原料指只在某些固定地点贮存或开采的原料。它对工业区位模式产生重大的影响。稀有性原料可分为纯原料（在生产过程中，全部进入制成品中）和失重原料（在生产过程中，有一部分质量损失）。

依据原材料在生产中的特性，韦伯设计了原材料系数公式：

$$原材料系数=\frac{稀有性原料总质量}{制成品总质量} \tag{2-3}$$

韦伯就此公式阐明了三个基本原则：

① 原材料系数<1 的工业，为节省运输费用，工厂应设在产品的中心消费区。

② 原材料系数>1 的工业，为节省运输费用，工厂应设在稀有原材料产区。

③ 原材料系数=1 的工业，工厂应选择在工厂和原材料产地之间的某一地点。

3. 劳动成本对工业区位选择的影响

韦伯为分析劳动成本对工业区位的影响，提出了劳动成本指数、地域质量和劳动系数的概念。劳动成本指数是指制造一单位产品所支付的平均劳动工资；地域质量是指每生产一单位产品所需运输的总量；劳动系数则是劳动成本指数与地域质量的比值。

$$劳动系数=劳动成本指数/地域质量 \tag{2-4}$$

劳动系数大的产品的生产工厂应离开运输成本最低点偏向劳动成本较低点，最终使产品成本下降。劳动成本较低的地区与其他地区相比，可能节省的劳动费用较高，这样对各种制造业特别是劳动系数较大的制造业吸引力也较大。

4. 集聚与分散因素对工业区位的影响

（1）集聚因素。

① 生产或技术集聚：主要通过两种方式，其一是由工厂企业规模的扩大带来的。由于企业内部工艺流程和经营管理系列化的要求，工厂由小变大，从而带来产品成本的降低，经济效益提高。其二是同一工业部门中，企业间的协作，使各企业的生产在

地域上集中，且分工序列化。如各企业的产品互为原料、就近取得，机器零部件分工生产，集中组装，形成工业集团。工业园区的布局形式使社会运输转变成工业区运输，不仅运输距离大大缩短，而且成本也大大降低。

② 社会集聚：包括两个方面，一是交通便利、矿产资源丰富使工业集中；二是一个企业选择了与其他企业相邻的位置，获得额外利益，如共同使用专门设备，共同利用市政工程设施，共同利用劳动力市场等，使工厂生产成本降低。

（2）分散因素。若干工厂集中于一个地点，会引起房地产价格上涨，从而导致各工厂的租金支出增加。因此，一些工厂宁愿离开工业集中区，搬到或新建在工厂较少的地点去，但前提条件是看集聚给企业带来的利益大还是房地产价格上涨造成的损失大。

集聚与分散是相互作用和相互影响的一对因素。一般而言，某一地区集聚程度越高，分散因素的影响越大。所以，在某一地点的工业集聚程度正是集中与分散两方面力量正负相抵消的结果。

韦伯确定合理工业区位的过程：根据运输指向来确定工厂的运费最小点；在此基础上，韦伯认为，当劳动力费用（表现为工资）在特定的区位对配置企业有利时，可能使一个工厂离开或者放弃运费最小的地点，而移向有廉价劳动力的地区，条件是原材料和成品的追加费小于节省下来的劳动力费用，从而使韦伯的区位图形产生“第一次变形”；当一个工厂集聚所节省的费用大于因离开运费最小或劳动力费用最小的位置需追加的费用时，则其区位由集聚因素定向。根据集聚（集中和分散）因素指向修改上述结果，形成工业区位的“第二次变形”。

三、中心地理论

中心地理论即“城市区位论”，是1933年由德国城市地理学家克里斯塔勒（Walter Christaller）提出的。他从城市或居民点的物品供应、行政管理、交通运输等主要职能的角度，论述了城镇居民点的结构及形成过程；深刻地揭示了城市、中心居民点发展的区域基础及等级-规模的空间关系，为城市规划和区域规划提供了重要的方法论依据。

（一）基本概念

（1）中心地（Central Place）、中心地职能、中心性（Centrality）：中心地指对于一个区域而言的中心点，不是一般泛指的城镇或居民点，更确切地说，是指区域内向其周围地域的居民点提供各种货物和服务的中心城市或中心居民点。由中心地提供的商品和服务就称为中心地职能。中心地职能的作用大小可用“中心性”或“中心度”来衡量。中心性或中心度可理解为一个中心地对周围地区的影响程度，或者说中心地职能的空间作用大小。

（2）需求门槛、商品销售范围：需求门槛（Demand Threshold）是指某中心地能维持供应某种商品和劳务所需的最低购买力和服务水平，换言之，是使保证供应此种商品和服务的企业能获取正常利润所需的最低销售额和服务量。若低于此值，则提供该种商品和服务的企业不能维持最低收入，甚至亏本，该商品就会停止供给。

商品销售范围：如果其他条件不变，消费者购买某种商品的数量，取决于他们实际准备为之付出的实际价格。此价格就是商品的销售价格加上为购买这种商品来往的交通费用。显然，实际价格随消费者选择商品提供点的距离远近而变化，距离越近，交通费用越少，商品的实际价格越低，该商品的需求量就越大。由此可以得出，商品销售范围就是指消费者为获取商品和服务所希望通达的最远路程或者指中心地提供商品和劳务的最大销售距离和服务半径。

（二）主要内容

（1）中心地理论的假设条件

克里斯塔勒指出，他的理论是根据杜能、韦伯的“孤立国”方法而建立的。假设条件①如下。

① 对同一产品而言，所有厂商的生产成本是相同的。

② 所有消费者对产品的需求函数是相同的。

③ 只要有利润存在，就会吸引新的厂商进入，最终的均衡使所有厂商都取得最低的利润。

④ 只要这些居民的需求是有价格弹性的，那么，距厂商越远的居民，需求就越少。

⑤ 以厂商为中心的市场半径越大，到该厂商处购买商品的消费者就越多。

（2）中心地理论的要点

① 城镇是区域的“中心地”。在一定区域的范围内，必然会形成若干经济活动的中心地——城镇，城镇与周围地区形成相互依存、相互促进的关系。

② 不同等级的中心地的地位与作用不同。在一个大地区内，必然形成高、中、低等级不等的中心地并构成中心地体系。中心地的等级性表现在每个高级中心地都附属有几个中级中心地和更多的低级中心地。居民的日常生活用品基本在低级中心地就可满足，但如购买较高级的商品和寻求高档次的服务，则必须去中级中心地和高级中心地才能满足。

③ 不同等级的中心地在外形上相互衔接，而且在数量和面积上具有密切关系，上一级中心地与下一级中心地的数量比例具有固定的系数 K。

克里斯塔勒认为，有三个条件或原则支配中心地体系的形成，它们是市场原则、交通原则和行政原则。在不同的原则支配下，中心地网络呈现不同的结构，而且中心地和市场区大小的等级顺序有着严格的规定，即按照所谓 K 值排列成有规则的、严密的系列。

四、市场区位论

德国经济学家廖什（August Losch）在杜能、韦伯等人的区位理论基础上，利用数学和经济学理论推导出与克里斯塔勒相同的区位模式——正六边形市场和市场网络，被后人概括为“市场区位论”。廖什从工业配置寻求最大市场角度，从总体均衡的角度来揭示整个系统的配置问题，以利润来判明企业配置的方向，并且把利润的原则同产品的销售范围联系起来。

① 许学强，周一星，宁越敏．城市地理学［M］．北京：高等教育出版社，2009.

五、区位论与土地利用

区位论是关于人类活动的空间分布及其空间中的相互关系的学说。土地利用规划实践必须全面系统地应用区位理论作为指导，合理地确定土地利用方向和结构，根据区域发展的需要，将一定数量的土地资源科学地分配给农业、工业、交通运输业、建筑业、商业和金融业以及文化教育卫生部门，以谋求在一定投入的情况下获得尽可能高的产出。在具体组织土地利用时不仅要依据地段的地形、气候、土壤、水利、交通等条件，确定宜作农业、工业、交通、建筑、水利等用地，而且要从分析土地利用的纯经济关系入手，探讨土地利用最佳的空间结构。

杜能的农业区位论研究的是农业土地资源的利用，农业生产的区位选择、农业土地类型及其配置问题，杜能圈本身就是一种农业土地利用类型的规划模式。

韦伯的工业区位论研究的是工业企业的选址问题，也即一定区域土地上的工业企业布点问题。

克里斯塔勒的城市区位论着眼于一定区域的土地资源的利用，研究区域内城市的分布和城市间的关系。他的城市区位模型已成为区域宏观区域规划和城市规划中城镇布局的重要依据。

廖什的市场区位论把生产区位和市场区位结合起来，其实质是在研究土地利用问题上，加入一个重要的经济因素，以便更密切地结合经济发展形势，考虑市场情况对工业用地做科学配置，使土地的工业利用更趋合理和高效。

20 世纪 50 年代以来，区位理论的新发展包括地域上的扩展和时间上的延续，新技术的应用，动态研究规划，区域土地利用。这表明区位论日益注重土地的动态综合利用研究，并为土地资源的进一步合理利用提供了理论基础。土地区位利用理论是融合工业、农业以及范围更加广泛的第三产业等全部社会经济细胞的综合性区位理论，它从区域整体出发，综合考虑区域内土地动态利用问题，依据最基本的区位原理，确定城市体系及各部门、各行业的空间布局及结构关系。

第二节　地域分异理论

一、土地的自然地带规律

土地是由气候、土壤、水文、植被、地貌、地质等构成的自然地理综合体，但是它的各个部分又存在着地域上的分异。换言之，土地除了具有整体性外，还具有与之相对应的地域性特征，即地域分异规律。受地域分异规律支配的这种分化，造成各地土地利用的模式和水平差别很大。土地利用要抓住地域特色，就需要根据地域分异原理，做到因地制宜、因土制宜。地域分异的根源是太阳辐射和地球内能，它们在自然地理环境的空间上或时间上的作用是不平衡的，决定了地域分异的水平地带性与垂直地带性。

（一）水平地带性

1. 纬度地带性

纬度地带性是由于地球自转和绕太阳公转，导致太阳辐射在地球表面有规律地变化（由低纬度向高纬度逐渐减弱），由此产生了土地诸要素气候、水文、生物、土壤等按纬度呈现带状分布规律，这种呈带状的地域分化现象称为纬度地带性。如大气温度由赤道向两极逐渐降低，大致与纬度相平行，在寒温带大于10℃的积温小于1700℃，在赤道热带，大于10℃的积温大于9200℃；同样，大气降水也有较明显的纬度地带分布，全球年平均大气降水以赤道为最多，一般不少于2000mm，并有由赤道向两极逐步减少的趋势，至两极地带一般只有200～300mm；土壤的形成与太阳能的分布没有直接联系，但由于岩石暴露在地表后，受太阳能的作用而风化，在一定的生物气候带形成一定类型的土壤。例如在我国，由北向南依次分布的土壤有棕色针叶林土、暗棕壤、棕壤、褐土、黄棕壤、黄壤与红壤、砖红壤等。

2. 经度地带性

经度地带性是指受海陆分布的影响，自然地理综合体及其组成要素按经线方向由海洋向内陆变化的规律。因此，海陆分布、盛行风向等因素是经度地带性分异的主要因素，它们可以影响气候带、生物带和土壤带的分布。例如，在我国还由于大陆和海洋的位置关系，降水自沿海向内陆逐步减少，与经度平行。气候上的差异反映在地表水、生物、土壤方面的差异也很明显。例如，我国境内自沿海向内陆有森林—森林草原—草原—荒漠草原—荒漠植被分布，在北部由东向西分布土壤有暗棕壤、黑钙土、灰棕土、棕漠土和灰漠土。

纬度地带性和经度地带性相结合，称为水平地带性，它有两种表现形式，即带段性分异和省性分异。带段性分异是指非地带性单位内的地带性分异。省性分异是指地带性单位内的非地带性分异。例如，我国东亚季风大区（非地带性单位）内出现南北方向更替的各自然地带差异就是一种带段性分异。其中每一自然地带（地带性单位）内都有明显的省性分异。如中亚热带自然地带内部由沿海到内陆就存在这样的差异：东部（浙、闽）沿岸是受台风侵袭的范围，受暴雨影响很大；中部（湘、赣）是伏旱控制的地区，受寒潮影响较大，春季常出现倒春寒；西部（川、贵）降水比较均匀，降水强度不大，多云雾，形成比较阴湿的气候。

（二）垂直地带性

土地的温度随海拔高度升高而下降，湿度随之上升。每升高百米温度下降0.5～0.6℃，降水增加20～30mm。因此，由于海拔高度的差异引起的自然景观的垂直递变规律称为垂直地带性。垂直地带性受水平地带性（纬度地带性和经度地带性）的制约，体现出地带性规律，是叠加了地带性影响的非地带性在地表垂直方向的具体表现。植被和土壤分布也呈地带性分布，如在秦岭南坡植被依次为高山灌丛草甸、针叶林、针阔叶林、夏绿阔叶林和混交常绿阔叶林，土壤依次有山地草甸土、暗棕壤、棕壤、黄棕壤。

二、土地类型的地域分异规律

由于土地及其组成要素具有地带性分异规律，所以不同的土地类型也必然具有地带性分异规律。

在《中国1∶100万土地类型图制图规范》（SITSI/CH 001—1996）中，依据水热条件的组合类型把全国分为12个土地类型（土地纲），依次分别为：湿润赤道带；湿润热带；湿润南亚热带；湿润中亚热带；湿润北亚热带；湿润半湿润暖温带；湿润半湿润温带；湿润寒温带；黄土高原；半干旱温带草原；干旱温带暖湿带荒漠；青藏高原。这种划分反映了自然地区主要农业自然条件与气候生产潜力的相对一致性，以及土壤与植被地域分异的地带性。

三、地域分异规律与土地利用规划

由于地带性和非地带性因素相互制约与相互联系，决定了自然环境空间分布的差异。这种自然环境空间分布差异的规律对指导土地利用规划有很重要的意义。

（1）地域分异规律可以指导种植品种选择，有利于合理安排农、林、牧、渔等生产。

（2）可以按地域各自然因素（水、气候、地貌、水文、土壤等）组合形成规律，划定地域分区，指导农业区划和土地利用分区。

第三节　非平衡系统理论

20世纪中叶以来，随着自然科学和社会科学的发展，系统思想、系统方法和系统工程应运而生，并在科学、技术和实践活动中得到了越来越广泛的运用，同时取得了显著的效果。它的产生是现代科学技术发展的必然要求，是社会经济发展的直接需要，例如，当代各种“全球性问题”、环境污染和环境保护、能源和资源的合理开发应用、人口、粮食等问题，以及国民经济的计划和管理、社会发展的预测和管理等，都是一些规模巨大、性质复杂的庞大系统，要解决这些问题，必须应用各学科知识，把各要素有机地相互联系在一起综合研究，才能有效地解决。同样，对于土地科学来说，它的研究对象——土地也是个复杂的系统，而对土地系统进行规划调控，必须运用系统的观点和系统的方法。这不仅有利于形成科学的规划思想，也有利于形成科学的规划方法。

随着科技的发展，新的知识和理论不断出现。在最近三十年，在国际科学界发展起来一门“非平衡系统理论”的新学科，它广泛适应现代科学技术整体化发展的需要，以全新的系统科学理论和方法对复杂系统的规律性进行研究，从自然现象到生命的生物进化、社会经济进化等的研究中都得到了一系列新奇的结果，在学术界引起了很大反响。目前一般认为非平衡系统理论主要有以下四个方面的内容：一是比利时的普利高津（I. Prigogine）于1967年提出了非平衡统计物理学的耗散结构理论（The theory of Dissipative Structure)，它在研究城市演化、人口空间分布、渔业发展系统等方面已取得可喜成就；二是 1977 年西德斯图加特大学著名的物理学教授赫尔曼·哈肯(H. Haken) 创立的协同学 (Synergetics)，它不但研究系统从无序到有序，从原来的有序到新的有序，还研究系统在给定参数条件下能重复再现的随机行为，把不同学科中共同存在的协同现象抽取出来，作为自己的研究对象，并用数学模型表达；三是西德的生物学家艾根 (M. Eigen) 提出的超循环理论 (Hypercycle)，它解释了生物的变化和遗传变异过程，为生命科学奠定了理论基础；四是系统动力学 (System Dynamics)，它是由美国麻省理工学院教授福瑞斯特 (Tay W. Forrester) 于 1956 年创立的，它是一种以信息反馈控制理论为基础，以数字计算机仿真技术为手段，把定性与定量描述相结合的研究复杂系统的理论和方法。它已被成功地应用于企业级、城市级、城区级、国家级和世界级的战略与决策研究，被誉为现代战略与决策的"实验室"，是最近二三十年来在自然科学和社会科学之间出现的新的边缘科学之一，是系统科学的一个重要分支。

许多土地利用规划的思想和理论涉及非平衡系统原理。例如规划方案的决策、人口和土地需求的非线性预测等，因此，本节简要介绍非平衡系统理论。

一、耗散结构理论

处在开放条件下，又远离平衡态的体系，同时和外界环境交换物质和能量，通过能量的耗散过程和内部的非线性动力学机制来形成和维持宏观的时空有序结构，被称为"耗散结构"。利用耗散结构理论的自组织现象可以解释自然界的许多自然现象，如超导、激光和蛋白质产生等。形成耗散结构必须满足四个条件：一是远离平衡态；二是系统和外界有物质和能量交换；三是系统各部分存在反馈耦合；四是非线性。

二、协同学

哈肯的协同学认为，在一定的条件下，由于子系统的相互作用和协作，这种宏观系统就可能形成有一定功能的自组织结构，即宏观上产生了时空有序结构①。哈肯从随机理论出发，在逐步约束条件下，导出无规则子系统组成的整体随时间演化的规律——主方程，通过解主方程得出主宰系统演化的序参量，用序参量来度量系统的有序程度。系统无序时，序参量为零，系统达到临界点时，序参量急剧增大，形成有序结构。不同系统，序参量含义不同。一个复杂的大系统是由许多子系统组成的，子系统是系统的微观世界，而系统则表现为子系统的整体行为。由于子系统很多，总自由度就很大，当各子系统的独立性占主导地位时，系统整体显示不出其特定的功能，则认为这样的系统是无序的。当子系统之间的关联足以束缚各子系统的状态时，系统整体在宏观上显示出一定的结构和功能，这样的系统是有序的。处于非平衡态的开放系统，在一定的条件下，同样也能呈现出宏观有序结构，这种有序结构不同于在平衡态开放系统中所呈现的宏观有序。前者是动的有序，而后者是静的有序。对于非平衡的

① HAKEN H. Synergetics [J]. Naturwissenschaften, 1980, 67 (3): 121-128.

开放系统，只有存在非线性时，才能通过子系统之间的同步作用即协同作用，导致宏观上的稳定有序结构。总之，开放性是产生有序结构的必要条件，而非线性是产生有序的基础，只有协同性才是产生有序性的直接原因①②。

三、超循环理论

艾根用一组非线性方程描述了生物大分子的自复制及选择过程，把1952年以来的分子生物学成果与达尔文进化论巧妙地结合起来，在分子的水平上讨论竞争与选择的作用，建立了生物大分子的自组织理论。他直接建立了生命现象的数学模型，观察到生命现象都包含许多由酶的催化作用所催动的各种循环，与最基层的循环又组成的更高一层次的循环，即“超循环”，也可以出现再高层次的超循环。超循环中可以出现生命现象所具有的新陈代谢、繁殖和遗传变异特征。艾根把控制论中的巨系统理论具体化到生命现象，提出了结构模型，并通过实例，即生物遗传信息的传递过程，验证了他们的模型可以重复生命现象的特征，为生命在生存环境中的演化提供了科学的理论依据。超循环论是关于生物系统在分子级的理论，它揭示了生物的自复制、自催化、自繁殖的情况。

四、系统动力学理论

系统动力学把研究对象看作是具有复杂反馈的结构的、随时间变化的系统。它认为任何一个复杂系统都是由若干反馈回路构成的，若变量A影响变量B，变量B影响变量C，变量C又影响变量A，则A、B、C就构成了一个反馈回路。正反馈回路中任何一个量的变动，会自我强化变动的效果，使系统处于不稳定状态；负反馈回路使系统具有自我调节的能力而处于稳定状态。正负反馈相互作用的结果使系统从整体上呈现稳定、不稳定或波动的现象。系统的内部结构是产生系统行为的内在依据，即结构对于行为有决定性作用。如果两个系统结构相同，那么它们在相同的环境条件下必然表现出相同的行为。所谓控制，事实上是两个结构之间的一种联系，或者说是一个结构加之于另一个结构之上的约束，这种约束有两类：一类是系统内部子结构之间的联系，另一类是系统与环境之间的联系。因此，对于系统存在着两类性质不同的控制：一类是由系统内部相互耦合所形成的加之于子结构之上的自然约束；另一类是环境加在系统内部子结构之上的约束。前一类约束是系统自组织性质的体现，后一类约束则表现为外部政策、外在目标等，它们为系统行为的形成提供了外部条件，为系统生命的维护提供了源泉。在非平衡状态下运行是系统的重要特性，系统动态特性主要是指系统是非平衡的，行为是进化的。

土地利用规划是对庞大复杂的土地系统的调控，搞好土地规划工作必将涉及各个学科和各项技术，如对各种数据和信息的处理，需要运用生态经济学、土地经济学、

---

① 胡光伟，许滢，张明，等．基于SPA的湖南省水资源与社会经济发展协同度评价［J］．水利水电技术，2019，50（1）：65-72.

② 马向东，孙金华，胡震云．生态环境与社会经济复合系统的协同进化［J］．水科学进展，2009，20（4）：566-571.

社会学、农业科学技术、运筹学、计算机等各类学科理论和方法，以协调系统内自然、社会、经济的平衡，合理科学地进行土地利用安排。土地利用规划因此是一项系统工程，进行土地规划的研究和工作，要自觉地利用系统的思想，以系统论、控制论、信息论为基础，使系统的研究科学化。

规划是否科学，很大程度上依赖于预测和决策是否准确，而过去的预测一般都是基于预测的相关性原理、惯性原理、类推原理和概率推断原理。但是事实上有些预测与实际校验，差异比较悬殊，促使人们对预测方法进行思索，由此使一些新的预测方法不断推出，如组合预测、灰色预测、神经网络预测、非线性预测等，有些预测结果与实际非常接近，这是由于这些预测模型逼近模拟现实复杂世界。在决策中，对复杂的土地利用系统，可以用系统动力学模型进行动态仿真，随时修改土地利用系统的数据，对土地利用方案择优，对一定人口承载力土地输入的各种措施进行调整，这些都是非平衡理论在土地利用规划与管理中的应用。

第四节　土地资源配置的经济学理论

一、地租和地价理论

地租和地价理论是土地利用规划的重要理论。地租一词来源于拉丁语的 rendita，意为报酬或收益。

（一）古典地租理论

威廉·配第（Willian Petty，1623—1687 年）早在三百多年前出版的名著《赋税论》中提出，地租是使用农地生产农作物的一种剩余或净报酬，即收获的生产物扣除生产费用以后的剩余部分。他认为地租水平的差异是由于土地肥沃程度及农业技术，以及土地距市场远近的不同所造成的。配第还首次确定了土地价格，它是购买一定年限的地租总额。

亚当·斯密（Adam Smith，1723—1790 年）在 1766 年出版的著作《国民财富的性质和原因的研究》（简称《国富论》）中指出，地租是“作为使用土地的代价”“是使用土地而支付的价格。”他将地租的研究，从农地扩充到非农地[①]。

大卫·李嘉图（David Ricardo，1772—1823 年）发展了级差地租理论，他在 1817 年出版的名著《政治经济学与赋税原理》中指出：地租仅是为了使用土地而付给地主的金额。李嘉图认为地租不是价格的构成部分，不是价格的原因，而是价格的结果[②]。

杜能（Johann Thunen，1783—1850 年）认为，地租不是劳动和投资的产物，而是田庄所处的位置和土地性质的偶然优势带来的。

---

① 斯密．国民财富的性质和原因的研究［M］．北京：商务印书馆，1972.

② 李嘉图．政治经济学与赋税原理［M］．北京：商务印书馆，1972.

（二）马克思主义地租理论

马克思的地租理论是在批判和继承前人特别是李嘉图的地租理论基础上创立的，科学地揭示了资本主义土地私有制及其地租的本质。马克思认为，地租是由绝对地租和级差地租组成的，其中绝对地租产生的根本原因是土地所有权的垄断，级差地租产生的根本原因是土地经营者垄断，而土地质量优劣是产生级差地租的自然基础。

（1）绝对地租是指土地使用者为取得土地使用权而以地租的名义支付给土地所有者的租金。马克思正确地认识并全面而系统地阐述了资本主义条件下的农地绝对地租问题。

（2）级差地租是由于经营优等土地和中等土地获得的超过平均利润以上的超额利润，这部分超额利润通常转化为地租，即级差地租。马克思发展了资本主义级差地租理论，揭示与阐明了级差地租的性质、形成及其运动规律。级差地租Ⅰ是由于土地的肥沃程度和土地位置的不同而产生的。级差地租Ⅱ是由于在同一块土地上连续投入等量资本所产生的生产率差别而形成的。

（三）地价理论

土地与资本、劳动力共同构成社会经济的三大生产要素，土地价格是这一理论的核心问题。

马克思地价理论从劳动价值论出发，在批判地继承古典政治经济学地租理论的基础上，认为土地价格是地租的资本化。马克思的地价理论不仅科学地揭示了地价的本源，而且完全能够满足指导地价实践的要求。马克思地价理论包括以下内容：

（1）地价的二元构成。从理论上看，现实的土地可以分成两个部分：土地物质和土地资本。马克思认为，任何物品要具有价值，就必须凝结无差别的人类劳动。自然状态的土地物质未经人类的开发，没有投入人类劳动，不是劳动产品，因而不具有劳动价值。土地是自然的产物，而不是人类劳动创造的，所以没有价值。但是，在资本主义私有制下，土地成了商品，有了价格，可以自由买卖。土地具有价格，是由于有限的土地被土地所有者垄断了，只有支付一定数额的货币，所有者才愿意出让。土地资本是土地的另一个组成部分，指凝结在土地之中的固定资产。

（2）地价是土地收益的资本化。马克思曾经对土地价格进行了如下描述：土地价格是资本化的地租。土地的购买价格是土地所提供的地租的购买价格，即土地价格＝地租/利息率。

为了获得土地利用的最大经济效益，合理地配置土地资源，必须应用经济杠杆对其加以调节和控制。地租和地价理论对于土地资源的综合评价和合理开发利用，制定土地利用政策具有重要的指导作用。通过合理地组织土地利用，不断地提高土地肥力和改善土地质量状况，改变土地的经济地理位置和交通运输条件，追加活劳动和物化劳动的投入，实行土地集约化经营。规划是影响地价的重要因素，应根据地价的空间分布规律合理规划（配置）各业用地。

在地租和地价理论的指导下，根据土地用途与地租之间的关系，应把位于和接近城市中心区的土地规划用作高价用地，如商业用地、居住用地等，把其他类型用地如工业用地，行政办公用地规划于远离城市中心的地段上。对于农用地而言，应把集约经营用地如果品、蔬菜等产品生产用地规划在城市近郊区，而将粗放经营用地如大田作物生产用地等规划在远离城市的地段上。

二、土地报酬递减规律

（一）土地报酬递减规律的含义

报酬递减规律是在一定条件下，生产过程中投入生产因素（资源）的量与所生产的产品量之间的关系受自然限制的一条定律，它适用于一切生产活动。该规律被西方资产阶级经济学家扩大到自然限制人类一切活动的定律，认为这是一条普遍规律。报酬递减规律的含义：当两种或两种以上的生产因素（资源）配合生产某种产品时，若其中某些生产因素的数量固定不变（如土地面积一定），而其他因素不断增加单位投入，起初每增加一单位变动因素，所增加的报酬（边际报酬）是大于它前一单位所得的报酬的；达到某一点后，再增加单位因素投入所增加的报酬，总是小于它前一单位因素所得的报酬。值得注意的是，报酬递减规律所指的报酬递减是指边际报酬（而不是总报酬、平均报酬）递减，这种“递减”发生的时间是当变动因素的投入量达到某一数量以后出现的“递减”，在此数量（点）之前，是“递增”的。

土地报酬递减规律：科学技术不变的条件下，在一定面积的土地上，连续追加某种资源的投入量，而其他资源的投入量固定不变，那么这种资源单位投入量的报酬增量必渐递减。

（二）土地报酬递减规律的阶段分析

1. 土地报酬递减规律的三种形态

（1）固定报酬（固定生产力）形态：在某项资源用量不断增加时，每增加一个单位的投入，引起的总产量增加额在固定生产力下不变［图 2-2（a）］。

（2）递增报酬（递增生产力）形态：当某项资源的用量不断增加时，每增加一个单位投入，所引起的总产量的增加额不断增加［图 2-2（b）］。

（3）递减报酬（递减生产力）形态：当某项资源的用量不断增加时，每增加一个单位资源投入量，所引起的总产量的增加额逐渐减少［图 2-2（c）］。

这三种形态并非相互孤立，它们结合在一起时形成了完整的生产曲线。

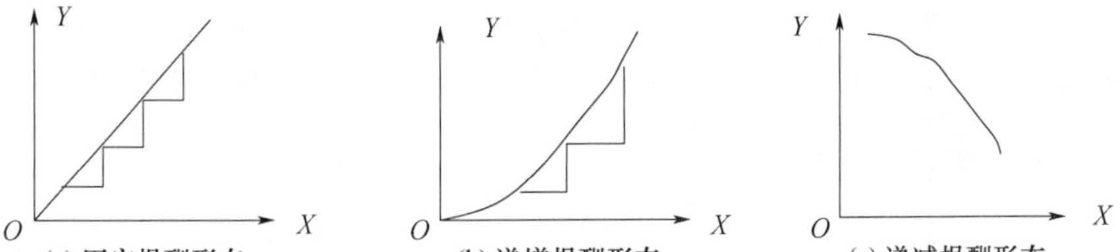

(a) 固定报酬形态　(b) 递增报酬形态　(c) 递减报酬形态

图 2-2　土地报酬递减规律的三种形态

2. 应用生产函数对土地报酬运动物质数量关系的阶段分析

生产函数是描述生产技术状况给定条件下，生产要素投入量与产品最大产出量之间的物质数量关系的函数式。一般可表示为

$$Y=f(X_1, X_2, X_3, \cdots, X_n)=f(X_i) \tag{2-5}$$

式中 X_1，X_2，…，X_n——各种生产要素的投入；

Y——任一既定数量的投入组合的产量；

f——函数关系。

为了研究生产要素的最佳投入量，把其他生产要素固定在某一水平上，而只研究其中某一生产要素与总产量的关系，则有生产函数：

$$Y=Q(X_i)$$

通过该函数可以求出总产量、平均产量、边际产量和生产弹性。

平均产量 $A=Y/X$，表示平均每单位生产要素所生产出来的产量；边际产量 $M=\Delta Y/\Delta X$，表示每增加一个单位生产要素所增加的总产量；生产弹性 $E=M/A$，表示报酬变化的强弱及方向（去掉了单位对计算的影响）。例如，表 2-1 列出的数据可以表示三者之间的关系。

表 2-1 资源和产出的相关性

劳动用工	总产量	平均产量	边际产量	生产弹性
X	Y	A	M	M/A
0	0	0	0	—
1	7	7	7	1
2	20	10	13	1.3
3	31	10.3	11	1.1
4	37	9.3	6	0.6
5	40	8	3	0.4
6	39	6.5	−1	−0.2
7	35	5	−4	−0.8

3. 变动因素报酬变化的三阶段分析

变动因素的报酬可分为总报酬、平均报酬和边际报酬三种，如将三种报酬做综合分析，即可依其变化的情况将其划分为三个阶段（图 2-3）。

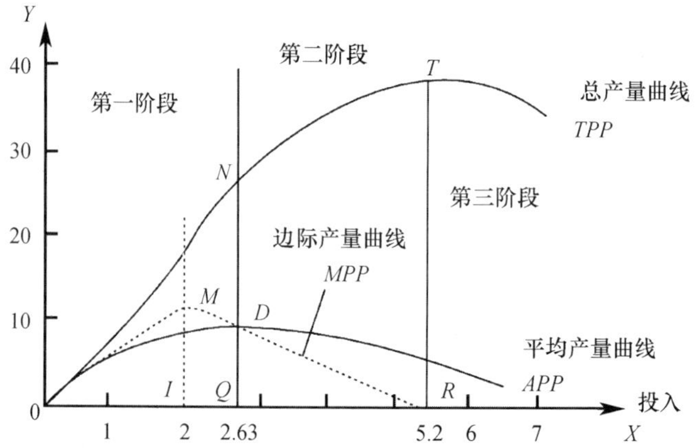

图 2-3 总产量曲线的三阶段图

(1) 第一阶段：X 变量从 0 点到 Q，即平均产量达到最大值所对应的范围。此阶段 MPP（边际产量）达到最高点 M，与之相对应 I 点叫转向点（折点），从 $0\sim I$，总产量曲线向上凹的一段是报酬递增阶段，E（生产弹性）>1，从 I 点起总产量曲线开始向上凸出而进入报酬递减阶段，生产弹性自 M 点往后也渐减，MPP 和 APP（平均产量）相交于 D 点，在 D 点边际产量＝平均产量、APP 最大，从 D 点以后，$MPP<APP$。此阶段由于变量资源与固定资源（土地）在配合上的数量不足，影响生产潜力的发挥，因而报酬收益并不高，不是合理利用资源的生产阶段。

(2) 第二阶段：X 变量从 $Q\sim R$，TPP（总产量）对应的分别为 N 点和 T 点的范围内，此阶段变量资源的 MPP 小于 APP，两者随变量资源的增加而减少，但仍大于 0，$0<E<1$。边际产量减至 0 时，E 也降至 0，总产量则达到最高点。

第二阶段是边际报酬和平均报酬同时下降的阶段；但此阶段的报酬递减，对生产的发展不仅无危害，而且随着资源投入的不断增加，继续使总产量上升，以至最后达到最高点。这表明只要总产量在增长，一般就不必担心边际报酬和平均报酬的递减，可一旦达到总产量最高点，变量资源的投放也就达到了最终点，不宜继续增加其投放量。

(3) 第三阶段：X 变量从 R 点向右扩展。此阶段变量资源的边际报酬和生产弹性为负数，且平均报酬继续递减，总产量也趋于下降。

在第三阶段内，变量资源投入的增加，不仅带来了边际报酬的负增长和平均报酬的进一步递减，而且导致了总报酬的递减。可见，反映在各项投入产出上，已无利可图，因而应是生产投入的终止阶段。否则，如继续投资，则每增加一个单位投入，将增大一次损失，投入越多，损失越大。

（三）土地报酬递减规律在土地利用规划中的作用

在土地利用规划中，由于土地供给受到制约，为了使单位面积土地的收益最大，必须对土地利用中变动的生产因素进行分析，用边际报酬、边际收益和边际成本进行综合分析，确定变动因素的合理投入量，节约成本，增加土地产出。

三、规模经济原理

（一）规模经济和规模经济原理

规模经济是指土地使用者和生产经营者按照一定的生产经营规模可能获得的经济利益。规模经济反映生产要素的集中程度与经济效益之间的关系，一般来说，扩大生产规模会引起经济效益的增加，这表明大规模生产通常具有优越性。但并非规模越大越好，规模超过一定限度，效益不再提高甚至会下降，这取决于规模报酬（或规模收益）的大小。规模报酬是指全部生产要素投入量、同时按相同比例增加时产量发生变动的情况，因此，规模经济追求的是具有最低平均成本的经营规模。

规模经营的制约因素包括当地的自然气候条件、土地条件、土地利用方向与结构、生产结构、人口与劳动力资源、生产力水平与技术水平、技术装备与资金条件、管理条件与水平、经营方针、专业化、商品化和社会化程度、人地比例与土地关系等诸多因素。在当前我国经济体制改革中，土地经营模式由于分散经营，不能适应进一步发展商品经济和实现农业专业化、商品化、社会化和现代化的要求。因此土地经营规模的适度扩大势在必行，但如何逐步实行土地调整和集中？首先要发展非农业产业、乡镇企业，实行非农人口与劳动力的转移。如果非农产业得不到发展，一是无足够的资金、技术和装备，二是劳动力无处转移，则规模经济和规模的变革，仍然无从实现。从规模经济原理看，规模经济可以分别从内在经济与外在经济两方面来考察。内在经济是指，一个生产经营单位在扩大规模时，从自身内部所引起的经济收益的增加。例如，因规模扩大，内部分工更加精细，可以减少非生产人员的比例，可以购买大型或现代化生产设备；可以充分利用副产品的生产资源，可以减少生产、购销费用等。外在经济是指整个经济规模扩大和产量增加而使企业增加了收益。例如，企业的发展使修理、服务、人才供给、科技情报等方面有了方便条件，从而减少成本支出。但需指出，经营规模扩大也可能会引起招工困难、动力不足、交通运输紧张、土地价格猛涨、环境污染等现象，将导致企业经营收益的减少。这种现象称为外在不经济。因此经营规模扩大，会引起收益增加、收益减少或者收益不变三种不同的情况：

（1）规模收益递增即规模扩大后，收益增加的幅度大于规模扩大的幅度，但规模的扩大是有限的，超过一定限度后，规模收益递增将变成规模收益递减。

（2）规模收益递减即规模扩大后，收益增加的幅度小于规模扩大的幅度，或收益绝对减少而出现边际收益为负数，这是规模不经济的结果。

（3）规模收益不变或“固定规模报酬”即规模增加幅度与收益增加幅度相等。这种情况通常是过渡性的，并不多见，也不可能持久。

（二）适度规模和适度规模经营

我们要根据上述规模经济变化的规律，在生产资源投放总量上做到适度，即“适度规模”。无论从一个经营单位、一个产业还是从一个地区来看，客观上都有一个适度规模的问题。适度规模的原则，至少应是规模收益不变，尽可能使规模收益递增，而不能使规模收益递减。据此，规模小于适度规模的经济单位，在竞争中将处于不利地位，而必须扩大经营规模；如规模大于适度规模，则应分解为较小的经营单位。

大农场之所以优于小农场，主要是大农场的劳动生产率和投资效益高于小农场，它有多方面有利因素，特别是有利于应用现代科技和实行高度的机械化、现代化经营。但规模扩大一般要求有足够的资金、技术、物质投入和现代化的经营管理，还要求相应的人地比例，而在我国人多地少和生产力条件低的条件下，农业土地的经营规模近期不可能达到很大，现在不仅要提高劳动生产率，重要的是还要同时极大地提高土地的利用率和生产率。因此，我国农业经营和土地规模经济必须与集约经营同步发展。

就我国农业和土地经营规模而论，我国现有农户 1.8 亿，平均每户拥有耕地不过 10 亩左右，预期到 21 世纪末有 2.3 亿农业劳动力，以每户 2 个劳动力计，即使耕地面积基本不变，平均每户拥有的耕地也不过 20 亩左右，还远小于机械化农业要求的经济规模。所以要提高规模经济效益，需要发展非农业产业和社会化服务体系，并在自愿互利原则下实行农户联合经营与合作经营等经营形式。在人均土地相对较多及新开发地区，或乡镇企业发达而非农业人口比率激增地区等有较好条件的地区，应依据规模经济原理积极倡导适度规模经营，以促使土地利用规划中生产资源的优化配置，提高土地生产力。

第五节　人地协调理论

人地关系一词最早出现在 17 世纪西方人文地理学家对土地利用问题的研究。人地关系主要表明土地能够给人类提供多少生活所必需的产品，人是影响人地关系的主要因素。在人类社会的早期，社会生产力十分低下，人类生活在很大程度上依赖于自然界，在相当长的时期里，人类实际上是处于对大自然的纯依赖阶段。《荀子·王制篇》有“斩伐养长，不失其时，故山林不童，而百姓有余材也”，《吕氏春秋》有“竭泽无渔，岂不得鱼，而明年无鱼”，这些是先人从历史的经验和教训中意识到了资源利用与保护并举的重要性，强调人类应该有节制地利用自然资源，反映人地协调发展的朴素思想。但是，随着现代工业革命的发展，人类不再单纯地依赖自然环境，还改造环境、利用环境，使环境向着有利于满足人类需求的方向演化。对土地进行掠夺式的利用，造成环境极大的破坏。1962 年，Rechael Carson 出版的《寂静的春天》，揭示了人们对现代技术的无知滥用所造成的污染及其生态影响，以生动的事例，形象地说明了鸟语花香的春天遭到人类的破坏，变成了寂静的春天，以唤起人们对环境的关心。1971 年，罗马俱乐部出版的轰动世界的《增长的极限》和巴巴拉·沃德等为联合国人类与环境大会写的《只有一个地球》的报告又指出了人口、资源、环境与经济发展上的尖锐矛盾，敲响了环境问题的警钟，推动了资源与环境保护工作的发展。1987 年，环境与发展世界委员会发表了《我们共同的未来》，正式提出持续发展概念，即“持续发展是这样的发展，它满足当代的需求而不损害其满足后代需求的能力。”文中指出，人类必须生活在地球的承载力之内，我们必须持续谨慎地利用地球资源；否则，就否定了人类的未来，我们必须尊重自然界。1992 年，世界环境与发展大会通过《关于环境与发展的里约热内卢宣言》，并制定了《二十一世纪议程》，目的是使人类社会转变为持续发展的社会，使人类的生产方式和消费方式通过改革与地球的有限承受力相适应。持续的思想与人地协调发展思想一致。实际上，自从人类在地球上出现以来，人类就开始适应自然和干预自然，即既依赖自然又改造自然，既顺应自然又变革自然，既受自然条件约束又去控制自然条件。这种人与自然的两重关系，决定了人与自然关系的两重观念，在古代产生了诸如“环境决定论”“征服自然论”“天人交融论”“天人之分论”“因地制宜论”和“人地协调论”等。

人地关系即人类与其赖以生存和发展的地球环境之间的关系，是在人类出现以后地球上就已客观存在的主体与客体之间的关系。人地关系及其观念是随着人类生产进步和人类社会发展而不断变化的。人类对人地关系的认识，经历了以下几个阶段。

一、依赖大自然现存环境条件

在人类社会早期，人类处于原始阶段，生产工具极其落后，人口稀少，人类过着被动地适应自然界的生活，完全受大自然的支配。在这一阶段，人口密度极低，人类完全依靠采集野生植物果实和打猎生存。进入新石器时代后，人类开始制作简单的生产工具，并利用植物种子发展种植业，同时发展家畜饲养业，但因生产工具落后，不可能大规模开垦土地，而且这时出现的耕地还不稳定，常受到人类迁移和自然灾害的影响，所以当时人类还没有依赖耕地而生活，人均耕地数量少，耕地对当时的人类意义也不大。人们认为人类的各种活动均受自然环境所制约。由于科学发展和人的认识所制约，人们提出气候决定人生的观点和环境决定论。这时期是“朴素的自然中心观”，一切以自然为中心，例如中国古代的风水选址，五行八卦设计，这时人类对自然造成的压力与破坏基本上显现不出来。

二、征服自然和开发利用土地

人类进入农耕文明时代，耕地面积与人口都同步增长，但因后来人口增长过快，而耕地受到其他非农业用途的蚕食而减少，使两者呈相反方向变化。相应地，人口密度呈直线上涨趋势。另外，随着工业的发展，生产技术水平的提高，人类对资源的掠夺加剧，环境破坏日益加剧。这一时期人类高唱征服自然论的调子，一味从自身需求出发，不顾客观条件，不尊重客观规律，过分强调人的主观能动作用，盲目追求对自然的片面征服，在我国则表现为“人有多大胆，地有多高产”的唯心观点，结果导致自然界的严重破坏，给人类生存带来严重威胁。例如，1997 年，我国土壤侵蚀已达 367 万 km^2，占国土面积的 38.2%，每年流失表土 100 亿 t 以上，土壤贫瘠和沙漠化，洪水泛滥，土壤污染加剧；再如美国 1934 年的“黑风暴”事件，苏联核爆炸，日本的水俣病事件等。这一时期，臭氧层出现空洞，温室效应增强，酸雨等均严重威胁人类生存与发展。同时，科技的进步改变了时空尺度，盲目、片面的发展观、征服论，给自然生态系统带来了许多无法弥补的破坏（资源的浪费与枯竭，环境的污染与破坏等）。这一时期，人们过分强调和夸大人类的智力和能力，忽视人不过是自然界中一种特殊的生态产物，并且同其他生态要素一样作为整个生态系统的一个组分，无论其能动性多么巨大，同样要遵从自然规律，以整个生态系统作为其存在的基础并参与整个系统的发展。

三、人地协调发展

人类在大规模开发利用土地之后，已逐渐受到大自然的恶意回报，频繁的自然灾害，使人类开始反省自己的开发利用行为。古代一些有远见的学者早就提出，开发利用土地要适度，但未形成理论体系。随着社会的发展，人类面临着人口、资源、能源、粮食、环境污染五大问题，保护环境和耕地逐渐形成共识，并在一定程度上变成了政府和劳动者的自觉行为。

人类对人地关系认识是逐步上升的，先后出现多种观点：第一种观点强调环境决定论，认为人类只有被动适应于自然，而否认人的能动作用。第二种观点是征服自然论，过分强调人的主观能动作用，不顾客观条件，大力开发利用土地。第三种观点认为人与土地关系是人地协调、持续发展的。人类利用土地，依客观条件为基础，用地和养地相结合，达到永续利用的目的。人地关系的主要方面就是人对土地的需求，即人类为了生存和发展，利用土地进行各种生产和消费活动的需求。为此必须克服在土地开发利用中的随意性和掠夺性，改变人类与土地之间的单方面或不平衡的被供养与供养关系。人类要生存，就要坚持可持续发展战略，可持续发展战略是中国未来发展的自身需要和必需选择。可持续发展是制订国民经济和社会发展计划的基本思想，而土地的持续利用又是经济和社会持续发展的最基本要素。所以对土地要进行持续利用，在规划中始终要坚持这个原则。

复习思考题

1. 地租和地价理论与土地利用规划之间有何联系？
2. 区位论在指导编制土地利用规划中有何作用？
3. 经典的区位论具体有哪些内容？
4. 土地利用规划中如何贯彻地域分异理论的思想？
5. 人地协调论的中心思想是什么？
6. 如何利用非平衡系统理论指导土地利用规划的编制？
7. 如何看待土地可持续利用的具体目标？
8. 阐述土地利用系统的特点。
9. 如何理解土地利用的生态经济观？

第二部分

土地利用总体规划

第三章　土地利用总体规划概述

【内容提要】

土地利用总体规划是土地利用规划体系中的重要组成部分，是土地利用管理的“龙头”，编制土地利用总体规划在我国的土地管理法中已做了明确的法律规定。本章主要介绍土地利用总体规划的概念、特点、目标和任务，土地利用总体规划编制的内容和程序，对土地利用总体规划有一个轮廓性的认识，通过试验认识和熟悉土地利用总体规划中相关资料调查分析的方法。

2019 年 8 月 26 日，第十三届全国人民代表大会常务委员会第十二次会议修正（第三次修正）的《中华人民共和国土地管理法》第十五条明确规定：“各级人民政府应当依据国民经济和社会发展规划、国土整治和资源环境保护的要求、土地供给能力以及各项建设对土地的需求，组织编制土地利用总体规划。”这为编制土地利用总体规划提供了法律依据。编制土地利用总体规划对有效地开发、利用、整治和保护土地资源，以适应我国社会主义市场经济的发展，具有十分重要的现实意义。

第一节　土地利用总体规划的概念和特点

一、土地利用总体规划的概念

土地利用总体规划指在一定的规划区域内，根据区域自然、社会、经济条件和国民经济发展需要，协调国民经济各部门之间和各产业之间的用地矛盾，确定或调整土地利用结构和布局，保持土地供需平衡，对土地资源的开发、利用、整治和保护进行的战略性部署和统筹安排。

理解这个概念需要注意以下几点。

（1）规划主体：土地利用总体规划编制主体是各级人民政府，包括全国、省（自治区、直辖市）、地区（市、州、盟）、县（区、市、旗）和乡（镇）政府。

（2）规划客体：土地利用总体规划的客体是国民经济各部门及全部土地使用者。一定的规划区域一般是指国家、省、市、县、乡（镇）五级行政区域。

（3）实质：土地利用总体规划实质上是针对有限的土地资源在国民经济各部门和各行业之间进行合理配置，即土地资源在部门间的时空分配，包括数量、质量、区位和用途，具体借助于土地利用结构和布局来实现。时间、空间、用途和数量是土地资源配置的四要素。

（4）核心：土地利用总体规划的核心是确定或调整土地利用结构和用地布局，它的作用是宏观调控和均衡各业用地；通过规划，综合各部门各行业对土地的需求，协调部门间的用地矛盾，调整用地结构与布局，使土地利用符合国民经济、社会发展的要求。

（5）土地利用结构体现的是一种数量关系，即国民经济各部门占地的比重及其相互关系的总和。一定的经济结构和生产结构（产业结构）可以通过相应的土地利用结构得到反映。产业结构的调整，在土地利用领域中，就是土地利用关系和结构的调整。根据系统论的观点，结构决定功能。只有合理的土地利用结构，才能保证一定地域内土地利用系统的良性循环，使结构优化、配置合理。土地利用布局则强调空间区位，即如何将不同用途的用地具体配置到国民经济各部门中去。

二、土地利用总体规划的特点

土地利用总体规划是土地利用管理工作的“龙头”，是各级人民政府对土地利用进行协调和控制的重要手段，具有总体性（整体性）、长期性、战略性和控制的层次性等特点。

（一）总体性

土地利用总体规划的总体性具体表现在以下几个方面。

（1）从规划的对象上看，土地利用总体规划是针对规划区域内的全部土地资源，而不是某一类土地或某一局部土地，在总体规划中要全面考虑土地资源的合理配置，要把时间结构、空间结构和产业结构与土地的开发、利用、整治和保护进行统筹安排和合理布局。

（2）从规划内容上看，总体规划要对土地的开发、利用、整治、整理、复垦和保护，同时结合时间结构、空间结构和产业结构进行统筹安排、全面考虑。

（3）从规划的目标上看，土地利用总体规划强调的是综合效益的最大化，既要兼顾经济、生态、社会效益的高度统一，又要正确处理局部利益和整体利益、近期利益和长远利益的关系，最终实现土地的可持续发展。

（4）从规划的协调范围看，它协调国民经济各部门的用地关系，而不协调某一部门内的用地关系。它综合各部门对土地的需求，协调部门用地矛盾，调整用地结构和布局，使土地利用符合国民经济、社会发展和环境保护的需要，以促进国民经济持续、稳定、健康的发展。

（二）长期性

长期性主要表现在规划的时限具有长期性，规划的影响具有长期性，规划的实施具有长期性。土地利用总体规划是国民经济和社会发展规划的组成部分，要与土地利用有关的重要经济和社会活动（如工业化、城镇化、农业现代化、旅游事业的发展，国内外贸易的发展和人口增长等）紧密结合。土地利用总体规划期限一般在 10 年以上，并对土地利用做出远景预测，展望未来 20～50 年，为保证规划的实施，必须通过制定阶段性的目标来落实，并将其作为近期规划目标，一般确定近 5 年的重要建设项目。

（三）战略性

土地利用总体规划是在宏观上对土地资源的一种战略性部署，是一种政策指南。土地利用总体规划的战略性表现在它所研究的问题具有战略意义，如城乡土地利用发展方向、发展规模和总体布局；国民经济各部门的土地供求平衡问题；土地利用结构与用地布局的调整问题；土地利用方式的重大变化等战略问题等。

（四）控制的层次性

土地利用总体规划控制的层次性主要表现在两个方面：从纵向来讲，《土地管理法》规定，下级土地利用总体规划应当依据上一级土地利用总体规划编制。地方各级人民政府编制的土地利用总体规划中的建设用地总量不得超过上一级土地利用总体规划确定的控制指标，耕地保有量不得低于上一级土地利用总体规划确定的控制指标。此外，强制性指标还包括：基本农田保护面积、城镇建设用地规模、补充耕地面积等。可以看出，规划总体目标是自上而下、层层控制的。同时，下一级土地利用总体规划又是上一级土地利用总体规划的反馈，从而在全国范围内形成一个有机联系的土地利用总体规划体系；从横向来讲，一个区域的土地利用总体规划，对本区域内国民经济各部门的土地利用起到宏观控制作用。

第二节 土地利用总体规划的目标和任务

一、土地利用总体规划的目标

土地利用总体规划目标的确定是一个带有全局性的问题，总体规划目标确定得正确与否，关系到今后土地利用结构调整的方向和途径。

土地利用结构是各类用地的组成和比例，它是土地利用总体规划的核心，体现土地利用的总体布局和安排。土地利用总体规划的目标是在土地利用结构研究的基础上，根据国民经济发展的长期规划对土地资源的需求、土地资源的供给状况、土地的人口承载潜力和土地利用战略的研究成果，提出规划年的土地利用目标。

规划目标应该是可量化的，其内容主要包括以下几个方面[①]。

（1）耕地保护目标。耕地保护是土地利用总体规划里最重要的目标，按照耕地总量动态平衡的原则和确保耕地总量目标实现的要求，明确规划期耕地保有量指标，基本农田保护区面积指标，占补平衡的主要指标等。

（2）建设用地控制目标。根据优先满足国家、省和地方重点建设项目和基础设施建设用地的原则，确定重点建设用地规模及其占用耕地的指标，同时使建设用地总量得到有效控制。

（3）用地结构目标。对保障各业用地的基本需求、合理调整土地利用结构、优化

---

① 张占录，张正峰．土地利用规划学［M］．北京：中国人民大学出版社，2006.

土地资源配置提出总体要求，确定土地利用结构调整方向以及规划期内各业各类用地的比例结构。

（4）土地开发、整理、复垦目标。适度开发宜农荒地，把土地整理和复垦作为增加各用地供给量特别是补充耕地的主要措施，确定土地整理和复垦的数量，同时确定宜农后备土地资源合理开发的规模。

（5）土地生态环境目标。从实现土地可持续利用的角度，提出改善生态环境的基本目标，如确定退耕还林、还草、还湖面积，治理水土流失面积等。

例如：2016年经国务院批准的《全国土地利用总体规划纲要（2006—2020年）》调整方案［国土资发〔2016〕67号］的主要目标有六个方面[①]。

① 守住18亿亩耕地红线。按照坚守18亿亩耕地保护红线，确保实有耕地数量稳定、质量不下降的要求，到2020年，全国耕地保有量为18.65亿亩。规划期内，按照基本农田数量和布局基本稳定、优质耕地优先保护的原则，规划期内，确保全国15.46亿亩基本农田数量不减少，质量有提高。

② 保障科学发展的建设用地。新增建设用地规模得到有效控制，闲置和低效建设用地得到充分利用，建设用地空间不断扩展，节约集约用地水平不断提高，有效保障科学发展的用地需求。规划期间，单位建设用地第二、三产业产值年均提高6%以上。要求2020年全国新增建设用地为585万hm^2（8775万亩），通过引导开发未利用地形成新增建设用地125万hm^2（1875万亩）以上。

③ 土地利用结构得到优化。农用地保持基本稳定，建设用地得到有效控制，未利用地得到合理开发；城乡用地结构不断优化，城镇建设用地的增加与农村建设用地的减少相挂钩。到2020年，农用地稳定在66883.55万hm^2（1003253万亩），按照严守底线、调整结构、深化改革的思路，严控增量，盘活存量，优化结构，提升效率，切实提高城镇建设用地集约化程度，到2020年，全国建设用地总规模为4071.93万hm^2（61079万亩），城镇工矿用地在城乡建设用地总量中的比例由2005年的30%调整到2020年的40%左右，但要从严控制城镇工矿用地中工业用地的比例。

④ 土地整理复垦开发全面推进。田水路林村综合整治和建设用地整理取得明显成效，新增工矿废弃地实现全面复垦，后备耕地资源得到适度开发。到2020年，全国通过土地整理复垦开发补充耕地不低于367万hm^2（5500万亩）。

⑤ 土地生态保护和建设取得积极成效。退耕还林、还草成果得到进一步巩固，水土流失、土地荒漠化和"三化"（退化、沙化、碱化）草地治理取得明显进展，农用地特别是耕地污染的防治工作得到加强。

⑥ 土地管理在宏观调控中的作用明显增强。土地法制建设不断加强，市场机制逐步健全，土地管理的法律、经济、行政和技术等手段不断完善，土地管理效率和服务水平不断提高。

各省（直辖市、自治区）在确定土地利用目标时，应结合当地的实际情况，参考全国土地利用总目标来确定本区域的土地利用目标。

---

① 国土资源部，全国土地利用总体规划纲要（2006—2020年）调整方案，国土资发〔2016〕67号。

二、土地利用总体规划的任务

编制土地利用总体规划是我国现阶段土地管理的重要任务之一。土地利用总体规划的主要任务是协调各业用地矛盾，保持土地供需平衡，提高土地利用的综合效益，对土地进行合理的开发、利用和保护，不断提高土地集约利用水平，促进土地资源可持续利用。土地利用总体规划的基本任务如下。

（一）对土地利用进行宏观调控

编制和实施土地利用总体规划是政府加强土地利用宏观调控的主要手段，是土地利用宏观控制的主要依据。土地利用总体规划是对土地的开发、利用、治理和保护在空间、时间上做的总体战略安排，国家通过土地利用总体规划协调国民经济各部门的土地利用活动，合理配置土地资源，有效地利用土地资源和杜绝土地资源的浪费。

（二）对土地利用进行合理组织

土地利用总体规划应该完成两项根本任务：一是在国民经济各部门之间合理分配土地，用统一的总体规划建立适应社会发展需要的合理的土地利用结构，在部门间合理分配土地资源，以克服过去部门间土地管理各自为政、自成系统的弊端，解决部门间存在的严重征地矛盾和土地资源浪费问题；二是把各种用地尽可能配置在合适的土地利用类型上，做到“地尽其用”并形成各种用地合理的空间组合和布局，如对农业用地（如农、林、牧、水产用地）和建设用地（如城镇居民点、工矿、交通和水利设施用地等）以及自然保护区、风景旅游区等专项用地的布局，并对后备土地资源潜力进行综合分析研究，制定相应的配套政策，引导土地资源的开发、利用、整治和保护，以保证充分合理、科学有效地利用有限的土地资源，防止对土地资源的盲目开发。

（三）对土地利用进行规范监督

土地利用总体规划是土地管理的重要手段，具有严肃的法律地位。根据《中华人民共和国土地管理法》的规定，“土地利用总体规划一经批准，必须严格执行”。任何机构和个人不得随意变更规划方案，各项用地审批必须以规划为依据。土地利用总体规划是监督各部门土地利用的重要依据。规划方案的评估和修改必须按编制规划的法定程序进行。

不同层次规划的性质和需要解决的重点问题不同，规划的任务也不相同。在国家、省、市、县、乡五级规划体系中，从上至下，规划的任务由宏观逐渐向中观、进而向微观转变。因此，各级政府在编制土地利用总体规划过程中，应在确定规划任务的基础上明确不同级别土地利用总体规划内容的差别①。

---

① 张占录，张正峰．土地利用规划学［M］．北京：中国人民大学出版社，2006.

第三节　土地利用总体规划的编制程序

不同级别的规划，其编制程序有所差异，但一般包括准备工作，专题研究，规划方案编制，评审和论证，规划审批、公示和实施等几个阶段。

一、准备工作阶段

土地利用总体规划是一项涉及面广、综合性较强的工作，为了保证总体规划编制工作的顺利进行，在规划编制前应做好如下准备工作。

（一）组织准备

组织准备就是事前成立土地利用规划的领导小组和业务团队，主要包括两个方面的内容：①规划领导小组由政府主要领导以及相关部门领导组成，可包括土地、城建、计委、畜牧、水产、水利、交通等部门领导，其主要职责：确定工作计划，负责土地利用总体规划编制工作的组织和协调，研究、解决规划中的重大问题，规划方案的论证和验收工作；②组建业务团队，负责规划的具体编制工作。另外，根据实际情况，举办专业规划人员培训，以提高业务班子的业务水平。

（二）技术和物质准备

① 技术准备主要是制订土地利用总体规划编制的工作计划和技术方案，工作计划包括规划指导思想、规划目标、近期规划任务和远期规划任务等；技术方案包括规划依据、规划内容与方法、技术路线、成果要求等。

② 物质准备主要是准备总体规划编制所需要的工作经费、工作地图、工作表格以及有关仪器、工具等。

（三）资料准备

资料的调查和整理工作是做好土地利用总体规划的前提。这项工作做得充分，规划编制就能比较顺利地进行。应搜集的主要资料如下。

（1）区域基础资料：①地形地貌、土壤、气候、水文、自然灾害等自然条件资料；②矿产资源、生物资源、旅游景观资源等资源状况；③历年总人口、人口自然增长、人口机械增长、非农业人口、流动人口、暂住人口等人口普查资料；④历年国内生产总值、固定资产投资、产业结构等国民经济与社会发展统计资料；⑤城乡建设及基础设施状况；⑥主要产业发展状况；⑦农业普查资料；⑧生态环境状况；⑨地方志等区域历史资料。

（2）土地资源与土地利用资料：①土地利用现状调查资料（数据、图件和报告等）；②土地利用变更调查资料（数据、图件和报告等）；③历年土地统计资料；④历次非农业建设用地清查资料；⑤待开发土地资源调查及其他专项用地调查资料；⑥土地评价和土壤质量评价资料等；⑦土壤普查；⑧土地详查等。

（3）土地利用的规划资料：①国民经济和社会发展规划；②上一级土地利用总体

规划资料；③上一轮土地利用总体规划资料；④土地利用专项规划资料等。

（4）相关规划资料：包括国土规划、区域规划、城镇规划、村镇规划、开发区规划、农业区划、农业综合开发规划及各部门发展规划（如林业发展规划、水产养殖发展规划、工业发展规划等涉及土地利用的规划资料）。

（5）重点建设项目资料：主要是调查收集县域内已立项建设的公路、铁路、机场、港口码头、水库、电站、大型工矿等重点基础设施建设项目的规划设计资料及其图件。

二、专题研究阶段

专题研究是编制土地利用总体规划前期研究的一部分，专题研究并不是孤立存在的，它为整个规划服务，为土地利用总体规划的编制提供科学依据，一般根据区域土地利用存在的突出问题，有针对性地展开专题研究。县级土地利用总体规划专题研究一般包括土地利用现状分析、土地适宜性评价、土地后备资源调查评价、土地供需分析与预测等专题。省、市级土地利用总体规划专题研究一般包括土地利用现状分析、土地利用战略研究、土地供需预测等专题。

（一）土地利用现状分析

土地利用现状分析是在土地利用现状调查的基础上进行的，通过分析土地利用自然和社会经济条件、土地资源的数量和质量、土地利用结构和布局，土地利用动态变化规律，围绕土地利用的充分程度、土地利用的适宜程度、土地利用的集约化程度和土地利用的生态效益、社会效益四个方面，阐明土地利用的特点和存在的问题，总结土地利用的经验教训，明确土地资源开发利用的方向与重点，为制定人地协调发展的土地利用规划提供科学依据。

（二）土地适宜性评价

土地适宜性评价是对区域土地资源进行宜农、宜林、宜牧和不宜类评价，掌握区域各类适宜性的土地资源的数量、质量、限制因素及其分布；对土地资源的利用潜力和生产潜力做出评价，从而为土地供给量预测、土地利用结构调整和布局、土地利用分区提供依据。

（三）土地后备资源调查与评价

土地后备资源调查与评价是对那些尚未开发利用的土地（如工矿、道路、废弃地、空隙地等的开发利用潜力、利用方向、开发改良措施等）进行调查、分析和评价，特别是耕地后备资源的调查是补充耕地的重要来源，是土地资源“开源”的主要手段。

（四）土地供需分析与预测

土地供需分析与预测是在土地利用现状分析评价的基础上，预测各类用地的供给量和需求量，分析土地供需趋势。具体预测包括土地需求量预测、人口预测、消费水平预测、作物产量预测、生产潜力预测、土地人口承载量预测等方面。土地供需平衡分析，就是在土地利用现状及潜力分析、土地适宜性评价和土地需求量预测的基础上，通过供给量和需求量之间的比较，从总体上分析各类用地的供需状况。它为有计划、因地制宜、合理安排农业和非农业用地提供依据，为协调产业用地矛盾，加强土地利用科学管理和宏观控制，编制土地利用总体规划提供依据。

三、规划方案编制阶段

在土地利用总体规划的编制中，编制方案是总体规划的核心，而土地利用总体规划方案的核心又是土地利用调整指标的确定和土地利用分区的划定。土地利用总体规划报告应包含以下内容。

（1）确定土地利用目标。掌握了土地供需的总体状况，根据社会经济发展的需要和土地资源条件，明确规划需要解决的土地利用问题，确定规划期内土地利用的目标。注意两个协调：①与上级规划目标、指标的协调；②与本地区社会经济发展计划的协调。做好这两个协调是实现土地利用目标的保证。

（2）拟定规划供选方案。土地利用目标和战略确定后，根据规划方案制定各类用地指标，合理调整土地利用结构和布局，选择规划项目，进行重点工程项目的布局及用地的概算，确定土地整理、复垦、开发和保护分阶段任务，最后设计供选方案。

（3）规划方案择优与评价。各种供选方案由于考虑问题的角度不同，其效益和特点也就不同。对各种供选方案全面评价，对比优选，选择效益较好、最有可能实施的方案作为规划方案。规划方案确定之后，要组织有关部门进行论证和协调。

（4）确定土地利用分区。制定各区土地利用管制规则，包括划定基本农田保护区和配置重点建设项目用地；将土地利用指标分解落实到下级；制定实施规划的政策和措施。

（5）编制规划成果。资料规划方案选定之后，即可编制规划成果，先编制草稿，在经过有关部门、地方政府和专家的论证、审议并修改后，形成规划送审稿等文本和图件资料。

四、评审和论证阶段

规划编制完成后，将土地利用总体规划的文本和说明报送各部门征求意见，根据意见对规划进行反复修改和协调，然后由政府领导班子审议，再组织专家对规划成果进行评审。

土地利用总体规划成果评审应该符合下列要求：贯彻耕地总量动态平衡的要求，充分体现切实保护耕地、严格控制各类建设用地、集约利用耕地的原则精神；落实上一级规划的土地利用控制指标；规划需要解决的土地利用问题符合实际，规划目标和任务切实可行；土地利用结构调整依据充分，各业用地原则正确，调控措施切实可行；耕地占补平衡挂钩的要求得到落实；土地利用分区合理，用地位置清楚；土地整理、开发、复垦的潜力分析和可行性分析比较深入，重点项目明确，分期实施计划可行；规划指标分解落实到下级，指标分解与用地布局控制紧密衔接；规划与城镇规划及其他部门规划协调较好；规划文本、说明及专题研究内容符合要求，论述清楚；规划图内容全面，编绘方法正确，图面整洁清晰。

规划成果评审小组对被评审的规划成果应做出结论，符合条件的应评为合格。对规划成果不合格的或部分不合格的，评审小组应提出纠正、修改或补充的具体意见。

五、规划审批、公示和实施阶段

规划报告编写完成后，要履行审批手续，形成一个规范性文件。根据审批手续，上一阶段评审合格的土地利用总体规划经同级人民政府审核同意后，由县人民政府报省人民政府批准，并报上级土地管理部门备案，最后由同级人民政府公布实施。

拟订实施规划的措施，同时对规划进行动态监测，根据规划和实际的差距以及反馈信息，进行规划调整和修改，根据实际情况回到第一步，进行又一轮规划分析。

复习思考题

1. 解释土地利用总体规划的概念。
2. 土地利用总体规划具有哪些特点?
3. 土地利用总体规划的任务是什么?
4. 简述土地利用总体规划的体系。
5. 简述土地利用总体规划的内容。
6. 试述土地利用总体规划的编制程序。
7. 土地利用总体规划的原则有哪些?
8. 土地利用总体规划中主要调查哪些方面的资料?
9. 土地利用总体规划的规划成果有哪些?
10. 简述土地利用总体规划中有哪些专题研究。
11. 简述土地利用总体规划目标的内容。
12. 土地利用总体规划评审有何规定和要求?
13. 土地利用总体规划审批有何规定及要求?
14. 简述土地利用总体规划审批的内容。
15. 简述土地利用总体规划审批的程序。
16. 什么是土地利用结构? 其与产业结构有何关系?
17. 谈谈你对土地利用总体规划的看法。
18. 什么是“多规合一”? 如何认识和处理城市规划和土地利用总体规划的关系?

第四章　土地利用现状分析与规划实施评价

【内容提要】

本章主要内容包括土地利用现状分析和规划实施评价两个方面。第一，介绍土地利用现状分析的目的以及进行土地利用现状分析需要收集的资料，重点介绍土地利用现状分析的内容和方法。其中，土地利用现状分析的内容包括区域概况和社会经济发展分析、土地利用动态变化分析、土地利用结构和布局分析、土地开发利用强度分析、土地利用效益分析、土地后备资源及其潜力分析等。土地利用现状分析的方法主要有动态变化分析法、指标对比分析法、定性分析法、定量分析法等。第二，介绍土地利用总体规划实施评价的含义和内容。

第一节　土地利用现状分析

土地利用现状分析是土地利用总体规划的基础和依据，是土地利用总体规划的基础性工作和重要组成部分。因此，在编制土地利用总体规划时必须进行土地利用现状分析专题研究。土地利用现状分析是在土地利用现状调查的基础上，通过对土地资源的数量与质量、结构与分布、利用现状与开发潜力等方面的分析，找出规划区土地资源的优势与劣势，探讨影响土地开发的关键因子，揭示各种土地资源在结构与布局上的合理性，提出改善土地利用、提高土地利用率和生产力的对策和途径，从而确定土地资源开发利用的方向与重点，为编制土地利用总体规划提供科学依据。①

土地利用现状分析是指在一定区域的自然、经济、社会条件下，对区域内各种土地利用类型、不同土地利用方式及其数量与质量、结构与布局、土地生产潜力和土地利用效率等方面所做的分析。

因此，土地利用现状分析是土地利用规划的基础和起点，是调整结构、合理布局、制定土地利用方针和土地利用战略研究的重要依据。通过土地利用现状分析，应掌握以下情况：①区域土地利用的自然条件与社会经济条件；②土地利用的历史演变及其变化趋势；③土地利用现状结构和布局特点；④土地的开发利用程度；⑤土地利用的效果；⑥土地利用中存在的主要问题等。

---

① 王万茂．土地利用规划学［M］．北京：科学出版社，2006.

一、土地利用现状分析的内容

土地利用现状分析要采用适当的评价指标，选用科学的方法，对收集的区域自然与社会经济资料、土地利用现状调查资料等进行较深入的分析、归纳和评价，防止为评价而评价，只摆不评，或摆得多评得少，或单一目的评价等倾向。土地利用现状分析要对农业用地、城镇用地、工矿用地、交通用地、旅游用地、水利用地、军事用地等做出具体全面的分析。不要局限于某个领域；也不应只从局部利益、本部门、本地区的角度来进行，而应站在地域整体功能优化的高度，把本地域置于更大范围内进行分析，通过广泛的横向和纵向对比来明确优势土地资源的战略地位与开发价值。

因此，土地利用现状分析的内容包括区域概况和社会经济发展情况分析、土地利用动态变化分析、土地利用结构和布局分析、土地开发利用强度分析、土地质量分析、土地利用效益分析、土地后备资源及其潜力分析。

（一）区域概况和社会经济发展情况分析

根据土地利用现状详查资料及区域的自然、经济、社会的状况资料，简单描述区域的基本状况，包括行政区域范围，土地总面积，总人口与人口密度，农业与非农业人口；地形特点与土地类型，水源与交通条件。自然条件是指区域所处地理位置、地貌（地貌类型、地势走向、海拔等）、水系（河流、湖泊及有关水文、水资源数据）、气候（10℃以上积温、无霜期、降雨量等）、土壤（土层厚度、土壤质地、障碍层深度、有机质含量等）、植被（森林、草原等天然植被和人工植被状况）、水文地质等。

经济条件是指当地国民经济发展战略和计划、经济发展水平（国民经济历年总产值、总产量、总收入、工农业产值等）、经营管理水平、交通运输、城镇分布状况、乡镇企业、农村居民点分布情况等。生态条件是指森林覆盖率、水土流失情况（水土流失面积、程度和分布）、土壤污染情况、草原退化情况、土地沙化情况、土地盐碱化情况、土地受灾情况等。

（二）土地利用动态变化分析

土地利用动态变化分析是指运用多年的土地统计资料来分析各类土地面积及土地利用结构变化的规律及其原因。例如，根据《某市土地利用总体规划（2006—2020 年）实施评估报告》，2006—2018 年间，全市新增建设占用耕地 4523.91hm^2，通过对占用耕地的类型进行分析发现，减少的耕地 60%以上是城镇村发展占用所致。因此对于该市来说，要控制非农业建设占用耕地，控制城、镇、村新增用地是关键。

（三）土地利用结构和布局分析

对照本区域的自然条件，分析土地利用布局的合理性，从而总结各类用地的经验与教训，找出各类土地利用现状中存在的主要问题，为编制土地利用总体规划提供依据。

土地利用结构与布局和人类的生产活动有着密切的关系，应主要从利用类型和利用方式上分析结构与布局的情况，首先分析主要的一级地类（例如农用地、建设用地及未利用地）的结构和布局进行分析，分析主要地类的结构特点和分布差异。其次对重要的二级地类（如耕地、林地、居民点用地、工矿用地、交通用地、水利设施用地）所占比重及布局进行分析，研究该区域土地利用类型的结构特点、分布规律，可用比较法与上级行政单位或相同自然条件的地域单位进行比较，分析土地利用结构的合理性。再次对重要的三级地类（例如耕地中的水田、旱地、水浇地、菜地、望天田）所占比重及布局进行分析，分析三级地类的结构特点和分布差异。结合人口、经济发展等情况，对人均耕地、劳均耕地状况进行分析等。最后掌握各种地貌类型、土壤类型和不同坡度等自然状况下的土地资源的数量。对于土地资源数量既要用绝对量表示，又要用相对量即人均拥有的数量，以及人均拥有宜农地、宜林地、宜牧地等的数量来表示。

（四）土地开发利用强度分析

土地利用率是指土地开发利用的程度。它反映土地利用是否充分、科学、合理，主要体现在土地利用率、土地垦殖率、净面积与毛面积之比、复种指数、森林覆盖率、农林牧用地比、人均占有土地、人均占有农林牧用地数量、生产与生活用地比等。通过计算各类土地利用率，还可以分析各部门土地利用结构是否合理，以便在总体规划中加以考虑。分析的主要内容包括区域土地利用率、土地垦殖率、农业土地利用率、耕地的复种率、粮食作物的复种率、建设用地率、牧草地载畜量、水面利用率等的分析与计算，以及上述各项指标在各区域的分布情况，反映其地区差异。另外，还应将本区域的指标与其他同类区域进行比较。

主要计算指标有如下几个。

（1）土地垦殖率，反映土地开发程度及种植业发展程度。

$$土地垦殖率=耕地面积/土地总面积\times 100\% \tag{4-1}$$

（2）土地利用率，反映土地利用程度。

$$\begin{aligned}土地利用率&=已利用的土地面积/土地总面积\times 100\%\\&=（土地总面积-未利用土地面积）/土地总面积\times 100\%\end{aligned} \tag{4-2}$$

（3）土地农业利用率，反映土地的农业利用程度。农用地包括耕地、园地、林地、牧草地、其他农用地。

$$土地农业利用率=农用地面积/土地总面积\times 100\% \tag{4-3}$$

（4）复种指数，反映耕地的利用程度。

$$复种指数=农作物总播种面积/耕地总面积\times 100\% \tag{4-4}$$

（5）森林覆盖率，反映土地的林业利用程度。

$$森林覆盖率=有林地面积/土地总面积\times 100\% \tag{4-5}$$

（6）草原载畜量，反映牧区草原的利用程度。

$$草原载畜量=各类放牧牲畜头数/草原面积\times 100\% \tag{4-6}$$

（7）水面利用率，反映水面的利用程度。

$$水面利用率=已利用水面面积/水面总面积\times 100\% \tag{4-7}$$

（8）建设用地利用率，反映建设用地的占地情况。

$$建设用地利用率=建设用地面积/土地总面积\times 100\% \tag{4-8}$$

例如，根据《某市土地利用总体规划（2006—2020 年）》，从土地利用率、建设利用和农业利用等方面分析该市土地利用强度。据表 4-1 分析可知：①该市土地利用率低于全省平均水平 8.17 个百分点，土地利用程度一般，后备资源较为丰富。②该市土地农业利用率低于全省平均水平 10.27 个百分点，而土地建设利用率则比全省平均水平高 2.10 个百分点。该市建设用地扩展速度较快，农用地转用量较大。③该市农业人口人均农村居民点用地比全省平均水平高出 19.11m^2，农民生活较为富裕，对居住面积的要求比全省其他地方高，而对节约集约利用土地的认识不够，增加农村居民点用地强度的空间还很大；在非农业人口人均城镇用地面积上，虽然该市大于全省平均水平，但并没有突破规划人均城镇用地标准的要求，提高土地利用强度的空间不大。④该市土地垦殖率高出全省平均水平 5.46 个百分点，复种指数高出全省平均水平 34.44 个百分点，是省重要粮食主产区、耕地和基本农田重点保护区。⑤该市林地覆盖率为 37.82%，低于全省平均水平（56.13%），林业建设有待加强，以保障该市生态建设和环境保护的需要。

表 4-1 2005 年某市与某省土地利用指标对照情况表

指标		某市①	某省②	差值（①－②）
土地利用率（%）		82.76	90.93	−8.17
建设利用	土地建设利用率（%）	8.38	6.28	2.10
	农业人口人均农村居民点用地（m^2/人）	211.88	192.77	19.11
	非农业人口人均城镇用地（m^2/人）	73.27	59.79	13.48
农业利用	土地农业利用率（%）	74.38	84.65	−10.27
	土地垦殖率（%）	23.48	18.02	5.46
	复种指数（%）	249.00	214.56	34.44
	人均耕地（公顷/人）	0.06	0.06	0
	农业人口人均耕地（公顷/人）	0.11	0.08	0.03
	林地覆盖率（%）	37.82	56.13	−18.31

（五）土地质量分析

耕地质量从耕地的水土流失情况、坡度大小、洪涝等灾害、低产田数量和分布、耕地生产力水平和集约化程度等方面分析。

林地质量从林地结构、林种、蓄积量、生产率等方面分析。

牧草地质量从植被类型、产草量、草原退化程度、草原沙化程度等方面分析。

（六）土地利用效益分析

土地利用效益分析包括经济效益、生态效益和社会效益分析三个方面。

土地经济效益分析的指标主要是土地生产率。土地生产率是指在现有利用水平（包括投入水平）下土地的生产能力。土地生产率可用实物形态指标表示，也可用价值形态指标表示。主要有某类土地单位面积产量、产值、利润等。例如，根据《某市土地利用总体规划（2006—2020 年）实施评估报告》，现行规划实施以来，全市地区生产总值从 2005 年的 340.22 亿元增长到 2018 年的 1028.41 亿元，增长了 3.02 倍，同期单位城镇工矿用地二、三产业增加值从 214.30 万元/hm^2 提高到 379.29 万元/hm^2，提高了 1.77 倍。三次产业结构由 2005 年的 30.1：28.8：41.1 调整为 2017 年的 24.4：38.7：36.9，确立了工业的主导地位。人均 GDP 由 2005 年的 5439 元提高到 2018 年的 14425 元，提高了 2.65 倍。

土地生态效益分析方面的指标主要有水土流失量、水土流失面积指数、土地污染面积指数、年旱涝受灾比率等。例如，根据《某市土地利用总体规划（2006—2020 年）》，目前，某市保护生态、美化环境已经逐步形成共识。至 2018 年年末，该市林地面积达 563401.72hm^2，同时通过退田还湖、退耕还林，确立山体、水体保护目标，划定保护界线；大力发展苗木、花卉等高效生态农业和绿色走廊；兴建城市垃圾、污水处理厂，构建由低密度建设区、城市绿地、山林、水面、农田、风景区等组成的城市生态框架，为某市土地资源的可持续利用提供了良好的条件。

土地社会效益分析包括：人均土地（耕地、林地）面积、城镇人均用地面积、人均各业用地面积、人均绿地面积、人均水资源量，人均主要农产品产量、人均纯收入、商品总产量、人均上交税额、文化教育水平、居民消费水平、城镇化进程等。例如，根据《某市土地利用总体规划（2006—2020 年）》，2005 年年末，该市铁路、公路、港口码头等交通用地达到 7353.94hm^2，占土地总面积的 0.49%，大大改善了交通条件；同时，城乡居民点生活用地达 83983.37hm^2，人均居民点用地为 156.42m^2，人民生活安居乐业。目前，该市经济高速发展，基础设施相对完备、人居环境相对良好，已经形成了以中心城区为增长核心，某市（县级市）为次中心城市，以京广铁路、107 国道和京港澳高速公路等交通干线为发展轴向周边地区辐射的城镇空间体系。

土地利用效益分析的主要指标如下。

（1）单位播种面积产量（或产值）＝作物总产量（或总产值）/作物总播种面积；

（2）粮食耕地年单产量＝粮食总产量/（粮食作物播种面积×复种指数）；

（3）单位耕地（或园地、林地、牧地、水面和建设用地）面积产值＝种植业产值（或各业产值）/耕地（或园地、林地、牧地、水面和建设用地）面积；

（4）单位农用地总产值＝农业总产值/农业用地面积；

（5）单位建设用地总产值＝建设部门总产值/建设用地面积，此项指标可按城建、交通、水利等产业分别计算；

（6）单位土地净产值（国民收入）＝（产品总产值－消耗的生产资料价值）/土地面积，此项指标可按农业用地和建设用地或乡村土地和城市土地分别计算；

（7）单位土地纯收入（土地盈利率）＝（产品总产值－生产成本）/土地面积，此项指标可按农业用地和建设用地或乡村土地和城市土地分别计算①。

（七）土地后备资源及其潜力分析

分析土地后备资源的数量及分布，初步提出开发措施和规模。利用有关基础数据资料，通过计算获得相关的分析评价指标数据，如高中低产田的比重、后备土地资源的数量及其比重、人均后备土地资源数量等，重点分析：①已利用土地资源的增

① 王万茂，韩桐魁．土地利用规划学［M］．8 版．北京：中国农业出版社，2013.

产潜力；②各类后备土地资源的分布及其丰缺程度等。通过以上内容分析，评价区域土地资源增产潜力的高低，找出影响土地资源生产力水平的主要影响因素，提出开展中低产田改良的可能性及其方向，评价未利用土地资源开发利用潜力的高低及其分布状况。例如，根据《某市土地利用总体规划（2006—2020 年）实施评估报告》，耕地后备资源开发：在保护和改善生态环境的前提下，依据土地利用条件，有计划、有步骤地推进耕地后备资源的开发利用。2006—2018 年间，全市通过土地开发补充耕地 4196.64hm^2。

二、土地利用现状分析的基本方法

（一）土地利用现状分析需收集的基础数据

主要收集以下几个方面的资料。

1. 规划区内自然状况

主要包括：地形、地貌、水文地质、气象、土壤、植被和主要自然灾害等资料。

2. 社会、经济发展情况

（1）行政区划资料和计委已批准或规划期内即将上马的项目情况。

（2）人口资料（历次人口普查成果数据、城镇与农村人口结构和农业人口与非农业人口结构情况、人口增长情况等）。

（3）历年社会经济统计年鉴、统计公报等统计数据。

（4）经济发展战略、国民经济与社会发展计划。

（5）城镇与村镇建设、交通运输、水利工程、能源等资料。

3. 土地利用情况资料

（1）土地利用现状调查图件、报告、土地资源评价资料。

（2）草原、林业资源调查与评价资料。

（3）历年土地利用变更数据、历次全国土地调查数据资料。

4. 其他有关资料

其他资料包括区划资料、社会经济调查、地方志等资料。

（二）土地利用现状分析的要求

为了搞好土地利用现状分析，必须认真做好以下几点。

（1）土地利用现状分析必须配合外业考察工作，对当地的主要土地利用类型进行较为细致系统的考察，对当地自然生态系统进行调查分析，作为分析土地利用效果的依据。同时研究地区土地后备资源潜力开发前景，对当地主要工程设施和城镇建设进行考察，了解其中存在的问题。总之，现场考察是土地利用现状分析不可缺少的组成部分。

（2）要掌握翔实、全面、准确的基础资料。根据要求，收集规划区内有关资料要注意以下两点：第一，资料的来源要靠，最好是出自被政府和有关部门认可的调查报告、统计等第一手资料，一般不利用某些报刊、杂志、个人讲话等资料；第二，要对收集的大量资料，进行去粗取精、去伪存真的分析、研究整理，最后拿出针对性较强、准确可信的作为分析的基础资料。只有这样才能对土地利用现状做出确切的分析。

（3）要对土地利用现状分析中利用的有关数据进行核实，如核实各类土地面积、土地单产量等有关数据。土地利用总体规划要有基期年的准确的各类土地面积数据作为规划的基础数据。目前有以下几种土地面积数据：①每年上报统计部门的数据；②土地概查数据；③航片、卫片数据；④正在开展或已经完成的土地详查数据；⑤有关部门（如牧业、林业等）所做的单项资源调查数据。如果在土地详查完成后立即进行土地利用总体规划，可直接利用土地详查数据和图件。若土地详查先于土地利用总体规划数年完成，土地详查年度与规划基期年度又不一致，应利用日常地籍管理的变更调查统计资料，把各类土地面积数据核实、调整到基期年度；没有变更调查统计资料可以利用的，应组织有关人员搞好变更调查与统计，以核实、调整土地面积数据。个别地方尚未完成土地详查，需以土地概查成果进行土地利用总体规划的，应采用与其他单项资料调查成果相结合、抽样调查等方法，核实规划基期年度的各类土地面积数据。总之在着手土地利用现状分析之前，一定要把各类土地面积数据核实准确。

（4）注意与有关专题研究的内容协调、衔接。土地利用现状分析的某些内容和分析结论（如土地利用不合理问题、土地利用潜力等），往往与土地适宜性评价、土地需求量预测等专题研究结果直接相关，应注意协调一致，避免相互矛盾。

（三）土地利用现状分析的基本方法

进行土地利用现状分析，通常主要采用动态变化分析法、指标对比分析法、定性和定量分析法、图上分析法等，这些方法在实际工作中需要结合起来使用。

1. 动态变化分析法

动态变化分析法即利用不同时间或多年的调查、统计资料和数据，综合分析某件事物的变化规律和变化趋势。这种分析方法一般通过语言阐述动态变化情况及变化趋势；或者利用列表方式分析动态变化情况；也可以利用绘制图形方式分析动态变化情况和趋势，或者几种方式结合进行动态变化分析。

例如，在某镇土地利用现状分析中，在2010—2015年，土地利用类型的面积发生了改变。分析结果表明，2010—2015年间，该镇天然牧草地有294.76hm^2变成了林地；49.18hm^2变成了沙地；1293.70hm^2变成了旱地；人工牧草地有592.54hm^2变成了沙地；其他牧草地有2255.14hm^2变成了沙地；沙地有11.59hm^2变成了人工牧草地；石砾地变成沙地的有25.39hm^2。总体来看，2010—2015年间，该镇土地利用类型主要从牧草地向其他土地利用类型转变，牧草地的面积持续减少，且主要转化为旱地、林地和沙地；而旱地、林地、沙地面积则出现上升趋势。

2. 指标对比分析法

指标对比分析法是利用相同指标体系，从纵向（同一地区，不同时间）或横向（同一时间，不同地区）进行比较分析，来衡量社会、经济某项指标的高低、好坏、变化的快慢及程度等，或衡量土地利用合理程度、土地利用结构、土地利用效果好坏程度等。这种方法通常采用语言表述对比分析、列表对比和绘制图形对比等几种形式进行阐述。

例如，某镇土地利用现状分析中：利用现行规划确定的指标与基期规模进行比较分析（表 4-2），现行规划确定的主要规划目标情况：到 2020 年，耕地保有量不低于 2216.00hm²，基本农田保护面积不低于 1809.00hm²，建设用地总规模控制在 2106.59hm² 以内，城乡建设用地规模控制在 1868.86hm² 以内，城镇工矿用地规模控制在 1479.49hm² 以内，新增建设用地规模控制在 1444.39hm² 以内，新增建设用地占用农用地规模控制在 1367.11hm² 以内，新增建设用地占用耕地规模控制在 536.97hm² 以内，土地整理开发复垦补充耕地面积不低于 120.88hm²。

现行规划确定到 2020 年全镇耕地保有量不低于 2216.00hm²，规划实施到 2012 年年末，全镇实有耕地面积为 2489.95hm²，超出规划目标 273.95hm²，耕地数量得到有效的保护。现行规划确定到 2020 年全镇基本农田保护面积不低于 1809.00hm²，规划实施到 2012 年年末，全镇实际落实基本农田保护面积为 1821.73hm²，超出规划目标 12.73hm²，实现了规划基本农田保护面积目标指标的要求。

表 4-2　某镇现行规划主要目标表

指标名称		2005 年基期规模	现行规划 2020 年目标	指标类型
总量指标（hm^2）	耕地保有量	2646.06	2216.00	约束性
	基本农田	2180.00	1809.00	约束性
	建设用地总规模	800.90	2106.59	预期性
	城乡建设用地规模	729.76	1868.86	约束性
	城镇工矿用地规模	67.75	1479.49	预期性
增量指标（hm^2）	新增建设用地	—	1444.39	预期性
	新增建设用地占用农用地	—	1367.11	预期性
	新增建设用地占用耕地	—	536.97	约束性
	补充耕地面积	—	120.88	约束性

3. 定性和定量分析法

定量分析，对于某些可以量化的指标，利用具体数量关系来衡量指标大小，如土地开发利用程度、森林覆盖率等都可以利用具体数量来表示。定性分析即某些指标不能量化，只能用语言定性表述，如生态条件有所改善，这就是对生态条件的一种定性分析。

4. 图上分析法

对某些布局、分布情况的分析，如果把它们具体绘制在地图上进行分析，比利用其他方法就更清楚、具体、形象。例如利用土地适宜性评价图，来分析土地适宜性分布情况；利用农业区划图，来分析农业生产布局情况；利用地形图，来分析地形、地貌、水文等自然情况；利用土地利用现状图，来分析不同土地利用类型的分布情况①。

① 于凤桐．土地利用规划［M］．北京：中国大地出版社，1999.

三、土地利用现状评价

土地利用现状评价是对土地利用现状从量的分析过渡到质的认识的过程。通过评价，总结规划区域土地利用特点、变化规律和成功的经验，找出土地利用上存在的主要问题及其产生原因，并提出合理利用土地的设想。

（一）基本情况概述

基本情况概述主要包括行政辖区范围、地理位置、人口、区域概况、自然条件、社会经济条件、生态条件等。

人口：包括总人口、城镇与农村人口数及所占比率、农业人口与非农业人口数及所占比率等。

自然条件：包括地理位置、地形地貌（包括地貌类型、地势走向、海拔等）、水系（河流、湖泊、水库、地下水及有关水文、水资源数据）、气候气象数据（平均气温、10℃以上积温、无霜期、降水量等）、土壤（土壤类型、土层厚度、有机质含量等）、植被（森林、草原等天然及人工植物情况）、水文地质等。

经济条件：包括当地经济发展战略和计划、经济发展水平（如国民经济历年总产值、总产量、总收入等）、经济管理水平、交通运输、水利、能源、城镇分布状况等。

生态条件：包括森林覆盖率、水土流失情况、土壤污染情况、草原退化现象、土地荒漠化现象等。

例如，某镇土地利用总体规划评估报告分三个部分阐述区域概况。①自然情况：该镇位于某县东北部、省会长沙的西翼，地处东经 112°38′39″～113°62′04″，北纬 28°17′24″～28°48′07″，辖区东西最大距离为 11.52km，南北最大距离为 13.34km。全镇土地总面积为 61.26km^2。其南面与历经铺乡、夏铎铺镇相邻，西北与双江口镇隔沩江相望，东南和望城区接壤。下辖 9 个村民委员会和 2 个社区居民委员会，170 个村民小组和 18 个居民小组。该镇境内属丘陵地带，地势比较和缓，东北低、西南高。最高点海拔 170.1m，最低点海拔 50.2m。属亚热带季风性湿润气候，特点是四季分明，春季多雨，夏季炎热，秋季凉爽，冬季寒冷。年平均气温为 15.3℃，年平均降水量为 1240mm，境内属沩江水系。沩江自沩桥村入境，经颜塘村、双金村、泉塘村、南洲村出境，境内河道长 10.5km，是境内的重要水源。②区位条件：该镇位于县城东北部，距县城 4km，距长沙市区 12km，是省会通往益阳、常德和湘西的第一站。该镇属于长沙市大河西先导区金玉组团核心区域，是湖南省和长沙市城乡一体化示范区，东、西、南三面环绕国家级长沙高新技术开发区、国家级宁乡经济技术开发区、湖南省工业集中区金洲新区三大产业园区。该镇境内交通便利，长张高速、金洲大道、石长铁路以及规划中的长益常城市轻轨穿界而过；近邻京珠西线，距互通口仅 6km；20min 车程内便可到达县城和市区；1h 内可达株洲、湘潭、益阳；2h 畅达湖南“3＋5”城市群，区位优势得天独厚。③社会经济状况：该镇近年来经济总量稳步增长，经济结构不断调整优化，固定资产投资迅速增加，人民生活水平逐步提高。2012 年，该镇总人口为 3.16 万人，城镇人口为 2.49 万人，城镇化水平为 78.80%；农村人口为 0.67 万人，农民人均收入为 16377 元。2018 年全镇实现生产总值 8.34 亿元，固定资产投资 7.25 亿元。

（二）土地利用现状分析

利用多年的土地利用统计资料，历史地分析土地面积、用地结构和布局的变化，归纳土地变化和人口增加、经济发展、政策因素的变化规律，从动态变化中得出土地利用的特点、经验和成绩。土地利用现状分析主要包括：①土地利用结构和布局分析，主要介绍各种用地的结构特点、问题和分布规律，土地利用结构历史变化及土地利用趋势，土地利用总的结构特点和问题。②土地开发利用程度分析及潜力分析，主要分析土地利用率的特点、问题，分析后备土地资源，已利用土地的潜力。③土地利用效益分析，主要对各种用地的土地利用经济效益、社会效益、生态效益、综合效益进行评价，指出问题和原因。④总结土地利用的特点。

例如，某县土地利用总体规划（2006—2020 年）实施评估报告，关于土地利用现状分析的阐述：2011 年年末，县土地总面积为 295828.61hm^2，其中农用地面积为 254086.03hm^2，占土地总面积的 85.89%，建设用地面积为 15788.13hm^2，占土地总面积的 5.34%，其他土地为 25954.45hm^2，占土地总面积的 8.77%见表 4-3①。

表 4-3　某县 2011 年土地利用现状表

地类			面积（hm^2）	占一级地类比率（%）	占全县土地总面积比率（%）
总面积			295828.61	—	100
农用地		耕地	66011.47	25.98	22.31
		园地	5737.2	2.26	1.94
		林地	168196.93	66.20	56.86
		其他农用地	14140.43	5.57	4.78
		农用地合计	254086.03	100	85.89
建设用地	城乡建设用地	城镇	1402.77	8.88	0.47
		农村居民点	8491.22	53.78	2.87
		采矿及其他独立建设用地	2517.33	15.94	0.85
		小计	12411.32	78.61	4.20
	交通、水利用地	交通用地	1423.45	9.02	0.48
		水利设施用地	1831.41	11.60	0.62
		小计	3254.86	20.62	1.10
	其他建设用地		121.95	0.77	0.04
	建设用地合计		15788.13	100	5.34
其他土地	水域		4169.92	16.07	1.41
	自然保留地		21784.53	83.93	7.36
	其他土地合计		25954.45	100	8.77

① 资料来源于某县 2011 年土地利用现状变更表。

从表 4-3 可以看出，农用地中耕地为 66011.47hm^2，占土地总面积的 22.31%；园地为 5737.2hm^2，占土地总面积的 1.94%；林地为 168196.93hm^2，占土地总面积的 56.86%；其他农用地为 14140.43hm^2，占土地总面积的 4.78%。建设用地中城镇用地为 1402.77hm^2，占土地总面积的 0.47%；农村居民点用地为 8491.22hm^2，占土地总面积的 2.87%；采矿及其他独立建设用地为 2517.33hm^2，占土地总面积的 0.85%；交通用地为 1423.45hm^2，占土地总面积的 0.48%；水利设施用地为 1831.41hm^2，占土地总面积的 0.62%；其他建设用地为 121.95hm^2，占土地总面积的 0.04%。其他土地中水域为 4169.92hm^2，占土地总面积的 1.41%，自然保留地为 21784.53hm^2，占土地总面积的 7.36%。

（三）土地利用存在的问题及原因

总结土地利用中存在的主要问题及其原因是土地利用现状分析的关键目标，如人地矛盾，各部门用地配置是否合理，结构是否失调，土地利用的权属界线是否清晰，土地利用率和土地生产率是否提高、土地利用方式集约与否，水土资源是否平衡，土地利用的生态指标（水土流失，洪涝灾害、土地盐渍化、沙化、低产田比例及分布等、土壤有机质含量）是否良好。

例如，某省土地利用总体规划（1997—2010 年）中对土地利用存在的主要问题是这样阐述的：

（1）耕地面积大量减少。1988—1996 年，全省因农业产业结构调整占用耕地 9.71 万 hm^2，灾毁耕地 2.68 万 hm^2，新增非农业建设占用耕地 3.23 万 hm^2，三项合计减少 15.62 万 hm^2，年均减少耕地 1.74 万 hm^2。其中，各项建设占用的耕地大多数是城镇周围和交通沿线的优质高产水田。优质耕地的损失，很难靠开发荒地来弥补。

（2）农用土地产出率不高。1996 年，全省尚有低产田 167.06 万 hm^2，低产土 57.31 万 hm^2，低产园地 11.68 万 hm^2，低产林地 296.81 万 hm^2，低产水面 12.29 万 hm^2。全省粮食播种面积单产量为 5.49t/hm^2，油菜籽单产量为 1.25t/hm^2，棉花单产量为 1.09t/hm^2，果园单产量为 3.77t/hm^2，用材林各龄组平均蓄积量为 36m^3/hm^2，油茶单产量为 45kg/hm^2，水产养殖单产量为 2.31t/hm^2，均低于先进省份产出水平。

（3）建设用地利用不充分。1996 年，农村居民点人均用地 159m^2，超出国家标准上限。1991—1996 年，全省国家建设征而未用的闲置土地 2715.9hm^2，占同期建设征地总量的 4.95%。

（4）土地退化、损毁严重。这些年，重用轻养，导致土地生产能力衰退，耕地土壤有机质含量由 1982 年的 3.16%下降到 2.84%。不合理的土地利用，加剧水土流失。1996 年，全省水土流失面积达到 4.53 万 km^2，较 1985 年增加 0.13 万 km^2。

土地生态系统失调，南旱北涝等自然灾害发生频率增大，近九年年均灾害损毁耕地 2976hm^2，特别是近两年的洪涝灾害严重，毁坏耕地很多。工农业生产和交通、城镇建设中挖损、塌陷、压占等造成的土地破坏现象也日益严重。因农药、农膜、化肥的大量使用和工业“三废”造成的土地污染现象更是普遍存在①。

---

① 数据引自湖南省土地利用总体规划（1997—2010 年）.

某县土地利用存在的主要问题如下。

（1）建设用地、农用地、生态建设用地争地矛盾十分突出。作为农业大县，该县是全国的“鱼米之乡”“生猪之乡”“茶叶之乡”，是全国重点瘦肉型猪商品生产基地和省商品粮生产基地，这致使农业用地需求量不能减少；同时，建设用地需求增长快，形成了对农用地空间的挤压，1997—2004 年，全县各项建设新增用地 2628.80hm²，占用农用地达到 1825.72hm²（其中占用耕地 803.24hm²）；而且，生态环境保护建设要求大力开展植树造林和生态退耕工作，1997—2004 年全县生态退耕及农业结构调整面积达 2473.44hm²。

（2）农村居民点分布零散，人均用地面积大。2004 年全县零星农村居民点用地（单个图斑面积小于 0.3hm²）面积占农村居民点用地总面积的 26.39%；人均农村居民点用地达 222.85m²。

（3）独立工矿用地布局零乱，效益低下。工矿用地布局零乱，呈现遍地开花的分布格局。在进行清理整顿之前，全县共有各类大小工业园区 11 个，分散在全县的 9 个乡（镇），工业区内工业布局不够紧凑，工业用地效益低下。

（4）耕地中低产田所占比重较大，土地生产率有待提高。全县中低产田面积占耕地总面积的比重达 58.75%。

（四）提出调整用地结构的设想

在总结土地利用存在的主要问题的基础上，提出调整土地利用结构的设想。总体上建设用地比例要适当控制，合理调整农林牧比例及分布，用地结构必须因地制宜。提出提高土地生产力的途径，如改善土地组织，调整土地利用方式，增加投入（水利设施），改良土壤等。提出提高土地利用综合效益的建议，如经济效益方面，加速改革，搞好土地开发，变资源优势为商品优势，开源和节流，加强土地数量和质量的保护。

第二节 土地利用总体规划实施评价

我国目前执行的是第三轮土地利用总体规划，规划的实施严格保护了耕地，特别是基本农田保护区的管制得到进一步加强，同时对于加强土地宏观管理和促进土地集约节约利用发挥了重要作用。但是，规划在执行中依然存在科学性和可操作性不强等问题，不依规划批地用地的现象和擅自修改规划的问题时有发生。为此，开展土地利用总体规划实施进行评价研究十分必要，对提高规划的科学性和可操作性，完善和提高土地利用规划理论和技术具有重要意义。

一、土地利用总体规划实施评价的含义

2004 年国土资源部下发《关于开展土地利用总体规划实施评价和修编前期调研工作的通知》（国土资发〔2004〕133 号），要求开展规划实施评价，并明确规划实施评价是规划修编的前提。这是我国土地利用规划中首次提出进行实施评价工作。

土地利用总体规划实施评价是指在规划实施一段时间或规划结束后，对规划的目标、效益、影响和守法等情况所进行的系统的、客观的总结和分析，也称为土地利用规划后评价。评价的主要内容包括：通过对规划期内土地利用活动实践的总结分析，明确规划预定目标的执行或完成情况，主要效益指标的完成情况，规划对经济发展和社会进步的影响，规划执行中的守法情况等；通过分析评价，找出规划执行过程中出现的问题并提出改进意见，分析规划成败的原因，总结经验教训，并通过及时有效的信息反馈，为新一轮规划编制的决策和提高新一轮规划的科学性提出建议，从而提高规划的合理性、有效性、科学性和预见性，全面贯彻土地利用总体规划的意图①。

一般来说，通过对土地利用总体规划的实施情况进行专题调研和全面深入的分析，可以全面系统地总结规划实施所取得的绩效，改进规划编制方法和发现规划实施管理过程中存在的问题，提出建议和对策，为新一轮规划编制提供科学依据②。

二、土地利用总体规划实施评价的内容

规划实施评价的内容一般包括目标评价、效益评价、影响评价和守法评价，以及对新一轮规划编制的建议。

（一）目标评价

目标评价是指规划主要目标的实施情况。可以用一个总指标来反映目标的完成情况，即规划完成程度（D）=实际完成数/规划目标数。在计数时，实际完成数必须在指标的内容、范围、价格计算等方面与规划规定的一致，否则不具有可比性。①$D \geqslant 1$，说明规划目标已完全实现；②$D<1$，说明规划目标尚未实现，要分析造成此种情况的原因，总结经验教训。

我国土地利用总体规划的主要控制目标包括：耕地保有量目标、基本农田保护面积目标、新增建设用地和建设占用耕地指标、城镇规模和中心城区（镇）规模控制指标、土地开发整理复垦补充耕地指标等。

（二）效益评价

效益评价是指规划的产出和规划的投入之比。可以从不同的角度来分析规划的效益，一般分为规划实施的经济效益、社会效益和生态效益。

（三）影响评价

影响评价应从宏观和微观两个层次进行分析：一方面是研究土地利用对整个经济社会的影响，包括环境、收入、就业、地区发展等，属于宏观层面的影响分析；另一方面是土地利用类型之间的互相影响，以研究各类土地利用类型之间动态变化情况为主，属微观层面的分析。

（四）守法评价

守法评价是指规划执行者遵守有关法律、法规和条例的情况。主要评价在规划实

① 王万茂．土地利用规划学［M］．北京：科学出版社，2006.

② 张金字．基本模糊综合评判的土地利用规划实施评价方法［J］．国土资源科学管理，2005（5）：82-86.

施过程中多占少用、早征晚用、征而不用、不按土地利用总体规划批准使用等违法案件的数量、处理情况及处理效果等①。

（五）对新一轮规划编制的建议

在上述评价的基础上，通过对问题的分析归纳，为编制和实施新规划提出改进建议，从而更好地推动政府工作的进行。

三、土地利用总体规划实施评价实例

以某乡镇土地利用总体规划实施评价为例，阐述土地利用总体规划实施评价报告编写的具体内容。

（一）区域概况

（1）区位及自然条件概况。某镇位于某县中部，地处东经112°24′～112°31′、北纬28°11′～28°16′之间，土地总面积为7188.64hm^2。其东连白马桥乡，南邻坝塘镇，西靠大成桥镇和煤炭坝镇，北至菁华铺乡。某镇属丘陵地形，境内地势西高东低，南缓北陡。基本地形有丘陵、岗地、平原。镇域内水资源丰富，沩江自西向东流经镇域南部，另有小型水库两座、山塘694口。该镇属亚热带季风性湿润气候，热量充足，年平均气温为16.8℃，年平均日照时数为1738h左右，年平均无霜期为276d，年平均降雨量为1365mm。

（2）社会经济概况。该镇2012年实现地区生产总值10.56亿元。第一产业增加值3.12亿元，第二产业增加值5.12亿元，第三产业增加值2.32亿元；完成固定资产投资5.03亿元；农民人均年纯收入15594元。

（3）土地利用现状。2012年年末，该镇土地总面积为7188.64hm^2，其中农用地面积为5935.25hm^2，占土地总面积的82.56%；建设用地面积为1064.50hm^2，占土地总面积的14.81%；其他土地面积为188.89hm^2，占土地总面积的2.63%（表4-4）②。

表4-4 该镇2012年土地利用现状表

地类		面积（hm^2）	占一级地类（%）	占全镇土地总面积（%）
土地总面积		7188.64	—	100.00
农用地	耕地	3267.10	55.05	45.45
	园地	6.03	0.10	0.08
	林地	2044.17	34.44	28.44
	牧草地	0.00	0.00	0.00
	其他农用地	617.95	10.41	8.60
	农用地合计	5935.25	100.00	82.56

① 王万茂．土地利用规划学［M］．北京：科学出版社，2006.

② 数据引自某镇土地利用总体规划（2006—2020年）实施评价报告。

续表

地类			面积（hm^2）	占一级地类（%）	占全镇土地总面积（%）
建设用地	城乡建设用地	城镇	45.40	4.26	0.63
		农村居民点	929.85	87.35	12.93
		采矿及其他独立建设用地	22.92	2.15	0.32
		小计	998.17	93.77	13.89
	交通水利用地	交通用地	47.26	4.44	0.66
		水利设施用地	17.34	1.63	0.24
		小计	64.60	6.07	0.90
	其他建设用地		1.73	0.16	0.02
	建设用地合计		1064.50	100.00	14.81
其他土地	水域		129.33	68.47	1.80
	自然保留地		59.56	31.53	0.83
	其他土地合计		188.89	100.00	2.63

（二）评估工作概述

这一部分主要介绍评估目的、评估意义、评估原则、评估依据、评估范围与期限、评估数据的采用情况等内容。

（三）规划目标实现程度评估

1. 现行规划的主要目标

到 2020 年，耕地保有量不低于 3315.00hm^2，基本农田保护面积不低于 2887.00hm^2，建设用地总规模控制在 1026.42hm^2 以内，城乡建设用地规模控制在 896.76hm^2 以内，城镇工矿用地规模控制在 142.10hm^2 以内，新增建设用地规模控制在 194.59hm^2 以内，新增建设用地占用农用地规模控制在 187.18hm^2 以内，新增建设用地占用耕地规模控制在 59.24hm^2 以内，土地整理复垦开发补充耕地面积不低于 145.52hm^2（表 4-5）。

表 4-5　某镇现行规划主要目标表

指标名称		现行规划 2020 年目标	指标类型
总量指标（hm^2）	耕地保有量	3315.00	约束性
	基本农田	2887.00	约束性
	建设用地总规模	1026.42	预期性
	城乡建设用地规模	896.76	约束性
	城镇工矿用地规模	142.10	预期性
增量指标（hm^2）	新增建设用地	194.59	预期性
	新增建设用地占用农用地	187.18	预期性
	新增建设用地占用耕地	59.24	约束性
	补充耕地面积	145.52	约束性

2. 耕地保护指标

（1）耕地保有量。现行规划确定到2020年全镇耕地保有量不低于3315.00hm^2，规划实施到2012年年末，全镇实有耕地面积为3267.10hm^2，是规划目标的98.56%，离规划目标还差47.90hm^2，耕地数量比基期年增加35.81hm^2，耕地增加进度与规划安排的进度基本一致。

（2）基本农田保护目标。现行规划确定到2020年全镇基本农田保护面积不低于2887.00hm^2，规划实施到2012年年末，全镇实际落实基本农田保护面积为2897.56hm^2，是规划目标的100.37%，超过规划目标10.56hm^2，实现了规划基本农田保护面积目标指标的要求。

相关数据见表4-6。

表4-6 某镇耕地和基本农田保护指标实施情况表

指标名称	基期年（hm^2）	现行规划2020目标（hm^2）	2012实施情况（hm^2）	距离目标相差面积（hm^2）	实施进度（%）	指标类型
耕地保有量	3231.29	3315.00	3267.10	−47.90	98.56	约束性
基本农田	2694.00	2887.00	2897.56	10.56	100.37	约束性

3. 建设用地总量、增量指标

（1）建设用地总规模、城乡建设用地规模。现行规划确定到2020年全镇建设用地总规模为1026.42hm^2，城乡建设用地规模为896.76hm^2。规划实施至2012年年末，全镇建设用地总规模为1064.50hm^2，超出规划目标38.08hm^2；城乡建设用地规模为998.17hm^2，超出规划目标101.41hm^2（表4-7）。在规划实施期间，这两项指标并没有按着现行规划目标的要求逐步减少。在规划期内剩余时间要进一步加强农村居民点面积的缩减工作，以保证建设用地总规模、城乡建设用地规模的减少。

（2）城镇工矿用地规模。现行规划确定到2020年全镇城镇工矿用地规模为142.10hm^2，规划实施至2012年年末，全镇城镇工矿建设用地规模为68.32hm^2，为现行规划目标的48.08%，尚余规划指标73.78hm^2，与规划确定的进度要求基本一致。

表4-7 某镇建设用地指标实施情况表

指标名称		基期年	现行规划2020目标	2012实施情况	剩余指标	实施进度	指标类型
总量指标	建设用地总规模	1035.16	1026.42	1064.50	38.08	—	预期性
	城乡建设用地规模	990.68	896.76	998.17	101.41	—	约束性
	城镇工矿用地规模	65.41	142.10	68.32	73.78	48.08	预期性
增量指标	新增建设用地	—	194.59	4.78	189.81	2.46	预期性
	建设用地占用农用地	—	187.18	4.62	182.56	2.47	预期性
	建设用地占用耕地	—	59.24	3.03	56.21	5.11	约束性
	补充耕地面积	—	145.52	55.15	90.37	37.90	约束性

（3）新增建设用地规模。现行规划确定到2020年新增建设用地规模不超过

194.59hm²，规划实施至 2012 年年末，新增建设用地规模为 4.78hm²，为 2020 年目标指标的 2.46%，尚余规划指标 189.81hm²。

（4）新增建设用地占用农用地规模。现行规划确定到 2020 年不超过 187.18hm²，规划实施至 2012 年年末，实际新增建设用地占用农用地规模为 4.62hm²，为 2020 年目标指标的 2.47%，尚余规划指标 182.56hm²。

（5）新增建设用地占用耕地规模。现行规划确定到 2020 年不超过 59.24hm²，规划实施至 2012 年年末，实际新增建设占用耕地规模为 3.03hm²，为 2020 年目标指标的 5.11%，尚余规划指标 56.21hm²。

4. 土地整治补充耕地面积

现行规划确定到 2020 年通过土地整理开发复垦补充耕地面积 145.52hm²。据 2006—2012 年土地利用现状变更报告的统计，规划实施 7 年间全镇通过土地整理、综合整治共补充耕地 55.15hm²，是 2020 年规划控制指标的 37.90%。执行进度略慢，因此后期还需要加大土地整理开发复垦的力度。

（四）耕地和基本农田保护评估

（1）耕地保护。现行规划实施以来，某镇积极实施规划，按照规划部署开展土地开发整理复垦工作，补充耕地都来源于土地开发项目。在保护和改善生态环境的前提下，依据土地利用条件，有计划、有步骤地推进后备土地资源开发利用。2006—2012 年，全镇实施土地开发项目 11 个，补充耕地 55.15hm²（表 4-7）。规划到 2020 年耕地保有量不低于 3315.00hm²，主要分布在塅家桥村、白云新村、黄山村等村。2012 年实有耕地面积 3267.10hm²，较基期年的 3231.29hm² 增加 35.81hm²。现行规划的耕地保护目标已落实 98.56%，得到较好的落实。

（2）基本农田保护。现行规划基本农田主要布局在余新村、月华村、粟溪村等村。2020 年基本农田保护面积不低于 2887.00hm²。

（五）建设用地布局评估

（1）城镇用地规模与布局评估。现行规划到 2020 年城镇用地总规模为 118.63hm²，城镇人口达到 1.53 万人，人均用地 77.54m²，新增城镇建设用地 57.57hm²，占用耕地控制在 27.55hm² 以内。规划期内人口净增 9300 人，用地规模净增 76.15hm²。根据 2012 年农村土地利用现状二级分类面积汇总数据和本年度的遥感影像数据进行分析，现行规划实施至 2012 年年末，某镇城镇用地规划范围内，实有规模为 45.40hm²，为规划目标的 38.27%，城镇建设用地空间尚余 73.23hm²。规划实施以来，严格按照现行规划开展中心城区建设，目前城镇建设用地区实施情况基本与现行规划一致。

（2）独立工矿用地规模与布局评估。现行规划到 2020 年采矿用地和其他独立建设用地控制在 23.47hm² 以内。规划实施到 2012 年年末，独立工矿用地规模未增加。据此可推断到规划期末若无重大项目落地，独立工矿用地指标能够满足未来的用地需求，且布局与规划基本一致。

（3）农村居民点用地布局。根据 2006—2012 年历年农村土地利用现状二级分类面积汇总数据得知，农村居民点规模在规划实施期间增加了 4.58hm²。农村居民点用地呈现分散、空置、闲置、零星居民点的局面得到了一定控制，但离规划期末的目标还有一定距离。

(4) 交通水利用地布局。2020 年交通用地控制在 96.72hm^2 以内。2006—2020 年新增交通用地控制在 49.53hm^2 以内，其中占用耕地控制在 4.86hm^2 以内。改善镇域交通条件，保障重点交通设施用地，主要满足新建的绕城高速、长株潭环线高速、长株潭环线高速回龙铺连接线、玉煤公路、金玉大道和扩建的宁横公路、洪回线、老 S209 和新竹线。

规划实施到 2012 年年末，实有交通用地 47.26hm^2，实施进度与规划安排的进度基本一致。

(5) 土地节约集约利用水平。根据表 4-8，某镇土地利用总体规划实施到 2012 年，与 2006 年相比，单位生产总值建设用地规模由 306.22hm^2/亿元下降为 100.80hm^2/亿元，单位生产总值建设用地下降率达到了 67.08%。分年度与 2006 年进行比较，规划期间单位国内生产总值建设用地下降率逐年上升。数据表明某镇在本轮规划实施期间，建设用地节约集约利用水平不断提升。

表 4-8　某镇单位生产总值建设用地情况

名称	年份（年）						
	2006	2007	2008	2009	2010	2011	2012
生产总值 GDP（亿元）	3.40	3.91	4.96	6.35	7.20	9.22	10.56
建设用地总规模（hm^2）	1041.16	1049.21	1055.35	1055.35	1055.91	1057.86	1064.50
单位生产总值建设用地规模（hm^2/亿元）	306.22	268.34	212.77	166.20	146.65	114.74	100.80
与 2006 年比单位生产总值建设用地下降（%）	—	12.37	30.52	45.73	52.11	62.53	67.08
与上年度比单位生产总值建设用地下降（%）	—	12.37	20.71	21.89	11.76	21.76	12.14

（六）土地利用潜力评估

(1) 建设用地集约利用潜力。某镇建设用地潜力主要在于通过农村居民点用地内部挖潜和提高低效建设用地。2012 年全镇农村居民点用地面积为 929.85hm^2，乡村人口为 21243 人，人均农村居民点用地面积为 437.72m^2，参照《镇规划标准》（GB 50188—2007）确定的规划最高人均用地标准 140m^2/人，某镇人均农村居民点用地面积已远超国家规定标准，因此从理论上看，全镇农村居民点用地潜力巨大。

(2) 补充耕地潜力。现行规划确定全镇规划期内通过该镇土地综合整治可补充耕地 145.52hm^2，主要来源于土地整理和土地开发。通过对部分耕地内的沟、渠、田、林、路、村、田埂坎及零星土地的整理，可新增耕地 99.19hm^2，占土地综合整治补充耕地潜力的 68.16%。通过坚持“适度开发后备土地资源，因地制宜地确定开发后用途”的原则进行土地开发，可新增耕地 46.33hm^2，占土地综合整治补充耕地潜力的 31.84%。

（七）规划绩效及问题

1. 规划的管控作用得到加强

现行规划实施过程中，通过土地利用年度计划、建设用地预审、建设用地审批等各种措施，调节了土地供应总量、速度和结构，达到直接调控固定资产投入、资源需求等目的，确保了重点建设用地，充分发挥了土地参与宏观调控的作用。通过用途管制制度的实施，最大限度地提高建设用地的利用效率，减少对耕地的占用，城乡建设用地的无序扩张的趋势得到了一定程度控制。

2. 各级领导与土地使用者的规划意识明显增强

行政领导层不但体会出规划本身的重要性，更看到了规划对社会经济发展的重大影响，对规划作用的认识得到加强。由于实际工作中较好地坚持了按规划管地的原则，土地使用者对规划作用的强制性有很深的体会，已经形成了用地必须符合规划，不符合规划的用地要求不会得到批准的观念，用地者规划认知度得到提高。

3. 规划的法律地位得到进一步提高

积极配合国家的“卫片执法”检查和武汉督查局的例行督查工作，对新发生的违法批地、非法占用基本农田、破坏耕地、低价出让国有土地使用权等重大违法案件，依法按程序严肃处理，违法用地现象得到有效遏制，提高了规划的法律地位。

4. 耕地保护得到加强

提高了建设占用耕地的经济成本，从严控制建设占用耕地。建立了与耕地保护权益相关的财政转移支付制度，给予农民有关农业生产资料、技术服务、生产性贷款等方面的优惠条件，实行了专项耕地种植财政补贴，提高了农民保护和改良耕地的积极性。实行政府、集体、企业和个人相结合的土地整理复垦开发多元化投入机制，确保了补充耕地的数量和质量。

5. 促进了经济社会发展、保障了生态环境质量

现行规划实施以来，实现了土地利用效益与经济社会发展同步增长，全镇经济社会发展和生态环境保护都取得了显著成效。

（1）促进了经济发展成倍增长，推进了社会发展长足进步。GDP由2005年的3.49亿元增加到了2012年的10.56亿元，2012年是2005年的3.03倍。2012年三次产业结构比为29.6：48.5：21.9，确立了工业的主导地位。人均GDP由2005年的9376.68元提高到了2012年的27469.05元，是2005年的2.93倍。经济发展水平显著提高。从2005年年末到2012年，镇人口总量由37220人增长到了38448人。城镇化进程快速推进，城镇化水平由16.12％提高到44.75％，提高了28.63个百分点，年均提高4.09个百分点。镇土地利用总体规划有效地保障了城镇化推进对城镇建设用地的需求。同时，镇土地收益也为地方经济发展作出了重要贡献。人均收入稳定增长，人均可支配收入由2005年的4907元提高到2012年的15594元，2012年是2005年的3.18倍。同时社会保障水平不断提高，就业率稳步提升，增强了社会稳定。

（2）保障了生态环境质量进一步提升。为保持天然林地、江河及其他湿地等生态

用地的基本稳定，积极培育人工林地，防止流域性土地生态破坏；保障镇域生态健康发展必需的生态用地，防止工农业生产破坏土地生态环境，将镇域内具有重要资源、生态、环境和历史文化价值，禁止开发建设的区域划为禁止建设区。全镇划定的禁止建设区面积为 13.68hm²。规划要大力保护和发展水源涵养林、水土保持林和环境保护林，提高镇域水土涵养能力。同时加强水源地保护，饮用水源保护区内严禁发展规模化畜禽养殖业以及其他涉水污染工业企业。2006—2020 年，规划水源保护用地面积为 336.44hm²，生态公益林面积达到 1035.60hm²，森林覆盖率达到 28%以上。规划实施到 2012 年年末，通过大力植树造林、封山育林，全面绿化宜林荒山荒地，某镇全镇林地达到 2044.17hm²，森林覆盖率达到 28.44%，林地减少、水土流失得到有效控制。环境空气质量、水环境质量等多项指标达标。规划实施期间重点开展了沩江两岸的畜禽养殖、污水处置、垃圾污染整治，构建生态良好、景观环境优美的沿河生态带。综合治理小流域生态环境，恢复其水源涵养功能。

6. 农村居民点缩减力度不够

现行规划实施以来，全镇农村居民点面积不减反增 4.58hm²。全镇区域经济条件已得到大幅度的改善，城镇化率快速提高，但农村居民点的缩减速度没有与城镇化率相适应。在未来的规划实施过程中，应继续加大投资力度，严格执行规划，加大农村居民点用地整理力度，逐步拆迁合并零散居民点用地，促进集中布局和节约用地。在规划实施剩余期内，如何提高农村居民点集约利用水平，促进城乡建设用地统筹发展为规划实施中应当重点关注的问题。

（八）现行规划修改必要性和可行性评估

（1）规划重大背景变化情况评估。现行规划实施以来，随着“中部崛起”提速、“两型社会”建设全面加快、城乡统筹发展不断推进，某镇面临的经济社会发展形势随着外部发展环境的变化而发生了显著变化。

（2）现行规划与未来发展趋势协调性评估，包括：①耕地和基本农田保护与经济增长协调性评估。②建设用地规模与城镇发展适应性评估。③实际建设用地布局与规划布局一致性评估。

（3）用地需求分析。

① 根据《某新型城镇示范区启动区控制性规划》成果，启动区在某镇总用地规模为 255.78hm²，其中建设用地 230.28hm²。②根据某镇“十二五”期间经济社会发展需要，一些项目要求落地，据统计需要新增建设用地 20.38hm²（表 4-9）。

表 4-9　某镇拟落地其他项目表

序号	项目名称	拟用地面积（hm²）
1	地税三分局、农商银行	1.59
2	妇幼保健院	3.86
3	集镇广场	8.71

续表

序号	项目名称	拟用地面积（hm^2）
4	某村安置用地	3.48
5	蓝天环保建材厂	1.10
6	污水处理厂	0.48
7	新老集镇连接线	1.16
	总计	20.38

（4）规划修改的可行性分析。

① 规模指标平衡性分析。

a. 建设用地指标平衡性分析。规划实施至2012年年末，城镇工矿新增建设用地剩余指标53.33hm^2，且大部分城镇工矿用地布局在宁横公路沿线，新宁横公路被规划成商业景观轴，作为该镇经济发展主轴，在道路两侧集中布置商业铺面、娱乐设施、邮政所等服务设施，所以这些指标将无法切出来用以满足金玉示范区启动区的建设用地需求；农村居民点的指标将要预留出来用以满足农民建房以及农村的发展，且布局较分散，所以农村居民点指标也不能切出来；交通水利设施用地指标是用来满足全镇的交通、水利等基础、民生工程的建设需求，也不能切出来。综上所述，该镇部分建设用地指标已不能满足该镇的发展需求。

b. 建设用地切块补充的可行性分析。目前，根据某乡现行土地利用总体规划，调出的251.93hm^2规划地类中含特殊用地80hm^2、农村居民点用地171.93hm^2。该特殊用地原规划为建设军用机场，目前军用机场建设用地范围线已确定，还剩下2.00km^2的建设用地指标可以切出来用于满足其他建设用地需求。另外调出的农村居民点原规划为安置移民，现因一些原因没有按照原计划进行小企业、部分农村居民点的搬迁、拆除，所以目前没有移民需要安置，可以把部分农村居民点指标调剂给该镇。综上，某乡剩余各项指标充足，且切出后该乡剩余建设用地指标429.86hm^2（表4-10），根据2006—2012年建设用地指标执行进度来看，用地需求不是特别大，剩余指标相对充足，对该乡未来经济社会发展不会造成太大影响。

表4-10　某乡建设用地指标表

项目	2012年	2020年	调出面积	切块后剩余指标
建设总规模（hm^2）	1391.35	2073.14	251.93	429.86

c. 调入与调出地块所占耕地及基本农田平衡分析。调入地块用地250.67hm^2，其中占用耕地121.56hm^2（含基本农田96.21hm^2），占用林地115.88hm^2，占用其他农用地9.39hm^2，占用其他土地3.88hm^2（表4-11）。根据县政府统一安排与协调拟从某乡调出251.93hm^2。调出地块现有地类情况如下：耕地122.39hm^2（其中补划基本农田96.21hm^2），林地86.93hm^2，园地2.22hm^2，其他农用地30.70hm^2，其他土地0.80hm^2（表4-12）。

表 4-11　某镇拟调入地块占用地类情况表

项目	项目规模	符合规划	需调整	总占耕地	总占林地	总占其他农用地	总占基本农田	总占其他土地
金玉新型城镇示范区（hm^2）	255.78	25.50	230.28	104.81	112.78	8.81	84.99	3.88
某镇拟调整项目（hm^2）	20.39	0.00	20.39	16.75	3.10	0.58	11.22	0.00
合计（hm^2）	276.17	25.50	250.67	121.56	115.88	9.39	96.21	3.88

表 4-12　某乡拟调出地块规模与结构表

项目	调出面积	耕地	林地	园地	其他农用地	其他土地
某乡（hm^2）	251.93	122.39	86.93	2.22	30.70	0.80

② 地质条件可行性分析。根据宁乡金玉新型城镇示范区及其他项目前期工程地质勘察评价报告可知，示范区工程地质条件、水文地质条件总体上较复杂，但对场地的稳定性影响甚微。示范区场地稳定性较好，总体上适宜于示范区的建设。因此规划修改产生的用地布局调整不会给生态带来太大影响。

（九）结论与建议

1. 评估结论

（1）现行规划对促进区域发展发挥了重要作用。评估表明，现行规划落实了上级规划下达的主要用地指标，并且根据当时的经济社会发展要求，合理配置了各类用地结构和布局。规划实施以来，全镇土地规划的管控作用得到明显加强，耕地和基本农田得到有效保护，城乡建设用地无序扩张得到有效控制，土地节约集约利用水平显著提高，重点项目建设用地得到保障，对于促进全镇经济社会的快速发展发挥了重要作用。

（2）现行规划部分指标、部分用地布局已不适应后期经济社会发展要求。现行规划实施以来，某镇经济社会发展形势发生了显著变化，现行规划对外部发展环境、区域经济社会发展变化趋势带来的影响预计不够，呈现现行土地利用总体规划部分建设用地指标、部分建设用地布局已不适应镇域后期经济社会发展形势。特别是“十二五”期间，随着金玉新型城镇示范区的批复与启动，建设用地指标与布局不适应情况变得更为突出。

（3）现行规划确需修改。虽然现行规划得到正确的贯彻实施，规划目标和管理措施顺利推进，但受经济社会发展、外部环境变化的影响以及金玉新型城镇示范区的启动，亟须对现行规划进行修改，以确保某镇新形势下经济社会发展对土地资源的合理需求。

2. 规划修改建议

根据对《某镇土地利用总体规划（2006—2020 年）》实施情况的评估分析，针对下阶段规划修改工作提出如下几点建议，以促进某镇土地利用总体规划修改，更好地促进某镇未来经济社会发展。

（1）建议省厅同意某镇启动规划修改工作。建议省厅充分考虑某镇社会经济发展的实际，在本次对某镇土地利用总体规划实施评估的基础上，同意某镇按照此次评估提出的初步方案启动某镇土地利用总体规划修改工作，且对某乡土地利用总体规划同步进行修改。

（2）建议采纳评估报告提出的规划修改思路。通过对现行规划的评估分析，建设用地总量、耕地保有量以及基本农田保护面积在某镇镇域范围内不能达到平衡。为保障规划修改工作的顺利进行，本评估报告提出建设用地、耕地保有量和基本农田指标的解决方案：经与县政府以及县国土局的统一安排与充分衔接，通过在某乡进行切块调整，可以使这三项指标在全县范围内保持平衡。希望省厅能按该思路解决规划修改中部分指标存在的问题，以顺利开展规划修改工作。

复习思考题

1. 土地利用现状分析包括哪些内容？
2. 土地利用现状评价指标体系由哪些指标组成？
3. 土地利用现状分析的方法有哪些？
4. 论述土地利用现状分析在土地利用总体规划中的作用及其意义。
5. 应从哪些方面分析建设用地潜力？
6. 土地开发利用程度经常采用的指标有哪些？
7. 如何应用评价系数法？
8. 简述土地利用规划实施评价的概念和内容。
9. 解释土地利用总体规划实施评价的含义。
10. 土地利用总体规划实施评价的内容包括哪些？
11. 如何编制土地利用总体规划实施评价报告文本？

第五章　土地供需预测

【内容提要】

土地利用总体规划是对未来一定时期土地利用结构和布局的总体部署，因此，对有关基础数据的预测是规划编制的重要内容，对未来土地满足各项用地的需求是调整土地利用结构和布局的依据。本章主要介绍土地利用总体规划中有关人口、城市化水平、粮食需求量、农用地需求量、建设用地需求量的预测方法，土地供给潜力分析及供需平衡的基本内容、原则和分析方法。

第一节　预测概述

一、预测的概念

预测是指预先或事先的推测或估计。预测是根据过去和现在已知的情况，弄清事物发展规律或趋势，并据此对将要发生而目前又不明确的事物或过程做预先的估计和推测，是人们利用已经掌握的知识和手段、预先推知和判断事物未知状况。预测是土地利用管理的重要手段。“预测”作为名词，强调“对未来所作出的估计和推测”；作为动词，强调预测的过程。

预测作为一个系统，包含预测对象、预测者和预测手段三个主要组成元素。由于客观系统的发展过程是复杂多变的，而现有的理论和方法还不完善，所以，预测不可能完全与未来的情况吻合，需要根据系统发展的新情况，随时进行调整和修正。

二、预测的步骤

预测工作的步骤根据预测的目的和选择的预测方法不同而有所区别，但一般来讲，可以参考以下步骤。

（1）明确预测目的。在开展预测工作之前要充分利用社会经济发展要求、数据资料等确定预测目的、对象、内容。要对预测区域的未来土地利用结构、农用地（包括耕地面积）和非农用地的规模等做出预计和推测，以指导当前土地管理工作和控制未来的土地利用。

（2）制订预测计划。计划的内容应包括预测工作领导小组、人员组织、收集资料的途径和方法、预测期限（分近期为1～2年，中期为3～5年，长期为5年以上）和预测区域范围（如省、市、县等）。其中预测期限的长短对于资料的收集和预测方法的选择有密切关系。

（3）收集和分析预测资料。基础资料的收集是做好预测工作的前提，有计划地收集预测对象的相关资料，包括历史的和现状的文字、图表资料，对资料的统计指标口径、指标核算方法、统计时间、价格的计算、计算单位等逐项进行检验、复核、整理和分类。针对资料缺失的情况，需要采用重点调查、典型调查和抽样调查方法进行补充，以保证资料的连续性和完整性。

（4）选择预测方法。根据预测要求，预测目的、占有资料翔实情况、预测精度要求和预测费用等方面的情况，选择最优预测方法或模型实施预测，包括定性预测和定量预测。

（5）实施预测。根据预测内容的要求，选取不同的预测方法，利用前期收集到的数据资料，进行预测。

（6）分析预测误差，评定预测结果。检查预测方法选择是否得当，预测结果是否准确，预测目标是否可靠。由于预测往往产生误差，一般可以选择两种以上方法进行预测，对预测结果进行比较。若误差大，就需要分析产生误差的原因，从而改进预测方法和修改预测数学模型，使预测结果尽可能符合和接近实际，确保预测成果的质量。

三、预测的方法

预测一般分为定性预测、定量预测和综合预测。

定性预测是主要用于对预测对象未来的趋势和性质做预测，主要依靠预测者根据历史资料的分析和对未来条件的研究，对预测对象做出主观的判断。在定性预测方法中常用因素分析法。例如对未来农用地数量预测，就要考虑未来人口数、农产品需求数、单位土地面积生产力情况、非农用占地情况、可开发农用地后备资源数量等因素，经反复综合平衡后，确定农用地最终数值。

定量预测主要用于对预测对象未来的状况做出定量的描述。预测者利用历史和现状的数据建立模型，用计算机进行运算，对未来土地利用的发展做出判断。这种方法不是依靠人的主观判断，而是依据历史资料、数据进行计算分析得出结果。定量预测一般比定性预测较为精确。在人口与土地利用中，常用的定量方法有 100 多种，如自然增长率模型，一元线性回归模型（可使双曲线模型、对数函数模型、幂函数模型转变成一元线性模型），二次曲线模型，三次曲线模型，Logistics 曲线模型，对数抛物线模型，三次指数平滑模型，神经网络模型和递补的灰色 GM（1，1）模型等。

综合预测是把定性预测和定量预测结合起来进行预测，根据实际，使预测方法更加灵活，预测结果更加准确。

第二节　基础数据预测

土地需求量与人口、消费水平、经济发展水平、城镇化水平和作物产量等因素有着密切的联系，因此，在具体进行土地需求量预测之前应先对上述相关因素进行预测。

一、人口预测

人口的发展决定着土地利用的基本需求，多项用地指标通常以人口发展规模为依据，因此人口预测是土地需求量预测的基础。

人口状态变化是一种周期性较长的社会现象（为 25～30 年），目前人口政策的后果要在一代人甚至两代人之后才能充分显示出来。因此，对人口预测，除了较为准确的短期预测之外，还必须做长期预测，它使我们能看到未来人口发展的一个大致远景。

（一）人口预测的概念

在土地利用总体规划中，根据人口现状出生率、死亡率、人口流动趋向等基础数据，估算某区域规划期末的人口数量、人口分布、年龄结构、性别结构等过程即为人口预测，它为预测农畜产品的需求量、国民经济各部门对土地的需求量及布局提供依据。人口规模及结构直接影响着社会对农产品的需求，同时对城镇规模、环境建设和交通、旅游等用地也产生重大影响。因此，人口预测也是土地需求量预测的基础。

（二）人口预测的内容

由于人口规模、人口结构和人口分布的不同，决定着社会消费结构，而社会消费结构通过产业结构，影响土地利用结构和土地利用规模。因此，土地利用与人口密切相关。土地利用总体规划的核心，就是要研究解决人地矛盾的方法，协调人地关系，保持人口增加与土地需求间的平衡关系，为整个经济建设创造良好的用地条件。所以进行土地利用总体规划之前，首先应进行人口预测，为预测土地需求量做数据准备。

人口预测的内容指标很多，与土地利用总体规划关系密切的指标有人口增长率、人口规模、人口结构、人口分布、消费人口、劳动资源、城镇人口、农村人口、城镇化水平、人口迁移趋势等。

（三）人口预测的方法

由于人口预测的内容不同，具体进行预测时采用的方法也不同，必须根据预测的内容，选定相应的预测方法。根据预测内容可以把预测分成三大类：人口总规模的预测方法；城镇人口的预测方法；农业劳动力和农业剩余劳动力的预测方法。

1. 人口总规模预测的方法

人口规模就是指规划区域内人口的总数。预测总人口方法多种多样，常用的有系统动力学模型、自然增长法、部门预测法、人口统计学法、百分率法和数学模型等方法。

（1）系统动力学模型。该模型用于描述系统总人口的动态变化，其中总人口由机械增长人口和自然增长人口两部分组成，机械增长人口根据历史变化和政策情况进行预测，自然增长人口预测可用公式表示为：

$$P_{\mathrm{T}}=\sum_{i=1}^{n}P_i \tag{5-1}$$

$$P_{i(k+1)}=P_{ik}+R_{(i-1)k}-(R_{ik}+D_{ik}) \tag{5-2}$$

$$R_{0(k+1)}=\alpha\beta(P_{3k}+P_{4k})F \tag{5-3}$$

式中，i 为 1，2，3，4，5，6，7，分别表示 0～14，15～19，20～29，30～49，50～64，65～100，100 以上七个年龄组；k 为由基础年开始的预测年份；P_{ik} 为第 k 年 i 组的人口数量；$R_{(i-1)k}$ 为第 k 年（$i-1$）组的人口进入 i 组的数量；R_{ik} 为第 k 年 i 组的人口进入（$i+1$）组的数量；D_{ik} 为第 k 年 i 组的人口死亡数量；$R_{0(k+1)}$ 为第 $k+1$ 年新出生婴儿数；α 为性别结构；β 为每对夫妇平均生育婴儿数；F 为生育模式；P_T 为总人口数量。

（2）自然增长法。自然增长法又称综合分析法，它以规划基期年总人口、非农业人口、农业人口为依据，通过预测规划期内各类人口的自然增长、机械增长，确定规划期末各类人口数量。常用的公式是：

$$P_t = P_{t_0}\ (1+R)^{(t-t_0)} \tag{5-4}$$

$$P_t = P_{t_0}\ (1+r)^{(t-t_0)} + (c-d) \tag{5-5}$$

式中，P_t 为规划目标年总人口数；P_{t_0} 为规划基期年人口数；R 为规划期间人口平均增长率；r 为规划期间人口平均自然增长率；t 为规划目标年；t_0 为规划基期年；c 为迁入人口数；d 为迁出人口数；$c-d$ 为人口机械增长数。

在式（5-4）中，人口增长率（R）是指一定时间内人口增长数与人口总数之比。全年增长人数是出生、死亡、迁出和迁入的综合结果。R 值可以根据计划生育管理部门所确定的人口规划和人口政策来确定，也可以通过历年人口统计资料利用如下公式计算：

$$R = \sqrt[m]{\frac{P_0}{N_0}} - 1 \tag{5-6}$$

式中，P_0 为某一阶段末人口总数；N_0 为某一阶段初人口总数；m 为该阶段年数。

例如：某县 2006 年人口总数为 112.3825 万人，2018 年为 114.7861 万人，则

$$R = \sqrt[12]{\frac{114.7861}{112.3825}} - 1 = 0.0018$$

如果分析认为到 2023 年该县人口仍以 2007—2018 年的平均递增率增加，那么 2023 年人口总数为：

$$P = 114.7861 \times (1+0.0018)^5 = 117.92\ (\text{万人})$$

在式（5-5）中，人口自然递增率（r）是指一定时期内人口自然增长数（出生人数减去死亡人数）与人口总数之比，即等于出生率与死亡率之差。该数可依靠人口普查资料获得，也可以根据计划生育管理部门要求确定，还可以根据历年的自然净增人口数进行推算或用多年的人口统计资料计算出人口自然递增率，将其外延。

根据基期年的人口数直接推算未来人口数，又称复利公式，包括人口自然增长和人口机械增长两个部分。该方法简单，较为实用，可用于城、乡人口的预测。

例如：我国 1982 年年末人口数为 10.15 亿人，按人口自然增长率 15.44‰，迁入人数等于迁出人数，预测 2020 年的人口总数。

$$P_{2020} = 10.15 \times (1+0.01544)^{38} = 18.17\ (\text{亿人})$$

若要将 2020 年人口控制在 17 亿内，28 年中人口自然增长率应控制在 18.59％之内。

$$R=\sqrt[28]{\frac{P_{(t)}}{P_{(t_0)}}}-1=\sqrt[28]{\frac{17}{10.15}}-1=0.01859=18.59\%$$

例如：某城市2000年为34.06万人；2015年人口自然增长率为11‰；机械迁入为40‰；市郊农转非转城市为35‰。则

$$R=0.011+0.04+0.035$$

那么：

2005年城市人口为34.06×（1+0.011+0.04+0.035）^{5}=51.5万人；2015年城市人口为34.06×（1+0.011+0.04+0.035）^{15}=117.4万人。

自然增长法对适用于人口增长稳定地区的较短时间内的人口数的预测，其准确性的关键在于人口自然增长率的确定。当前我国大部分地区的人口增长比较稳定，可以较准确地分析计算出人口的增长率。所以自然增长法是当前土地规划、城市规划中进行人口预测的主要方法。

（3）部门预测法。在我国，计划生育管理部门不仅掌握着准确的人口现状资料，而且要经常性地对人口的发展变化进行测算，以便更好地掌握当地人口的发展变化规律，采取相应的人口发展政策。因此，计划生育管理部门是提供我国总人口资料的权威部门，一般情况下，各项规划所依据的人口资料都由该部门提供。

部门预测法就是利用计划生育主管部门进行的人口发展规模预测的成果进行人口预测。各级计划生育主管部门人口发展规划，是按照国家对各地区发展在不同时期总的宏观控制要求制定的，预测数据较为可靠且易于获得。

但计划生育管理部门的人口规划一般只进行总人口的测算，缺少土地利用总体规划所需的城镇人口和农村人口的预测。这时可以以计划生育管理部门预测的总人口数量为总的控制指标，然后对城镇人口和农村人口分别进行预测。城镇人口可参照城镇部门规划成果，分析城镇人口占总人口的比率及发展趋势，预测出不同规划阶段的城镇人口数量。农业人口聚居城镇是我国近几年城市化发展的一种趋势，农业人口已成为城镇人口不可缺少的组成部分。目前，对城镇农业人口的预测尚缺乏足够的统计资料，一般情况下，要对目前居住在城镇的农业人口进行调查。通过对调查资料的分析，找出农业人口城镇化的规律（农业人口占各类城镇总人口的比率），以此为依据对未来城镇人口进行预测。

（4）人口统计学法（宋健模型法）。人口统计学法是按照人口状态发展的动力学规律，以当前人口状态的统计资料和对人口发展主要参数（出生率、死亡率、迁移率）变化趋势的估计为依据，估计若干年后所要研究的社会的人口状态和人口数量。

首先确定人口的性别结构和人口的年龄结构，然后推算每个年龄组的出生率和死亡率，再确定人口的迁移率。一个周期内的人口变化等于各年龄组的比率与人口数量的乘积求和，再把每一组人口推向年龄较大的一个周期。如此重复递推到任意远的未来①。

（5）数学模型法。这种方法的人口预测通过建立数学模型，借助计算机求解的方

① 于凤桐．土地利用规划［M］．北京：中国大地出版社，1999.

法进行。大型的、完整而严格的人口增长模型，需要考虑众多因素对人口增长的影响，预测结果比较准确，但需要相关学科如人口学、城市规划、计算机等各方面的专家共同配合完成①。一般常用的数学模型有一元线性回归模型、多元线性回归模型、灰色系统模型等。

① 一元线性回归模型。应用一元线性回归模型时应假定在基期年以后的年份人口年增长保持稳定不变，其模型为：

$$y=a+bx \tag{5-7}$$

式中，y 为规划年人口数；x 为年份；a、b 为系数。

a、b 可以通过以下由 x、y 构成的方程组求得：

$$a=\frac{\sum x^2\sum y-\sum x\sum xy}{N\sum x^2-(\sum x)^2} \tag{5-8}$$

$$b=\frac{N\sum xy\sum y-\sum x\sum y}{N\sum x^2-(\sum x)^2} \tag{5-9}$$

式中，N 为样本数据的个数。

求得 a、b 后，即可建立一元线性回归模型，并借以预测规划总人口数。为了检验所建立的模型是否可用，应计算变量 x、y 的相关系数。根据相关系数的大小，就可判断所建回归模型的优劣。一般来说，相关系数越大，说明变量之间的相关关系越强或所建回归模型的拟合程度越好。

例如：根据某市 1998—2018 年的人口统计资料，以历年人口资料作散点图（图 5-1），得到相应的一元线性回归模型。

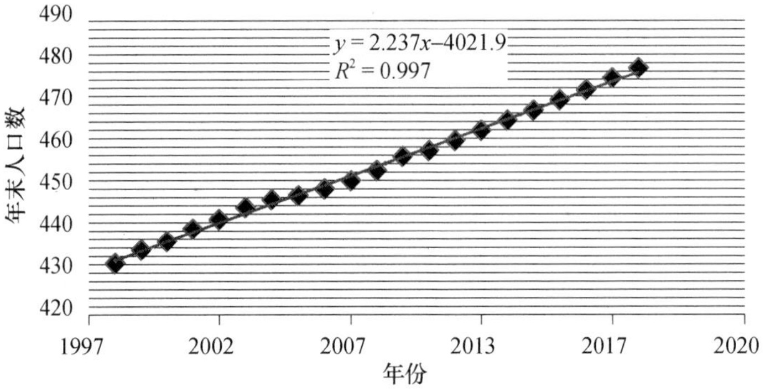

图 5-1　人口预测的一元线性回归模型

回归结果：

$$y=2.2375x-4021.9$$

$$R^2=0.9971$$

式中，y 为人口；x 为时间系数；R^2 为相关系数。

由于相关系数较接近 1，直线拟合较好。根据本回归方程分别代入 $x=2022$ 和 $x=2027$ 对该市人口总量进行预测。计算得：

① 王万茂．土地利用规划学［M］．北京：科学出版社，2006.

$$y_{2022}=486.66$$

$$y_{2027}=497.85$$

即 2022 年该市人口总规模为 486.66 万人，2027 年人口总规模为 497.85 万人。

② 多元线性回归模型。在研究中我们常常会发现，影响人口增长的因素很多，如工业总产值、人均可支配收入、人均住房面积、居民点用地、能源消耗、食品消费等，无法找出一个重要因素而忽略其他因素的影响。在这种情况下，就要应用多元线性回归分析，在预测对象与众多影响因素之间建立一个方程来描述多个因素对人口增长的共同作用。

多元线性回归模型建立的步骤与一元线性回归模型大致相同，只是选择的回归模型不同，运算过程更复杂。多元线性回归方程的基本形式为：

$$y=a+b_1x_1+b_2x_2+\cdots+b_nx_n=a+\sum_{i=1}^{n}b_ix_i \tag{5-10}$$

式中，y 为因变量（预测对象）；x 为自变量（影响因素）；a、b 为回归系数。

建立多元线性回归模型的关键问题在于求出回归系数 a_i、b_i（$i=1,2,\cdots,n$）。确定回归系数的原则仍然是最小二乘法原理，即剩余平方和最小①。

例如：韩绍庭等②利用中国历年人口数据，选取“人均 GDP”反映各观测期的经济发展水平，选取“城镇化率（城镇人口/总人口）”反映城乡人口结构，选取“初中毕业生人数”反映我国居民的受教育水平，选取“城镇居民家庭人均可支配收入/农村居民家庭人均纯收入”反映我国的贫富差距等指标，建立预测中国人口的多元线性回归模型：

$$y_t=c+\sum_{i=1}^{4}\beta_ix_{it}+\beta_5t+\varepsilon_t$$

式中，y_t 为观测期年底人口数；c 为截距项；x_{1t}为观测期人均国内生产总值（元）；x_{2t}为观测期城镇化率；x_{3t}为观测期初中毕业生人数（万人）；x_{4t}为观测期城镇居民家庭人均收入/农村居民家庭人均收入；t 为时间变量；ε_t 为残项；β_i 为待估计参数值。

结果如下：

$$y_t=-3910000+2031t-0.1431x_1-62500x_2+0.163x_3-131.4x_4$$

$$R^2=0.9996 \qquad \overline{R}^2=0.9995 \qquad F=13410$$

分析结论：①可决系数为 0.9996，校正的可决系数为 0.9995，可以看出模型的拟合度很高，模型对财政收入的解释程度高达 99.6%；②F 统计量为 13410，说明 0.05 水平下回归方程整体上显著；③t 检验结果表明，除了初中生毕业人数以外，其他因素对人口总数的影响均显著。

③ 灰色系统 GM（1，1）模型。较大范围的人口具有较明显的规律性，如全世界或一个国家的人口发展，但对于某个地区来讲，并不一定呈线性或简单非线性曲线。无直观发展趋势的人口预测可以用灰色系统 GM（1，1）模型。灰色系统 GM（1，1）

① 王万茂．土地利用规划学［M］．北京：科学出版社，2006.

② 韩绍庭，周雨欣．多元线性回归与 ARIMA 在中国人口预测中的比较研究［J］．中国管理信息化，2014，17（22）：100-103.

模型不直接运用原始数列，而是通过累加生成灰色模型，消除数据中其他的一些未知或已知因素的影响，从而对获得的数据进行合理分析，并以此预测未来某个时点数值的方法。在人口预测中采用灰色系统 GM（1，1）模型即是把人口随时间的变化过程看作是一个灰色系统，依据灰色系统理论和过去的人口数据建立灰色系统 GM（1，1）时间响应模型，根据时间响应模型对未来人口累计进行预测，并经过累减生成还原，从而预测出未来某个时点的人口数据。灰色系统 GM（1，1）模型的一般形式为：

$$\frac{\mathrm{d}\boldsymbol{X}^{(1)}}{\mathrm{d}t}+a\boldsymbol{X}^{(1)}=u \text{（数列 } \boldsymbol{X}^{(1)} \text{ 的一阶常微分方程）} \quad (5\text{-}11)$$

$$\boldsymbol{X}_{(t)}^{(1)}=\left(\boldsymbol{X}_{(1)}^{(0)}-\frac{u}{a}\right)\times \mathrm{e}^{-at}+\frac{u}{a} \text{（时间响应函数）} \quad (5\text{-}12)$$

$$\boldsymbol{X}_{(i+1)}^{(1)}=\left(\boldsymbol{X}_{(1)}^{(0)}-\frac{u}{a}\right)\times \mathrm{e}^{-ai}+\frac{u}{a} \text{（离散响应函数）} \quad (5\text{-}13)$$

式中，$\boldsymbol{X}^{(0)}$ 为原始数据，$\boldsymbol{X}^{(0)}=[\boldsymbol{X}_{(1)}^{(0)}, \boldsymbol{X}_{(2)}^{(0)}, \cdots, \boldsymbol{X}_{(i)}^{(0)}]$；$\boldsymbol{X}^{(1)}$ 为原始数据 $\boldsymbol{X}^{(0)}$ 的一次累加生成数，$\mathbf{X}_i^1=\sum_{m=1}^{i}\boldsymbol{X}_{(m)}^{(0)}$。

参数 a、u 由下式求得：

$$\begin{bmatrix} a \\ u \end{bmatrix}=(\boldsymbol{B}^{\mathrm{T}}\boldsymbol{B})^{-1}\boldsymbol{B}^{\mathrm{T}}\boldsymbol{Y}$$

其中：$\boldsymbol{B}=\begin{bmatrix} -\frac{1}{2}(\boldsymbol{X}_{(1)}^{(1)}+\boldsymbol{X}_{(2)}^{(1)}) & 1 \\ -\frac{1}{2}(\boldsymbol{X}_{(2)}^{(1)}+\boldsymbol{X}_{(3)}^{(1)}) & 1 \\ \cdots & \cdots \\ -\frac{1}{2}(\boldsymbol{X}_{(i-1)}^{(1)}+\boldsymbol{X}_{(i)}^{(1)}) & 1 \end{bmatrix}$ $\boldsymbol{Y}=[\boldsymbol{X}_{(2)}^{(0)}, \boldsymbol{X}_{(3)}^{(0)}, \cdots, \boldsymbol{X}_{(i)}^{(0)}]^{\mathrm{T}}$

一般情况下，GM（1，1）灰色模型通过对数列长度的不同取舍，可得到系列预测结果，并组成一个预测灰色区间，而运用较多年份序列进行预测，其误差比较小。

灰色系统 GM（1，1）模型克服了最小二乘法对资料的随机波动和完全盲目被动局势，当预测对象的资料不全或资料的波动太大，人口发展趋势不平稳时运用该模型进行预测的效果较好。

2. 城镇人口预测的方法

城镇人口水平是反映一个县城城镇发展、社会经济进步的重要标志，而且区域的城镇化与经济协调与否是关系到县城发展的十分关键的问题，所以土地利用总体规划中要求一个反映城镇人口水平的预测值。另外在规划过程中，还需一个城镇人口的宏观控制性指标。

城镇人口预测的方法主要有以下几种：

（1）Logistic 模型。

该模型根据城市化速度与城市化水平的关系，得到以下方程式

$$U(t)=\frac{K}{1+A\cdot \mathrm{e}^{-Bt}} \quad (5\text{-}14)$$

式中，$U(t)$为规划年城市化水平；K为城市化饱和水平；A和B为参数。根据观测值，采用适当方法对参数K、A和B进行估计，就可以预测规划年城市化水平，从而计算出城镇人口。预测农村人口＝预测总人口－预测城镇人口。

（2）自然增长模型法。

计算公式为：

$$P=P_0(1+K+M)^n \tag{5-15}$$

式中，P为预测年城镇人口数；P_0为基期年城镇人口数；K为城镇人口自然增长率；M为城镇人口机械增长率；n为预测年距基期年年数。

（3）劳动平衡法。

劳动平衡法是规划中较多采用的一种方法，它是建立在“按一定比例分配社会劳动力”的基本原理，并充分考虑在社会经济发展规划的基础上，以基本人口、服务人口和被抚养人口三者之间比例关系为依据预测未来人口的一种方法。

该方法一般适用于城市和城镇居民点的人口预测。

劳动平衡法的计算公式为：

$$P=\frac{A}{1-(B+C)} \tag{5-16}$$

式中，P为规划目标年人口数；A为基本人口数；B为服务人口占总人口的比重（%）；C为被抚养人口数占总人口的比重（%）。

基本人口：是指直接参加生产活动的劳动力人数，具体指不属于为本市服务的工业、建筑业、对外交通运输业、非市属机关、旅游业、科研机关的职工和高等院校师生员工等。服务人口：指从事行政管理和服务性行业的劳动力人数。被抚养人口：指未成年或丧失劳动能力和没有参加生产活动的人数，依靠家庭或社会赡养的人口。基本人口、服务人口和被抚养人口所占比重可参考《城市规划定额指标暂行规定》，见表5-1①②。

表5-1　人口构成比率参考表

城市分类	人口规模	人口构成		
		基本人口（%）	服务人口（%）	被抚养人口（%）
特大城市	100万人以上	27～32	21～26	42～52
大城市	50万人以上至100万人	28～33	20～25	42～52
中等城市	20万人以上至50万人	29～34	19～24	42～52
小城市	20万人和20万人以下	30～35	18～23	42～52
工矿区	—	31～36	17～22	42～52

例如：某城市现有人口P_{2001}＝200万人，其中A＝100万人，根据社会经济发展计划（2010）有关指标规定，该城市A＝120万人，预测2010年人口总数。

根据城市发展状况和趋势选用B＝25%、C＝45%将有关数据代入公式为：

---

① 董祚继．土地利用规划管理手册［M］．北京：中国大地出版社，2002.

② 国家建委（80）建发城字492号《城市规划用地指标暂行规定》．

$$P_{2010}=\frac{120}{1-(0.25+0.45)}=400\text{（万人）}$$

（4）职工带眷系数法。

职工带眷系数法适用于新建城市人口预测，主要依据新建工业项目的职工数及带眷情况测算城市人口的方法。其公式为：

$$P_t=P_0(1+K)+P_1 \qquad (5\text{-}17)$$

式中，P_t为规划年人口数；P_0为带眷职工人数；P_1为单身职工人数；K为带眷系数。职工带眷有关指标可参照表 5-2①。

表 5-2 职工带眷系数相关指标

类别	占职工总数比重（%）	备注
单身职工	40～60	（1）带眷职工比要根据具体情况而定。独立工矿、城镇采用下限；迁厂采用上限，新厂采用下限；建设初期采用下限，建成后采用上限。单身职工比相应变化。 （2）带眷系数已考虑了双职工因素。双职工比例高的采用下限，比例低的采用上限
带眷职工	40～60	
带眷系数	30～40	
非生产性职工	10～20	

职工带眷有关指标可参照单身职工占职工总数40%～60%，带眷职工占职工总数的60%～40%。非生产性职工40%～20%，带眷系数3～4。

例如：某新建工业区职工总数P_{2010}＝30000人，带眷职工占60%，P_0＝18000；单身职工占40%，P_1＝12000，带眷系数K＝3，将有关数据代入公式：

$$P_{2010}=18000\times(1+3)+12000=84000\text{（人）}$$

3. *农业劳动力和农业剩余劳动力的预测方法*

通过本项内容的预测，可以为发挥劳动力资源优势，合理利用土地资源，合理安排劳动力以及分析农村人口向城镇转移等提供科学依据。

可用常规分析方法来预测农业劳动力和农业剩余劳动力数量。

（1）农业劳动力预测。根据预测期的不同，可分为两种情况进行预测。

当预测期小于19年时，可用预测期末农业总人口数，减去超过和未满劳动年龄人口数求得。因男、女劳动力超龄年限不同，男、女劳动力超龄人口数要分别计算。

当预测期大于19年时，可用基期农业总人口数，减去预测期末超过劳动年龄人口数，再加上预测期末达到劳动年龄但现未出生的预计人口数求得。

用这种方法预测劳动力，有时还需考虑在劳动年龄以内可能死亡和残疾的人数等。

（2）农业剩余劳动力预测。农业剩余劳动力，可通过预测期末农业劳动力减去农业需要劳动力求得。

人口预测的方法除此之外还有很多，如百分率法和经济数学方法等。无论用哪种方法预测，都要注意"留有余地"，充分估计人口的增长，增长率适当高一点，这样才能充分估计人口的增长，以便以人口为依据制定的各项指标和用地需求量更加切实可靠。

---

① 董祚继．土地利用规划管理手册［M］．北京：中国大地出版社，2002.

4. 人口性别构成预测

性别预测在国际上习惯用男婴占 52%，女婴占 48%的比率。

我国有关资料也基本相似，因而，在计算出总人口后，采用这一比率对预测区男女比例进行计算。

二、城市化水平预测

（一）城市化与城市化指标

城市化在 1867 年由西班牙工程师 A. Serda 在其著作《城市化基本理论》中首次使用，它包含三层内容：在一定地区城市人口占总人口比例的增加，城市居民点数量的日益增加，单个城市人口和用地规模日益增大①。

1. 城市化的概念

最通俗的概念是农村人口向非农村人口的转化，农村生活方式向城市生活方式的转变的现象。

按照城市化的定义，城市化可分为：人口城市化、空间城市化、乡村城镇化。

人口城市化的观点将城市化定义为农村人口转化为城镇人口或农业人口转化为非农业人口的过程。

空间城市化的观点认为城市化是指一定地域的人口规模、产业结构、服务设施、环境条件和人们生活方式和水平由小到大、由粗到细、由分散到集中、由单一到复合的一种转换或重组的动态过程。

乡村城镇化的观点强调乡村和城市的对立和差距，认为城市化即变传统落后的乡村社会为现代的城市社会的自然历史过程。

所以，理解城市化应包括三层意思：①一定地区在城市人口占总人口的比率的增加；②城市居民点数量的日益增加；③单个城市人口和用地规模日益增大。

2. 城市化的度量：单一指标法和综合指标法

（1）单一指标法。

人口比率指标：城市人口占总人口的比重，

$$P_u=\frac{u}{P}\times100\% \tag{5-18}$$

非农业人口比重指标：非农业人口占总人口的比重，

$$Y=\frac{V}{V+W} \tag{5-19}$$

土地利用指标：非城市用地转化为城市用地的比率，

$$Y=\frac{C}{D} \tag{5-20}$$

城市化速度指标，

① 王万茂．土地利用规划学［M］．北京：科学出版社，2006.

$$TA=\frac{1}{n}\left(Pu_{t+n}-Pu_t\right) \tag{5-21}$$

式中，TA 为城市化速度；n 为两时刻间的年数；Pu_{t+n}，Pu_t 为在 $t+n$ 年和 t 年的城镇人口百分比。

（2）综合指标法。

综合指标法系采用反映城市化水平的四方面指标即：①规划区域的城市人口占其所在区域总人口的百分比；②人口密度即单位城市土地面积的人口数；③城市（建成区）的大小；④城市（建成区）之间的平均距离。

$$S=2\left(\frac{A}{N\pi}\right)^{1/2} \tag{5-22}$$

式中，S 为城市（建成区）之间的平均距离；A 为规划区域的面积；N 为规划区域内城市（建成区）的数量①。

（二）城市化水平预测方法

城市化水平预测的方法有联合国法、商品粮供应率预测法、国民生产总值预测法、基础投资规模预测法、农业人口转化预测法、多指标综合预测法、数学模型法等。其中数学模型法在前一部分已介绍，在这里将详细介绍联合国法、国民生产总值预测法等②。

1. 联合国法

联合国法建立的数学模型是一条稍微被拉平的“S”形曲线，比较符合一般城市化规律。即初期阶段农业生产率低，城市化水平低，发展缓慢。然后进入加速城市化阶段。在这一阶段，经济高速发展，大量农业剩余劳动力涌现，对农村剩余劳动力的转移形成“推动效应”；与此同时，工业突飞猛进，从而形成城市化的“拉动效应”。正是由于这两种力量的作用，使城市化进入高速度发展时期。但是到第三个阶段后，即城市人口达到 70%以后，城市与农村的差别日趋缩小，城市化进程可能呈现出停滞或者缓慢增长的趋势，出现逆城市化现象。其数学模型为：

$$PU_t=\frac{\dfrac{PU_1\times e^{kn}}{1-PU_1}}{1+\dfrac{PU_1\times e^{kn}}{1-PU_1}} \tag{5-23}$$

式中，PU_t 为规划期末城市化水平，PU_1 为第一次城市化水平，n 为距离第一次城镇化年度的年数，k 为城乡人口增长率差。其中，

$$k=\frac{1}{n}\ln\frac{\dfrac{PU_t}{1-PU_t}}{\dfrac{PU_1}{1-PU_1}} \tag{5-24}$$

例如，某县 1996 年的城市化水平为 14.95%，2005 年城市化水平为 23.09%，那么 2020 年城市化水平为：

---

① 吴友仁．2000 年我国城市化水平的预测．中国技术政策（城乡建设）．国家科学技术委员会，1985.

② 江美球．城市学［M］．北京：科学普及出版社，1988.

$$k=\frac{1}{10}\ln\frac{\frac{23.09\%}{1-23.09\%}}{\frac{14.95\%}{1-14.95\%}}=0.0535$$

$$PU_t=\frac{\frac{14.95\%\times e^{0.0535\times 25}}{1-14.95\%}}{1+\frac{14.95\%\times e^{0.0535\times 25}}{1-14.95\%}}=40.11\%$$

2. 商品粮供应率预测法

吴友仁教授应用商品粮供应率法预测了我国 2000 年城市化水平。其理论依据是农村人口转变为城镇人口、农业人口转变为非农业人口的规模和速度取决于农业生产水平和粮食商品率。在吴友仁教授的研究中，拟定了三种方案，假定粮食年增速度分别为 5%、4%（中方案）和 3%，然后推算 2000 年粮食总产量水平，粮食商品率取值 20%，城镇人口人均粮食占有量 300kg，2000 年我国非农业人口分别为 4.18 亿人、3.3 亿人和 2.72 亿人。参考中华人民共和国成立以来，我国粮食增产速度以 4%左右居多，因此，三方案中以中方案的预测结果最为适宜①②。

3. 国民生产总值预测法

1982 年，周一星教授在对世界 137 个国家和地区城市化水平与国民经济发展水平进行研究时得到下列模型③：

$$y=40.551\lg x-74.96 \tag{5-25}$$

式中，y 为城市化水平，即城镇人口占总人口的比重（%）；x 为人均国民生产总值(美元/人)。相关系数 $r=0.9079$，标准差 $s=9.8$。

其理论依据是某地区的城市化水平与国民经济发展水平（国民生产总值、人均国民生产总值）之间存在相关性。根据有关参数建立回归模型来预测城市化水平。

根据国际经验，人均国民生产总值为 1000 美元时，城市化水平均超过 40%，如法国人均国民生产总值为 1018 美元（1953 年），城市化水平为 56.6%；苏联人均国民生产总值为 1049 美元（1959 年），城市化水平为 48%；日本人均国民生产总值为 1035 美元（1965 年），城市化水平为 68%。根据我国实际情况，最终确定我国 20 世纪末城市化水平为 30%。

4. 基础投资规模预测法

据有关资料表明，每位新增城镇人口平均基建投资为 6000～7000 元，若增加 1.6 亿人，则需增加基建投资达 9600 亿～11200 亿元。按规划期 18 年计，每年需投资为 545 亿～620 亿元，再将其与可能增加基建投资额相比，以确定新增城镇人口和计算城市化水平。

① 吴友仁．2000 年我国城市化水平的预测．中国技术政策（城乡建设）．国家科学技术委员会，1985.

② 王万茂，韩桐魁．土地利用规划学［M］．8 版．北京：中国农业出版社，2013.

③ 许学强，周一星．城市地理学［M］．北京：高等教育出版社，1996.

5. 农业人口转化预测法

根据城市人口自然增长率、机械迁移量和农业人口转化为城镇人口数进行推算，其公式为：

$$Y_n = Y_0(1+r)^n + C \cdot n + A_0(1+r)^n \cdot d - \frac{S}{t}\beta \cdot R \tag{5-26}$$

式中，Y_n为规划年城镇人口；Y_0为基期年城镇常住人口；C为机械迁移量；n为预测年限；r为人口自然增长率；A_0为基期年农业总人口；d为劳动力系数；S为规划年耕地面积；t为每个劳动力负担耕地面积；β为剩余劳动力转化率；R为带眷系数。

6. 多指标综合预测法

常采用农业生产发展水平预测（商品粮增长量预测和农业劳动力转移数量预测）、工业增长速度预测、国民收入增长率预测和基建投资数额预测等多指标综合预测法，根据预测结果加以综合，得高、中、低三种方案，再结合考虑其他相关因素，最终预测城市化水平。

第三节　土地需求量预测

土地需求量预测是确定各用地部门未来用地数量和土地供需平衡的依据，也是土地合理可持续利用的前提，为合理配置和调整土地利用结构提供依据，所以，科学的土地需求量预测是做好土地利用总体规划的关键。本节从农业用地和建设用地预测两个方面进行阐述，主要介绍各部门用地预测的程序和方法。

一、土地需求量预测概述

（一）土地需求量预测的概念

土地需求量预测就是根据规划区域的社会、经济发展和土地资源条件，在分析影响土地利用的各种因素的基础上，根据区域可持续发展需要，预测规划期间各业用地的需求量和用地规模。土地需求量预测以国民经济各部门的生产发展规划及人口发展规模为依据，在充分考虑各业协调发展与人民生活需要、土地利用率和生产力不断提高的情况下，对一定区域和一定时期内各业用地的需求量进行测算，掌握规划年度各类用地需求量和土地利用结构的变化趋势，从而为土地利用总体规划合理安排农业用地和非农业建设用地提供科学的依据①。

（二）土地需求量预测的内容

土地需求量预测包括农业用地需求量预测和建设用地需求量预测。农业用地需求量预测具体包括耕地、园地、林地、牧草地和水产用地需求量预测，主要以人口发展预测、消费水平（包括工业消费农产品）及土地生产潜力（包括农产品单产）预测数

① 彭补拙，周生路，等．土地利用规划学［M］．南京：东南大学出版社，2003.10.

据为基础；建设用地需求量预测具体包括各类建设用地，如城镇用地、农村居民点用地、独立工矿用地、交通运输用地、水利设施用地、旅游用地和其他特殊用地需求量预测。其主要依据国民经济发展及其预测指标、人均各类建设用地需求量、建设用地自身发展要求等数据来进行预测。

（三）土地需求量预测的步骤

部门的土地需求量预测，可与编制部门的用地计划（指为编制土地利用总体规划提供的部门用地计划，下同）结合起来，把预测作为编制部门用地计划的依据，并把预测和计划两项成果同时提交给土地管理部门[①]。

土地需求量预测有以下五个步骤：

1. 制定预测工作计划

制定预测工作计划，召开规划区域内各有关职能部门和土地利用单位代表（联络员）参加的会议，明确各部门用地预测与用地计划的内容、要求和提交时间。

2. 各部门分别进行用地预测并编制用地计划

预测与计划的年限应与土地利用总体规划年限相同。各类建设发展用地，应区分占用耕地与占用非耕地的面积。农业结构调整需要退耕的，要提出退耕面积。预测和计划不仅要提出发展用地的数量，而且要提供图纸，标明用地位置和范围。

部门用地预测拟定后，经部门主管领导审核同意，加盖主管部门公章后将成果正式报送土地利用总体规划修编办公室。

3. 提交部门用地预测及计划

部门用地预测及计划拟定后，经部门主管领导审核同意，将成果正式报送土地利用总体规划领导小组办公室或土地管理部门。预测及计划成果应附预测依据、方法等说明材料。

4. 对部门提交的用地预测及计划进行补充和调整

对各有关主管部门提交的用地预测和用地计划进行检验，对其中有遗漏或不确定之处，要求联络员及时进行补充和调整，补充和调整的相关内容必须经部门主管领导审核同意，加盖主管部门公章。对预测结果不切实际的应通过协商予以调整和确认。

5. 汇总预测成果

根据调整和补充的部门用地预测及用地计划，进行汇总，经过综合平衡，形成土地需求量预测的综合材料。

需要注意的是：各有关职能部门的用地预测和计划，只是反映了部门的意见和要求，不等于土地利用总体规划已经同意了这些意见和要求。最后要以经过批准的土地利用总体规划所确定的用地指标和用地范围为准，来落实各部门的用地计划。当部门提出的用地计划和土地利用总体规划有矛盾时，要服从土地利用总体规划[①]。

---

① 国家土地管理局土地利用规划司．县级土地利用总体规划［M］．北京：中国财政经济出版社，1992.

二、农用地需求量预测

农业是国民经济的基础，农业用地在区域土地利用中处于核心地位，直接关系到农业经济发展。因此，在土地利用安排上，首先应该满足农业用地，尤其是对耕地的需求，耕地需求量预测是农用地需求量预测的关键。农业用地需求预测主要包括耕地、园地、林地、牧草地、水产养殖用地等的需求量预测，这里主要介绍耕地需求量预测方法。

（一）耕地需求量预测方法

1. 基于耕地粮食安全的耕地需求量预测

我国耕地最低需求量是以满足一定时期一定人口数量对粮食需求量为基础，分别测算影响粮食需求量的各种因素，以达到预测耕地需求量的目的。

具体来讲，这些影响因素包括：粮食播种面积单产（kg/hm^2）、复种指数、粮经比（粮食作物播种面积与经济作物播种面积之比）和粮食自给水平。

具体步骤如下。

（1）确定粮经比：

$$粮经比=粮食作物播种面积\div经济作物播种面积$$

（2）计算经济作物占用耕地面积：

$$经济作物占用耕地面积=粮食作物轮作地毛面积（S_3）\div粮经比$$

（3）供选方案：

根据规划人口数、人均粮食需求量、单位面积产量、粮食自给率、粮经比，预测耕地最低需求量：

$$\begin{aligned}耕地最低需求量&=\frac{规划人口数\times人均粮食需求量\times粮食自给率}{单位面积产量\times复种指数}\times\left(1+\frac{1}{粮经比}\right)\\&=粮食作物用地+经济作物用地\end{aligned}\tag{5-27}$$

2. 基于农业生态区方法的耕地需求量预测①

农业生态区（Agriculture Ecological Zone，AEZ）方法是1976年Kassam为FAO的农业生态区项目研制的。AEZ方法源于FAO在1976年出版的《土地评价大纲》。以中国土地勘测规划院“基于AEZ方法的中国耕地资源生产潜力评价”课题研究成果为基础，将AEZ方法评价的我国耕地资源生产潜力，折合成蛋白质和热量标准，再按照食物安全需求的人均热量和蛋白质标准来测算耕地需求量。在90%粮食自给率和中等投入水平下，2010年、2020年人口预测人口分别按13.7×10^8、14.6×10^8计算，预测得出的耕地需求量2010年分别为$1.04\times10^8 hm^2$和$1.01\times10^8 hm^2$，2020年分别为$1.11\times10^8 hm^2$和$1.14\times10^8 hm^2$（表5-3）。

---

① 蔡玉梅，张文新，刘彦随．中国耕地需求量的多目标预测与分析［J］．资源科学，2007，29（04）：134-138.

表 5-3　基于农业生态区（AEZ）的耕地需求量预测

年份	标准		热量和蛋白质需求量				耕地需求量（$\times10^8$hm²）	
			需求总量		其中：源于耕地需求			
	热量（MJ）	蛋白质（g）	热量（$\times10^8$MJ）	蛋白质（$\times10^8$kg）	热量（$\times10^8$MJ）	蛋白质（$\times10^8$kg）	按热量标准	按蛋白质标准
2010	9.57	77	47844.88	385.04	33491.42	173.27	1.04	1.01
2020	9.59	81	51121.63	431.65	35785.14	194.24	1.11	1.14

3. 基于耕地可供量的耕地需求量预测[①]

耕地可供给量，包括耕地增加供给估算（包括开发、整理、复垦和农业结构调整）和耕地减少供给估算（包括建设占用耕地、生态退耕、农业结构调整和灾害毁地）。耕地保有量可以视为现有耕地减去生态退耕、农业结构调整净减少耕地、灾毁耕地的剩余数量。综合上述分析，基于可供给分析的耕地保有量见表 5-4。

表 5-4　基于可供给量分析的耕地需求量

耕地变化	类型	1996—2004		2005—2010		2011—2020	
		年平均	总量	年平均	总量	年平均	总量
耕地净减少量（$\times10^4$hm²）	生态退耕	80.91	647.25	28.67	172.00	22.67	226.67
	灾害毁地	7.55	60.39	5.33	32.00	4.00	46.67
	农业结构调整	10.49	83.89	5.33	32.00	2.67	33.33
	小计		791.52		236.00		306.67
耕地保有量（$\times10^8$hm²）			1.22		1.20		1.17

4. 数学模型方法

下面根据甘永萍等人[②]的研究成果介绍数学模型方法预测耕地需求量。

（1）回归预测法预测耕地数量。

回归预测法是分析变量之间具有相关关系的一种数理统计方法。对于耕地来说，耕地面积的变化的影响因素是多方面的，它们之间的关系可以是线性的，也可以是非线性的。对线性关系的，可以建立线性回归模型，对非线性关系的，则可建立非线性回归模型，一般地，非线性回归模型可以通过变量变换将其转化为线性回归模型来处理。根据博白县 1978—1997 年的耕地面积资料作散点图，从图中看出，耕地面积与年份之间为对数函数关系，故选用该函数关系来预测耕地的面积，该回归模型为：

$$y=a+b\ln x \tag{5-28}$$

式中，y 为规划年的耕地面积；a、b 为回归系数；x 为年份。

---

① 蔡玉梅，张文新，刘彦随．中国耕地需求量的多目标预测与分析［J］．资源科学，2007，29（04）：134-138.

② 甘永萍，周兴，郑晓平．耕地供需预测方法研究——以博白县为例［J］．地域研究与开发，2002，21（04）：60-64.

令，$X=\ln x$，则上式可直接转化为直线方程：$y=a+bX$。通常用最小二乘法确定回归直线方程的系数 a、b，$a=\bar{y}-b\bar{X}$，$b=L_{Xy}/L_{XX}$。利用 1978—1997 年的耕地资料进行回归计算，得到如下方程：

$$y=85.10428-1.722077\ln x \tag{5-29}$$

经检验，相关指数 $R=0.8952$，说明选配的对数函数拟合耕地与年份之间的关系较好。采用该方程预测 2010 年的耕地面积，按统计数为 5.27 万 hm^2，按详查数为 7.59 万 hm^2。

（2）灰色系统 GM（1，1）模型预测耕地数量。

灰色系统理论是由我国著名学者邓聚龙先生于 20 世纪 80 年代初创建的一种系统科学理论。基于灰色系统理论的灰色预测模型，对自然、社会、经济预测则具有重要的意义。选用灰色预测法中的 GM（1，1）模型来预测未来的耕地面积，GM（1，1）模型在预测时不直接利用原始数据，而是通过累加生成灰色模型，滤去原始数据中可能混入的随机因素，从上下波动的时间数列中寻找某种隐含规律。

设 $x^{(0)}(1)$，$x^{(0)}(2)$，…，$x^{(0)}(M)$ 为所要预测耕地的原始数据，对原始数据进行一次累加生成，得到新的数据数列 $x^{(1)}(1)$，$x^{(1)}(2)$，…，$x^{(1)}(M)$，其元素为：

$$x^{(1)}(1)=x^{(0)}(1)$$

$$x^{(1)}(2)=x^{(0)}(1)+x^{(0)}(2)$$

$$x^{(1)}(3)=x^{(0)}(1)+x^{(0)}(2)+x^{(0)}(3)$$

$$\vdots$$

$$x^{(1)}(M)=\sum_{t=1}^{M}x^{(0)}(t),t=1,2,\cdots,M \tag{5-30}$$

对新的数据数列建立 GM（1，1）白化形式的微分方程为：

$$\frac{\mathrm{d}x^{(1)}}{\mathrm{d}t}+ax^{(1)}=u \tag{5-31}$$

式中，a、u 为待估计参数。

用最小二乘法求解式中参数向量 a 和 u，即

$$\begin{bmatrix}a\\u\end{bmatrix}=(\boldsymbol{B}^{\mathrm{T}}\boldsymbol{B})^{-1}\boldsymbol{B}^{\mathrm{T}}\boldsymbol{Y}_M \tag{5-32}$$

式中：

$$\boldsymbol{B}=\begin{bmatrix}-\frac{1}{2}[x^{(1)}(1)+x^{(1)}(2)] & 1\\ -\frac{1}{2}[x^{(1)}(2)+x^{(1)}(3)] & 1\\ -\frac{1}{2}[x^{(1)}(M-1)+x^{(1)}(M)] & 1\end{bmatrix}$$

$$\boldsymbol{Y}_M=[x^{(0)}(2),x^{(0)}(3),\cdots,x^{(0)}(M)]^T$$

求解微分方程得时间响应函数为：

$$x^{(1)}(t+1)=\left[x^{(0)}(1)-\frac{u}{a}\right]\mathrm{e}^{-at}+\frac{u}{a} \tag{5-33}$$

由上式对一次累加生成数列的预测值进行累减还原，可以求得原始数列的预测值：

$$\hat{x}^{(0)}(t)=\hat{x}^{(1)}(t)-\hat{x}^{(1)}(t-1) \tag{5-34}$$

式中，$t=1，2，\cdots，M$，并且规定$\hat{x}^{(1)}(0)=0$。

对于GM（1，1）模型的拟合精度检验，常采用后验差检验。用后验差比值 C 及小误差概率 P 来确定模型的精度等级。

以 1978—1997 年的耕地资料进行分析计算，得预测模型为：

$$\hat{x}^{(1)}(t+1)=-26939.54\,e^{-0.0031029t}+27023.8$$

经精度检验，$C=0.46$，$P=1$，分别在合格和好的预测精度允许范围之内，以此模型预测 2010 年耕地面积，按统计数为 5.05 万 hm²，按详查数为 7.28 万 hm²。

（二）耕地需求量预测实例

1. 耕地需求量预测实例一

某地预测到规划期末人口将达到 180 万人，人均粮食占有量 460kg，蔬菜占有量 140kg，预测到 2030 年本地粮食作物平均播种单产将达到 16000kg/hm²，蔬菜平均播种单产将达到 32000kg/hm²，该地区的农作物复种指数为 2，如果规划年将粮食作物和经济作物（蔬菜除外）播种面积调整到 8：2，粮食自给率为 90%，试测算该地规划年耕地需求量。

注：答案保留 2 位小数，单位为万 hm²。

计算步骤如下。

（1）粮食用地＝(总人口×人均粮食占有量×自给率)/(粮食播种单产×复种指数)

＝(180 万人×460kg/人×90%)/(16000kg/hm²×2)

＝745200000/32000hm²

＝2.33 万 hm²

（2）经济作物用地＝（2.33 万 hm²×2）/8

＝0.58 万 hm²

（3）蔬菜用地＝（总人口×人均蔬菜占有量）/（蔬菜播种单产×复种指数）

＝（180 万人×140kg/人）/（32000kg/hm²×2）

＝252000000/64000hm²

＝0.39 万 hm²

（4）规划年耕地需求量＝粮食用地＋经济作物用地＋蔬菜用地

＝2.33 万 hm²＋0.58 万 hm²＋0.39 万 hm²

＝3.30 万 hm²

2. 耕地需求量预测实例二

某地预测到 2020 年本地人口将达到 100 万、人均粮食占有量 500kg，预测到 2020 年本地粮食作物平均播种单产将达到 15000kg/hm²，城市化水平达到 55%，城市规划人均建设用地指标为 100m²，村镇规划人均建设用地指标为 120m²，该地区的复种指数为 2.5，规划年将粮食作物和经济作物播种面积调整到 7：3，试测算该地规划年耕地和建设用地需求量各是多少？

计算步骤如下。

（1）求耕地需求量。

粮食用地＝（总人口×人均粮食占有量）/（粮食播种单产×复种指数）

＝（100 万人×500kg/人）/（15000kg/hm^2×2.5）

＝1.33 万 hm^2

经济作物用地＝（1.33 万 hm^2×3）/7

＝0.57 万 hm^2

因此，规划年耕地需求量＝粮食用地＋经济作物用地

＝1.33 万 hm^2＋0.57 万 hm^2

＝1.90 万 hm^2

（2）求居民点用地需求量。

城市居民点用地＝（总人口×城市化水平×人均用地指标）

＝100 万人×55％×100m^2/人

＝0.55 万 hm^2

村镇居民点用地＝（村镇总人口×人均用地指标）

＝100 万人×45％×120m^2/人

＝0.54 万 hm^2

因此，居民点用地＝城市居民点用地＋村镇居民点用地

＝1.09 万 hm^2

3. 耕地需求量预测实例三

借鉴朱小利等人[①]运用数学模型的方法预测耕地需求量的研究，阐述数学模型在耕地需求量预测中的应用。

（1）回归分析法。

所谓回归分析法，是在掌握大量观察数据的基础上利用数理统计方法建立因变量与自变量之间的回归关系函数表达式（称回归方程式）。

下面以河北省景县为例进行建模实证分析，表 5-5 为景县 1990—1999 年的耕地面积统计表，并绘制散点图，如图 5-2 所示。

表 5-5　建模原始数据

年份	耕地面积（万 hm^2）	年份	耕地面积（万 hm^2）
1990	5.893	1995	5.557
1991	5.686	1996	5.538
1992	5.640	1997	5.533
1993	5.672	1998	5.509
1994	5.599	1999	5.507

① 朱小利，周维禄．土地利用规划中耕地需求量预测方法探讨［J］．西南农业大学学报（社会科学版），2010，8（02）：5-10.

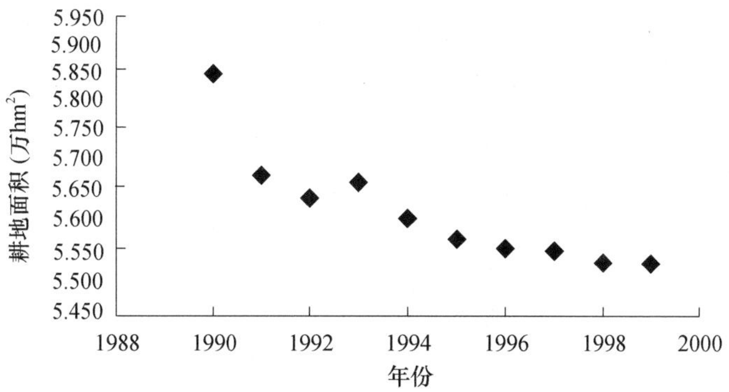

图 5-2　河北省景县耕地面积散点图

从图中看出，耕地面积与年份之间近似为指数关系，故选用该函数关系来预测耕地的面积，该回归预测模型为：

$$y=ax^b$$

式中，y 为规划年的耕地面积；a、b 为回归系数；x 为年份。

上式两边取对数 $\lg y=\lg a+b\lg x$ 设 $Y=\lg y$，$A=\lg a$，$X=\lg x$，则上式可直接转化为直线方程：

$$Y=A+bx$$

通常用最小二乘法确定回归方程的系数 A、b，利用 1990—1999 年的耕地面积统计资料进行回归分析预测，预测结果见表 5-6。

表 5-6　回归分析预测结果

年份	y 耕地面积（万 hm²）	$Y=\lg y$	X	XY	X_2	$A+bX$	y
1990	5.893	0.77	−5	−3.85	25	5.762	5.742
1991	5.686	0.755	−4	−3.02	16	5.732	5.716
1992	5.64	0.751	−3	−2.253	9	5.703	5.69
1993	5.672	0.754	−2	−1.508	4	5.673	5.664
1994	5.599	0.748	−1	−0.748	1	5.643	5.638
1995	5.557	0.745	1	0.745	1	5.584	5.586
1996	5.538	0.743	2	1.486	4	5.554	5.56
1997	5.533	0.743	3	2.229	9	5.524	5.535
1998	5.509	0.741	4	2.964	16	5.495	5.509
1999	5.507	0.741	5	3.705	25	5.465	5.484
总计	56.134	7.491	0	−0.25	110		

（2）灰色模型法。

以河北省景县耕地面积预测 GM（1，1）模型的建立进行实例分析①。

① 朱小利，周维禄．土地利用规划中耕地需求量预测方法探讨［J］．西南农业大学学报（社会科学版），2010，8（02）：5-10.

① 建模基础数据及数据的一次累加处理。建模首先需要对原始数据做一次累加处理，处理结果见表 5-7。

表 5-7 原始数据一次累加结果

序号	一次累加数据	序号	一次累加数据
$x^{(1)}$ (1)	5.893	$x^{(1)}$ (6)	34.047
$x^{(1)}$ (2)	11.579	$x^{(1)}$ (7)	39.585
$x^{(1)}$ (3)	17.219	$x^{(1)}$ (8)	45.118
$x^{(1)}$ (4)	22.891	$x^{(1)}$ (9)	50.627
$x^{(1)}$ (5)	28.49	$x^{(1)}$ (10)	56.134

② 建立耕地面积预测 GM（1，1）模型。灰色模型参照（一）预测方法部分。

通过计算得出耕地预测数学模型：$\hat{x}(t)=5.73e^{-0.0043t}$

③ 预测模型的精度检验。灰色模型的后验差检验结果，$P=1$，$C=0.1319$，等级为Ⅰ，精度为好。

（3）比较分析结论。

由以上的计算得知，两种预测方法既有其合理性又有其缺陷性，如基础数据选择的不一样性、预测结果的时间性等，主要形式如下。

① 从适用范围来看，回归分析要求大样本、样本有较大的分布规律，计算工作量大，可能出现量化的结果与定性分析的结果不相符。灰色模型法是通过对原始数据的加工来找出数据之间的关联性，对贫信息条件下的分析和预测比较适用。

② 从适用的时间分类看，灰色预测对短期预测效果较好，但长期预测准确性则较差。回归分析法比较适合中长期预测。

③ 从计算复杂程度来看，比较复杂的是灰色模型法，而回归分析法较简单。

两者的预测结果比较见表 5-8。

表 5-8 回归分析法与灰色模型法的比较

年份	实际耕地面积（hm^2）	预测耕地面积（回归分析）（hm^2）	预测耕地面积（灰色模型）（hm^2）	误差（回归分析）（hm^2）	误差（灰色模型）（hm^2）
1990	5.893	5.742	5.73	0.151	0.163
1991	5.686	5.716	5.705	−0.03	−0.019
1992	5.640	5.690	5.681	−0.05	−0.041
1993	5.672	5.664	5.657	−0.008	0.015
1994	5.599	5.638	5.632	−0.039	−0.033
1995	5.557	5.586	5.608	−0.029	−0.051
1996	5.538	5.560	5.584	−0.022	−0.046
1997	5.533	5.535	5.56	−0.002	−0.027
1998	5.509	5.509	5.536	0	−0.027
1999	5.507	5.484	5.513	0.023	−0.006

三、建设用地需求量预测

预测建设用地面积既要考虑往年用地数量、规划期间的经济发展速度和建设投资规模，又要考虑国家产业政策和国家控制建设用地规模的原则要求，以及土地节约集约利用的发展趋势[①]。

建设用地按土地利用类型可分为城镇和农村居民点、独立工矿用地、交通运输用地、水利设施用地等。

（一）建设用地需求量预测的内容

1. 城镇和农村居民点用地预测

科学预测城镇规模应充分考虑所在地区的经济发展水平、城镇人口规模、城镇区位条件、城镇生态环境容量、城镇社会生活水平等因素综合确定。城镇用地需求量一般按人口用地定额指标法预测，计算公式为：

$$Z=C\times J \tag{5-35}$$

式中，Z 为规划目标年城镇用地规模；C 为规划目标年城镇人口数量；J 为城镇人均用地定额指标。

农村用地规模预测方法与城镇类似，即根据规划年农村人均建设用地指标和农村人口规模预测确定。但由于我国处于快速城镇化时期，规划期末的农村人口将显著地减少，同时，各地的现状是农村人均建设用地过大，农村建房浪费土地严重，因此规划年的农村居民点用地规模相应核减。

2. 独立工矿用地规模预测

独立工矿用地规模根据已列入建设计划的新增独立工矿项目与相应的用地指标逐项演算求得，计算公式为：

$$M=\sum S_iQ_i \tag{5-36}$$

式中，M 为规划目标年独立工矿用地规模；S_i为 i 新增独立工矿项目生产规模；Q_i为 i 项目用地指标。

项目用地指标应采用行业用地定额指标或当地平均先进水平的土地产出率。各有关部门在预测时应注意区分居民点内的建设项目与居民点外的建设项目，只对居民点外的建设发展用地加以预测。

3. 特殊用地规模预测

特殊用地一般有特定的资源、环境、建设条件要求，可到实地调查，核定其用地范围和面积。

4. 交通运输用地规模预测

交通运输用地包括铁路用地、公路用地、港口码头用地、民用机场用地以及农村道路用地，各类用地特点不同，因而有不同的预测方法。

---

① 董祚继．土地利用规划管理手册［M］．北京：中国大地出版社，2002.

（1）铁路用地需求预测。

铁路建设项目用地包括路基、桥涵、隧道、中间站、区段站、机务设备、车辆设备、附属专业房屋建筑、石渣场及苗圃等。可按规划期内所需要的铁路货物和旅客运输能力，确定新建或改造铁路的规模和等级，不同地区、不同等级铁路用地指标有差异，可按有关的技术标准计算需要新占用地的数量，计算公式为：

$$Q=\sum_{i=1}^{n}D_iL_i \tag{5-37}$$

式中，Q 为新增铁路用地总量（hm^2）；D_i 为规划期内计划修建或改建的第 i 条铁路宽度（m）；L_i 为规划期内计划修建或改建的第 i 条铁路长度（km）；n 为新建或改建铁路条数。

（2）公路用地需求预测。

公路建设项目用地规模以公路公里为计量单位，以公路建设项目主线起点至终点的长度（若有隧道工程，应扣除隧道两洞口间的长度）乘以相应的用地指标，即为该建设项目的总体用地面积。除了可按与铁路用地需求预测类似的方法外，还可以通过分析区域内社会总产值与路网密度的关系，通过预测规划年社会总产值来确定各等级路网的密度，从而预测出规划年公路用地规模，计算公式为：

$$Q=\sum_{i=1}^{n}\omega_iSD_i \tag{5-38}$$

式中，Q 为规划年公路用地总量（hm^2）；ω_i 为规划年第 i 等级公路的密度（km/km^2）；S 为区域土地总面积（hm^2）；D_i 为第 i 等级公路宽度（m）；n 为公路等级数。

（3）港口码头用地需求预测。

可根据规划年河运或海运量确定港口个数、规模和位置，并根据港口建设的有关技术要求计算规划年港口码头用地规模。

（4）民用机场用地需求预测。

根据规划年航空发展要求，预测机场容量和规模，并按有关技术指标计算出规划年民用机场占地规模。

（5）农村道路用地需求预测。

根据农村道路用地规模与农村居民点用地规模的比例关系，在预测了规划年的农村居民点用地规模后，将其乘以比例系数即可得出规划年的农村道路用地规模。

5. 水利设施用地规模预测

（1）水库用地规模预测。

水库用地可依据水位-库容关系曲线（根据水位求出相应的库容）和水位-面积关系曲线（根据水位求出相应的水库面积）估算。水库库容估算方法有地形图法、断面法和系数法。地形图法依据库区实测地形图和拟建坝高，求出水库的淹没面积和库容。断面法是沿一定的方向实测断面，据此估算水库库容和面积。系数法是据经验公式估算库容：

$$V=\frac{H\times B\times L}{K} \tag{5-39}$$

式中，V 为库容；H 为近坝处水库蓄水深度；B 为近坝处水面宽度；L 为水库内水面长度；K 为系数，狭窄地形 $K=6$，开阔地形 $K=4$。

(2) 渠道工程用地规模预测。

渠道工程用地面积为其长度与宽度的乘积加渠道工程用地面积。渠道长度按设计线路在地形图上截取。渠道宽度包括过水断面和渠堤两部分，按设计要求确定。表 5-9 列出了干渠和支渠的占地宽度指标。

表 5-9　干渠和支渠的占地宽度

渠道流量（m^3/s）	占地宽度（m）
1.0 以下	10.0～15.0
1.0～5.0	15.0～20.0
5.0～10.0	20.0～30.0

说明：半挖方渠道用较小值，填方渠道用较大值。

6. 其他用地预测

其他用地预测包括旅游用地、名胜古迹和历史文物保护区用地、自然保护区用地、生态保护用地、军事用地等，视各地的具体情况而定。这些特殊用地的预测需要根据有关的专项规划确定，对用地安排进行充分考虑并给予必要的满足。因为这些用地虽然不产生直接经济效益（旅游用地除外），却有着难以估量的社会效益和生态环境效益，对于保障国家安全、保护历史遗产、进行科学或艺术研究、改善生态环境、促进土地可持续利用、实现社会持续健康发展、促进人类的文明进步有着不可替代的作用。

事实上，在实际的规划工作中，由于各国民经济部门都有各自的专项规划或者重点项目和重大工程的安排，因此在用地预测时，往往以此为主要依据①。

（二）建设用地需求量预测方法

建设用地的预测方法，归纳起来有部门预测法、定额指标法和数学模型法三种。

1. 部门预测法

各用地部门在制定本部门发展规划的基础上进行本部门用地预测，并根据土地的供给状况确定各部门的用地指标，这些部门包括城建、交通、水利、冶金、石油、煤炭、电力、建材等。这些部门基本都具有本部门的发展计划，尤其城镇建设在制定城市和村镇规划方面做了大量的工作，一些城市和县城的规划已经得到相应政府部门的批准，建设用地预测可以充分利用这些成果资料。在利用这些成果时，要注意这些城镇规划的制定时间通常是几年前。因此，我们必须调查研究，分析验证，确认资料是否符合现实情况。如不符合现实情况，应在调查研究的基础上，与有关部门协商，重新确定其用地规模和布局②。

这种方法部分应用各部门预测的成果，并在与他们协商的基础上确定各部门的用地规模，做到了部门预测规划与土地利用总体规划相协调，便于规划的实施。这种方法特别适合于城市和建制镇用地规模的确定。

---

① 彭补拙，周生路，等．土地利用规划学 [M]．南京：东南大学出版社，2003.10.

② 于凤桐．土地利用规划 [M]．北京：中国大地出版社，1999.

2. 定额指标法

定额指标控制法采用一定的指标定额预测规划期目标年的有关用地面积。即按照国家规定的各类建设用地定额指标，以及对人口发展规模、建设投资规模的预测，测算未来一定时期建设用地发展规模。该方法是最常见的建设用地预测方法，可以用于对各类建设用地的预测。

1）城镇和农村居民点用地规模预测

规划人均城乡居民点建设用地面积指标应根据现状人均城乡居民点建设用地面积指标、现状城镇化水平以及规划新增人口规模，按照国家《城乡用地分类与规划建设用地标准（征求意见稿）》（GB 50137—2018）表 5-10 的规定综合确定，就可以计算出城市的用地规模。公式如下：

城乡居民点用地规模＝预测的人口规模×人均建设用地标准

城市、镇、村庄建设用地统计范围与人口统计范围必须一致，人口规模应按常住人口进行统计。

表 5-10　规划人均城乡居民点建设用地面积指标（m^2/人）

基本依据		规划新增人口人均城乡居民点建设用地面积指标
现状人均城乡居民点建设用地面积指标	现状城镇化水平	
＞200	—	$P=0$
＞150～≤200	—	$P\leq 150$
＞100～≤150	≥70%	$P\leq$现状水平且 $P\leq 120$
	＜70%	$P\leq$现状水平且 $P\leq 140$
≤100	—	$P\leq 100$

说明：

新建城市、镇的规划人均城乡居民点建设用地面积指标宜在（100.1～120.0）m^2/人内确定。

边远地区、少数民族地区城市、镇，以及部分山地城市、镇，人口较少的工矿业城市、镇，风景旅游城市、镇等，不符合表 5-10 规定时，应专门论证确定规划人均城乡居民点建设用地面积指标，且上限不得大于 200.0m^2/人。

编制和修订城市、镇总体规划应以本标准作为规划城乡居民点建设用地的远期控制标准。

注：现状＞200m^2的地区，不再新增城乡居民点建设用地，逐步推进减量规划。

2）城镇村建设用地规模预测

（1）城市建设用地标准。

规划人均居住用地面积指标应符合表 5-11 的规定。

表 5-11　人均居住用地面积指标（m^2/人）

建筑气候区划	Ⅰ、Ⅱ、Ⅵ、Ⅶ气候区	Ⅲ、Ⅳ、Ⅴ气候区
人均居住用地面积	22.0～32.0	20.0～30.0

说明：

规划人均行政办公用地、文化设施用地、教育用地、体育用地、医疗卫生用地、社会福利用地之和的面积不应小于 5m^2/人。

规划人均道路与交通设施用地面积不应小于 12.0m^2/人。

规划人均绿地与广场用地面积不应小于 12.0m^2/人，其中人均公园绿地面积不应小于 10.0m^2/人。

规划人均公用设施用地面积不应小于 5.0m^2/人。

编制和修订城市、镇总体规划应以本标准作为规划单项城市建设用地的远期控制标准。

（2）镇建设用地标准。

规划人均居住用地面积指标应符合表5-12的规定。

表5-12　人均居住用地面积指标（m^2/人）

建筑气候区划	Ⅰ、Ⅱ、Ⅵ、Ⅶ气候区	Ⅲ、Ⅳ、Ⅴ气候区
人均居住用地面积	50.0～80.0	45.0～75.0

说明：

规划人均行政办公用地、文化设施用地、教育用地、体育用地、医疗卫生用地、社会福利用地之和的面积不应小于5m^2/人。

规划人均道路与交通设施用地面积不应小于12.0m^2/人。

规划人均公园绿地面积不应小于4.0m^2/人。

规划人均公用设施用地面积不应小于5.0m^2/人。

编制和修订城市、镇总体规划应以本标准作为规划单项城市建设用地的远期控制标准。

（3）村庄建设用地标准。

规划人均村庄建设用地面积指标应根据现状人均村庄建设用地面积指标，按表5-13的规定综合确定，并应同时符合表中允许采用的规划人均村庄建设用地面积指标和允许调整幅度双因子的限制要求。

表5-13　规划人均村庄建设用地面积指标（m^2/人）

现状人均村庄建设用地面积指标	允许采用的规划人均村庄建设用地面积指标	允许调整幅度
≤100.0	100.0～110.0	≥0.0
100.1～150.0	100.0～150.0	－10.0～＋10.0
150.1～200.0	140.0～200.0	－20.0～0.0
＞200.0	≤200.0	＜0.0

说明：历史文化名村、传统村落，边远地区、少数民族地区村庄，以及部分山地或高原的人口较少的村庄等，不符合表5-13中规定时，应根据所在省、自治区政府的相关规定确定规划人均村庄建设用地面积标准，且上限不得大于300m^2/人。编制和修订城市、镇总体规划与乡、村庄规划，应以本标准作为规划村庄建设用地的远期控制标准。

（4）定额指标法预测实例。

某地预测到2020年本地人口将达到450万人，人均粮食占有量为520kg，预测到2020年本地粮食作物平均播种单产将达到18000kg/hm^2，城市化水平达到70%，城市规划人均建设用地指标为90m^2，村镇规划人均建设用地指标为120m^2，该地区的复种指数为2，规划年将粮食作物和经济作物播种面积调整到7∶3，试测算该地规划年耕地和建设用地需求量各是多少？

注：答案保留2位小数，单位万hm^2。

计算步骤如下。

① 求耕地需求量：

粮食用地＝（总人口×人均粮食占有量）/（粮食播种单产×复种指数）

＝（450万人×520kg/人）/（18000kg/hm^2×2）

＝2340000000/36000hm^2

＝6.50万hm^2

经济作物用地＝（6.50 万 hm^2 ×3）/7

＝2.79 万 hm^2

因此，规划年耕地需求量＝粮食用地＋经济作物用地

＝6.50 万 hm^2 ＋2.79 万 hm^2

＝9.29 万 hm^2

② 求建设用地需求量：

城市居民点用地＝（总人口×城市化水平×人均用地指标）

＝450 万人×70%×90m^2/人

＝315 万人×90m^2/人

＝28350 万 m^2

＝2.84 万 hm^2

村镇居民点用地＝（村镇总人口×人均用地指标）

＝450 万人×30%×120m^2/人

＝135 万人×120m^2/人

＝16200 万 m^2

＝1.62 万 hm^2

因此，居民点用地＝城市居民点用地＋村镇居民点用地

＝2.84 万 hm^2 ＋1.62 万 hm^2

＝4.46 万 hm^2

3. 数学模型法

数学模型法是在分析建设用地面积与人口增长、经济发展速度、土地产出率提高、基本建设投资等因素之间关系的基础上，运用适当的数学模型预测建设用地总规模①。主要的数学模型有时间序列模型、一元或多元线性回归模型、灰色系统模型等。这里仅详细介绍时间序列模型。

当研究区域土地利用时，会发现土地利用结构的发展变化是在时间序列上展开的，随着时间 t 的变化，可得一组依赖于时间变化的变量 x_1，x_2，…，x_t，其中 t 表示时间（年）。像这样以时间为参数的序列，称为时间序列。如果未来的状况，即预测时期的变量数值可由过去的变动趋势外延得到，称为趋势预测法。所建立的模型，可称为时间序列模型。

在时间序列中，影响土地利用的有自然、经济和社会等各方面因素，多且复杂。但往往其中某些因素对土地利用的影响起长期主要的作用，而另一些偶然因素的个别影响从总的趋势来看可相互抵消，使时间序列的变化呈现一定的规律性。趋势预测正是寻求这种规律的数学表述。

具体方法是，建立 x（时间 t）、Y（时间序列变量）直角坐标系，将现有的数据在坐标系中绘成散点图，再寻求其拟合曲线，然后，向前延伸这条拟合曲线，用来估计未来时段的预测值。

① 董祚继．土地利用规划管理手册［M］．北京：中国大地出版社，2002.

常用趋势模型有一次滑动平均模型、一次指数平滑模型、二次滑动平均模型、二次指数平滑模型、指数曲线、二次抛物线等。

（1）一次滑动平均模型。

由最近 N 个时段求得变量的平均值，并以它作为未来时段的预测值。模型如下：

$$M_T=\frac{X_{T-N+1}+\cdots+X_{T-1}+X_T}{N} \tag{5-40}$$

式中，M_T为时段 T 的滑动平均值；X_{T-N+1}，…，X_{T-1}，X_T，为时段 T 内的变量值；N 为选择用以平均历史数据的时段数。

（2）一次指数平滑模型。

应用一次滑动平均模型预测时，要求较多的数据，不够方便，在此基础上加以改进产生了指数平滑预测法。其模型为：

$$S_t^{(1)}=a\,x_t+(1-a)\,S_{t-1}^{(1)} \tag{5-41}$$

式中，$S_t^{(1)}$为第 t 周期的一次指数平滑值；x_t为第 t 周期实际观测值；$S_{t-1}^{(1)}$为第 $t-1$ 周期的一次指数平滑值；a 为平滑系数。

a 是模型中为较近观测值所赋的权值，其选取值为多大以能使其拟合历史数据效果为最好，可分别取 $a=0.05$，0.1，0.15，…，0.50，计算相应均方拟合误差，取最小者对应的即为实际使用平滑系数①。

（三）建设用地需求量预测实例

选用王丹等人②的研究成果，以连云港市的建设用地需求量为例，介绍几种常用的预测方法。

1. GM（1，1）模型预测

灰色 GM（1，1）模型可以弱化原始数据的随机性，适用样本数量少、波动较大的数列，其应用微分拟合法直接将时间序列转化为微分方程，从而建立发展变化模型，它是一种利用不足信息建立可能充分信息模型的途径，对于含有不确定性的数据序列预测比较理想。其计算表达式为：

$$\hat{x}^{(1)}(t+1)=\left[x^{(0)}(1)-\frac{u}{a}\right]e^{-at}+\frac{u}{a} \tag{5-42}$$

式中，$\hat{x}^{(1)}(t+1)$为$x^{(0)}(1)$的一次累加值，且$\hat{x}^{(0)}(t+1)=\hat{x}^{(1)}(t+1)-\hat{x}^{(1)}(t)$；$t$ 为时间；a、u 为模型参数。GM（1，1）模型误差检验一般常采用后验差检验法，即计算后验差比：$C=S_2/S_1$，小误差概率：$P=(|\varepsilon^{(0)}(t)-\overline{\varepsilon^{(0)}}|<0.6745S_1)$，当 $C<0.35$ 且 $P>0.95$ 时，一般认为模型可靠，可以使用模型对系统进行预测。

对连云港 2000—2014 年的建设用地面积数据做一次累加处理，然后应用 Matlab 7.0 软件建立建设用地规模灰色系统预测模型，得到重要参数 a、u 的值，$a=-0.016978$，$u=139524.830072$，代入推导公式得出建设用地累加值的预测方程：

---

① 何芳．土地利用规划［M］．上海：百家出版社，1994.

② 王丹，杨小艳，郑剑，等．基于 MLR、GM（1，1）和 PCA-BP 三种模型的连云港建设用地需求量预测研究［J］．科技通报，2019，35（01）：60-65.

$$x(t+1)=8346716.787279e^{0.016978t}-8218096.787279 \quad (5\text{-}43)$$

通过对灰色GM（1，1）预测模型进行精度检验，模型的模拟值、残差以及相对误差见表5-14，计算可得出模型的后验差比、均方差比值以及小误差概率均在合理范围内，模型总体精度为一级，可以采用该模型对连云港建设用地需求量进行预测，使用公式（5-43）计算得出连云港2020年建设用地需求量预测值为197328.46hm²。

表5-14　灰色系统GM（1，1）预测模型精度检验

序号	年份	实际值（hm²）	GM（1，1）模拟值（hm²）	残差值（hm²）	相对误差（%）
0	2000	128620	128620.0000	0.0000	0.0000
1	2001	134754	142918.2918	8164.2918	6.0587
2	2002	141601	145365.4382	3764.4382	2.6585
3	2003	150637	147854.4864	−2782.5136	−1.8472
4	2004	157320	150386.1537	−6933.8463	−4.4075
5	2005	157867	152961.1701	−4905.8299	−3.1076
6	2006	158102	155580.2777	−2521.7223	−1.5950
7	2007	158599	158244.2314	−354.7686	−0.2237
8	2008	159604	160953.7992	1349.7992	0.8457
9	2009	161863	163709.7622	1846.7622	1.1409
10	2010	164994	166512.9146	1518.9146	0.9206
11	2011	169237	169364.0646	127.0646	0.0751
12	2012	173211	172264.0339	−946.9661	−0.5467
13	2013	175453	175213.6586	−239.3414	−0.1364
14	2014	176248	178213.7887	1965.7887	1.1154

2. *多元回归模型预测*

多元回归分析是依据多个自变量的最优组合建立回归方程来预测因变量的多元统计分析方法，其模型如下：

$$Y=\beta_0+\beta_1X_1+\beta_2X_2+\cdots+\beta_pX_p+\varepsilon \quad (5\text{-}44)$$

式中，Y为因变量；X_1，X_2，…，X_p为自变量；β_0，β_1，β_2，…，β_p是总体回归参数；ε是随机扰动项。多元回归分析的检验包括拟合优度检验、回归方程的显著性检验、回归系数的显著性检验、模型残差分析、异常值的检验和异方差分析。

为了从众多的因变量中筛选出最具有显著作用的因变量，采用逐步回归分析方法对变量进行多元线性回归分析并对模型进行修正，分析处理过程中排除了其他影响因子，只将城镇人口数、城镇人均居住面积、农民人均居住面积3个变量保留，建立多元回归模型。

模型的预测结果见表5-15，经过计算得出该模型预测的平均相对误差为0.0068，误差率较低，符合精度的要求。通过对模型的拟合优度检验、回归方程显著性检验以及模型回归系数检验得出模型拟合效果较好且回归方程检验具有显著性，最终建立了连云港建设用地需求量预测的多元线性回归模型为：

$$Y=307.232X_{22}+557.072X_{24}-541.744X_{25}+101068.354 \quad (5\text{-}45)$$

采用公式（5-45）得到2020年连云港建设用地需求量预测值为191786.16hm^2。

表5-15 逐步多元回归模型预测结果

序号	年份	实际值（hm^2）	GM（1，1）模拟值（hm^2）	残差值（hm^2）	相对误差（%）
1	2000	128620	130043.1896	1423.1896	1.1065
2	2001	134754	135225.3970	471.3970	0.3498
3	2002	141601	138901.2926	−2699.7074	−1.9066
4	2003	150637	152222.9917	1585.9917	1.0529
5	2004	157320	157052.4744	−267.5256	−0.1701
6	2005	157867	158727.5077	860.5077	0.5451
7	2006	158102	157423.4317	−678.5683	−0.4292
8	2007	158599	157458.4764	−1140.5236	−0.7191
9	2008	159604	159743.4859	139.4859	0.0874
10	2009	161863	161066.5862	−796.4138	−0.4920
11	2010	164994	166518.6624	1524.6624	0.9241
12	2011	169237	170008.3226	771.3226	0.4558
13	2012	173211	172137.5692	−1073.4308	−0.6197
14	2013	175453	174252.1914	−1200.8086	−0.6844
15	2014	176248	177328.0813	1080.0813	0.6128

3. PCA-BP神经网络模型

PCA-BP神经网络模型首先运用主成分分析法得出建设用地需求驱动力因素的主要成分，然后构建BP神经网络模型对未来建设用地的需求进行预测。设建设用地需求的驱动因素为x_1，x_2，…，x_n，通过主成分分析得到主要成分：X_1，X_2，…，X_k（$k<n$），且X_k（$k=1, 2, \cdots, m$）是x_n（$n=1, 2, \cdots, p$）的线性组合，将m个主成分作为BP神经网络的输入，并按BP网络算法进行学习训练，对建设用地规模进行预测，该模型需要对网络的拟合效果及模型的泛化能力进行检验。

（1）指标选取。

建设用地的需求量受到诸多因素的影响，本文指标的选择主要结合研究区社会经济发展现状和相关研究成果，主要包括：GDP（X_1）、第一产业所占GDP比重（X_2）、第二产业所占GDP比重（X_3）、第三产业所占GDP比重（X_4）、人均GDP（X_5）、固定资产投资总额（X_6）、财政收入（X_7）、财政支出（X_8）、房地产开发投资额（X_9）、城市人均年可支配收入（X_{10}）、城市人均年消费性支出（X_{11}）、农民人均年纯收入（X_{12}）、农民人均年消费性支出（X_{13}）、社会消费品零售总额（X_{14}）、总人口数（X_{15}）、第二产业从业人员数（X_{16}）、第三产业从业人员数（X_{17}）、城镇化率（X_{18}）、居民储蓄存款余额（X_{19}）、工业总产值（X_{20}）、职工年平均工资（X_{21}）、城镇人口数

(X_{22})、农村人口数(X_{23})、城镇人均居住面积(X_{24})、农村人均居住面积(X_{25})共计 25 个指标。

首先对建设用地影响因素指标以及建设用地面积进行标准差标准化处理，然后应用 DPS9.5 版软件对数据进行灰色关联分析，最终选取与影响建设用地面积关联度大于 0.75 的社会经济指标作为主要驱动因子，共 18 个。

(2) 主元分析。

采用灰色关联分析的方法选取了 18 个影响连云港建设用地需求量的主要驱动力因素，为了减少输入数据的冗余性进而提高 BP 神经网络的性能，首先采用主成分分析的方法对数据进行降维处理，应用 SPSS 软件中的因子分析功能提取 10 个主元，累计贡献率为 99.985%。

(3) BP 神经网络运算。

以提取的 10 个主成分的得分值作为输入样本，输入层节点数设置为 10，以连云港建设用地面积作为输出样本，输出节点数设置为 1，输入输出样本皆进行归一化处理。选取 2004 年、2008 年和 2012 年数据为检测样本，其本身不参与网络训练，可用以检验预测模型的泛化能力，其余各年数据为训练样本。其运行结果见表 5-16，训练样本的平均相对误差为 0.0056，检验样本的平均相对误差为 0.0087，表明所建立的 PCA-BP 神经网络模型的预测精度较高，且模型的泛化能力较强，可以用来预测未来建设用地的需求量，采用此模型预测得到 2020 年连云港建设用地的需求量为 187225.87hm^2。

表 5-16 PCA-BP 神经网络法预测结果

年份	实际值(hm^2)	PCA-BP 预测值(hm^2)	残差值(hm^2)	误差率(%)	备注
2000	128620	128574.3489	−45.6511	−0.0355	训练样本
2001	134754	136882.4573	2128.4573	1.5795	
2002	141601	140154.4674	−1446.5326	−1.0216	
2003	150637	149441.6072	−1195.3928	−0.7936	
2005	157867	158608.1000	741.1000	0.4694	
2006	158102	158009.0216	−92.9784	−0.0588	
2007	158599	158746.6775	147.6775	0.0931	
2009	161863	160499.8254	−1363.1746	−0.8422	
2010	164994	166713.2101	1719.2101	1.0420	
2011	169237	168552.2446	−684.7554	−0.4046	
2013	175453	175804.0190	351.0190	0.2001	
2014	176248	175965.0076	−282.9924	−0.1606	
2004	157320	158302.7448	982.7448	0.6247	检验样本
2008	159604	161217.5955	1613.5955	1.0110	
2012	173211	174890.8477	1679.8477	0.9698	
2020		187225.8740			

（4）预测结果的确定。

根据表 5-14、表 5-15 和表 5-16，做三种模型关于研究区建设用地需求预测结果的误差统计分析表（表 5-17），由表可知，GM（1，1）模型的平均绝对误差（MAE）、误差均方根（RMSE）和平均相对误差（MRE）3 项指标值相对最大，MLR 模型的误差次之，PCA-BP 神经网络模型的 3 项指标值相对最小，PCA-BP 神经网络模型的预测效果优于其他两种模型，因此，3 种模型中 PCA-BP 神经网络模型能够更好地捕捉建设用地需求与多种社会经济因子之间的复杂关系。

表 5-17　不同预测模型的统计误差

预测指标	预测方法	总体样本		
		MAE	RMSE	MRE
建设用地面积	GM（1，1）模型	2494.8032	3459.9948	0.0165
	MLR 模型	1047.5744	1209.9257	0.0068
	PCA-BP 神经网络模型	965.0086	1169.3588	0.0062

根据表 5-17 统计结果可以分析得出所建立的 3 个模型对连云港建设用地需求量的预测值都比较准确，与实际值相差不大，符合精度要求，各模型选用正确，从拟合效果和误差大小来看，各模型也存在着一定的差别：①PCA-BP 神经网络预测模型拟合效果最好，误差最小，这也说明了 PCA-BP 神经网络能根据现有样本模拟出精度很高的预测模型，适合进行长期预测。②多元线性回归预测模型拟合效果和误差比 BP 神经网络预测模型稍差，但是它综合考虑了各种建设用地需求量的影响因素，能够长期稳定地对建设用地需求量进行预测。③灰色预测在三种模型中的预测速度最快，预测精度在三种模型中相对较低，预测数值波动较大，但灰色预测可以直接地反映建设用地需求量随时间序列的变化情况，并根据变化的规律对建设用地进行预测，预测结果具有合理性。三种模型均有各自的优势与不足，但其预测误差均在合理的范围之内且可以从不同角度反映连云港建设用地的变化情况，因此本文将三种模型预测结果的平均值作为 2020 年连云港建设用地需求量的预测值，得出预测结果为 192113.50$hm^2$①。

第四节　土地供给潜力分析

一、土地供给潜力的概念

土地供给可分为土地自然供给和土地经济供给。土地自然供给指的是大自然提供给人类可供利用的土地资源总量，它是固定不变的。所以，土地数量的有限性就决定了土地自然供给是固定不变的、无弹性的。而土地经济供给是土地自然供给中人类实际利用的部分，这部分是动态的、有弹性的。例如，用作建筑地基的土地，需求相对

① 王丹，杨小艳，郑剑，等．基于 MLR、GM（1，1）和 PCA-BP 三种模型的连云港建设用地需求量预测研究［J］．科技通报，2019，35（01）：60-65.

较小，而且受自然条件（土壤、气候、地形等）的限制因素少，其经济供给弹性就大；而矿产地和某些特种农作物的栽培地，因受自然条件限制较严格，其供给弹性就小。

二、土地供给量的影响因素与增加供给的途径

土地供给量的影响因素主要包括以下方面：①各种土地自然供给量，是土地经济供给的基础；②随着人类利用土地知识和技能的逐步提高，原来不能利用的土地变为可以利用，或使利用不够经济的土地变为经济的利用，从而增加了土地的经济供给；③交通事业的发展，使原来不便于利用的土地成为可以利用的土地，降低了成本，也可增大土地经济供给；④土地利用集约度的提高，使该项利用的土地经济供给随之增加；⑤社会经济发展需求的变化促进土地利用方面的改变，从而影响各种土地经济供给的改变；⑥现代工业和科学技术的发展，如化纤工业发展，替代了部分棉布，直接影响棉田的经济供给。

而增加土地经济供给的主要途径有：①开垦土地。开垦新的土地资源，扩大土地利用面积，提高已利用土地面积在土地总面积中的比重。②土地集约利用。在农业开发历史悠久、垦殖系数高、后备资源少的国家，增加土地经济供给在已利用的土地增加劳力和资金，提高土地集约利用水平，不断增加土地生产率。土地集约利用可以分为劳动集约、资金集约和技术集约三种类型。③土地经济集约。影响土地合理利用的障碍因素很多，必须清除这些障碍因素，才能保证土地得以充分合理和经济的利用，如制度、政策方面的障碍。④调节消费需求。土地因其自然条件和经济条件的不同，具有一种或几种最适宜用途，如果调节人们的消费需求使其与土地适宜性用途相一致，使土地能够生产一种或几种最适宜产品，必然获得更多的产品和收入，这就等于原有土地资源利用的经济供给的增加。⑤发展新型工业。生产多种农产品的代用品，使土地专用于更加迫切需要的领域，如新型食品工业的发展，使粮食得到更加合理的利用，充分发挥其营养作用就等于生产粮食耕地经济供给的增加，新型建材工业的发展，使过去居住平房向居住高楼发展，既减少了占地面积，又扩大了居住面积，居住消费的调整，也相当于增加了土地经济供给。

土地经济供给量的分析，一方面取决于规划区域本身的土地资源总量，以及由气候条件影响所形成的土地利用结构；另一方面，取决于土地资源集约利用水平，也就是对已利用土地的内涵挖掘来决定的。改革开放以来，中国经济的快速增长带来了建设用地的大肆扩张，使人地矛盾愈加尖锐。因此通过对老城区改造、废旧工矿用地的复垦、农村居民点的整治，以及农用地整治来提高土地利用效率，是提高土地集约利用水平、缓解人地矛盾的有效途径。

但是，目前就中国的土地利用总体规划而言，耕地和基本农田保护，以及建设用地规模控制等规划目标，使得土地利用指标控制是其最重要的特点，因此各类土地的供给量，尤其是耕地和建设用地规模基本依赖于从国家到各级人民政府的指标分配。例如在最新一轮的土地利用总体规划中，国土资源部采用了约束性指标和预期性指标来控制和指导各地区土地利用结构调整（表 5-18）。因此，土地供给量是在对区域土地利用现状分析的基础上，在国土管理部门土地利用各类指标的控制下综合分析的结果。

表 5-18　土地利用总体规划主要调控指标

项目	指标名称	指标属性
总量指标	耕地保有量	约束性
	基本农田面积	约束性
	园地面积	预期性
	林地面积	预期性
	牧草地面积	预期性
	建设用地总规模	预期性
	城乡建设用地规模	约束性
	城镇工矿用地规模	预期性
	交通水利及其他用地规模	预期性
增量指标	新增建设用地规模	预期性
	新增建设占用农用地规模	预期性
	新增建设占用耕地规模	约束性
	整理复垦补充耕地义务量	约束性
	整理复垦开发重大工程计划补充耕地规模	预期性
效率指标	人均城镇工矿用地	约束性
	工矿废弃地复垦率	预期性
	农村建设用地整治挖潜（挂钩）规模	预期性

三、土地供给潜力分析的重点和原则

土地供给潜力分析一般包括农用地供给潜力、建设用地供给的潜力分析，重点应放在已利用土地的潜力上，并适当考虑后备土地资源的开发潜力。

土地供给潜力分析应考虑经济社会发展水平、工程技术措施和资金投入能力，预算潜力的类型、数量、质量和分布，规划期间的土地用途调整意向应具有可行性。

四、土地供给潜力分析的内容

（一）农用地供给潜力分析

在分析各类农用地实际利用水平、集约利用程度的基础上，测算规划期间因增加物质和科技投入（如资金、农业生产资料、工程和生物技术、市场信息等），改良土地，提高农用地质量和产出率的潜力。

依据农用地整理、复垦潜力调查的结果，测算规划期间通过整理、复垦土地利用活动（如平坟、填沟、零星宅基地和闲散地复垦、零星未利用土地开发，完善田间道路、林网配套、沟渠等）增加农用地、提高土地利用率的潜力。

根据区域实际，在保护生态环境的前提下，根据科技水平和经济实力，测算开发成片荒地、滩涂、盐碱地和沙荒地等后备资源为农用地的潜力，围填海造地的潜力等。

（二）建设用地供给潜力分析

测算规划期间城镇村改造、迁村并点、企业撤并、整治废弃工矿道路等提供建设用地的潜力。

测算规划期间因各类建设（如矿产开发、电力和建材、交通、水利等）中挖损、塌陷、压占、污染以及自然灾害（如地震、泥石流、风暴等）损毁造成的废弃地可复垦开发为建设用地的潜力。

分析土地供给潜力时，可根据需要，进行土地适宜性评价工作。评价结果应为确定规划目标、各类用地规模和布局争议的协调及裁决提供依据。

第五节　土地供需平衡分析

土地供需平衡分析在土地利用现状分析、规划实施评价和土地供需预测的基础上，依据国民经济和社会发展长期规划以及上级土地利用总体规划确定的目标任务，结合当地土地资源条件，初步了解土地供需方面存在的问题，充分考虑土地供给量和需求量综合平衡与协调，确保各类用地在规划期内的需求不超过土地资源可供给量的要求，寻求协调土地供需的途径和方法。其主要任务是在充分研究土地资源可能供给量的前提下，统筹协调各类用地需求及布局，为调整土地利用结构和布局，挖掘土地利用潜力，划定土地用途区提供科学依据。

土地供需平衡分析一般经过三个步骤：一是土地资源可供给量的分析；二是土地利用需求量的分析；三是土地资源的供需平衡分析。土地的供需预测在前面的部分已经作了介绍。

一、土地供需平衡分析的原则

土地供需平衡分析需遵循以下原则：

（1）确保实现耕地总量占补平衡，原则上不得占用基本农田；

（2）优先安排农业用地，在确保耕地面积不减少的前提下，因地制宜地发展林、牧、渔业；

（3）坚持供给引导和制约需求，统筹兼顾，合理安排，确保重点建设项目的用地需求；

（4）必须与上级土地利用总体规划衔接，并且注意和其他专项规划相协调；

（5）兼顾社会效益、经济效益和生态效益，坚持眼前利益服从长远利益、局部利益服从整体利益。

二、土地供需平衡分析的主要内容

根据土地供给量和土地需求量之间的数量比较，就可以判断区域土地利用是供不应求、供过于求或者是供需平衡的其他状态。可以采用经验方法增减供需，以达到供需平衡；也可以采用其他数学方法，借助优化土地利用结构及各类用地数量比例关系，协调土地数量供需平衡的同时，也可以使土地利用效率最大化[①]。

土地供给量是指规划区域内供给人类利用各类土地的数量之和。依据2002年《全国土地分类（过渡时期适用）》，土地利用类型有农用地、建设用地和未利用地三大类。土地利用现状调查反映上述三大类用地的数量。随着人口增长和社会经济发展，对土地的需求也在增长，各类用地的需求量依据社会经济发展计划加以预测。土地供需平衡分析就是在土地供给量和土地需求量预测和估算的基础上加以比较，依据土地供给量和土地需求量两者之间的数量比较借以评价供不应求、供过于求和供需平衡状况。可以采用经验方法增减供需，以达到供需平衡，并需进行技术、经济、生态和组织实施可行性评价。凡能够同时兼顾数量平衡和利用效率最大两项条件的土地利用结构才合理，才真正做到了土地供需平衡。分别计算土地供给量和土地需求量的有关细目汇总于表5-19，具体显示两者之间的数量关系[②]。

表5-19　土地供需平衡计算

土地供给	土地需求
1. 外延供给	1. 农用地
（1）土地开发潜力	①耕地
①荒地资源开发	②园地
②闲散地开发	③林地
③海涂资源开发	④牧草地
（2）土地复垦潜力	⑤其他农用地
①挖损地复垦	2. 建设用地
②塌陷地复垦	（1）居民点工矿用地需求量
③压占地复垦	①城市用地
④污染毁损地复垦	②建制镇用地
⑤灾毁地复垦	③农村居民点用地
（3）土地整理潜力	④独立工矿用地
①基本农田整理	（2）交通运输用地
②村庄整理	①公路用地
③市地整理	②铁路用地
2. 内涵供给	③民用机场
（1）耕地利用潜力	④港口码头用地
①光热水土产量	（3）水利设施用地
②提高复种指数	①水库水面
③增加物质技术投入	②水工建筑用地
（2）市地利用潜力	3. 生态保护用地
①提高建筑密度	①自然保护地

① 彭补拙，周生路，等．土地利用规划学［M］．南京：东南大学出版社，2003.10.

② 王万茂．土地利用规划学［M］．北京：科学出版社，2006.

续表

土地供给	土地需求
②增加建筑容积率	②生态脆弱地
土地供给总量＝1＋2	土地需求总量＝1＋2＋3

复习思考题

1. 简述预测的程序。
2. 简述人口预测方法。
3. 简述城市化水平预测方法。
4. 简述粮食需求量预测。
5. 土地利用总体规划中土地供需预测主要有哪些内容？
6. 影响土地需求量的因素有哪些？
7. 建设用地预测的作用及意义有哪些？
8. 建设用地预测的主要内容有哪些？
9. 居民点用地预测的意义及主要方法有哪些？
10. 你认为建设用地预测的关键是什么？
11. 说明耕地和建设用地需求量预测的基本方法。

第六章　土地利用结构和布局

【内容提要】

土地利用结构与布局是土地利用规划的核心内容，也是为实现规划目标的土地利用的具体落实。本章主要介绍土地利用结构与布局的概念，土地利用结构方案拟订的方法和优化模型，土地利用布局调整和各类用地配置的基本原理。

土地利用结构优化与布局调整是指为了实现土地利用目标和规划任务，具体调整和确定各地区、各类用地的规模和结构，它包括部门用地结构调整和区域用地结构调整两方面内容。土地利用结构与布局是否合理，能否实现土地利用结构的优化直接关系到土地利用总体规划的成败，同时也是实现提高土地利用总体效益、可持续合理利用土地的途径。

第一节　土地利用结构

一、土地利用结构的概念

土地是国民经济各部门重要的物质条件，各部门的生产活动都离不开土地，国民经济各部门之间具有土地利用结构和比例关系。结构即同一总体中各部分所占的比重，表示在一个总体内部多元的对比关系，而土地利用结构指国民经济各部门占地的比重及其相互关系的总和，是各种用地按照一定的构成方式的集合。

经济结构与用地结构之间存在着关联性。通过两者之间关联性的研究和揭示，更好地发挥土地作为宏观经济调控手段的作用，也为土地资源科学管理、促进社会经济可持续发展提供科学依据。根据系统论观点，结构决定功能。只有用地结构合理，才能保持土地利用系统的良性循环，才能取得土地利用的最大效率，优化结构，提高功能，从而可用较少的消耗或投入取得较高的效益。优化土地利用结构是在保证土地利用效率最大化的前提下，解决土地供需平衡的有效途径。

土地利用结构研究可以解决以下两个相关的问题，即国民经济各部门之间合理分配土地资源和实现土地利用效率最大化。土地利用效率可用平均单位土地面积的产出的大小或平均单位产出的占地大小来表示。土地利用效率最大化就是要尽可能地降低平均每单位产出的占地量或提高平均每单位土地的产出量。

二、土地利用结构的调整

土地利用结构调整是指在规划目标的控制下，对规划区域的土地在部门间的重新分配。它包括规划基期年、近期年和目标年各类用地的规模、结构及规划期内各类用地增减变化的指标。例如株洲市土地利用总体规划（2006—2020）2016 年修订中的土地利用结构调整表（表 6-1）。

表 6-1　株洲市土地利用结构调整表（2006—2020 年）

地类	2005 年		2014 年		2014—2020 年	2020 年	
	基期面积（hm^2）	%	现状面积（hm^2）	%	面积增减（hm^2）	期末面积（hm^2）	%
全市合计	1124755	100	1124755	100	0	1124755	100
一、农用地	972528	86.47	962822	85.6	−1165	961657	85.5
1. 耕地	208185	18.51	208996	18.58	−4183	204813	18.21
2. 园地	8893	0.79	7594	0.68	1743	9337	0.83
3. 林地	694620	61.76	686259	61.01	1925	688184	61.19
4. 牧草地	0	0	0	0	0	0	0
5. 其他农用地	60830	5.41	59973	5.33	−650	59323	5.27
二、建设用地	93314	8.29	106962	9.51	6188	113150	10.06
1. 城乡建设用地	82045	7.29	90490	8.04	8980	99470	8.84
（1）城镇用地	11322	1.01	20330	1.81	19535	39865	3.54
（2）农村居民点	66789	5.93	65963	5.86	−13178	52785	4.69
（3）采矿及其他独立建设用地	3934	0.35	4197	0.37	2623	6820	0.61
2. 交通水利用地	10346	0.92	15490	1.38	−2839	12651	1.13
3. 其他建设用地	923	0.08	982	0.09	47	1029	0.09
三、其他土地	58913	5.24	54971	4.89	−5023	49948	4.44

三、土地利用结构调整方案的编制方法

编制土地利用结构调整方案是土地利用总体规划的核心工作。编制方案要经过有关部门和各级政府充分协调。为了给规划决策提供依据，应依不同侧重点编制多个规划方案，通过方案评价和优化，选取其中最佳的方案和最符合实际的可行方案作为最后推荐方案。

土地利用结构调整方案编制方法有：土宜法、综合法和模型法。

（一）土宜法

土宜法建立在土地质量评价的基础之上，依据土地质量评价成果资料，结合国民经济各部门发展对土地的需求和区域土地适宜性特点对于宜农、宜林、宜牧地等土地用途进行评价，在土地需求和土宜阈值范围加以比配，最终借以确定较为满意的土地利用结构。

土地利用总体规划是为提高土地利用效益和生产力，对土地利用方式在时间和空间上的合理安排和优化设计。同一块土地有多种用途，不同土地用途在不同地块上的安排如何达到最优，一方面取决于土地自然适宜性等级，另一方面取决于环境、经济和社会对它的要求。对多种利用方式的适宜等级评价，就是土地多宜性评价。在规划之前，必须先进行适合某一区域的土地利用方式适宜性评价，为规划提供土地利用方式决策的依

据。下面以伍世代[①]和尹君[②]等人的研究成果对多目标土地适宜性评价进行介绍。

多目标土地适宜性评价的步骤如下。

（1）土地适宜性目标的选取（如耕地、园地、林地和建设用地等）。

（2）主导因素与因子的选取。影响土地适宜性的因素很多，如何选择主导因素及因子是进行土地适宜性评价的关键。因此，制定了相应的选择原则。即综合分析原则、主导因素原则、差异性原则、不可替代性原则、可比性原则。所选取的主导因素及因子应当是对土地的适宜性影响大、稳定性强并且能够确切地反映土地质量的差异。在确定了主导因素之后，根据作物生长或土地利用方式对土地质量的要求，对每一个主导因素按照一定的原则选择一定数量的因子，这些因子在特定的评价单元中及特定的目标下反映了土地适宜性的差异。根据福清市的实际情况，选取 9 个主导因素（表 6-2）。

表 6-2　参评因素及其权重

主导因素	因子	因子权重			
		耕地	园地	林地	建设用地
地形地质因素	坡度因子	6.16	9.43	12.27	6.61
	高度因子	6.52	5.46	8.65	8.01
	承载力	N	N	N	7.03
	部位因子	5.07	6.63	9.03	7.38
	地下水埋深	N	N	N	
气候因素	≥10℃积温	4.9	4.92	N	N
	降水量	6.16	5.68	N	N
	风力	3.84	10.12	6.83	N
土壤条件	有机质	9.84	7.94	7.95	N
	pH 值	6	5.23	7.03	N
	质地	8.18	6.47	9.96	N
	厚度	7.6	7.64	10.61	N
生态条件	水土流失	4.84	6.75	9.48	N
水利条件	供水条件	N	N	N	15.1
	洪涝灾害	N	N	N	15.6
	灌溉条件	13.27	6.69	N	N
交通条件	道路通达状况	4.27	4.41	4.85	18.62
市政服务设施	学校、医院、商服、文体	N	N	N	4.62
社会经济条件	乡镇工农业总产值	N	N	N	5
	人均纯收入	N	N	N	5
土地利用方式	土地利用现状	13.35	13.35	13.33	7.03

注：N 表示该因素不参评，各因素的权重之和取 100 分。

① 伍世代. GIS 支持的福清市多目标土地适宜性评价［J］. 福建师范大学学报（自然科学版），2000，16（3）：87-90＋96.

② 尹君，刘文菊. 多目标土地利用总体规划方法研究［J］. 农业工程学报，2001，17（4）：160-164.

（3）计算权重。根据《土地评价纲要》，分析参评因子对评价影响的大小，主要根据权重的不同来体现。确定参评因子的权重通常利用特尔菲法因素成对比较法层次分析法来确定各参评因子的权重。层次分析法（Analytic Hierarchy Process），简称 AHP 法，已广泛应用于土地评价工作之中，用以提高评价结果的可靠性与科学性。所研究区域运用该方法的评价因素及权重（表 6-2）。

（4）土地适宜性等级值域的确定。针对评价目标，建立如下的数学模型来确定土地的适宜性级别：

$$F_i = \sum_{i=1}^{m} \sum_{j=1}^{n} P_j W_j \tag{6-1}$$

式中，F_i 为第 i 个评价目标适宜性得分值；m 为评价目标数；n 为第 i 个评价目标的参评因子总数；P_j 为评价目标的第 j 个参评因子；W_j 为第 j 个参评因子的权重。通过对 F_i 标准化处理后，根据研究区域的特点，通过频率直方图和曲线图确定各评价目标的土地适宜性等级。表 6-3 为对 F_i 处理后的适宜等级值域。

表 6-3　多目标适宜性评价的适宜性等级值域

	高度适宜 S1	中度适宜 S2	勉强适宜 S3	不适宜 N
灌溉水田	>80.0	80.0～70.0	70.0～50.0	<50.0
园地	>81.5	81.5～72.0	72.0～52.0	<52.0
有林地	>85.0	85.0～75.0	75.0～55.0	<55.0
建设用地	>82.0	82.0～68.0	68.0～51.0	<51.0

（5）评价单元的划分。在建立了土地利用现状、土壤分布、环境状况、地形地貌等因素的 GIS 数据库后，土地适宜性评价的基本单元可以通过空间叠加来生成。按照我国的土地利用现状分类系统，土地利用现状图的基本图形单元是二级分类所形成的多边形区域，土壤分布图的基本图形单元是土种所形成的多边形区域，土地适宜性评价的基本单元设定为同一图形单元中包含同一土种同一地类及同一属性。

（6）评价目标和评价单元综合分值比配。

（7）计算土地适宜性不同等级面积及其比例（表 6-4）。

各类评价目标的不同，其适宜性等级的面积及占全市面积的百分比也不同（表 6-4）。从表 6-4 可以看出，该市土地 70%以上为多宜地，这就为科学合理规划用地提供了可靠依据，按照规划的优先原则落实用地区规划。

表 6-4　多目标适宜性评价不同等级的面积及其占全区面积的百分比

土地类型	高度适宜		中等适宜		勉强适宜		不适宜	
	面积（hm^2）	占总面积（%）	面积（hm^2）	占总面积（%）	面积（hm^2）	占总面积（%）	面积（hm^2）	占总面积（%）
水田	14926.8	11.70	12876.5	10.09	62742.6	49.17	37064.1	29.04
菜地	12088.0	9.50	4449.8	3.50	1915.1	0.2	37064.1	29.04
园地	5025.08	3.94	24947.1	19.55	63952.7	50.12	33685.1	26.39
林地	65302.1	51.17	28256.3	22.14	4745.7	3.72	29105.9	22.81
建设用地	19575.0	30.89	33525	52.90	10275	16.21	0.0	0.0

（二）综合平衡法

综合平衡法是在单项用地计算的基础上采取逐项逼近，借以达到土地面积综合平衡，即达到面积数量平衡和空间布局平衡。各项用地需求量具体计算方法详见第五章有关内容。各类土地面积之间存在着相互联系，在数量上和空间上具有平衡关系。由于土地总面积是固定的，不能增加也不能减少，土地面积的总体性表现为其内部构成的各类用地之间的此消彼长关系。土地内部构成的平衡关系如式（6-2）表示：

$$A=B \tag{6-2}$$

式中，A 为期内各类用地面积增加量之和；B 为期内各类用地面积减少量之和。

各类用地面积变动情况如式（6-3）表示：

$$B_t=B_0+C-D \tag{6-3}$$

式中，B_t 为期末用地面积；B_0 为期初用地面积；C 为期内用地增加量；D 为期内用地减少量。

上述公式适用于耕地、园地、林地、牧草地、居民点及工矿用地、交通用地、水域和未利用土地的平衡计算。只是各类用地期内增加量和减少量内涵不尽相同。

规划期内增加的耕地面积包括新垦荒地面积、工矿废弃地、旧废基地重新变为耕地的复垦面积。规划期内减少耕地面积包括建设占用耕地面积，退耕还牧、还林、还园的耕地面积。

规划期内增加的园地面积包括未利用土地和其他类型土地改变为园地的面积。规划期内减少的园地面积包括退林还耕的面积和建设占用园地的面积。

规划期内增加的林地面积包括未利用土地改变为林地的面积和退耕还林的面积。规划期内减少的林地面积包括退林还耕的面积和建设占用林地的面积。

规划期内增加的牧草地面积包括未利用土地改变为牧草地的面积和退耕还牧的面积。规划期内减少的牧草地面积包括被开垦为耕地、园地和林地的面积以及建设占用牧草地面积。

规划期内增加水域面积包括兴建水利工程占地面积。规划期内减少的水域面积包括未利用水域改变为林地、牧地、园地、耕地和建设占用水域的面积。规划期内增加的城镇居民点及工矿用地包括兴建和扩建城镇居民点和工矿企业占地面积。规划期内减少的城镇居民点及工矿用地面积包括改建和拆并该类用地的面积。

规划期内增加的交通用地面积包括兴建和扩建交通运输设施占地面积。规划期内减少的交通用地面积包括改建和拆建该类用地的面积。

随着社会经济发展和科技进步不断提高，未利用土地面积将越来越少。一般来讲，规划期内减少的未利用土地面积包括未利用土地中改变为其类型土地的面积总和[①]。

应用综合平衡法确定土地利用结构可依据土地利用现状统计资料（地籍数据）和土地利用变更调查表（地籍调查表）数据，在土地利用综合平衡表上作业，从而达到土地面积在数量和空间位置上的平衡，在此基础上编制土地利用综合平衡表（表 6-5）。最终将土地利用结构面积填入土地利用结构调整表（表 6-6）。

---

① 王万茂，韩桐魁．土地利用规划学［M］．8 版．北京：中国农业出版社，2013.

表 6-5　某乡镇土地利用综合平衡表（hm^2）

地类			2005 年面积	农用地						建设用地							其他土地	期内减少
				合计	耕地	园地	林地	牧草地	其他农用地	合计	城乡建设用地				交通水利设施用地	其他建设用地		
											小计	城镇用地	农村居民点用地	采矿及独立建设用地				
土地总面积			8242.17	—	—	—	—	—	—	—	—	—	—	—	—	—	—	—
农用地		合计	6907.93	136.52	136.52	0.00	0.00	0.00	0.00	183.65	158.23	117.89	39.67	0.67	22.81	2.61	0.00	320.17
		耕地	3376.25	0.00	—	0.00	0.00	0.00	0.00	61.39	51.79	41.80	9.95	0.04	9.60	0.00	0.00	61.39
		园地	312.12	29.10	29.10	—	0.00	0.00	0.00	42.02	39.43	38.83	0.60	0.00	1.98	0.61	0.00	71.12
		林地	2138.96	57.32	57.32	0.00	—	0.00	0.00	66.01	54.56	27.25	26.69	0.62	9.45	2.00	0.00	123.33
		牧草地	0.89	0.00	0.00	0.00	0.00	—	0.00	0.00	0.00	0.00	0.00	0.00	0.00	0.00	0.00	0.00
		其他农用地	1079.71	50.10	50.10	0.00	0.00	0.00	—	14.23	12.45	10.01	2.43	0.01	1.78	0.00	0.00	64.33
建设用地		合计	964.89	256.27	92.35	82.96	80.36	0.00	0.60	15.44	5.59	5.41	0.00	0.18	9.85	0.00	0.00	271.71
	城乡建设用地	小计	904.81	256.27	92.35	82.96	80.36	0.00	0.60	14.83	—	4.80	0.00	0.18	9.85	0.00	0.00	271.10
		城镇用地	0.00	10.95	1.76	4.87	3.97	0.00	0.35	0.00	0.00	—	0.00	0.00	0.00	0.00	0.00	10.95
		农村居民点	899.98	245.32	90.60	78.09	76.38	0.00	0.25	14.25	4.40	4.22	—	0.18	9.85	0.00	0.00	259.57
		采矿及其他独立建设	4.83	0.00	0.00	0.00	0.00	0.00	0.00	0.58	0.58	0.58	0.00	—	0.00	0.00	0.00	0.58
	交通水利用地		46.34	0.00	0.00	0.00	0.00	0.00	0.00	0.00	0.00	0.00	0.00	0.00	—	0.00	0.00	0.00
	其他建设用地		13.74	0.00	0.00	0.00	0.00	0.00	0.00	0.61	0.61	0.61	0.00	0.00	0.00	—	0.00	0.61
其他土地			369.35	37.00	37.00	0.00	0.00	0.00	0.00	3.53	3.07	1.51	1.56	0.00	0.46	0.00	0.00	40.53
规划期内增加合计			—	429.79	265.87	82.96	80.36	0.00	0.60	202.62	166.89	124.81	41.23	0.85	33.12	2.61	0.00	—
规划期内净增减合计			—	109.62	204.49	11.84	−42.97	0.00	−63.73	−69.09	−104.21	113.86	−218.34	0.27	33.12	2.00	−40.53	—
2020 年面积			8242.17	7017.55	3580.74	323.96	2095.99	0.89	1015.98	895.80	800.60	113.86	681.64	5.10	79.46	15.74	328.82	—

表 6-6　土地利用结构调整表

地类		2005 年		2020 年		2006—2020 年增减（hm^2）
		面积（hm^2）	占全乡总面积比重（%）	面积（hm^2）	占全乡总面积比重（%）	
全乡合计		8242.17	100.00	8242.17	100.00	0.00
农用地	小计	6907.93	83.81	7017.55	85.14	109.62
	1. 耕地	3376.25	40.96	3580.74	43.44	204.49
	2. 园地	312.12	3.79	323.96	3.93	11.84
	3. 林地	2138.96	25.95	2095.99	25.43	−42.97
	4. 其他农用地	1079.71	13.10	1015.98	12.33	−63.73
建设用地	小计	964.89	11.71	895.80	10.87	−69.09
	1. 城乡建设用地	904.81	10.98	800.60	9.71	−104.21
	（1）城镇用地	0.00	0.00	113.86	1.38	113.86
	（2）农村居民点	899.98	10.92	681.64	8.27	−218.34
	（3）采矿及其他独立建设用地	4.83	0.06	5.10	0.06	0.27
	2. 交通水利用地	46.34	0.56	79.46	0.96	33.12
	3. 其他建设用地	13.74	0.17	15.74	0.19	2.00
其他土地		369.35	4.48	328.82	3.99	−40.53

在上列表中具体反映土地用途变更面积增减的同时，在土地利用现状图上绘制土地用途变更界线，做到变更前后图数相符，土地面积和空间位置均达到综合平衡。

（三）模型法

模型法就是依据调查提供的基础资料，建立数学模型，反映土地利用活动与其他经济因素之间的相互关系，借助计算机技术求解，揭示土地利用活动对各项政策措施的反应，从而得到数个供选方案。常用的优化数学模型有：

1. 线性规划（LP）模型

线性规划模型在研究最大限度地发挥有限资源的作用等方面具有其他模型无可比拟的优越性。但线性规划模型的决策函数和约束函数均是一次函数，其应用具有局限性。耿红等人①使用 GM（1，1）灰色系统模型结合线性模型构建灰色线性规划（GLP）模型，将其运用到土地利用结构调整中。该模型具有如下优点：当约束方程中约束值随时间变化时，可用等模型预测变化了的约束值，每经一时间段便得到一组约束值及相应的一组规划解，从而通过规划解的变化反映规划的动态性，目标函数值最大或最小是相对的；若规划模型系数是区间数时，可利用区间数的边界值，在漂移范围内进行模拟，直到满意为止等。

① 耿红，王泽民．基于灰色线性规划的土地利用结构优化研究［J］．武汉测绘科技大学学报，2000，25（2）：167-171，182.

下面以耿红等人[①]的研究成果对灰色线性规划（GLP）模型在土地利用结构调整中的应用做简单介绍：

（1）变量设置。以土地利用现状分类为基础，根据田阳县土地资源的特点及土地利用总体规划的要求共设 11 个变量，见表 6-7。

表 6-7　田阳县土地利用现状

变量	土地类型	现状面积（hm^2）
x_1	耕地	29645.9
x_2	园地	4011.4
x_3	林地	72772
x_4	牧草地	32963
x_5	城镇用地	203.5
x_6	农村居民点用地	2715.8
x_7	独立工矿用地	712.9
x_8	交通用地	3747.8
x_9	水利用地	2698.9
x_{10}	其他水域	2812.9
x_{11}	未利用土地	86446.7

（2）约束条件。包括 13 个方面，23 个约束条件。为了保证规划的动态性，约束系数 a 和约束常数 b；采用灰色 GM（1，1）模型预测，并结合定性分析得到其白化值，再进行求解。

① 土地总面积约束。各类用地面积之和应等于土地总面积，即

$$x_1+x_2+\cdots+x_{11}=238730.8\text{hm}^2 \tag{6-4}$$

② 人口总量约束。农用地和城镇用地承载的人口应控制在 2010 年规划人口之内，即

$$M_1\sum x_j+M_2\sum x_k\leqslant P \tag{6-5}$$

式中，M_1 为农用地的平均预测密度；M_2 为城镇用地的平均预测密度；x_j 为农用地；x_k 为城镇用地；P 为县域规划总人口。即

$$1.8(x_1+x_2+x_3+x_4+x_5)+89x_5\leqslant 352400$$

人口灰区间 35 万～36 万人，它的设置主要依据规划中的人口预测结果，其下限为田阳县“九五”计划及 2010 年规划控制指标，指标偏紧。上限的设置是考虑如果计划生育控制不严，妇女总和生育率达到 1.6 时人口增长的预测值。人口是影响土地利用结构的主要因素，人口数量的变化决定了未来各类土地的需求量。

③ 宏观计划约束。农业用地不得少于国民经济计划所规定的面积，即

$$x_1+x_2+x_3+x_4\geqslant 162900$$

---

① 耿红，王泽民．基于灰色线性规划的土地利用结构优化研究［J］．武汉测绘科技大学学报，2000，25（2）:167-171，182.

各主要建设用地应以宏观计划量为控制，城镇用地 $x_5 \leqslant 660$；交通用地 $x_8 \leqslant 3933$；农村居民点用地 $x_6 \leqslant 2715$。

④ 社会需求约束。经综合预测，田阳县 2010 年粮食单产水平 5400kg/hm²，灰区间取 4500～6900kg/hm²，其下限为 1996 年粮食单产水平，上限是用 GM（1，1）模型预测值，即 2010 年可达到的粮食单产水平。这样设置灰区间能保证规划期间粮食的需求，可根据粮食单产水平的增加速度选择规划方案。为满足全县人民生产生活需要，以小康水平为标准测算，需 15.91×10^7kg（灰区间 $15.7 \times 10^7 \sim 16.02 \times 10^7$kg）粮食，即 $5400x_1 \geqslant 15.91 \times 10^7$kg。

⑤ 劳动力资源约束。它分为农业利用和非农业利用两方面，分别为：

$$2.1x_1 + 2.2x_2 + 0.5x_3 + 0.8x_4 + 0.75x_{10} \leqslant 17.4 \times 10^4$$

$$22x_5 + x_6 + 18x_7 + 2x_8 + x_9 \leqslant 41000$$

⑥ 用水量约束。其满足：

$$\sum B_i x_i \leqslant W$$

式中，x_i 为各类用地面积；B_i 为单位面积需水量；W 为可供水总量。即

$$7560\ (x_1 + x_2 + x_3 + x_4) + 6825\ (x_5 + x_6 + x_7) \leqslant 16.4 \times 10^8$$

⑦ 用电量约束和资金投入约束因资料不全而未考虑。

⑧ 生态平衡约束。森林覆盖率应大于 33.7%，即：$x_3 \geqslant 80547$；水土流失约束满足：

$$\sum h_i \times x_i \leqslant N$$

式中，h_i 为单位面积水土流失量；N 为控制流失量。环境污染约束满足：

$$\sum k_i \times x_i \leqslant M$$

式中，k_i为单位面积污染物排放量；M 为控制排放量；水土流失、环境污染因资料不全而未考虑。

⑨ 协调发展约束。国民经济各部门用地之间有其规律性，经济协调发展也有一定的宏观计划性。根据田阳县国民经济未来发展目标及土地资源的特点，确定各部门用地的比例，即

$$x_1 : x_2 : x_3 : x_4 = 0.36 : 0.24 : 1 : 0.38$$

$$x_5 : x_6 = 1 : 4$$

$$x_9 : x_{10} = 1.01 : 1$$

⑩ 土地供应能力的约束。适宜开发未利用地 32430hm²，其满足 $x_{11} > 54016$。

⑪ 实际情况和经济约束。城市用地、建制镇用地、独立工矿用地和交通用地一般大于现状面积，其他水域一般保持不变。城镇用地 $x_5 \geqslant 203.5$；独立工矿用地 $x_7 \geqslant 712.9$；交通用地 $x_8 \geqslant 3747.8$；水利用地 $x_9 \geqslant 2698$；其他水域 $x_{10} = 2812.9$。

⑫ 数学模型要求约束。满足 $x_i \geqslant 0$，$i = 1，2，\cdots，11$。

（3）目标函数。

$$f\ (x) = 10800x_1 + 22000x_2 + 5200x_3 + 8000x_4 + 190000x_5 + 120000x_6 + 903000x_7 + 28600x_8 + 500x_9 + 1100x_{10} + 100x_{11}$$

（4）土地利用结构优化结果及分析。

按规划中的预测对上述模型的灰数进行白化（人口 35 万～36 万，粮食单产 4500～6900kg/hm²），分别取上限、下限及中间值，应用灰色线性规划计算程序求得人口高低产量、人口低高产量及中间值 3 个土地利用结构优化供选方案，见表 6-8。

表 6-8　各供选方案比较

	方案 1	方案 2	方案 3
人口（万人）	36	35.24	35
耕地单产（kg/hm²）	4500	5400	6900
耕地（hm²）	35616.9	29618.3	27753.6
园地（hm²）	19331.4	19745.5	19331.4
林地（hm²）	80547	82272.6	80547
牧草地（hm²）	30607.8	31263.5	30607.8
居民点及工矿用地（hm²）	3610.4	3629.4	3940.7
交通用地（hm²）	3933	3933	3933
水域（hm²）	5654	5654	5654
未利用地（hm²）	59430.3	62614.5	66963.3
开发未利用地（hm²）	27043.4	23832.3	19483.3
人均国内生产总值（元）	669.6	758	763

从表 6-8 可知，方案 1 是在人口控制不严、耕地产量又提高不快的情况下，为了维持人们的生活，故耕地的数量很大，林地、园地、牧草地的数量比其他方案少。居民点及工矿用地也必须严格控制，交通和水域基本没变化。开发未利用地的数量方案 1 大于方案 2 和方案 3，实现方案 1 的难度在于未利用地的开发数量过大，由此可能会产生一些环境问题，经济发展会受到一定制约。方案 3 是在严格的计划生育控制下，人口数量低，农业科技进步而使耕地的单产量有大幅度提高，耕地的数量较少，居民点及工矿用地较高，需开发未利用地的数量最少，有利于环境保护，同时可提高人们的居住、生活水平，是一种较为理想的土地利用结构，但它的实现取决于计划生育国策的坚决贯彻和农业科技的进步。

方案 2 中各种用地介于方案 1 和方案 3 之间，本方案的人口数量和耕地单产充分考虑了田阳县的现状和未来的发展等各种因素，实现的可能性最大。因此，推荐方案 2 为土地利用规划最佳结构。方案 2 土地利用优化结构与现状见表 6-9，规划结构的比较见表 6-10。

从表 6-9、表 6-10 可以看出，园地的增加量最大，这与田阳县的社会经济发展计划（发展为优质水果基地）是一致的，优化的各类土地利用面积与规划面积相差不大。优化的土地利用结构目标函数最大值（国内生产总值）为 28.5 亿元，与田阳县 2010 年国民经济发展目标（31.48 亿元）基本一致。由此可验证，用灰色线性规划优化土地利用结构是可行的，其结果是合理的。

表 6-9　土地利用结构现状和优化比较

土地类型	现状面积（hm^2）	比重（%）	优化面积（hm^2）	比重（%）	增减（%）
耕地	29645.9	12.4	229618.3	12.41	−0.01
园地	4011.4	1.68	19745.5	8.27	6.59
林地	72772	30.48	82272.6	34.46	3.98
牧草地	32963	13.81	31263.5	13.1	−0.71
城镇用地	203.5	0.09	562	0.24	0.15
农村居民点用地	2715.8	1.14	2248	0.94	−0.2
独立工矿用地	712.9	0.3	819.4	0.34	0.04
交通用地	3747.8	1.57	3933	1.65	0.08
水利用地	2698.9	1.13	2841.1	1.19	0.06
其他水域	2812.9	1.18	2812.9	1.18	0
未利用地	86446.7	36.21	62614.6	26.2	−10.01

表 6-10　土地利用结构优化面积和规划面积比较

土地类型	优化面积（hm^2）	规划面积（hm^2）	上级下达指标（hm^2）
耕地	29618.3	29690.7	29686.7
园地	19745.5	19000	19000
林地	82272.6	80546.7	80546.7
牧草地	31263.5	24082.3	33666.7
居民点及工矿用地	3629.4	4142.9	5506.7
交通用地	3933	3840.5	3933.3
水域	5654	5769.1	5513.3
未利用地	62614.6	71658.5	60877.4

2. 多目标规划模型

多目标决策中的目的规划模型描述如下：求一组决策变量 X_j（$j=1, 2, \cdots, J$）使得下列函数极小：

$$\min Z = \sum_{i=1}^{I} P_i(W_i^+ d_i^+ + W_i^- d_i^-) \tag{6-6}$$

满足约束条件：

$f_i(x) + d_i^- - d_i^+ = b_i$（$i=1, 2, \cdots, I$）$P_i, X_j, d_i^-, d_i^+, W_i^-, W_i^+ \geqslant 0$

式中，X_j 为第 j 个决策变量；d_i^-，d_i^+ 为松弛变量；d_i^-，$d_i^+=0$；$f_i(x)$ 为决策变量函数；Z 为总目标函数。

目的规划中的总目标函数是偏差变量 d_i^- 及 d_i^+ 的函数，根据目的规划中对目标要求的轻重缓急，给予不同的优先等级 P_k、W_i 表示同一优先级中不同目标的主次。目的规划模型通过调整各目标的权重，得出相应的最优解，具有较大的灵活性，可以提供不同发展目标下的最优土地利用规划，为制定多个可行的土地利用供选方案提供了科学的方法，在实践中得到广泛应用。

3. 系统动力学（SD）模型

系统动力学模型对线性、非线性方程都可纳入，不拘泥于土地利用问题的最优解，注重求取满意解，通过分析各类用地数量之间的关系，建立它们之间联系的方程，通过对方程的动态模拟求解，可以在所有满足条件的解集中，选择最满意的一个或几个解或作为最后的各类用地规划数量，从而制定出相关的土地利用供选方案。系统动力学模型弥补了线性模型的静态性的缺陷，但它灵活性较大，在应用中常导致结果的不确定性。

下面以赵小敏等人①的研究成果对 SD 模型在土地利用总体规划中的应用做简单介绍：

土地利用总体规划是一项复杂的系统工程，它是要在土地—社会—经济系统中，根据社会经济发展的需要，统筹安排各业用地，合理利用土地资源，提高土地的社会、经济和生态效益。在浙江省余姚市土地利用总体规划中，应用 SD 仿真技术，通过分析研究土地—社会—经济系统的结构、功能和行为及其相互间的关系，建立结构—功能的仿真模型，来求得 2000 年和 2010 年各业用地的合理安排。

① 模型构思与建模步骤：SD 仿真模型的建模步骤：第一，通过对余姚市土地—社会—经济系统及其子系统的分析研究，找出影响土地利用结构的主要因素，明确所要解决的问题，确定系统的边界。第二，分析因果关系，即分析研究与问题有关的因素，解释各因素之间的相互关系，画出因果关系图，并在图中用正、负反馈关系表示。第三，建立 SD 模型，即绘出系统的流图和给出构造方程式。第四，计算机仿真，即在计算机上应用 Dynamo 语言编程，对 SD 模型进行调试、修正和模拟，得出各种仿真结果。第五，对结果进行分析，作为编制土地利用总体规划方案的依据。

② 系统分析：确定系统界限。余姚市土地利用总体规划是面向全市整个行政区域内的土地资源，因此，将系统的范围确定为余姚市整个市域内的所有土地类型。作出因果关系分析和因果关系图。将余姚市的土地—社会—经济系统划分为三个子系统：人口—耕地子系统；耕地—各业用地子系统和耕地—未利用地子系统。

③ 系统流图（F-图）：根据因果关系图，得出余姚市土地—社会—经济系统的流图，它是在计算机上编写 SD 模型的依据。

④ 模型仿真与结果分析：根据 F-图，在微机上编程进行动态仿真计算。在余姚市土地利用的 SD 模型中，选择人口、人均用地量、社会生产总值、固定资产投资总量和国民收入 5 个变量作为政策调控参数。对 5 个变量分别取不同的值以代表不同的社会经济水平和政策水平，设置三种不同的土地利用方案供决策者根据不同条件选择（当然可设置任意一种方案），方案见表 6-11。

---

① 赵小敏，沈兵明，吴次芳，等．系统动力学仿真模型在土地利用总体规划中的应用［J］．江西农业大学学报，1996，18（1）：67-72.

表 6-11　余姚市土地利用 SD 仿真结果（万 hm^2）

项目		耕地			城镇用地	交通用地	工矿用地	水利用地	林地	园地	农村居民点用地	未利用地
		粮地	棉地	蔬菜基地								
方案Ⅰ	1990 年	3.12	0.77	0.005	0.077	0.240	0.095	0.705	5.056	0.656	0.838	0.520
	2000 年	2.92	0.47	0.033	0.157	0.347	0.307	0.813	5.033	0.788	0.755	0.411
	2010 年	2.90	0.41	0.040	0.218	0.361	0.503	0.888	4.973	0.844	0.719	0.343
方案Ⅱ	2000 年	3.06	0.48	0.033	0.152	0.331	0.283	0.811	5.127	0.814	0.735	0.425
	2010 年	3.02	0.41	0.040	0.208	0.344	0.483	0.855	5.109	0.849	0.701	0.361
方案Ⅲ	2000 年	3.36	0.49	0.033	0.137	0.307	0.246	0.779	5.097	0.853	0.700	0.451
	2010 年	3.26	0.46	0.040	0.200	0.329	0.414	0.858	5.037	0.884	0.637	0.411

方案Ⅰ充分考虑了余姚市未来的发展，以适应不断扩大改革开放和充分发展市场经济、人口增长较快的飞速发展的社会经济条件，且粮食只保证自给而不向外供粮的政策前提。此方案中城镇用地、交通用地等非农建设用地发展最快，可称为高速型方案。

方案Ⅱ是在现有的人口生育政策和人口控制条件下，根据 1980 年以来余姚市的经济发展速度和固定资产投资量，又考虑了余姚市作为浙江省的粮食基地之一必须在粮食自给的基础上向外调粮的政策，而得出的方案。此方案兼顾了“一要吃饭，二要建设”的方针，考虑了发展与保护两个方面，使非农建设用地的发展与耕地保护协调并进，故可称为协调型方案。

方案Ⅲ则是在充分保护现有耕地、严格控制人口发展和固定资产投资，相对放慢经济发展速度，压缩人均非农建设用地的社会经济条件下提出的。代表在政策条件较严格、社会经济发展水平较低时的用地方案，故可称为控制型方案。

第二节　土地利用分区

土地利用布局是对土地利用形式按土地利用结构在空间上布局，因此，土地利用布局在土地利用总体规划中的表现就是土地利用分区和用途管制。

《中华人民共和国土地管理法》第四条规定：“国家实行土地用途管制制度。国家编制土地利用总体规划，规定土地用途，将土地分为农用地、建设用地和未利用地。严格限制农用地转为建设用地，控制建设用地总量，对耕地实行特殊保护。”国家以法律形式把实行土地用途管制制度作为国家土地利用基本制度。

而土地利用分区是实现土地用途管制的前提和基础，另外，土地利用分区合理与否直接关系到土地资源优化配置的成败，也关系到土地利用总体规划能否得到真正的贯彻实施，所以，土地利用分区在土地利用总体规划中意义重大。

一、土地利用分区的概念

由于规划区域内的自然和社会经济条件客观上存在着区域差异性，土地利用的方式和结构受自然和社会经济条件的影响，也具有区域差异性。土地利用上的差异性表现为土地质量、土地利用方式、利用潜力、利用特点和利用方向上的区域差异性。在落实土地利用总体规划结构时，必须深入进行调查研究，认识和揭示土地利用的地域分异规律，在此基础上进行土地利用分区①。

土地利用分区是土地利用总体规划的基本方法，是以土地利用现状和土地资源的适宜性为基础，根据土地利用条件、利用方式、利用方向和管理措施的相似性和差异性，将规划区域内土地划分不同的土地利用区域②。进行土地利用分区的目的一方面是控制各类用地布局，协调各用地部门之间的用地矛盾；另一方面是保护具有重要价值的用地（如耕地和基本农田），限制不适当的开发利用行为，为土地利用的宏观调控和管理提供依据。

二、土地利用分区的依据和原则

（一）土地利用分区的依据

土地利用分区的主要依据，概括起来就是：土地本身所能提供利用的适宜性质和国民经济、社会发展、保护环境的需要相结合。具体地讲，有以下几个方面：

（1）作为编制规划的有关法律、法规、行政规章和计划、技术资料等（如国民经济、社会发展长远计划或规划、土地利用现状调查报告及图表等）。

（2）土地适宜性评价资料，草原、森林资源调查与评价资料，或土地利用现状加上部分土地的适宜性评价资料（指现状不合理需作调整的和待开发土地的评价资料）。

（3）土地需求量预测资料、各产业主管部门的用地计划和初步拟定的土地利用调整指标。

（4）根据规划区土地的自然条件、社会经济条件和土地利用现状分析总结出的土地利用主要问题及土地资源优势而拟定的划分用地区的技术指标。

（5）城镇规划、村镇规划、各种保护区规划以及其他专项用地规划资料。对已经先于土地利用总体规划编制并经过批准实施的规划，在用地方向、位置、界线范围等方面与土地利用总体规划有矛盾需作局部调整的，应组织有关部门协调，提出必要的修改方案，依据法律、法规或行政规章规定的程序进行调整。

（二）土地利用分区的原则

土地利用分区应遵循以下原则：

（1）农业用地优先的原则。农业用地对土地的质量要求比较严格，需要具有一定肥力的土地，所以分区时应对质量最好的土地优先划入农业用地区，重点突出对耕地的保护与建设，以保证耕地的数量和质量，从而优化土地利用结构与布局，引导投资

---

① 王万茂．土地利用规划学［M］．北京：科学出版社，2006.

② 董祚继．土地利用规划管理手册［M］．北京：中国大地出版社，2002.

并纠正“外部不经济行为”。

（2）集约节约利用原则。土地利用从粗放型向集约型转变，是中国国情所提出的迫切要求，是社会经济发展的客观规律，也是城乡人民共同承担保护耕地这一生命线的重要途径。因此，土地利用分区应当有利于生产的空间组织，有利于土地的规模经营，有利于区域化和专业化生产，有利于土地集约利用。

（3）因地制宜原则。由于各地的自然和社会经济条件千差万别，诸如区域气候、居民生活水平、劳动供应量以及劳动费用、就业需要、区域市场、社会所能接受的土地利用方式、资本供应能力等都有很大不同，而它们直接影响土地利用的方向、方式、深度和广度，使土地利用具有明显的地域差异。因此，必须根据当地的具体情况，因地制宜地考虑土地的利用，才能寻求符合实际的分区方案。

（4）可操作性原则。土地利用分区的主要目的在于加强土地利用控制，尤其是加强耕地用途管制。土地利用控制主要包括土地数量的控制、土地用途空间定位的控制和土地在不同时段间的控制。就耕地利用控制而言，具体内容包括对城镇建设占用耕地的控制、农民宅基地占用耕地的控制、独立工矿占用耕地的控制、交通建设占用耕地的控制、水利建设与农业结构调整占用耕地的控制等。要达到控制目的，分区的可操作性是十分重要的。它包括对分区实施的可操作性和对分区调整的可操作性，要求定量合理、定位明确、定序清楚，土地利用用途管制条款可操作性强。

（5）公众参与原则。公众参与是指规划编制者同将来要实行规划或受规划影响的公众广泛交换意见，共同参与规划决策的过程。在土地利用分区方案的制定过程中，也必须坚持公众参与的原则，因为土地利用分区涉及千千万万个土地使用者、千千万万个集团的利益，更涉及国民经济发展和地区繁荣，只有得到广泛认可和支持，才能使分区规划付诸实施。同时，熟悉情况的部门与公众能纠正规划编制者收集资料中的错误或遗漏，并提出专业规划编制人员可能尚未想到的创造性意见或未被预见的后果，也可以在利益对立的部门或公众之间创造相互了解的机会，有利于问题的解决①。

三、土地利用分区的方法

常用的分区方法有：综合分析法、主导因素法、叠置法和聚类分析法。

（一）综合分析法

又称经验法，是一种人为运用主观经验，综合考虑各种因素划区的定性分区方法。主要适用于土地利用方式差异显著、分区界限明显易定的情况，要求具体操作人员非常熟悉当地的实际状况。

（二）主导因素法

在基层乡（镇）土地利用方式划分的基础上，适当加以归并，逐步扩大土地利用类型区，再将地域相连的类型区合并成为土地利用用地区域，以主导土地用途作为用地区域名称。

---

① 罗士军，廖发良．土地利用总体规划［M］．长沙：湖南师范大学出版社，2008.

（三）叠置法

又称套图法，适用于规划图和区划图齐全的情况。具体操作时将有关的成果图件叠置在一起，再按各区域划分标准要求进行土地利用分区划分。对于不重叠的部分要具体分析其将来的主导土地用途并据此取舍。这是分区的一种较为科学、简便和有效的方法。

（四）聚类分析法

聚类分析法是一种定量的分区方法，是根据“物以类聚”的道理，对土地利用指标进行分类的一种多元统计分析方法。由于模糊数学和灰色系统理论的引进，常常应用模糊聚类法和灰色多元聚类法。

模糊聚类是一种多因子综合分析法，其基本思路是应用相似性尺度来衡量事物之间的亲疏程度，据此确定分类关系，在选定分类指标后，模糊聚类可按数据标准化、标定和聚类三步加以实现①。

四、土地利用分区的类型与管制规则

依据土地利用的地域分异规律，对土地利用进行空间划分，土地利用分区在实际中分为土地利用地域分区和土地用途分区两种不同性质的分区。

（一）土地利用地域分区

1. 土地利用地域分区的概念

土地利用地域分区是依据地域共轭性原则，采用自然区划方法，并保持某一级行政区划的完整性所作的分区。这样划分的区域内部以某一类土地利用为主，但同时存在其他非主导的土地利用类型，实际上是一种不同利用类型的组合分区。这种分区方法对认识区域内部不同地方的土地资源特点、确定不同地方土地资源利用方向无疑是有帮助的，但对土地用途控制却不利，因为这种分区仅反映较大范围的土地资源组合情况，对地块的具体用途并不关心。在土地利用地域内部，某一类或二、三类用地占优势，但也存在部分其他用地，划分土地利用地域是高层次的规划，从宏观上控制区域土地利用②。

2. 土地利用地域划分的方法

划分土地利用地域是一项内容较复杂、技术性较强的工作，需要综合考虑规划区域自然条件和分异规律，资源的区域特征、土地利用现状和社会经济发展水平的差异，并结合社会经济发展计划和国土开发规划，揭示地域特征，指出地域内的土地利用方向。地域的划分应遵循综合分析与主导因素相结合的原则、土地质量差异原则、土地适宜利用原则和保持行政区划界限完整性原则。

在具体划区时，一般采用叠置法：首先将各类专项图件（交通规划图、水利规划图、城市规划图、村镇规划图、基本农田保护规划图、地形图等）相叠合，再从中找

---

① 王万茂．土地利用规划学［M］．北京：科学出版社，2006.

② 董祚继．土地利用规划管理手册［M］．北京：中国大地出版社，2002.

出自然、经济条件大致相同、土地利用结构大体相似的区域，最后以行政界限为界来确定分区界限。由于这类地域只在宏观上起指导作用，对实行用途管制缺乏可操作性，因此这类分区只适宜于宏观规划。

不同等级的规划，不仅土地利用地域的综合性存在差异，地域的命名也存在着差异。

例如，湖南省土地利用总体规划（2006—2020 年）将全省划分为 4 个地域，分别是：

（1）长株潭城市群区。该区包括长沙、株洲、湘潭三市，按照“两型”社会建设的要求，重点建设大河西、云龙、昭山、天易、滨湖等“两型”社会建设示范区。以国家综合性高技术产业基地为依托，着力推动传统产业改造、升级，保障以高新技术和现代服务业为主体的“两型”产业发展用地。以交通为先导，优先安排城际快速公路干道、城际轻轨、高速铁路、机场、“三港一枢纽”等基础设施建设用地。

（2）环洞庭湖区。该区包括岳阳、常德、益阳三市，区域土地利用的方向和重点是，加强洞庭湖综合治理，坚持退田还湖与清淤疏浚结合、加固堤防与重点堤垸建设结合、移民建镇与产业结构调整结合，提高城市防洪能力。严格保护洞庭湖区湿地，恢复其洪水调蓄能力及其他生态功能，改善土地生态环境。大力开展农村居民点整理，挖掘耕地补充潜力，引导农业产业结构调整，加大耕地特别是基本农田建设力度，提高粮食和大宗农产品综合生产能力。积极建设中心小城镇，引导产业集群发展，优先保障农产品加工、石化、造纸、卷烟等产业用地需求，完善公路交通网络，改善农村交通条件，保障水利设施用地，提高区域整体发展能力，将本区建设成全国重要的商品粮、生猪、淡水渔业、芦苇、湘莲、苎麻等现代农业产业基地以及全省石化、食品加工、纺织工业中心。

（3）湘中南区。该区包括娄底、衡阳、郴州、永州四市，区域土地利用的方向和重点是，积极承接“珠三角”地区产业转移，合理调剂用地指标，提高招商引资项目用地综合效益。加强交通、水利等基础设施建设，引导产业集群发展，保障精品钢材、有色冶炼及深加工、矿产资源开发等产业用地。在严格保护生态环境的前提下，拓展城镇和工矿建设用地空间，使城镇用地和开发（工业）园区尽量布局在缓坡荒坡丘岗山地上。大力发展矿产资源深加工工业，提高矿产资源综合利用率，并以此为基础发展先进制造业。

（4）大湘西区。该区包括湘西自治州和邵阳、张家界、怀化三市，区域土地利用的方向和重点是，该区山地众多，关系全省生态安全。应按照“保护优先、适度开发”原则，保证旅游和生态用地，保障基础设施、生态环境建设、优势特色产业用地，严格禁止对破坏生态、污染环境的产业供地，引导与区域定位不相宜的产业逐步向区域外有序转移。

而株洲市土地利用总体规划（2006—2020 年）（2016 年修改）将全市划分为 3 个地域，分别是：

（1）北部平岗都市功能发展区。位于株洲市北部，包括株洲市区、株洲县和醴陵市的部分乡镇，区域土地总面积 189137hm^2，占全市土地总面积的 16.82%。本区以平原、岗地为主，拥有优越的区位优势，是株洲市经济社会发展最快的地区。其土地利用率高，交通发达。但人多地少，城镇扩张与农用地保护矛盾突出。土地利用方向：强化永久基本农田的保护，禁止任何单位和个人开展破坏基本农田的生产活动，要处理好非农建设用地、农业用地和生态用地的关系，不断提高土地综合生产能力，为打造株醴都市圈提供土地资源保障；加快推进城市化和工业化进程；合理安排好城乡结合部的土地利用，严格控制各类建设用地特别是城镇建设用地的无序扩张；各类建设用地发展空间由外延式扩张向内涵式挖潜转变，充分利用闲置和存量土地；利用大京、仙庾岭风景名胜等自然景观发展生态旅游业；注重长株潭生态绿心保护以及工业“三废”污染的综合治理，保护和改善城市生态环境。

(2) 中部岗丘粮农综合发展区。位于株洲市中部，包括株洲县、醴陵市、攸县和茶陵县的部分乡镇，区域总面积544272hm^2，占全市土地总面积的48.39%。本区以岗地、丘陵为主，交通便捷，小城镇数量多，土地肥沃，农业用地条件好，农产品种类多，是株洲市的粮农综合发展区域。土地利用方向：加强耕地质量建设，重点加强高标准基本农田建设；因地制宜开发利用土地后备资源，积极推进土地整治，强化耕地、园地数量和质量保护；加大农业生产投入，改善农业生产条件，由传统农业向规模化农业和产业化农业发展，提高耕地的利用效益；加强小城镇建设但要严格控制次中心城市及小城镇建设用地规模扩大对耕地的占用；积极推进城乡建设用地增减挂钩，合理推进农村居民点整理工作；减少和控制水土流失，保护农业生态环境。

(3) 南部山地林农综合利用区。位于株洲市南部，包括攸县、茶陵县的部分乡镇和炎陵县全部，区域总面积392811hm^2，占全市土地总面积的34.92%。本区山地资源丰富，交通区位条件较差，投入产出效益低。土地利用方向：加强自然保护区的管理和森林资源的保护，特别是要加强珍稀动植物的保护；以林为主，农、林、牧结合，稳定发展粮食生产，改善低产田土，提高粮食产量，综合开发山区，开展富有山区特色的多种经营；增加经济林和水源涵养林比重，提高林地经济效益；大力发展农林产品加工，发展特色旅游业，加强基础设施建设，缩小与市域中部和北部的差距。

(二) 土地用途分区

1. 土地用途分区的概念

土地用途分区则是依据土地主导用途和土地保护、利用、开发、整治措施的不同所作的分区，也叫土地利用控制分区或土地利用用地分区。在一个用地区内，一般以一种用途或措施为主导，其他用途则处于服从和辅助地位。如基本农田保护区，种植业是其主导用途，保护是主要措施，基本农田保护区内的沟渠、林网、道路等则起辅助作用。划分用地区规定土地的用途和功能比较明确，界线比较清楚，便于规划的实施和管理①。

在省、地（市）级土地利用总体规划中，主要进行土地利用地域的分区，根据需

① 董祚继．土地利用规划管理手册［M］．北京：中国大地出版社，2002.

要和可能也可以划分土地用途区。在县、乡（镇）级土地利用总体规划中，则主要是采用土地用途分区。目前，土地用途区一般包括基本农田保护区、一般农地区、城镇村建设用地区、独立工矿区、风景旅游用地区、生态环境安全控制区、自然与文化遗产保护区、林业用地区、牧业用地区等 9 个类型。具体标准和说明参见中华人民共和国国土资源部 2010 年 6 月 27 日发布的《县级土地利用总体规划编制规程》（TD/T 1024—2010）。土地利用分区既能反映土地资源的组合情况，也为土地利用用途管制提供了依据和手段，还为建立土地利用规划许可证制度及加强土地管理奠定了基础。它不仅作为土地利用总体规划的成果，而且和用途管制措施一起成为保障土地利用总体规划实施的重要手段。

《县级土地利用总体规划编制规程》（TD/T 1024—2010）中将土地用途区划分为以下类型[①]：

① 基本农田保护区——对基本农田进行特殊保护和管理划定的区域。

② 一般农地区——在基本农田保护区外，为农业生产发展需要划定的区域。

③ 城镇村建设用地区——城镇（城市和建制镇，含各类开发区和园区，下同）和农村居民点（村庄和集镇，下同）发展需要划定的区域。

④ 独立工矿区——独立于城镇村的采矿地以及其他独立建设用地发展需要划定的区域。

⑤ 风景旅游用地区——具有一定游览条件的旅游设施，为人们进行风景观赏、休憩、娱乐、文化等活动需要划定的区域。

⑥ 生态环境安全控制区——基于维护生态环境安全需要进行土地利用特殊控制的区域，主要包括河湖及滞洪区、滨海防患区、重要水源保护区、地质灾害高危险地区等。

⑦ 自然与文化遗产保护区——对自然和文化遗产进行特殊保护和管理划定的区域。主要包括依法认定的各种自然保护区的核心区、森林公园、地质公园，以及其他具有重要自然与文化价值的区域。

⑧ 林业用地区——林业发展需划定的区域。

⑨ 牧业用地区——畜牧业发展需要划定的区域。

2. 土地用途区划分的原则

划分用途区所应遵循的原则与土地利用分区的原则是一致的，这里不再赘述，只补充以下四点：①同一土地用途区内，主导用途、土地保护措施、土地利用的限制条件和管理措施具有一致性；②用途区的划分要与规划区域国民经济和社会发展计划相协调；③用途区的划分要与土地利用结构与布局调整指标相衔接；④用途区受行政界限的限制。

3. 土地用途区划分的程序

用途区的划分一般按准备工作、拟定分区技术指标、分区划线、用地区面积的量

---

① 《县级土地利用总体规划编制规程》（TD/T 1024—2010），中国人民共和国国土资源部，2010.

算等几个步骤进行。

（1）准备工作。

主要包括拟定分区方案和收集、整理分区所需的依据资料与图件两方面的准备。在分区方案中，应对分区的依据、结构、类型、方法等做明确的规定。方案要符合实际需要，且要经过论证。

拟定分区类型时，依据上级规划的土地用途分区和本行政区域实际需要，确定所要划定的一级和二级土地用途区类型。收集整理分区所需的资料和图件，主要有地形图、土壤图、土地利用现状图、坡耕地调查评价、土地适宜性评价、农用地分等定级、土地利用专项规划（开发、整理、复垦、生态建设等）、城镇村建设、工矿建设等调查、评价、规划的图件及资料①。

（2）拟定分区技术指标。

分区技术指标是划分用地区的具体标准，是分区的直接依据。这个技术标准是指各用地区的立地条件，即各个用地区对土地数量、质量和区位的基本要求。

① 土地数量要求是指土地面积、集中程度的要求。用地区的类型不同，对土地数量要求也不同。一般来说，为农业用地（包括耕地、园地、林地、牧草地）划分用地区要求的土地面积较大，土地集中连片程度较高，而建设用地要求的土地面积较小，土地集中连片程度较低。某个用地的最小图斑面积要求多大，用地区的主要用途的土地面积比重要求多高，要根据当地实际和实施管理的可能性及便利与否来确定。

② 土地质量要求是对土地适宜性、限制性的要求。农业用地对地形、温度、水分、土壤等有严格要求，建设用地则对土地地基承载力、地下水埋深、洪水危害、坡度等有一定的要求，划分用地区的技术指标必须考虑这些要求。

③ 土地区位条件要求是对土地与居民点、交通线距离等的要求，不同用地区对土地区位条件有不同的要求，在拟定分区技术指标时要予以考虑。

（3）分区划线。

这个步骤是具体划定各用地区的界线，一般采用图纸叠加与分区指标相结合的方法。分区的工作底图最好是土地利用现状图，将土地利用现状图与有关土地适宜性评价图、地形图、城镇规划图、基本农田保护区图、自然保护区图或其他专项用地规划图等进行叠加（套合），根据重叠情况划分出部分用地界限，再利用分区的技术指标来补充划出剩余界限。这个方法简单、准确、适用而且便于检核。

分区所用图纸比例尺，视规划区面积大小而定。县级规划，一般分幅底图以 1∶1 万或 1∶2.5 万为宜。如县、乡两级规划不同步进行，底图比例尺也可与汇总图比例尺相同。用地区的最小上图面积，除乡村建设用地区不受限制外，其他用地的参考标准是：1∶1 万底图为 $500mm^2$，1∶2.5 万底图为 $80mm^2$，1∶5 万汇总图为 $20mm^2$，1∶10万汇总图为 $5mm^2$，它们表示实地面积均为 $5hm^2$。

分区划线应遵循以下几点要求：

① 城镇、村镇、工矿规划区，已经批准且用地界线明确的，在用地论证认为合理

① 董祚继．土地利用规划管理手册［M］．北京：中国大地出版社，2002.

后，按批准界线划线。如果用地论证认为不合理，要同有关规划的编制部门进行协商，经协商修改并报规划批准部门批准后按修正界线划线。

② 分区划线时，首先把用途不变的用地划出，如大部分耕地和林地、草地等，作为农业用地区、林用地区、牧业用地区。若面积不够，则根据规划需要和评价图，从适宜的土地中补充，如宜农荒地、宜林荒地等。

③ 土地资源具有多宜性，一般宜农的土地也宜林、宜牧、宜城乡建设，分区划线要把质量最好的（土壤肥力高的）土地优选划入农业保护区和一般农业用地区，然后划入林业、牧业用地区。

④ 风景区和自然保护区，已经批准又有明确界线，与土地利用总体规划无矛盾的，按批准的界线划线（图纸叠加或转绘上图）；风景区、自然保护区虽经批准，但无明确界线的，可暂划示意性界线。

⑤ 城镇建设、乡村建设和工业用地区，应尽可能利用农用质量较差又能满足建筑需要的地段作为发展用地，以保护农田。

⑥ 处理好与土地利用现状的关系。用地区与利用现状之间矛盾突出的，为慎重处理此类问题并有利于逐步进行土地利用调整，可作为两个区域之间的重叠区处理。例如：对现状耕地因水土流失，需大面积退耕还林，而目前受条件限制又不能立即退耕还林的，可划为农业区与林业区之间的重叠区，即按农林调整区处理。

⑦ 用地区是按土地基本（主导）用途划分的，区内允许有非基本（主导）用途的用地继续存在（不是指需要进行土地用途调整的土地），例如，农业区内的零星宅基地、农田道路、林带、小片林地、小片水面、小片牧草地等。

⑧ 特殊用地、风景区、自然保护区可以单独划用地区，也可以与其他用地区重叠形式存在，即以复区形式出现，例如，自然保护区可以与林业用地区重叠，划成复区形式。

⑨ 分区划线需要便于产地落实，便于管理和监督。例如不要把一个完整地块分割划入两个不同用地区，分区尽可能利用明显的现状地物等。

（4）用地区面积的量算。

用地区面积的量算方法，可参照《全国土地利用现状调查技术规程》规定的方法，以图幅为控制，以乡（镇）为范围，按用地区进行量算。凡土地利用现状调查的面积量算数据能够用于分区面积的应尽量利用，以减少工作量。量算结果要汇总，编制本级和下级行政单位的各类用地区面积统计表。如果是县级规划，要编制县、乡面积的各类用地区面积统计表。有条件的可统计到村（即土地使用或所有单位一级）。有重叠区的要单独量算和统计。土地用途区最小图上面积符合表 6-12① 的要求。

表 6-12　土地用途区最小图上面积规定

土地用途区类型	图上面积（mm^2）	1：10000 实际面积（hm^2）	1：20000 实际面积（hm^2）	1：25000 实际面积（hm^2）	1：50000 实际面积（hm^2）	1：100000 实际面积（hm^2）
基本农田保护区	20	0.2	0.8	1.25	5	20

① 中华人民共和国土地管理行业标准《县级土地利用总体规划编制规程》（TD/T 1024—2010）.

续表

土地用途区类型	图上面积（mm^2）	1∶10000 实际面积（hm^2）	1∶20000 实际面积（hm^2）	1∶25000 实际面积（hm^2）	1∶50000 实际面积（hm^2）	1∶100000 实际面积（hm^2）
一般农地区	20	0.2	0.8	1.25	5	20
城镇村建设用地区	20	0.2	0.8	1.25	5	20
独立工矿区	20	0.2	0.8	1.25	5	20
风景旅游用地区	20	0.2	0.8	1.25	5	20
生态环境安全控制区	100	1	4	6.25	25	100
自然与文化遗产保护区	100	1	4	6.25	25	100
林业用地区	100	1	4	6.25	25	100
牧业用地区	100	1	4	6.25	25	100

（5）用地分区与拟定用地指标初步结果的对照与修正。

土地利用总体规划如果采用用地分区与土地利用指标相结合的模式，为了防止用地分区与用地指标脱节，在用地区初步划定各用地指标初步拟定后，必须将这两方面的初步结果加以对照检查。方法是自下而上逐级对照检查，看各用地区的总容量是否大于各类用地指标量。对出现的矛盾应作具体分析，找出原因，对其中不合理的部分认真加以修正，使用地指标和用地分区二者相协调，并使用地数量和用地质量，空间分配统一起来，把土地利用总体规划建立在切实可行的基础上。

修正时应注意掌握以下几点：当某类用地区偏大或偏小时，可在不违背土地适宜性的原则下，对区界进行适当修正；若区界不允许修正，则应修正该类用地指标，削减某类用地的需求量，以使两者协调。矛盾往往发生在局部而不是整体，因此无论对分区或用地指标的修正，都应从矛盾突出的部位开始。区界一经改动，就要同时改正其面积，使图纸与面积统计数据保持一致。

（6）拟定各用地区的土地利用管制规则。

在划分用地区的同时，应根据每个用地区的特点，提出合理利用该区土地所必须遵循的土地利用管制规则及限制条件。这些管制规则及限制条件是各级人民政府为贯彻土地管理法律、法规对各区土地开发、利用、保护、整治和调整作出的管理性规定，要求在规划实施中认真执行。

拟定土地利用管制规则与限制条件应注意以下几点：一是要有针对性，突出对土地资源的保护，限制不合理的土地开发和土地转用行为，以及管理方面的措施，避免一般化；二是要具有指令性，不是参考性的意见；三是准确、精炼，提出的要求要具体，便于理解和执行。

如《昌平区流村镇土地利用总体规划（2006—2020 年）调整方案》规定的各区土地利用管制规则是：

为指导流村镇的土地合理利用，科学控制土地用途转变，依据本镇土地资源特点和经济社会发展需要，将全镇土地划分为基本农田保护区、一般农地区、城镇建设用地区、村镇建设用地区、独立工矿区、林业用地区等土地用途分区和风景旅游用地区（复区）。

① 基本农田保护区：主要用作永久基本农田；按照《基本农田保护条例》进行管

理；不得破坏、污染和荒芜区内土地，禁止占用永久基本农田进行非农建设，禁止在区内建窑、建坟、挖砂、采石、取土、采矿、堆放固体废弃物或进行其他破坏永久基本农田的活动。

② 一般农地区：主要用作耕地、园地、畜禽水产养殖地和直接为农业生产服务的农村道路、农田水利、农田防护林及其他农业设施；区内现有非农业建设用地和其他零星农用地应当优先整理、复垦或调整为耕地，规划期间确实不能整理、复垦或调整的，可保留现状用途，但不得扩大面积；禁止占用区内土地进行非农业建设，不得破坏、污染和荒芜区内土地；鼓励在本区内发展都市型现代农业和观光采摘等休闲农业，合理控制农业配套附属设施的规模和用途。

③ 城镇建设用地区：区内土地主要用于城镇建设，包括附属于城镇的开发区用地；具体用地须符合城市总体规划、重点镇规划和各园区控制规划、专项规划的相关要求；要充分利用区内现有建设用地，尽可能利用闲置地和废弃地；节约集约用地，不占或少占耕地、林地；确需扩大的，应当首先利用非耕地或劣质耕地；严格按照国家规定的用地程序和标准安排建设项目，涉及农用地转用的，必须按规定审批并办理农用地转用手续，在批准转变用途之前，应按原用途使用，废弃撂荒的耕地应及时恢复种植；禁止建设占用规划确定的绿地，建设过程中挖损、压占等造成破坏的土地应及时复垦，以保护和改善生态环境；区内的土地利用应符合国家、北京市和昌平区的产业用地政策，积极发展“低碳”产业；区内城镇建设用地应不突破规划城镇建设用地总规模。

④ 村镇建设用地区：主要用于村庄、集镇建设；可参照村庄、集镇规划的相关要求使用，注重与相关规划的衔接；建设应优先利用现有建设用地、闲置地和废弃地；农用地在批准改变用途前，应当按原用途使用；村镇建设用地应不突破规划村镇建设用地总规模。

⑤ 独立工矿区：主要用于不宜在居民点内安排的工业用地；应符合相关行业、产业的选址和建设要求；建设应优先利用现有建设用地、闲置地和废弃地；农用地在批准改变用途前，应当按原用途使用；独立建设用地应不突破规划独立建设用地总规模。

⑥ 林业用地区：主要用于林业生产，以及直接为林业生产和生态建设服务的营林设施；现有非农业建设用地，应当按其适宜性调整为林地或其他类型的营林设施用地，规划期间确实不能调整的，可保留现状用途，但不得扩大用地面积；零星耕地因生态建设和环境保护需要可转为林地；不得占用区内土地进行非农业建设，禁止占用区内土地进行毁林开垦、采石、挖砂、取土等活动，严格控制建设占用生态林地，确需占用的须按规定申报审批。

⑦ 风景旅游用地区（复区）：主要用于旅游、休憩及相关文化活动；使用应当符合风景旅游区规划；影响景观保护和游览的土地，应在规划期间调整为适宜的用途；严格限定土地开发强度，在符合所在用途分区管制规则与不破坏景观资源的前提下，允许在区内适度安排用于旅游配套设施等项目；严禁占用区内土地进行破坏景观、污染环境的生产建设活动[①]。

① 昌平区流村镇土地利用总体规划（2006—2020 年）2017 年调整方案。

（7）用地区的核实。

县级土地利用总体规划用地区的划分结果，应按乡（镇）核实。核实的过程，要听取基层意见，验证分区是否符合实际的过程。根据核实的结果，对用地分区和用地指标做必要的调整。

有条件的县还可以搞得细一些，以乡（镇）为单位，在各个用地区内划分各种用地，即每块土地确定规划用途。这样做的好处是：不仅核实了用地区，也核实了用地指标；把土地利用总体规划与基本农田保护、菜田保护等专项规划结合成一体；把县、乡两级土地利用总体规划结合成一体（同步规划）；有利于基层干部和群众按分区规定的用途保护、开发、利用、整治土地，建立责任制，切实执行规划；有利于加强用地监督，及时发现和纠正违反规划、违反规定土地用途、滥用土地行为。对各种用地指标或用地划分的结果进行必要的调整。

目前要求县、乡（镇）级土地利用总体规划同时编制，确定各项用地指标和每块土地的规划用途，落实到地块，有利于提高县、乡两级规划的质量。

4. 土地用途区的类型与管制规则

2010年国土资源部发布的《县级土地利用总体规划编制规程》（TD/T 1024—2010）中规定，县级规划编制，应结合实际划定基本农田保护区、一般农地区、城镇村建设用地区、独立工矿区、风景旅游用地区、生态环境安全控制区、自然与文化遗产保护区、林业用地区和牧业用地区①。

1）基本农田保护区

基本农田保护区：是指为对耕地进行特殊保护和管理划定的土地用途区。

（1）下列土地应当划入基本农田保护区。

① 经国务院主管部门或者县级以上地方人民政府批准确定的粮、棉、油、蔬菜生产基地内的耕地；

② 有良好的水利与水土保持设施的耕地，正在改造或已列入改造规划的中、低产田，农业科研、教学试验田，集中连片程度较高的耕地，相邻城镇间、城市组团间和交通沿线周边的耕地；

③ 为基本农田生产和建设服务的农村道路、农田水利、农田防护林和其他农业设施，以及农田之间的零星土地。

（2）下列土地不应划入基本农田保护区。

① 已列入生态保护与建设实施项目的退耕还林、还草、还湖（河）耕地；

② 已列入城镇村建设用地区、独立工矿区等土地用途区的土地。

（3）基本农田保护区土地用途管制规则：

① 区内土地主要用作基本农田和直接为基本农田服务的农田道路、水利、农田防护林及其他农业设施；区内的一般耕地，应参照基本农田管制政策进行管护；

② 区内现有非农建设用地和其他零星农用地应当整理、复垦或调整为基本农田，规划期间确实不能整理、复垦或调整的，可保留现状用途，但不得扩大面积；

① 中华人民共和国土地管理行业标准《县级土地利用总体规划编制规程》（TD/T 1024—2010）。

③ 禁止占用区内基本农田进行非农建设，禁止在基本农田上建房、建窑、建坟、挖砂、采矿、取土、堆放固体废弃物或者进行其他破坏基本农田的活动；禁止占用基本农田发展林果业和挖塘养鱼。

2）一般农地区

一般农地区：是指基本农田保护区、园地区、林业用地区、牧业用地区以外，为农业生产发展需要划定的土地用途区。

（1）下列土地可划入一般农地区。

① 除已划入基本农田保护区、建设用地区等土地用途区的耕地外，其余耕地原则上划入一般农地区；

② 现有成片的果园、桑园、茶园、橡胶园等种植园用地；

③ 畜禽和水产养殖用地；

④ 城镇绿化隔离带用地；

⑤ 规划期间通过土地整治增加的耕地和园地；

⑥ 为农业生产和生态建设服务的农田防护林、农村道路、农田水利等其他农业设施，以及农田之间的零星土地。

（2）一般农地区土地用途管制规则。

① 区内土地主要为耕地、园地、畜禽水产养殖地和直接为农业生产服务的农村道路、农田水利、农田防护林及其他农业设施用地；

② 区内现有非农业建设用地和其他零星农用地应当优先整理、复垦或调整为耕地，规划期间确实不能整理、复垦或调整的，可保留现状用途，但不得扩大面积；

③ 禁止占用区内土地进行非农业建设，不得破坏、污染和荒芜区内土地。

3）城镇村建设用地区

城镇村建设用地区：是指为城镇（城市和建制镇）和农村居民点（中心村和集镇）发展需要划定的土地用途区。

（1）下列土地应划入城镇村建设用地区。

① 现有的城市、建制镇、集镇和中心村建设用地；

② 规划预留城市、建制镇、集镇和中心村建设用地；

③ 开发区（工业园区）等现状及规划预留的建设用地。

（2）规划确定的应整理、复垦的城镇、村庄和集镇用地，不得划入城镇村建设用地区。

（3）城镇村建设用地区土地用途管制规则。

① 区内土地主要用于城镇、农村居民点建设，与经批准的城市、建制镇、村庄和集镇规划相衔接；

② 区内城镇村建设应优先利用现有低效建设用地、闲置地和废弃地；

③ 区内农用地在批准改变用途之前，应当按现用途使用，不得荒芜。

4）独立工矿区

独立工矿区：是指独立于城镇、村镇建设用地之外，为工矿发展需要划定的土地用途区。

（1）下列土地应划入独立工矿区。

① 独立于城镇村建设用地区之外，规划期间不改变用途的采矿、能源、化工、环保等建设用地（已划入其他土地用途区的除外）；

② 独立于城镇村建设用地区之外，规划期间已列入规划的采矿、能源、化工、环保等建设用地（已划入其他土地用途区的除外）。

（2）下列土地不应划入独立工矿区。

① 已列入城镇范围内的开发区（工业园区）不得划入独立工矿区；

② 规划确定应整理、复垦为非建设用地的，不得划入独立工矿区。

（3）区内建设用地应满足建筑、交通、防护、环保等建设条件，与居民点的安全距离应符合相关规定。

（4）独立工矿区土地用途管制规则。

① 区内土地主要用于采矿业以及其他不宜在居民点内安排的用地；

② 区内土地使用应符合经批准的工矿建设规划及相关规划；

③ 区内因生产建设挖损、塌陷、压占的土地应及时复垦；

④ 区内建设应优先利用现有低效建设用地、闲置地和废弃地；

⑤ 区内农用地在批准改变用途之前，应当按现用途使用，不得荒芜。

5）风景旅游用地区

风景旅游用地区：是指具有一定游览条件和旅游设施，为人们进行观赏、休憩、娱乐、文化等活动需要划定的土地用途区。

（1）下列土地应划入风景旅游用地区。

① 风景游赏用地、游览设施用地；

② 为游人服务而又独立设置的管理机构、科技教育、对外及内部交通、通信用地、水、电、热、气、环境、防灾设施用地等。

（2）风景旅游用地区土地用途管制规则。

① 区内土地主要用于旅游、休憩及相关文化活动；

② 区内土地使用应当符合风景旅游区规划；

③ 区内影响景观保护和游览的土地，应在规划期间调整为适宜的用途；

④ 在不破坏景观资源的前提下，允许区内土地进行农业生产活动和适度的旅游设施建设；

⑤ 严禁占用区内土地进行破坏景观、污染环境的生产建设活动。

6）生态环境安全控制区

（1）下列土地应划入生态环境安全控制区。

① 主要河湖及蓄滞洪区；

② 滨海防患区；

③ 重要水源保护区；

④ 地质灾害高危险地区；

⑤ 其他为维护生态环境安全需要进行特殊控制的区域。

（2）生态环境安全控制区的划定应与相关专业规划相衔接。

（3）生态环境安全控制区土地用途管制规则。

① 区内土地以生态环境保护为主导用途；

② 区内土地使用应符合经批准的相关规划；

③ 区内影响生态环境安全的土地，应在规划期间调整为适宜的用途；

④ 区内土地严禁进行与生态环境保护无关的开发建设活动，原有的各种生产、开发活动应逐步退出。

7）自然与文化遗产保护区

（1）下列土地应当划入自然与文化遗产保护区。

① 典型的自然地理区域、有代表性的自然生态系统区域以及已经遭受破坏但经保护能够恢复的自然生态系统区域；

② 珍稀、濒危野生动植物物种的天然集中分布区域；

③ 具有特殊保护价值的海域、海岸、岛屿、湿地、内陆水域、森林、草原和荒漠；

④ 具有重大科学文化价值的地质构造、著名溶洞、化石分布区及冰川、火山温泉等自然遗迹；

⑤ 需要予以特殊保护的其他自然和人文景观、遗迹等保护区域。

（2）自然与文化遗产保护区土地用途管制规则。

① 区内土地主要用于保护具有特殊价值的自然和文化遗产；

② 区内土地使用应符合经批准的保护区规划；

③ 区内影响景观保护的土地，应在规划期间调整为适宜的用途；

④ 不得占用保护区核心区的土地进行新的生产建设活动，原有的各种生产、开发活动应逐步退出；

⑤ 严禁占用区内土地进行破坏景观、污染环境的开发建设活动。

8）林业用地区

（1）下列土地应当划入林业用地区。

① 现有成片的有林地、灌木林、疏林地、未成林造林地、迹地和苗圃（已划入其他土地用途区的林地除外）；

② 已列入生态保护和建设实施项目的造林地；

③ 规划期间通过土地整治增加的林地；

④ 为林业生产和生态建设服务的运输、营林看护、水源保护、水土保持等设施用地。

（2）林业用地区土地用途管制规则。

① 区内土地主要用于林业生产，以及直接为林业生产和生态建设服务的营林设施；

② 区内现有非农业建设用地，应当按其适宜性调整为林地或其他类型的营林设施用地，规划期间确实不能调整的，可保留现状用途，但不得扩大面积；

③ 区内零星耕地因生态建设和环境保护需要可转为林地；

④ 未经批准，禁止占用区内土地进行非农业建设，禁止占用区内土地进行毁林开垦、采石、挖砂、取土等活动。

9）牧业用地区

(1）下列土地应当划入牧业用地区。

① 现有成片的人工、改良和天然草地（已划入其他土地用途区的牧草地除外）；

② 已列入生态保护和建设实施项目的牧草地；

③ 规划期间通过土地整治增加的牧草地；

④ 为牧业生产和生态建设服务的牧道、栏圈、牲畜饮水点、防火道、护牧林等设施用地。

(2）牧业用地区土地用途管制规则。

① 区内土地主要用于牧业生产，以及直接为牧业生产和生态建设服务的牧业设施；

② 区内现有非农业建设用地应按其适宜性调整为牧草地或其他类型的牧业设施用地，规划期间确实不能调整的，可保留现状用途，但不得扩大面积；

③ 未经批准，严禁占用区内土地进行非农业建设，严禁占用区内土地进行开垦、采矿、挖砂、取土等破坏草原植被的活动。

复习思考题

1. 什么是土地利用结构？土地利用结构与经济结构有何关系？
2. 简述土地利用结构的作用，简述如何优化。
3. 试述土地利用结构供选方案拟定的指导思想、原则和依据。
4. 土地利用结构方案编制的方法有哪些？
5. 土地利用布局的意义和作用是什么？
6. 如何填写土地利用综合平衡表？
7. 土地利用布局有几种模式？
8. 如何配置各类用地？
9. 什么是土地用途管制，实行土地用途管制的主要意义有哪些？
10. 什么是建设用地空间管制，“三界四区”指什么？管制规则如何界定？

第三部分

土地利用详细规划

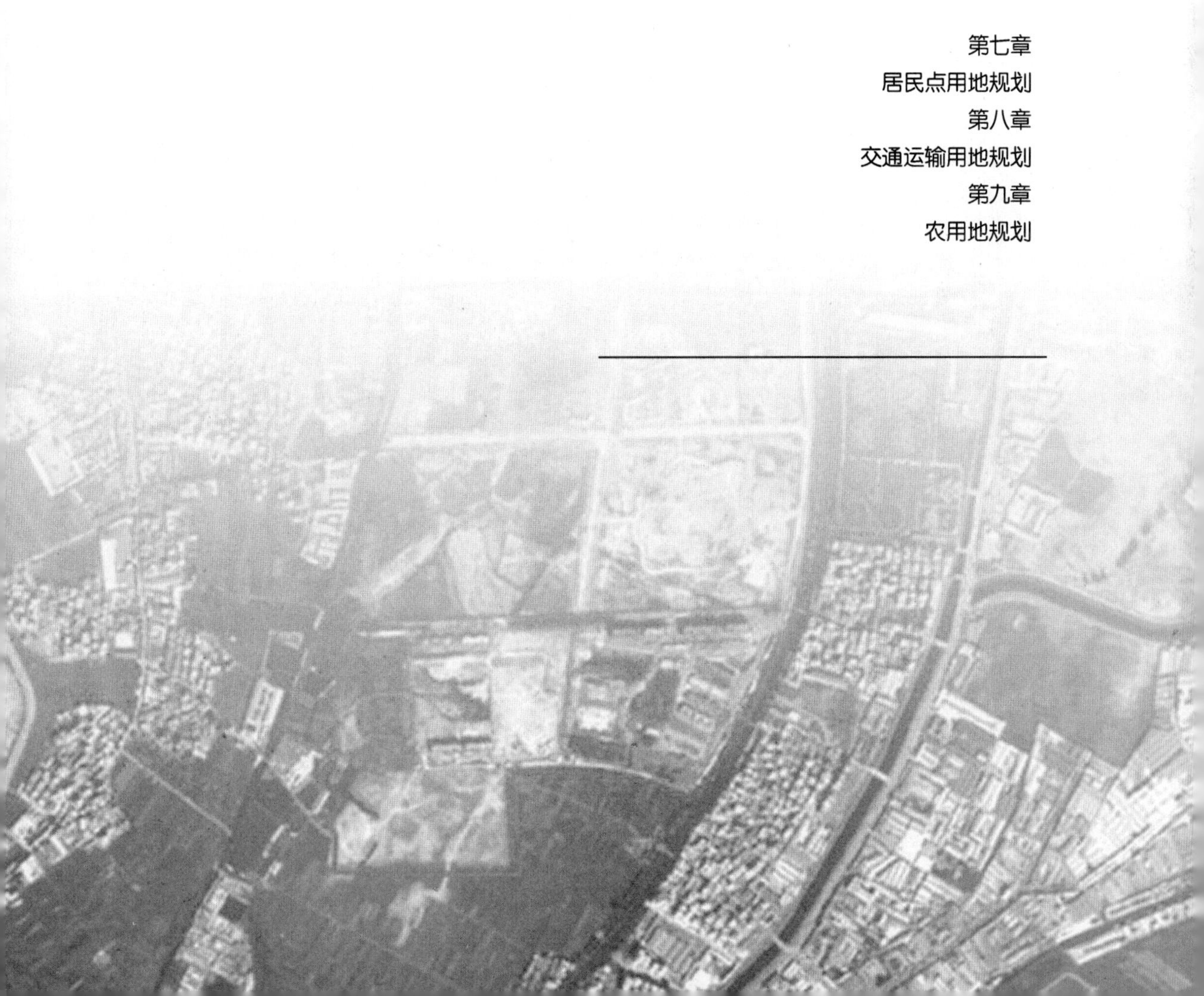

第七章 居民点用地规划

【内容提要】

部门用地规划是在对一定区域范围内国民经济主要用地部门用地进行现状分析，需求预测，供需综合平衡的基础上，对各部门的用地在时间、空间上做出统筹规划，合理安排，其关键是确定各部门的用地规模、用地位置、用地时间，做到定性、定量、定位，是贯穿整个土地利用总体规划全过程的一项核心工作，也是土地利用总体规划最终成果的体现。本章主要介绍居民点用地规划的基本理论知识和方法，包括居民点用地、城镇体系、居民点用地规模和居民点用地布局等。

第一节 居民点和居民点用地

一、居民点的形成和演化

居民点，或称“聚落”，是指居民按照生产和生活需要而形成的定居场所，它是由建筑群、道路网、绿化系统以及其他公共设施等物质要素所组成的综合体，是人类社会空间结构的一种基本形式。根据其性质和人口规模，可分为城市居民点和农村居民点。

居民点并不是人类社会一开始就有的，而是社会发展到一定历史阶段的产物。生产力的进步和生产关系的变化，社会劳动分工的加剧，都对居民点的形成产生了深刻的影响。

人类社会处于原始社会阶段，生产力水平十分低下，人们过着游牧渔猎生活，居住在天然的或人工挖掘的洞穴里，还没有形成固定的居民点。随着社会生产力的提高，渔、牧业与农业的劳动分离开来，出现了人类历史第一次社会大分工，从事农业耕作的人逐渐从游猎活动中分离出来定居于土地上，历史上出现了以农业生产为主的固定居民点，我国西安半坡博物馆里展品中古老的半坡村就是这样的村落。由于生产力的不断发展，粮食有了剩余，农民中产生了专业的手工匠人，人们可以将自己劳动产品的剩余部分用于交换，进而出现了通商贸易，农、牧业与商业、手工业的劳动开始分离，出现了人类社会第二次劳动大分工，手工业与农业的分工为城市的产生提供了重要条件。这次劳动大分工使居民点开始分化，形成了以农业生产为主的居民点——农村，以及以商业、手工业生产为主的居民点——城市。

据历史考证，世界上第一批城市诞生在距今6000年之前，主要分布于亚洲西部的幼发拉底河和底格里斯河两河流域、非洲北部的尼罗河流域（古埃及）、地中海沿岸、印度河—恒河流域和我国的黄河流域。这些地区是世界城市的发祥地，是人类文明的摇篮。

人们的生活与农业生产均离不开水，所以原始的居民点大都是靠近河流、湖泊，而且大多位于向阳的河岸台地上。为了防御野兽的侵袭和其他部落的袭击，往往在原始居民点外围挖筑壕沟，或用石、土、木等材料筑成墙及栅栏。这些沟、墙是一种防御性的构筑物，也是城池的雏形。

在我国古代，“城”是指四面围以城墙、扼守交通要冲、具有防卫意义的军事据点。城墙外面有一道水壕称为池，合称城池，如汉朝古书《古今注》中写道：“筑城以卫君，造郭以守民”。“市”是指产品交易场所，如战国时期左书《周礼地宫》中指出：“大市，日晨而市，百姓为主；朝市，朝时而市，商贾为主；夕市，夕时而市，贩夫贩妇为主”。随着社会经济发展，城里人口渐渐增加，“市”便在“城内”或“城郊”出现，“城”与“市”逐渐结合形成统一的集合即城市。

城市是由乡村演化而来的，高度集中与相对分散是两者区别的本质特征。与乡村相比，城市只不过是散布其间的一些人口高度密集的“点”。居民点是城市、城镇和乡村的总称，是人们聚居和建筑物、构筑物、生产资料集中配置的场所。

二、居民点用地

居民点是人们为了生产和生活而聚集的定居场所，是人类社会空间结构的一种基本形式。居民点是由建筑群、道路网、绿化系统，对外交通运输系统以及其他公共设施所组成的复杂综合体。社会经济发展是居民点形成的前提，随着生产的发展，人类从游牧到定居，居所从单体建筑到群体建筑，内容和形式均发生了巨大的变化；自从农业与渔牧业第一次分工后，出现了以农业为主的居民点，当商业、手工业与农业的第二次分工产生后，并出现了以农业为主的村落和以商业、手工业为主的城镇；城镇进一步发展又形成了城市。由此可见，居民点的产生、性质及其分布和发展受社会生产力和生产关系的制约。

居民点用地是土地利用现状分类体系中重要的组成部分。在全国土地分类（2002年）（过渡时期适用）中居民点用地包括城市（201）、建制镇（202）、农村居民点（203）三类。由于投入居民点用地上的人力、物力、财力远远高于自然土地，故居民点用地不同于一般的自然土地，具有很大的使用价值和级差收益。一般来说，工业用地的价值为农业用地的 100 倍，商业用地的价值又为工业用地的 100 倍。我国城市建成区面积为 12900km^2，占国土面积的 0.134%，据估计平均每平方千米城市土地提供产值 70 万元。而且随着投入的增加，城市土地产值还在不断的增长。所以，居民点用地的规划，对于提高其价值和价格都有着重要的意义。

随着社会主义市场经济的高速发展，综合国力、国民收入与人民生活水平的显著提高及各项制度创新的深入，中国城市化的步伐大大加快，第三产业得到了快速发展，全国各级城市都得到了快速增长。1949 年，中华人民共和国刚成立时，全国仅有城市 132 个，城市市区人口 3949 万人，城市市区人口占全国总人口比重 7.3%。进入 20 世纪 90 年代以后，城市化水平的高速发展。1979—1991 年的 12 年间，全国共新增加城市 286 个，到 1991 年年末，城市数量为 480 个，城镇人口增加到 31203 万人，城市化率达到 26.94%。到 1999 年，城市数增加到 667 个，城镇人口达到 3.76 亿，占全国总人口的 28.77%。此后，城市数量基本稳定，截至 2016 年，我国城市数量为 657 个，城市城区户籍人口 4.03 亿人，暂住人口 0.74 亿人，建成区面积 5.43 万 km^2（公布数据①，见图 7-1）。1991 年我国城市人均用地为 87.1m^2，到 1995 年已超过 100m^2，年人均用地增长率为 3.93%。随着我国农村人口数量的增长和农村经济的发展，农村居民点用地增长迅速，与此同时大量耕地被占用，从 1991—1995 年我国农村居民点建设平均占用耕地达 20 万 hm^2。因此，必须加强居民点用地的规划与管理，居民点用地一般绿色植物比重较少，生态经济系统较脆弱，由于大量的生产和生活资料的输入，居民点用地对于其他生态经济系统具有较大的依赖性。此外，由于人口增长和规划利用不尽合理，我国城市居住用地和基础设施用地较为紧张，城郊和农村大量耕地的占用，均构成了对人类住区可持续发展的潜在威胁。因此，居民点用地应以可持续消费观为指导，合理规划确定居民点用地规模与布局，处理好居民点建设用地与耕地保护之间的关系。

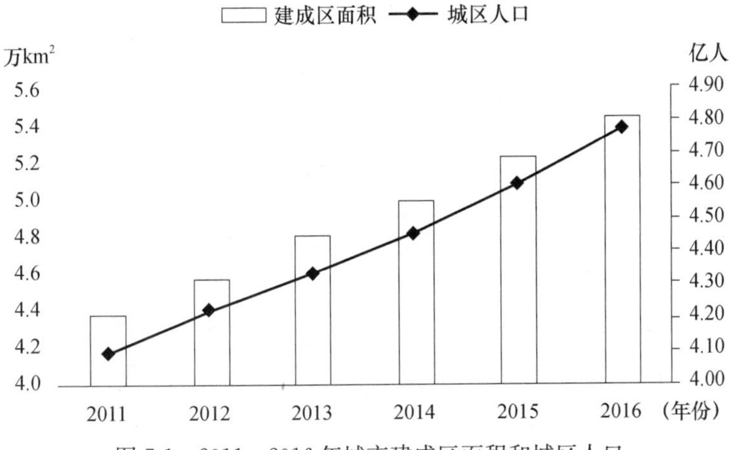

图 7-1　2011—2016 年城市建成区面积和城区人口

三、居民点的类型

至今世界上尚没有统一的城镇划分标准，一般以人口下限数量、职业构成和人口密度等指标中的一项或数项为标准加以划分，但具体数值不具有可比性。

（一）居民点划分依据

（1）以人口数量划分。1938 年国际统计大会建议，凡 2000 人以上的居民点即为城市居住区，结果未被各国所采用。联合国则以 2 万人作为城市人口规模的下限。乌干达和丹麦规定 100 人的聚居地都可称城市。加拿大规定 1000 人，美国规定 2500 人……标准最高为我国，为 10 万人。

① 引自住建部《2016 年城乡建设统计公报》。

（2）职业构成作为划分城市的标准，反映人口聚集地的经济活动，即非农业人口比重。如苏联规定非农业人口占总人口的比重为70%以上的居民点方可设市。

（3）以人口密度划分。人口密度反映集于狭小地区的人口数量。日本规定人口密度为4000人/km^2方可为城市；澳大利亚则为500人/km^2。

（二）我国城乡居民点划分标准

我国居民点的类型包括城市、建制镇和农村居民点。我国城乡居民点划分标准历经数次变动。

1955年国务院公布第一个标准，规定聚居人口10万以上设市。县级以上地方政府机关或常住人口2000人以上，非农人口50%以上可设镇的建制。

1963年国务院修改上述标准，规定设镇下限为聚居人口3000人以上，非农人口70%以上或聚居人口2500～3000人，非农人口85%以上。

1984年民政部拟定的标准经国务院批准，恢复乡作为县以下的乡村基层行政单位，并做了详细规定。

1986年设市标准做了较大调整，符合非农人口标准及年GDP标准的县或市可设市。

1993年国务院对1986年的设市标准又做了调整，采取分类指导的原则和增加了考察指标，即我国现行的设市标准，见表7-1[①②]：

表7-1　我国现行的设市标准

指标	县级市			地级市
	原来县的人口密度（人/km^2）			
	>400	100～400	<100	
县城镇人口中非农产业人口（万人）	≥12	≥10	≥8	市政府驻地
非农业户口人口（万人）	≥8	≥7	≥6	非农业户口人口720万人
县总人口中非农产业人口（万人）	≥15	≥12	≥10	市区人口中非农产业人口
比重（%）	≥30	≥25	≥20	>25万人
全县乡镇以上工业产值（亿元）	≥15	≥12	≥8	市区工农业总产值>25亿元
占工农业总产值（%）	≥80	≥70	≥60	工业产值占总产值比重>80%
全县GDP（亿元）	≥10	≥8	≥6	市区GDP>25亿元
全县第三产业产值占GDP（%）	>20	>20	>20	第三产业产值占GDP>25%
地方预算内财政收入	≥100元/人	≥80元/人	≥60元/人	地方预算内财政收入>2亿元
	≥6000万元	≥5000万元	≥4000万元	
自来水普及率（%）	≥65	≥60	≥55	
道路铺装率（%）	≥65	≥55	≥50	
排水系统	较好	较好	较好	

① 王万茂，韩桐魁．土地利用规划学［M］．8版．北京：中国农业出版社，2013.

② 许学强，周一星，等．城市地理学［M］．北京：高等教育出版社，2000.

我国居民点体系由城市—城镇—乡村三个层次组成。城市分特大城市（>100 万人）、大城市（50 万～100 万人）、中等城市（20 万～50 万人）和小城市（<20 万人）。城镇分县城和集镇（建制镇和乡镇）。乡村分中心村、基层村和村落①。城市是指聚居人口在 10 万人以上，其中非农业人口占 70%左右，政治、经济地位重要的城镇，或者聚居人口不足 10 万人的重要工矿基地、港口和规模较大的物资集散地，以及少数民族地区和边远地区的重要城镇。城镇分县城和集镇（建制镇和乡镇），国家有详细的建镇标准，如：凡是县级地方国家机关所在地，均应设置镇的建制；总人口在 2 万人以下的乡，乡政府驻地非农业人口超过 2000 人的，可以建镇；总人口在 2 万人以上的乡、乡政府驻地非农业人口占全乡人口 10%以上的，也可以建镇；少数民族地区、人口稀少的边远地区、山区和小型工矿区，小港口、风景旅游区、边境口岸等地，非农业人口虽不足 2000 人，但如确有必要也可设置镇的建制；凡具备建镇条件的乡，撤乡建镇后，实行镇管村的体制；暂时不具备设镇条件的集镇，应在乡人民政府中配备专人加以管理。农村居民点的基本形式是自然村，几个自然村组成一个行政村。

四、我国城市化进程与特点

（一）城镇化的概念

关于“城镇化”一词，英文是 Urbanization，在我国有“城镇化”“城市化”“都市化”等多种译法，相比之下，“城镇化”包含三层意思：①反映一个地区、一个国家或全世界居住在大中小城市的人口占城乡总人口的比率日益增加。②集聚程度达到称为“城市”的居民点的数目日益增加。③单个城市的人口和用地规模日益增大。一般来说，城镇化水平指城镇人口占总人口的比重。

由于人们对城市的概念理解不一，致使对城镇化的认识和量度方法相差很大。人文生态学家认为，城镇化是人口由农村迁移到城市的过程，以城镇人口占总人口的百分比为其衡量标准。人类学家认为，城镇化意味着人类生活方式的转变过程，即由乡村生活方式转为城市生活方式。社会学家认为，城镇化是人际关系的改变过程，即人际关系逐渐趋向专门化与单一化的过程。地理学家认为，城镇化意味着人口由从事农业活动转向非农业活动的过程。综上所述，城镇化一词反映城市中心对乡村腹地影响的传播过程；是全社会人口逐步接受城市文化的过程；是人口集中的过程，包括集中点的增加和每个集中点的扩大；是城市人口占全社会人口比率的提高过程。

城镇化像工业化一样，日益成为当今时代社会发展的主导趋势，显示出其世界性、区域性和连续性的特点。城镇化水平是区域经济发展程度的重要标志，由于农业专业化生产与农村劳动力过剩导致城镇化，现代化工业、商业和交通运输业的发展则加速了城镇化的进程。一般来讲，城镇化可采用主要指标法和复合指标法加以量度。

所谓主要指标系指城镇人口占总人口的比率。主要指标法已成为当今世界各国衡量城镇化进展情况的最基本方法，广为采用。此外，尚可从土地性质和地域范围上来说明城镇化水平，即以非城镇用地转变为城镇用地的比率来表述。

---

① 黄光宇，等．当代集镇建设［M］．重庆：重庆出版社，1992.

所谓复合指标法系指选用与城镇化相关的多项指标借以考察城镇的进展情况。常选用城镇人口占总人口的比率、人口密度、城镇（建成区）面积和城镇（建成区）之间的平均距离 $S=2(A/N\pi)^{1/2}$，式中，S 为城镇（建成区）之间的平均距离，A 为规划区域面积，N 为规划区域内的城镇（建成区）数量①。

（二）我国的城镇化

中华人民共和国成立以来，我国城市化进程明显加快。“一五”时期，我国城市化进程出现了第一个高峰，全国城市数量曾达到 208 个。城市建设取得了较大成绩的同时，我国出现了城市粮食需求增长、农村粮食供给不足的问题，国家实行了粮食统购统销和农业生产合作化的决策。国家为了减轻粮食缺口的压力，把 2000 万城市人口迁往农村，将城市建制压缩至 150 多个，以限制粮食需求量增长。据统计，1949 年全国总人口为 54167 万人，城镇人口 5765 万人，占总人口数的 10.64%；1960 年城镇人口达 13073 万人，增长 1.27 倍，城镇水平升至 19.75%。1960—1976 年我国城市化进程中断，跌入低谷，城镇化水平从 19.7%急剧下降至 17.98%。城市数量由 1961 年的 208 个下降至 1965 年的 171 个。之后数千万知识青年和城市无业人员上山下乡，城市化进程基本停滞。一直到了 1978 年改革开放后，中国的城镇化速度才有了一个较为明显的提升。1982 年我国总人口数为 101654 万人，城镇人口为 21480 万人，占总人口数的 21.13%；到 2000 年，城镇人口达 4 亿人，占总人口的比重超过 30%。1949—2017 年，中国人口 5.4 亿～13.9 亿人，城镇化率 10.64%～58.52%。根据国家统计局最新数据，2018 年年末中国大陆总人口（包括 31 个省、自治区、直辖市和中国人民解放军现役军人，不包括香港、澳门特别行政区和台湾省以及海外华侨人数）139538 万人，比上年末增加 530 万人。从城乡结构看，城镇常住人口 83137 万人，比上年末增加 1790 万人；乡村常住人口 56401 万人，比上年末减少 1260 万人；城镇人口占总人口比重（城镇化率）为 59.58%，比上年末提高 1.06 个百分点②。

跟发达国家相比，改革开放后的中国城镇化率可谓飞速增长。1980 年，发达地区国家的城市人口的比率平均为 70.9%，其中，美国为 77%，日本为 78.3%，联邦德国为 84.7%，英国为 90.8%，加拿大为 75.5%。而发展中国家的城市人口比率平均为 30.1%，其中不少国家低于 20%。而 1980 年时的中国，城镇化率只有 19.39%。下面两个表（表 7-2 和表 7-3）反映了 1999 年和 2017 年中国城市化进程和世界主要国家的对比情况。

表 7-2　1999 年不同收入国家城市化水平③

收入组别	高收入国家	上中等收入国家	下中等收入国家	低收入国家
人口（亿人）	8.96	5.71	20.93（12.54）	24.17
GNI（亿美元）	237017	27825	25083（9799）	10084

① 王万茂，韩桐魁．土地利用规划学［M］．8 版．北京：中国农业出版社，2013.

② 江美球，等．城市学［M］．北京：科学普及出版社，1988.

③ 数据引自世界银行，2001 年世界发展数据手册，中国财政经济出版社，2001。

续表

收入组别	高收入国家	上中等收入国家	下中等收入国家	低收入国家
人均 GNI（美元）	26440	4870	1200（780）	420
城市人口/总人口（%）	77	75	43（32）	31

注：①GNI（国民总收入）等于 GDP（国内生产总值）加上来自非居民的净初级收入（雇员报酬和财产收益）。②下中等收入国家中括号中的数据是中国的情况。

数据来源：世界银行，2001 年世界发展数据手册，中国财政经济出版社，2001。

表 7-3　2017 年中国和世界主要国家城市化率

国家名称	2017 人均 GDP（美元）（USD）	GDP 总量（亿美元）（USD）	城市化率（%）
中国	9481（第 70 位）	131735.85（第 2 位）	57.35
美国	60014	195558.74	82
德国	43793	35954.06	76
法国	39914	25865.68	80
英国	49104	32322.81	83
日本	34486	43421.6	94
韩国	30285	15458.1	83

从表中数据可以看出，中国城市化进程接近于 1851 年的英国、1930 年的美国、1955 年的日本和 1980 年的韩国。与其他国家的城市化历史数据相对照，我们找到了各国与中国城市化率相当的年份。英国、德国、美国是最早启动城市化进程的国家，随后法、意、日等“老牌资本主义国家”均在 1960 年之前就达到了中国当前的城市化水平。前苏联（1965 年）、巴西（1970 年）、南非（2000 年）也分别先后达到了中国当前的城市化水平。

通过这张图[①]（图 7-2）大家可以看到，在过去的 69 年间，中国的人口总量由 5.4 亿增至了 13.95 亿，增长了大约 158%。而同期的中国城镇人口数量，却从 5763 万人上升到了 83136 万人，增长了大约 1343%。

中国城市化进程，迄今大致包括 1949—1957 年城市化起步发展、1958—1965 年城市化曲折发展、1966—1978 年城市化停滞发展、1979—1984 年城市化恢复发展、1985—1991 年城市化稳步发展、1992 年至今城市化快速发展等 6 个阶段。

从 1949 年中华人民共和国成立至今，中国的城镇化提升水平，并不是一个非常均衡稳定的增长状态。在某些特定的时间段内，中国的城镇化率明显提升较快。我们不妨以 10 年为一个周期，看看各个阶段中国城镇化率的增长情况：

1949—1959 年：10.64%～16.25%，10 年增幅为 5.61%；

1959—1969 年：16.25%～17.5%，10 年增幅为 1.25%；

1969—1979 年：17.5%～19.99%，10 年增幅为 2.49%；

1979—1989 年：19.99%～26.21%，10 年增幅为 6.22%；

① 中国人口和城镇化率数据来源于国家统计局网站，其中人口数据指中国大陆，不包括港澳台地区。

1989—1999 年：26.21%～30.89%，10 年增幅为 4.68%；

1999—2009 年：30.89%～46.59%，10 年增幅为 15.7%；

2009—2018 年：46.59%～59.58%，9 年增幅为 12.99%。

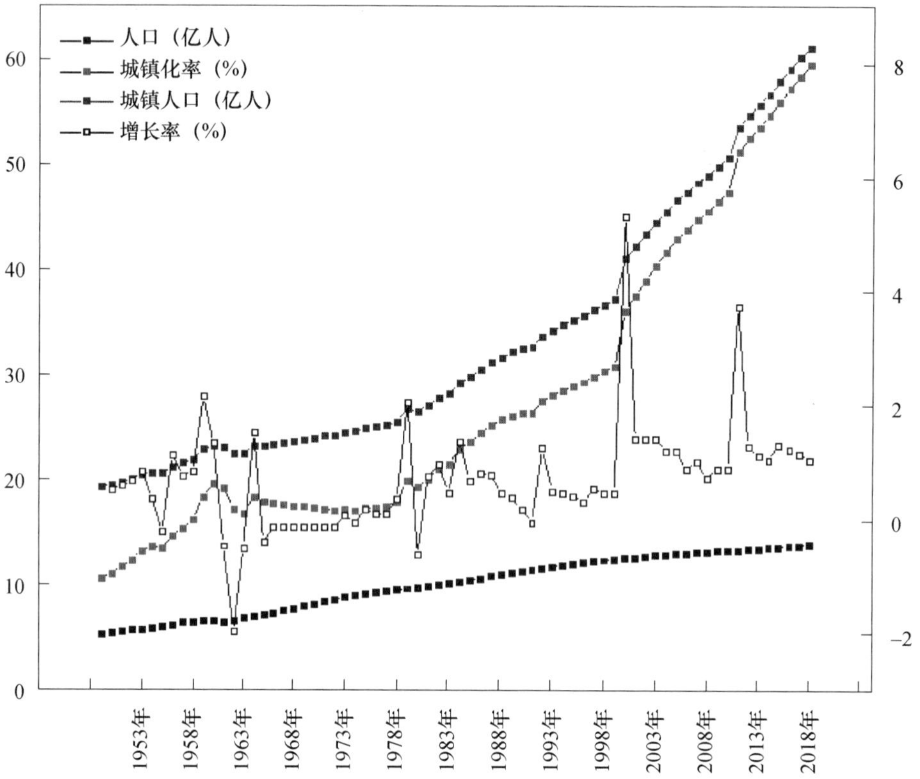

图 7-2 中国人口数量与城镇化进程

另外，我国 1949 年百万人口以上的特大城市只有 6 个，1980 年全国 223 个城市中，有 15 个城市人口超过 100 万，1984 年增加到 20 个，2005 年的 661 个城市中则有 113 个城市人口超过 100 万。数目之多，居世界首位（前苏联 12 个，日本 11 个，美国 6 个），1988 年增加 28 个，1995 年 43 个。20 万～50 万人口的中等城市 1949 年 17 个，1988 年 30 个，1995 年 192 个。20 万人口以下的小城市，1949 年 85 个，1988 年 266 个，1995 年 373 个。到 2000 年，城市总数达 668 座。我国县级市、地级市和直辖市由 1993 年的 371 个、196 个和 3 个增至 2005 年的 374 个、268 个和 4 个（268 个地级市中包括 15 个副省级市）。城市的发展速度在世界上是屈指可数的。

由于我国各地的自然条件、人口密度、经济发展水平的不同，在城市密度、用地规模及其区域分布上存在明显的差异。就我国东、中、西部 3 个地区而言，东部地区土地面积占全国的 13.9%，但城市数量占全国的 42.3%，城市用地面积占全国的 39.8%，城市建成区面积占全国的 54.24%，平均每 46.4 万 hm^2 就有 1 个城市，平均每个城市建成区用地规模为 6210.6hm^2。西部地区拥有全国 56.5%的土地，城市数量仅占全国的 19.4%，城市用地面积占全国的 29.1%，城市建成区面积仅为全国的 15.26%，平均每 413.2 万 hm^2 才有 1 个城市，平均每个城市建成区规模为 3818.4hm^2。

目前出现的全国范围的大规模的人口流动，卫生健康委 2018 年 12 月 22 日发布《中国流动人口发展报告 2018》。数据显示，2017 年中国流动人口数量达 2.44 亿，不过已经连续三年下降，其中 1980 年以后出生的新生代流动人口占比已超过六成，占比达 65.1%。2015 年开始，流动人口规模从此前的持续上升转为缓慢下降，2015 年全国流动人口总量为 2.47 亿人，比 2014 年减少了约 600 万人；2016 年全国流动人口规模比 2015 年份减少了 171 万人，2017 年继续减少了 82 万人①。

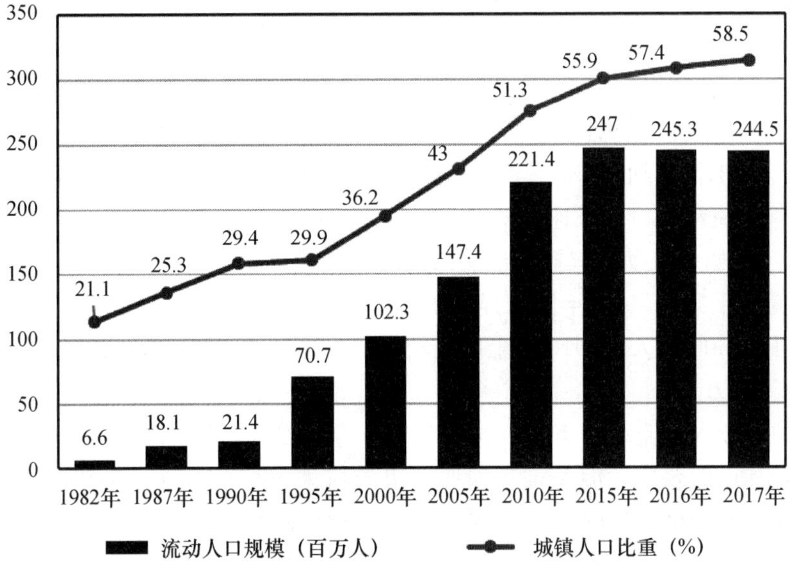

图 7-3　1982—2017 年全国流动人口规模

改革开放 40 年来我国流动人口政策调整经历了三个阶段，流动人口共享改革发展成果的理念越发深入人心。第一阶段：1984—2002 年，逐步放开阶段。1984 年开始，允许农民进入县城以下的城镇、集镇务工经商，公民身份管理和粮食供给体制的改革也方便了人口流动。20 世纪 90 年代后，流动人口数量快速增长。在这个阶段，人口流动政策有一定程度的放宽，但程度十分有限，且主要由中央政府自上而下推动，地方政府对于支持人口流动的积极性不高。第二阶段：2003—2012 年，公平理念的提出及贯彻阶段。进入 21 世纪，公平对待流动人口的理念在这一时期被提出并加以贯彻，相关政策发生了一系列重要的变化。2006 年，国务院出台第一个关于农民工问题的系统性文件《关于解决农民工问题的若干意见》，提出“公平对待、一视同仁”的基本原则。2012 年 5 月，国务院印发《国家基本公共服务体系“十二五”规划》，流动人口享受均等化的基本公共服务有了制度保障。第三阶段：党的十八大以来，全面推进市民化阶段。党的十八大报告提出“加快改革户籍制度，有序推进农业转移人口市民化，努力实现城镇基本公共服务常住人口全覆盖”。2014 年 3 月，中共中央、国务院印发《国家新型城镇化规划（2014—2020 年）》。随后国务院印发《关于进一步做好为农民工服务工作的意见》和《关于进一步推进户籍制度改革的意

① 数据引自《中国流动人口发展报告 2018》。

见》，解决流动人口问题的政策框架越发清晰，流动人口的获得感、幸福感日益增强。党的十九大报告进一步强调破除阻碍人口流动的壁垒，促进市民化的发展，特别要求“破除妨碍劳动力、人才社会性流动的体制机制弊端，使人人都有通过辛勤劳动实现自身发展的机会”。

我国流动人口规模在经历长期快速增长后开始进入调整期。20世纪80年代以来，我国流动人口规模的变动过程大致可以分为三个时期：第一个时期是80年代初期至90年代初期，随着《关于农民进入集镇落户问题的通知》的发布，国家放宽了对农村人口进入中小城镇就业生活的限制，促进了农村人口的乡城转移，我国流动人口规模从1982年的657万人增加至1990年的2135万人，年均增长约7%。第二个阶段是1990—2010年，流动人口规模以更快的速度增长，从1990年的2135万人增加至2010年的22143万人，年均增长约12%。第三个阶段是2010年至今，这段时期相对缓和，2010—2015年的流动人口增长速度明显下降，年均增长约2%。

从2015年开始，流动人口规模发展出现新的变化。全国流动人口规模从此前的持续上升转为缓慢下降，2015年国家统计局公布全国流动人口总量为2.47亿人，比2014年减少了约600万人；2016年全国流动人口规模比2015年减少了171万人，2017年继续减少了82万人。

大范围的劳务人口流动是市场经济发展的正常现象，应该看到这种现象对城镇化水平的提高有其正面效应，但关键是如何解决农村大量剩余劳动力的出路。确实，如何安置这些农村向城镇转移的人口已成为我国城镇化进程中迫切需要解决的问题。若让其盲目涌入大城市和特大城市，会使已经紧张的住房、交通、能源、供应情况更加紧张，大大超过现有城市的吸收能力，造成城市规模失控，有可能出现大量的无业游民和贫民窟式的生活方式；或采取新建100个特大城市的办法来解决，但这是我国国力所难以达到的。不管怎样，我们要吸取一些国家在城镇化过程中的教训，即大量农村剩余人口或失去土地弃农进城的人口盲目进入大城市，导致城市恶性膨胀，在城市周围形成一片环境恶劣的地区。如墨西哥城，1970年人口达900万，占全国人口的19%，至1995年人口增至1650万，占全国人口的33%，造成严重的“大城市病”。印度的孟买、加尔各答等城市均有类似情况。

因此，中国农村城镇化的实现，主要靠农民自己的力量，通过大量发展乡镇企业来实现。乡镇企业的发展必然会在广大的农村造就出数万个小城镇，而随着乡镇企业技术进步规模的扩大及现代大工业和服务业的发展，其中有一些小城镇就有可能演变为现代化的城市。摆在我们面前的任务，绝不是人为地阻止乡村人口进入城市，而是要采取全面规划，促进地区经济发展，均衡地建设小城镇，就地接纳乡村人口向小城镇转化，以避免人口向大城市过度集中所带来的弊端。另外，大力发展小城镇还有以下优点：①小城镇的建设费用低，恰好适合中国人口众多，建设资金紧张的国情。②小城镇作为区域的经济中心，是大城市与乡村联系网络的中间环节，对于打破城乡二元结构的分割状态，逐步缩小城乡差别，促进城乡经济全面繁荣，实现城乡一体化的发展具有不可替代的作用。③小城镇的发展有利于乡镇工业向小城镇集中，农村居民点向中心村镇集中。④小城镇的发展有利于土地的规模经营。我国农业生产经营规模狭小，效益低下，平均每户耕地面积 0.51hm^2，是世界上最小的经营单位。小城镇的发展有利于吸收大量农业人口，从而促使土地适当转包和兼并，农田向种田能手集中，并逐渐实现种养业的产前、产中、产后的企业化经营和生产的社会化。由以上分析可知，随着社会经济的发展，我国城镇化水平的提高是一个必然的趋势，城镇化模式走重点发展小城镇的道路也是一个现实的选择。

第二节　居民点用地规划

一、居民点用地功能分区

居民点用地功能分区是指把整个居民点用地按照各类用地的功能要求划分成若干个部分，各个部分形成相互协调的有机整体。居民点用地一般分为生活区和生产区两个部分，生活区和生产区内根据用地和建筑物的功能性质划分不同的功能地段。居民点用地功能分区应当考虑以下几个方面要求。

（1）有利于生产和生活。居民点用地功能分区要保证生活区和生产区以及它们与所在地区之间具有方便的联系。生活区与生产区短边相对的位置为好，生产区位置要适中，便于组织生产，靠近工、副业原料地，靠近电源、能源，靠近加工作物用地，有均匀的服务半径，对外交通便利；生活区要避免过境公路穿越和环绕，有充足、可靠、水质良好的水源。

（2）符合建筑要求。即满足建设的地形、地势、土质、水文地质等条件。如地基允许承载力是指在保证地基稳定的条件下，房屋和构筑物的沉降量不超过允许值的地基承载力；地形条件中地面坡度对于建筑工程影响最大，从建筑角度考虑，平原最为有利，坡度小于 3°较有利，丘陵困难多，山地难度大，投资费用高；要避开地下矿、沉陷、滑坡、流沙地等地；地下水位应低于最深基础底面 1m 以上。

（3）环境保护要求。尽量选在环境舒适，靠近河流、水面，清静安全的地方。尽可能靠山靠水，向阳避风，有利排水，有名胜古迹、自然林木等。居住生活区要在工业生产区和畜牧场的上风和上游，避免三废污染。将生产区布置于生活区的地形下方，主导风向的下风向和河流流向的下游。各种建筑物之间应保持规定的卫生和防火间隔。

二、居民点用地规模的概念

由于居民点的职能分工存在差异，形成不同的居民点规模。所以居民点规模依据不同的目的有不同的衡量标准，有人口规模、用地规模、活动规模和辐射规模。其中人口规模作为衡量居民点极为重要的标准和依据。人口规模往往影响到居民点用地的多少、建筑层数、公共建筑项目的组成与数量、交通运输、基础设施建设等一系列问题。对于土地利用规划来讲，居民点用地是重要的土地利用类型，规划时既要研究居民点现状用地规模，又要预测未来居民点用地规模。居民点用地规模（F）、居民点人

口规模（P）和人均居民点用地标准（N）之间构成函数关系，即

$$F=f\ (P \cdot N) \tag{7-1}$$

因此，通过预测 P 和 N 未来的规模大小可以间接地预测未来居民点用地规模，还可以借助于用地指标法、数学模型法等定量分析方法预测未来居民点用地规模。

确定居民点用地规模首先要进行人口规模的预测。居民点人口规模存在三种计算标准：城市非农业人口数量（指城市城内从事非农业活动的人口数量）、城市行政辖区人口数量（指城市域内人口数量，包含农业人口和非农业人口）和城市建成区人口数量（城市建筑连片区内人口数量）。相应地，居民点用地规模相应地划分为城市建成区用地规模、城市规划区用地规模和城市行政辖区用地规模。

三、居民点用地规模概算

居民点占地面积概算目前采用的方法较多，依据《城市用地分类和规划建设用地标准》（GB 50137—2018）和本文第五章中介绍的人口预测方法，可以采用以下方法预测居民点用地规模：

（一）历史推断法

根据居民点用地不同时期扩展数据加以分析确定未来每年用地扩展数量，据此确定规划期居民点用地规模。如某市按历史惯性推算，城市用地年均增加 0.75～1.35km^2，以 2000 年该市用地规模 138.56km^2 为基准，预计 2000—2010 年间将增加 7.5～13.5km^2，2010 年某市用地规模将为 146.01～152.0km^2。

（二）规划指标法

依据国家标准 GB 50137—2018 对现有城市的规划人均建设用地指标采取“双因子控制”，即以人均建设用地指标和允许调整幅度来表示。在确定规划人均用地指标等级时，必须根据现状人均建设用地水平，并同时符合规定的允许采用指标级别（不能跨级增加，现状人均用地在第Ⅲ级的不能增加为第Ⅳ级，超过第Ⅴ级的只能缩小）和允许调整幅度的双因子限制要求，从而限制了城市在用地上攀比和贪大的倾向。预测中调整幅度限定在 60.1～75.0m^2/人和人口预测数 306 万人，即可预测某市 2010 年建设用地规模为 174.29～217.50km^2。

（三）用地累加法

即逐项计算居民点内各种用地面积之和。如：P_1 为生活居住区用地；P_2 为生产用地；P_3 为交通用地；P_4 为仓库用地；P_5 为公用事业用地；P_6 为卫生防护用地。

P_2、P_3、P_4、P_5 用地面积一般由县、乡镇有关单位提供用地规模，经集镇规划组织共同审核确定。P_6 按工业企业的危害程度，以不同的卫生防护距离分级的要求，确立用地规模。P_1 的用地指标各地不一。居民点用地（主要是集镇）面积概算为：

$$S = \sum_{i}^{6} P_i \tag{7-2}$$

式中，S 为集镇用地面积。

（四）模型预测法

城市用地规模常用预测方法有趋势预测、回归预测和线性规划模型预测等。线性

规划模型方法应用用地参数和效益参数，建立最大或最小的约束方程组，求算各类城市建设用地的最优结构条件下的用地规模，即：

在满足约束条件 $XP=B$，$X\geqslant 0$（即 $\sum_{j=1}^{n} x_j p_{ij}=b_j$，$x_j\geqslant 0$）下，求

$$\min S=CX=\sum_{j=1}^{n} c_j x_j \tag{7-3}$$

式中，决策变量 $X=(x_1, x_2\cdots, x_i, \cdots, x_n)$，$x_1$，$x_2\cdots$，$x_i$，$\cdots$，$x_n$ 分别代表居住用地、公用设施用地、工业用地、仓储用地、对外交通用地、道路广场用地、市政用地、设施用地、绿化用地、特殊用地等；

$$\text{投入产出系数 } P=\begin{bmatrix} p_{11} & p_{12} & \cdots & p_{1i} & \cdots & p_{1m} \\ p_{21} & p_{22} & \cdots & p_{2i} & \cdots & p_{2m} \\ \vdots & \vdots & \cdots & \vdots & \cdots & \vdots \\ p_{j1} & p_{j2} & \cdots & p_{ji} & \cdots & p_{jm} \\ \vdots & \vdots & \cdots & \vdots & \cdots & \vdots \\ p_{n1} & p_{n2} & \cdots & p_{ni} & \cdots & p_{nm} \end{bmatrix} \quad (j=1, 2, \cdots, n;\ i=1, 2, \cdots, m)$$

效益系数 $C=(c_1, c_2, \cdots, c_j, \cdots, c_n)$；资源约束 $B=(b_1, b_2, \cdots, b_i, \cdots, b_m)$。

居民点用地规模预测涉及多方面因素的影响，一般需要采用多种方法进行预测，再对预测结果进行综合分析，以其中某一种预测结果为基准，参考其他方法预测结果予以适当调整，或者采用多种方法的平均值作为最终预测结果。

现仅举以下两种方法。

（1）根据建筑面积定额推算。即按居住人数和居民点内各项生产的规模、参照各地的建筑定额，分别概算出居民点内中心区（公建区）、住宅区和生产区的建筑面积，考虑建筑物之间的防火、卫生、绿化、道路等间隔，将住宅区的建筑面积扩大 5～10 倍，将中心区的建筑面积扩大 10 倍，将生产区的建筑面积扩大 10～15 倍，分别作为上述三个区的占地面积。其总和即是整个居民点的概算占地面积 S，公式为

$$S=S_1K_1+S_2K_2+S_3K_3 \tag{7-4}$$

式中，S_1 为住宅区建筑面积；S_2 为中心区建筑面积；S_3 为生产区建筑面积；$K_1=5\sim10$；$K_2=10$；$K_3=10\sim15$。

（2）按平均占地面积计算。有以下几种算法：①按每户平均占地 0.4～0.5 亩（1 亩 $=666.666667\text{m}^2$）计算总占地面积；②按每人平均占地（如 200～300m^2）估算住宅区、公建区的面积，生产区面积按耕地面积的 2%～3%估算，以上两者之和，即为居民点用地面积；③按耕地的 3%～5%估算村的占地面积；④按每户宅基地平均占地面积估算居民点面积；⑤按城乡居民点人均占地面积估算居民点面积。需要说明的是，各地选用的平均系数不一样，要因地制宜地选择。

复习思考题

1. 简述居民点的概念和分类。

2. 什么是城镇化？怎样预测城镇化？
3. 简述我国城镇用地的特点。
4. 简述城镇布局的主要理论。
5. 如何预测居民点用地规模？
6. 居民点布局的形式主要有哪些？
7. 简述居民点布局的原则。
8. 怎样选择居民点用地？
9. 如何测算居民点用地面积？

第八章　交通运输用地规划

【内容提要】

交通运输用地规划是土地利用总体规划中的一项重要用地规划，交通用地布局影响着土地利用的方向。本章主要介绍交通用地的功能、交通用地的预测、各类交通用地的布局等。通过学习全面了解交通用地规划的基本知识和方法。

第一节　交通运输用地概述

一、交通运输与交通运输用地的概念

交通即人和物的载运、输送，它本身不生产新的物质产品，只改变运输对象（人和物）的空间位置，也就是变动场所，因而道路交通的布局与发展取决于运输对象的布局与发展，交通建设工程的布局必须与工农业生产以及城乡居民点的分布相适应，包括交通线路、设备的数量、能力、规模和运量相适应；线路走向与客货流向相适应；线路站港的布点与城镇、生产基地的位置相适应；交通建设的速度与各项生产建设的发展部署相适宜。

交通运输是各种运输和邮电通信的总称。即人、物和信息的载运、输送。道路交通是国民经济的命脉，是“现代工业的先驱”。社会生产、建设和人民生活不仅离不开道路交通，而且随着经济的发展和人民生活水平的提高，对道路交通的依赖性越来越大。加上交通建设工程一般需要较多的投资，建设周期也长，使其形成综合生产能力要有一定的过程，因此，交通建设具有超前性，必须先行一步。

正由于道路交通具有以上的特殊意义和特点，因而在进行区域性土地利用总体规划时，必须做好相应的规划，以适应区域经济的发展。

二、交通运输的结构与功能

交通运输结构系指各种运输方式的组成和比例，交通运输方式有铁路运输、公路运输、水路运输、航空运输和管道运输等几种方式，由于各种运输方式采用不同的交通工具，所以有各自的特点，对于其建设工程的布局也有不同的要求。

（一）主要的交通运输方式

1. 铁路运输

具有载运量大、行驶速度快、连续性强等特点，运行一般不受气候条件的影响，

火车的运行速度一般约为100km/h，高于汽车和轮船，而且除特别恶劣的气候外，一年四季和昼夜都可以正常运行，具有高度的可靠性，缺点是铁路的造价高，一般平原地区700～800万元/km，消耗金属材料多，占地面积大，短途运输成本高，只适合长途大宗货物运输。

2. 水路运输

最大特点是载运量大，海上运输一艘轮船可装载上万吨，甚至几十万吨，内河航运每条船也可装货几百吨至几千吨，且可长途运输重达几百吨，长达几十米的特大件，这是其他运输工具所不能比拟的，水路运输耗能少、成本低，据有关资料表明，每千吨公里的水运消耗仅为铁路的60%左右，运输成本也只有铁路的1/2～1/3。建设投资低，不占农田。水运的劳动生产率高，以长江航运为例，其劳动生产率就相当于铁路的112%。水运的缺点是受自然条件的限制大，连续性差，速度慢，转运条件更差。因此，水路运输适合对速度要求不高的货物运输。

3. 公路运输

其优点是对不同的自然条件适应性强，机动灵活，空间活动范围大，可以直接深入广大的中小城镇和偏僻的山区农村，实行门对门的直接运输，减少转运环节，而且投资较铁路少，速度快，在短途及某些货物的中途运输中具有明显的优势，又能与其他运输方式配合，承担客货的集散；缺点是装运量小，能耗大，成本高，劳动生产率低，而且占用土地多，对环境有较强的污染性。但公路运输在我国的现在和将来，将是一种主要的运输方式。

4. 航空运输

航空运输速度快，航程长，能够达到地面运输方式难以达到的地区，由于速度快，其劳动生产率也高，航空线路不占耕地；缺点是载运量小，投资大，成本高。因此，只适宜于远距离、急需、贵重、时间性较强的运输。

5. 管道运输

这是由大型钢管、泵站和加压设备等组成的一种运输方式，通常用以输送石油、汽油等流体货物，其优点是连续性强，货物在运输过程中损耗少，没有运输设备的空间问题，运输成本低，安全可靠，管理和使用简便，而且不占用土地，也没有污染；缺点是一次性投资大，消耗钢材较多，而且运输对象限制较大，只适宜于液体（原油)、气体（煤气）等流体货物。

21世纪交通运输业发展的总趋势仍然是铁路、公路、水路、航空和管道等五种运输方式相互协调，共同构成统一有效的运输体系。这种综合运输体系的特点在于以提高综合运输能力和综合运输效率为目标，合理布局交通运输网络，以经济中心城市为依托，五种现代运输方式有机结合、协调发展的综合交通运输体系。

由于运输对象对运输条件有各种不同的要求，以及各种运输工具有不同的经济运距和服务范围，因而在进行交通用地预测时，还要根据各地的情况，分析确定运输结构，以便使交通运输规划适应运输需要。

综上所述，各种运输方式都有其优点和缺点，在一个区域内究竟采用哪一种或几种运输方式，要根据当地的条件而定，就大多数地区来说，公路运输是最主要的运输方式，河网多的地区，水运则是主要运输方式，随着经济的发展，运输量将急剧增加，运输方式及其载运能力也必须做出相应的布局与规划。

交通运输的结构是一个多层次的网络结构，不仅包括不同的运输方式，在同一运输方式中又适用于客、货不同运输对象的运输工具，即使是同一种运输工具，在运输过程中还有快、慢或长、短等组织管理上的差别，在进行区域性总体规划时，应根据各种运输方式中交通工具的经济运距和适宜服务范围，以及运输对象对运输的要求，确定基本层次的结构，并进一步确定区域性交通建设工程的布局与建设规模。

（二）交通运输用地的功能

（1）交通运输影响地区国民经济的发展；

（2）交通运输影响国民经济其他部门；

（3）交通运输与土地关系密切；

（4）交通条件是形成级差地租Ⅰ的重要条件，对农业土地利用集约化水平的提高具有巨大影响；

（5）土地是交通运输设施的载体，土地极其构成要素影响交通运输的结构和布局。

三、交通用地的预测

对交通用地的需求既有区域自身发展的需求也有交通本身的需求。区域经济的发展要求城市与城市、城市与乡村联系更加密切，这样可以满足经济规模化、一体化的要求；同时，拓展区域经济腹地，扩大区域经济规模，方便人民的旅行与游览，以满足日益兴旺的旅游业的发展需要。此外，为了降低交通运输成本和交通建设费用，需要不断地开辟出新的交通运输线，形成交通运输网络，以便尽可能做到快速直达。交通运输的基本职能是满足运输对象位移的需要，而运输对象的位移要求又反映在两个基本方面：一是运输数量的要求，二是运输流向的要求，其前提是安全、迅速、经济。在进行区域性交通建设时应在当地交通现状调查的基础上，根据社会经济发展的趋势，进行远景交通量的预测并按其流向分布和当地的具体条件做出相应的用地规划。

交通现状调查内容包括运输方式的种类、主要交通线的分布，区内外各主要交通点之间的距离及客货交通数量、运输量、交通工具种类、客运项目等，并将结果分别编制成各种调查表。在调查的基础上，根据区域内和各交通点的人口、经济指标分析出与交通量、运输量相关的系数，作为远景预测的基础资料。

远景交通量的预测方法最常用的是回归模型预测，应用函数来表示交通量与人口或各种经济指标之间的关系，并借助于统计方法将其定量化，求出变量之间的相关关系，从而预测远景交通量。

最简单的情况是两个变量，在确定交通量和某个经济指标之间的相关关系时，设经济指标为 x，交通量为 y，则一元线性回归模型为

$$y=a+bx \tag{8-1}$$

式中，y 为远景交通量预测值；x 为人口或某种经济指标值；a，b 为模型中的参数。

在预测时，必须先计算出常数 a 和 b，方法是将统计数据代入 x 和 y，用最小二乘

法使$\sum[y-(a+bx)^2]$最小，即求得a和b。这是简单回归分析的计算方法，当确定常数a和b之后，就可以根据自变量x推算出因变量y（远景交通量）的预测值。

上述计算方法中只有一个自变量，所以这种方法只适用于社会结构简单的地区，事实上，一个地区的交通量除了与人口有关以外，还与其他多种因素有关，预测时，常常采用两个以上变量的多元回归分析法。

$$y=a_0+a_1x_1+a_2x_2+\cdots+a_nx_n \tag{8-2}$$

式中，a_0，a_1，a_2，a_3，…，a_n为模型中常数；x_1，x_2，x_3，…，x_n为远景交通量的限制因子（自变量），计算方法同简单回归分析，把数值代入x_1，x_2，x_3，…，x_n及y中，应用最小二乘法计算出常数a_0，a_1，a_2，a_3，…，a_n，然后根据x_1，x_2，x_3，…，x_n的预测值推算出远景交通量。

远景交通量包括基本交通量和增长交通量，基本交通量中除现有交通量外，还要加上因新增、改造运输线路而增变的交通量，而增长交通量则包括因地区经济发展和交通工具利用率提高而自然增长的交通量，因新增交通项目或从其他交通工具转移过来的新增交通量，以及因沿线地区经济发展而增加的新增交通量。

在假定发生交通量与人口、经济指标、土地利用的关系，在过去、现在和将来都不变的前提下，远景交通量预测程序如下。

（1）根据起讫点调查，分析计算现时发生交通量与现时人口和各种经济指标和土地利用之间的相互关系。

（2）根据远景人口、各种经济指标和土地利用的数值来推算远景发生的交通量。

（3）根据起讫点调查所得出的出行特点，分析交通量在各地分布的比率，并以此推算远景的分布交通。

（4）推算远景分配交通量，即根据运输对象和交通特点，确定各种运输线路的交通量。

① 客运量的预测模型。

影响客运量的因素繁多，一般来讲有工农业总产值、人口数量、人均收入和生活水平等，但是对于一个区域而言，最基本和最主要的影响因素是工农业总产值和人口数量。

设y为远景客运量或远景客运周转量，以农业总产值x_1，人口数量x_2，作为因变量，建立两者关系的回归模型$y=a_0+b_1x_1+b_2x_2$，将规划区域年的有关因素数据代入模型，可以预测规划年的客运量和客运周转量。

② 货运量预测模型。

在影响货运量的因素中，将工业总产值视为主要影响因素，故采用一元回归模型加以预测。具体来说，设远景货运量或远景货运周转量为y，工业总产值为x，将多年的有关因素数据代入模型$y=a+bx$，可以预测规划年货运量和货运周转量。

③ 公路交通量的预测。

上述预测中应用的工业总产值指标，常受产品价格调整、币值变动的影响。为克服此项不利影响，预测时常采用不变价格。采用实物指标如能源等进行预测，可以避免上述影响。交通部公路规划设计院关于利用能源对我国公路运输量的影响及其关系的研究，揭示了工业总产值和能源消费量与公路运输量之间的内在联系和关系。由工业总产值和能源渠道可推算公路周转量和货运量，公式为

$$Q_{fk}=6.944\,PF^{1.4655}+2.5P \tag{8-3}$$

$$Q_f=0.5562\,PF^{1.0228}+0.006P \tag{8-4}$$

式中，Q_{fk} 为由能源推算的公路换算周转量（亿 t・km）；Q_f 为由能源推算的公路换算货运量（亿 t）；P 为全国人口数（亿人）；F 为消耗标准燃料数量（亿 t）。

$$Q_k=0.007384\,P_i^{1.55}+2.5P \tag{8-5}$$

$$Q=0.004678\,P_i^{1.0818}+0.06P \tag{8-6}$$

式中，Q_k 为工业总产值推算公路换算周转量（亿 t・km）；Q 为由工业总产值推算公路换算货运量（亿 t）；P 为全国人口数（亿人）；i 为人均工业总产值（以 1980 年不变价计）（元/人）。

应用上述方法，从工业总产值与能源两种渠道预测的公路换算运输量仅有 2.62％～3.72％之差。一些国家有关学者应用有关数据证实上述方法是可行的。

第二节　公路用地规划

在交通用地规划中，有公路、铁路、水运和空运用地规划，本节主要介绍公路用地规划。公路建设受其他条件制约较少，工程造价较低，建筑材料以泥土、砂石为主，所需钢材、木材、水泥不多，可因地制宜，就地取材，较容易普及全国各地，形成覆盖面最广的网络；同时，公路运输机动灵活，中转装卸环节少，可直接将物资运送到工矿、商店、仓库和农村田头，在生产和消费之间起着联系的作用。合理规划公路用地，对促进城乡经济的发展，节约用地至关重要。

一、公路的构成和等级

（一）公路的构成

公路是经过专门勘察、设计、建造，供人和各种机动车、非机动车通行的线形工程构造物。公路的基本组成部分包括：路基、路面、桥梁、涵洞、隧道、防护工程、排水系统以及绿化、监理系统组成，此外，为适应行车还应设置交通标志、加油站、路用房屋、通信设施、附属工厂及绿化栽植等。

1. 路基

路基是路面的基础，根据不同地形，又分路堤（高于天然地面的填方路基）、路堑（低于天然地面的挖方路基）和半填半挖路基。

2. 路面

路面是直接承受车辆碾压的行车地带，通常是用各种坚硬材料做成的，它要求有一定的强度、平整度和粗糙度，常见的有沥青类路面、水泥混凝土路面、泥结碎（砾）石路面以及砂土改善路面等。其宽度是根据行车需要来确定的。

3. 路肩

路肩是指路面两侧路基边缘以内的地带，它是用来支持路面，临时停靠和供行人步行之用。

4. 排水系统

为了保证路基的稳定和路面的干燥，必须修建排水系统，边沟是用以排除路面水的。

5. 涵洞

当公路跨越较大水流时，需要建造桥梁，而跨越较小的水流时，可修筑涵洞，对于低级公路可允许宽阔较浅的季节性水流从路面流过，也可建造过水路面，以减少工程投资。

6. 隧道、防护工程

在修建山区公路时，还需要修筑各种防护工程及特殊构造物，如挡土堤、石砌边坡、护脚、护栏等，甚至在地形复杂地区还要修筑隧道等。

在公路上为保证行车安全，还需设立交通标志或色灯信号，以便驾驶员了解这些路段的技术情况和特点。公路沿线应设立车站及加油站，根据需要设立停车场、停车站等。

（二）公路的等级

根据我国现行的《公路工程技术标准》（JTG B01—2014），公路按使用任务、功能和适应的交通量分为高速公路、一级公路、二级公路、三级公路、四级公路五个等级。

（1）高速公路为专供汽车分向分车道行驶并应全部控制出入的多车道公路。

四车道高速公路应能适应将各种汽车折合成小客车的年平均日交通量 25000～55000 辆。

六车道高速公路应能适应将各种汽车折合成小客车的年平均日交通量 45000～80000 辆。

八车道高速公路应能适应将各种汽车折合成小客车的年平均日交通量 60000～100000 辆。

（2）一级公路为供汽车分向分车道行驶并可根据需要控制出入的多车道公路。

四车道一级公路应能适应将各种汽车折合成小客车的年平均日交通量 15000～30000 辆。

六车道一级公路应能适应将各种汽车折合成小客车的年平均日交通量 25000～55000 辆。

（3）二级公路为供汽车行驶的双车道公路。

一般能适应每昼夜 3000～7500 辆中型载重汽车交通量。

（4）三级公路为主要供汽车行驶的双车道公路。

一般能适应每昼夜 1000～4000 辆中型载重汽车交通量。

（5）四级公路为主要供汽车行驶的双车道或单车道公路。

双车道四级公路能适应每昼夜中型载重汽车交通量 1500 辆以下。

单车道四级公路能适应每昼夜中型载重汽车交通量 200 辆以下。

按其技术经济性质和使用特点，不同等级的公路需铺设不同的路面。路面分为高级、次高级、中级和低级四个等级。我国常用的公路有碎石路面、砾石路面和加固土路面，适用等级不高的路面；沥青、水泥混凝土路面适用等级较高的公路。路面等级及采用的面层类型见表 8-1。

表 8-1　路面等级及采用的面层类型

路面等级	面层类型	适用的公路
高级	1. 水泥混凝土路面；2. 沥青混凝土路面；3. 黑色碎石路面；4. 整齐石块或条石路面	高速公路，一级或二级公路
次高级	1. 沥青碎砾石路面；2. 沥青配石路面；3. 沥青表面处治；4. 半整齐石块路面	二级或三级公路
中级	1. 碎石、砾石路面；2. 石灰、沥青、水泥加固土路面；3. 石灰多合土路面；4. 不整齐石块路面	三级或四级公路
低级	1. 粒料加固路面；2. 改善土路面	四级公路

二、各级公路的主要技术指标

1. 行车速度

它是指在保证行车安全的前提下，公路受限制部分（如弯道）所能允许汽车达到的最大行车速度，是公路路线规划设计中的主要指标和依据。表 8-2 内除高速公路和一级公路是指小客车的速度外，其他级公路均为载重汽车的速度。

表 8-2　各级公路主要技术指标

公路等级	汽车专用公路							一般公路						
	高速公路			一		二		二		三		四		
地形	平原微丘	重丘	山岭		平原微丘	山岭重丘	平原微丘	山岭重丘	平原微丘	山岭重丘	平原微丘	山岭重丘	平原微丘	岭重丘
计算行车速度（km/h）	120	100	80	60	100	60	80	40	80	40	60	30	40	20
路面宽度（m）	2×7.5	2×7.5	2×7.5	2×7.0	2×7.5	2×7.0	8	7.5	9	7	7	6	3.5	—
路基宽度（m）一般值	26	24.5	23	21.5	24.5	21.5	11	9	12	8.5	8.5	7.5	6.5	—
路基宽度（m）变化值	24.5	23	21.5	20	23	20	12	—	—	—	—	—	7	4.5
极限最小半径（m）	650	400	250	125	400	125	250	60	250	60	25	30	60	5
停车视距（m）	210	160	110	75	160	75	110	40	110	40	75	30	40	20
最大纵度（%）	3	4	5	5	4	6	5	7	5	7	6	8	6	9
桥涵设计	汽车-超 20 级				汽车-超 20 级、挂车-120、汽车-20 级		汽车-20 级		汽车-20 级		汽车-20 级		汽车-10 级、履带-50	
车辆荷载	挂车-120				挂车-100		挂车-100		挂车-100		挂车-100			

2. 路面宽度

各级公路的路面宽度见表 8-2。高速公路和一级公路一般为 4 个车道，当其交通量超过四个车道的容量时，其车道数可按双数增加。二级公路、平原、微丘区慢行车很少，或将慢行车分开的路段行车道宽度为 7m，并设路缘线；有一定混合交通的路段，行车道宽度一般为 9m；混合交通量大，并且将慢行道分开又有困难时，其行车道宽度可加大到 12m，并划线分快、慢行数。四级公路，平原、微丘区自行车道的宽度，在交通量较大时可采用 6m。

3. 路基宽度

公路路基宽度为行车道与路肩宽度之和。当中设有中间带、路缘带、变速车道、爬坡车道、紧急停车带时，应包括这些部分的宽度。

各级公路路基宽度，见表 8-2。

4. 平曲线半径

公路在平面转弯处形成的圆弧称为平曲线，圆弧的半径即为平曲线半径。各级公路的最小平曲线半径见表 8-3。一般情况下，应尽量采用大于或等于表列一般最小半径，以提高公路的使用质量。当利用现有公路路段改建公路时，二级公路山岭、重丘区的极限最小半径可采用 50m；三级公路山岭、重丘区的极限最小半径可采用 25m。采用以上极限最小半径时，宜相应增加超高横坡度。为保证行车安全，位于平地或下坡的长直线的尽头不得采用小半径的平曲线。

表 8-3　各级公路最小平曲线半径

公路等级	汽车专用公路								一般公路					
	高速公路				一		二		二		三		四	
地形	平原微丘	重丘	山岭		平原微丘	山岭重丘	平原微丘	山岭重丘	平原微丘	山岭重丘	平原微丘	山岭重丘	平原微丘	山岭重丘
极限最小半径（m）	650	400	250	125	400	125	250	60	250	60	125	30	60	15
一般最小半径（m）	1000	700	400	200	700	200	400	100	400	100	200	65	100	30
不设超高最小半径（m）	5500	4000	2500	1500	4000	1500	2500	600	2500	600	1500	300	600	150

5. 停车视距

为了保证汽车行驶的安全，应使驾驶员自看到前方障碍物时起至到达障碍物前安全停车止，所需的最短行车距离，称为停车视距。它由三部分组成，即反应距离制动距离和安全距离，其公式为：

$$S=\frac{V}{3.6}t_1+\frac{V^2}{254\ (h\pm i)}k+i_0 \tag{8-7}$$

式中，S 为停车视距（m）；V 为计算行车速度（km/h）；k 为汽车制动器使用系数，一般采用 1.2～1.4；h 为轮胎与路面间的附着系数；i 为路线纵坡度，上坡时取“+”，下坡时取“−”；t_1 为司机反应时间，一般取 0.5～1.5s；i_0 为安全距离，取 5～10m。

6. 纵坡度

纵坡度是公路纵断面设计中的重要控制指标，纵坡度控制是否合理，直接影响到公路的路线长度、使用质量、行车速度、交通安全以及运输成本和整个工程造价。各级公路的最大纵坡，不应大于表 8-4 中的规定。考虑到路面排水的要求，最小纵坡度不小于 0.3%。山岭、重丘区的二、三、四级公路，当连续纵坡度大于 5%时，为了行车的安全与方便，其坡段长度应予以限制，见表 8-4。

表 8-4　纵坡长度限制

纵坡度 i（%）	坡长限制（m）
$5<i\leqslant6$	800
$6<i\leqslant7$	500
$7<i\leqslant8$	300
$8<i\leqslant9$	200

三、公路选线与方案择优

公路选线是根据路线基本走向和技术标准，结合地形、地质条件，考虑安全、环保、土地利用和施工条件以及经济效益等因素，通过全面比较，选择路线方案的全过程。

（一）公路选线的原则

（1）要适应远景交通流向和运输量的需要；

（2）因地制宜，根据当地的地形条件，使路线布置在地势较高、地质良好，便于施工的走向上，并符合工程技术要求；

（3）根据城镇和农村居民点的布局状况，做到路线顺直短捷、节约用地；

（4）要与其他交通线路布局协调统一，形成一个较为完善合理的交通网；

（5）要经济合理，一方面要在不增加工程造价的情况下，尽量提高技术标准，或在不降低技术标准的情况下，尽量提高技术标准或降低工程造价；另一方面要综合考虑提高工程经济效益和运营经济效益，既经济又合理的选线方案。

（6）应尽量避免穿过地质不良地区和城镇，保护耕地、节约用地，少拆房屋、方便群众、依法保护环境、保护古迹。

（7）对不同的选线方案，应对工程造价、自然环境、社会环境等重大影响因素进行多方面的技术经济论证，在条件许可时，应尽量选用较高的技术指标。

（二）不同类型地区选线的特点

1. 平原、微丘陵地区的选线

这类地区地面比较平坦，高差变化不大，大多为耕地，居民点较密，水路、河汊、湖泊较多。①平原地区，地形平坦，没有纵坡度限制，应力求取直短捷，一般允许设置几千米以上的长直线，为确保行车安全，在长直线尽头不应设置小半径的平曲线。②在微丘陵地区，受坡度约束小，为节省土石方工程量，路线往往沿地形布设。③路线应尽量避免穿越城镇、工矿区及较密集的居民点，但为了方便使用也不能离开太远，必要时可修支线联系，当路线与铁路和其他公路相交时，尽可能正交或小于45°的角通过。④合理处理路桥关系，对于小桥涵的位置，原则上应服从路线走向，但当斜交过大或河沟过于弯曲时，采取改河措施或适当改移路线，调整斜交角度以免于增加施工困难和加大工程费用。

2. 山岭、重丘陵区的选线

这类地区的地形复杂，山坡陡峻，溪流湍急，沟谷多而曲折，土层浅薄，地形复杂，公路选线较为困难。山丘区公路选线应满足下列要求：

（1）在复杂的山岭、重丘陵区的自然条件下，公路应有足够的稳定性。

（2）公路在平面、纵断面和横断面上应配合恰当，符合技术标准的规定，能保证汽车以计算行车速度安全行驶。

（3）充分利用地形展线，减少工程数量，降低造价。

（4）密切配合农田水利建设的需要，并充分考虑各种经济建设的要求。

（5）使公路的造价最低，日后的养护和汽车运营费用最经济。

（6）既要符合已定的路线技术标准，又要考虑便于今后改建提高公路等级。当采用分期修建时，必须严格掌握分期修建的标准，使前期工程在后期仍能充分利用。

山岭、重丘陵地区的公路路线受自然条件的限制，路线不是顺沿溪谷、山坡选线就是翻山越岭，其线形可归纳为沿溪线、山坡线、山脊线和越岭线几种。

沿溪线就是沿溪流铺设路线，选线时应综合考察定位、选岸和桥位选择三方面的问题。

路线定位首先考虑洪水位，根据规定，沿河或受水淹的路基高度，一般高出洪水位0.5m以上，各级公路考虑设计洪水位频率为：高速公路和一般公路为1/100，二级公路为1/50，三级公路为1/25，四级公路则按具体情况而定，通常按常年洪水位为定位的依据。

选岸的问题必须对溪流两岸的地形、地质、水文、险段等进行调查对比，尽量避开困难地段，适当跨河以充分利用有利的一岸，当路线所沿的河流越急，水面越宽且河水越深时，建桥工程就越大，此时对跨河要慎重考虑，没有特殊原因，尽可能不要改换河岸，如果路线需要改换河岸时必须从政治、经济和工程量大小等方面比较后确定。

桥位的选择应根据“大桥、中桥位服从路线的总方向，路、桥应综合考虑；小桥涵位服从路线走向。”在纵面上，桥面高程须满足设计水位要求，并尽可能照顾到与两岸引道的衔接，在平面上，要注意与引道之间的配合，尽量避免采用较小的弯道半径，以确保行车安全。

公路选线是一件复杂的工作，选线时应有大比例尺的地形图资料，并要进行现场选线和多方案的论证选优。

（三）选线方案择优

公路选线是一件复杂的工作，选线时应有大比例尺的地形图资料，并要进行现场选线和多方案的论证选优。

公路选线时往往会出现几个方案，必须通过对整个路线或某段路线的不同方案进行经济评价，以选择适合当地条件的最优方案。评价时可采用下列三项指标：道路的工程造价、年度运营费用、占地面积损失。公路工程造价，包括公路及其工程物（桥涵、堤等）的兴建费用（W）。年度运营费用包括货运费（S_1）和养路管理费（S_2），占地面积损失是指不同方案道路占地面积及其经济损失。货运费（S_1）计算公式为

$$S_1 = aNL \tag{8-8}$$

式中，a 为吨公里运费［元/（t·km）］；N 为年货运量（t）；L 为路线长度（km）。

四、公路用地面积概算

公路选线之后，就可以进行公路占地面积概算。首先确定公路的技术等级。根据我国交通部发布的《公路工程技术标准》的规定，公路的技术等级主要依据其昼夜交通量加以确定。昼夜交通量一般采用下列经验公式计算：

$$A = 2N/(d \cdot P) \tag{8-9}$$

式中，A 为昼夜平均交通量（辆/昼夜）；N 为年平均货运量（t）；d 为汽车运输天数（d）；P 为每辆汽车的平均载重量（t/辆）。

除货运量外，还应包括客运交通量。在总交通量的基础上，确定公路技术等级。

公路用地宽度＝路面宽度＋两侧路肩宽度＋两侧边沟宽度＋其他用地宽度

式中，路面宽度＋两侧路肩宽度＝路基宽度；边沟宽度＝边沟底宽＋2×边坡×沟深。

根据公路技术等级，确定公路的路基宽度，再结合路沟和绿化带占地宽度，总和即为公路占地宽度。用公路宽度（m）乘该路线长度（m），再除以 666.7m^2，即为该路的占地面积（亩），其中 1 亩＝666.666667m^2。再加上养护公路用地和沿线设施用地。

一般来讲，一级公路总用地宽度为 65m，二级公路为 30～40m，三级公路为 25～30m，四级公路为 20～30m。

根据上述计算方法，可以算出该区域每条不同等级的公路占地面积，总和即为该区域公路占地面积。

第三节　其他交通用地规划

一、水运用地规划

（一）水运航道规划

水运网是由航道和港口组合在一起的交通系统。一般分为内河和海运两部分。内

河航运网规划的内容有：考虑分析区域内的水域条件，进行水域可行性的研究；内河航运量的调查与预测、航道等级和通航里程的发展目标、航道港口的空间布局与区域划分、航线走向、标准与整治措施等。水运航道是江河、湖泊、水库、渠道及港湾等水域中供一定标准尺度的船舶航行的通道，可分为天然航道和人工航道两类。

在一般情况下，水运多利用天然航道，有的是直接利用，有的则需要经过疏通改造，在需要而又可能的情况下，可开挖人工水道，利用灌溉为主的大型渠系以发展水运。

由于各水系分布不一，在利用天然水道发展水运时，水运航道的布局就取决于天然水道的分布情况。在规划时，应进行水系的全面考察，根据流量、流速、水深、河床宽度和客货流向、运量等因素，确定水运工具、水运能力和相应的港口码头、船闸、导航设施等规划方案。就农村来说，水运规划主要考虑的是内河小吨位船舶的短距离运输，水运设施也较为简单。

航道规划的基本内容如下。

（1）航行条件的分析。航行条件是指为适应船舶安全航行必须具备的航道的自然条件和通航设施状况，包括航道及跨道建筑物的尺度，航道建筑物的尺度和运用情况，水流流速、风浪以及航行标志情况和通航期等。根据上述情况的分析，便可进一步确定通航标准。

（2）航道等级的确定。根据国家统一的航道定级标准，将已有的航道或计划开发的航道，确定其级别。我国将通航载重 50～3000t 船舶的航道分为六级，每级的航道宽度，通航建筑物、跨河建筑物通航净空和船型，船的尺寸，最低、最高通航水位，通航流速及导航设施等。规划时应根据航道的航行条件及航道开发的可能以确定其等级。

（3）航道建设工程规划。根据航道的航行条件和通航标准的要求，制定具体的建设工程规划，包括修建水工建筑物、疏浚、炸礁等工程项目，以使航道经过整治后，在航道宽度、水深、曲率半径和水流条件等方面能达到航道等级的要求。

（二）港口码头用地规划

港口规划是根据港口远景客货吞吐量的规模而确定的港口水域、陆域以及营运条件等规划。一般需在流域航运规划或海运规划的基础上进行。港口码头是水运交通的枢纽，是客货运输的集散地，因此，要做好港口码头的用地规划，其规划基本内容有：

（1）港址的选择。根据区域规划与城市总体规划的要求，选择技术上可能、经济上合理的港口位置。港址选择应考虑以下条件：港区地质、地貌、水文、气象、水深等自然条件。港口总体布置，如防洪堤、码头、进港航道、锚地、回转池等工程设计的技术上可能性和施工上便利性。港址选择一般分为两个阶段，第一阶段为区域范围内的港址选择，从地理位置、港口体系、港口腹地经济发展水平、结构与联系程度、城市依托条件等分析比较进行初选；第二阶段进行城市范围内的港址选择比较，考虑港区自然条件、岸线状况及岸线使用现状、航行和停泊条件，筑港和陆域条件及与土地总体规划布局等因素，进行综合评定，最后确定港口位置所在。

（2）港口沿海水域规划。港口水域包括进港航道，供船舶避风和调动的停泊区，水上装卸作业等，进港航道是为船舶自主航道安全驶向码头而设置的，当船舶顺流抵港时，由于船舶靠停码头必须顶流，因而必须调头，所以码头前的沿海地区应留有 3～

4 倍设计船宽的水域，停泊区（港地、锚地）为避免形成波浪，其长度不宜超过 1km，其宽度应满足停船数量和转头的要求。

（3）港口码头陆域规划。港口码头陆域包括作业区用地和港口后方用地两部分。前者区内布置各种港口设备（装卸机械、前方铁路或公路段、货棚或仓库等）；后者区内设置各种辅助设备和管理建筑（修理厂、车库、消防站、办公室及文化福利设施等），从功能上分析，港口码头用地可分为装卸、储存和疏运三大系统，其相应建筑物及设备有码头、库场、装卸运输机械、道路和各种辅助设备，码头线长取决于停靠的船位数和船距（一般为 0.1～0.15 船位长度）。

（三）水运用地面积概算

从港口码头用地规划中提出各项用地项目要求，以及货物吞吐量和其他因素，具体计算出各项用地面积，然后加总即为水运用地面积。河港客运站用地参考面积见表 8-5。

表 8-5　河港客运站用地参考面积

等级	旅客聚集量（人）	建筑面积（m^2）	用地参考面积（m^2）
一等站	1001～1500（>1500）	3200～44500（>5000）	6200～9000（>10000）
二等站	501～1000	1500～3000	3000～6000
三等站	201～500（>200）	650～1250（120～500）	1300～2500（240～1000）

二、铁路用地规划

铁路线路是行驶铁路机车车辆的路线，由路基、桥梁、涵洞、隧道和轨道等组成。按线路数量划分，铁路可分为单线、复线和多线铁路；按轨距划分，则可分为标准轨距、宽轨和窄轨铁路。铁路网是由线路、车站与枢纽所组成的网络，是满足区内外联系的主要交通方式。

铁路是一项大型建设工程，通常由国家统一规划和经营，也有一部分由地方修建和经营。

轨距是指一条线路两钢轨轨头内侧之间的距离。限界是指机车、车辆与邻近线路的设备或建筑之间距离，线间距是指两条铁路线之间的距离。

（一）铁路的等级和选线

（1）铁路的等级。

根据铁路的不同级别和运输能力，以安全、高效、经济为原则，及其在整个铁路网中的作用和年运输能力。一般分为以下三级：

① Ⅰ级铁路。保证全国运输联系，具有重要政治、经济、国防意义和在铁路网中起骨干作用的铁路，远期计划年运输能力大于 800 万 t，行车最高速度为 120km/h。

② Ⅱ级铁路。具有一定的政治、经济、国防意义，在铁路运输网中起联络、辅助的铁路，远景计划的年输送能力为等于或大于 500 万 t，行车最高速度为 100km/h。

③ Ⅲ级铁路。为某一地区服务，具有地方意义的铁路，远期计划的年输送能力小于 500 万 t，行车最高速度为 80km/h。

除以上等级外，铁路还可以按服务范围和运输性质分为干线、地方线（支线）和专用线三类。

（2）铁路线路的技术标准。铁路和公路一样也有很多技术标准，现将其主要的经济技术要求介绍见表 8-6。

表 8-6　中国经济技术要求

级别	年运输能力（万 t/km）	行车最高时速（km/h）	最小曲率半径（m）		最大限制坡度（%）	
			一般地段	困难地段	一般地段	困难地段
Ⅰ	>800	120	800	400	0.6	1.2
Ⅱ	≥500	100	800	400	1.2	1.2
Ⅲ	<500	80	600	350	1.5	1.5

铁路电气化是铁路现代化的重要组成部分。由于电气机车牵引力大于内燃机和蒸汽机车，其技术速度高出蒸汽机车 20%～30%，时速可以高达 170～210km，可爬行 1.5%的坡度，运量达 3000t，比蒸汽机车高出一倍。电气化铁路需要有独立的供电系统、电力线和电气机车，投资较大。

（3）铁路线路的选线。

铁路的选线主要依据交通量流向和自然环境、地质地貌条件进行线路走向的选择。受多种因素的制约，既要满足政治、经济、国防上的要求和运输性质、运量大小、运量增长的情况，又要考虑沿线的地形、地质、水文、气象等自然条件，上述因素往往是互相矛盾的，例如，在山区要缩短线路的长度，就可能增加隧道的数量，从而建设费用增加，又如，要减少线路的运费和养护费用，就要求坡度小、曲线大，这就会增加线路长度，加大工程量和建设费用等。因此，在选线时要全面考虑，精心研究，统筹安排，并尽可能进行多方案比较，选定一条最合理的线路。

（二）铁路用地面积概算

铁路用地主要包括区间路基用地、站场用地和其他用地（如生活区、给排水设施、独立通信楼、水电段、供电段、牵引变电站及其岔线等），根据铁道部颁发《工业企业标准轨道铁路设计规范》对新建铁路的区间直线路基面宽度和曲线路基外侧加宽值的规定计算铁路用地面积。准轨铁路线路用地宽度和占地面积见表 8-7。

表 8-7　准轨铁路线路用地宽度和占地面积

线路类型		线路用地宽度（m）		线路占地面积（亩/km）	
		单线	双线	单线	双线
城市区	非渗透土	14～25	18～30	21～37.5	27～45
	岩石	12～25	16～30	18～37.5	24～45
线路区间	黏土堤直线段	25～27	30～35	37.5～40.5	45～52.5
	黏土堤曲线段	25～55	30～66	37.5～82.5	45～96
	粗中砂直线段	25～80	30～85	37.5～120	45～127.5
	岩石路曲线段	25～100	30～1105	375～150	45～147.5

三、航空用地规划

航空港是保证航空运输使用的机场及有关设施的总称。航空运输是一种现代化的交通方式，它除了承担客货运输外，还有多种专业性用途，如飞播造林、护林防火、航空摄影、航空探矿、测绘地图、地质调查、铁路选线、防治虫害、人工降雨、抢险救灾等。

（一）航空交通线选线的特点和要求

由于飞机是在空中完成运输与作业任务的，因而除高山峻岭地区外，其交通线一般不受地面条件的限制，在起点和终点之间通常为直线或折线，而且在空中线路上没有交通设施。

因此，航空运输的布局与规划主要是各地起止点的飞机场布局与规划问题。

（二）机场布局

机场的等级及规模，根据机场的用途和适用的主要机型，我国民航机场共分为四级。机场一般由飞行区和服务区两部分组成。飞行区是机场的主要组成部分，其作用在于保证飞机起飞和降落以及在机场区飞行的安全，它包括跑道、滑行道、停机坪等建筑物所占用的全部场地和机场净空区。服务区与飞行区紧密相连，并设有保证航行业务与运输业务的建筑及设备，包括为客货服务的厂房、仓库和装卸设备等，为来往飞机进行技术服务和停放、修理的材料库、飞机库、修理厂等，起飞和着落指示方向和保证航行安全的标志、信号、通信设备等，为供客货往来和转运的公路、铁路支线以及行政管理用房等。机场布置的技术要求见表 8-8。

表 8-8　机场布置的技术要求

机场等级	用途	日起飞次数	跑道（m）		净空（km）	
			长度	宽度	侧宽	端
特级	国际国内特大型飞机	≥101	3200	≥60	2	>20
一级	国际国内远程航线	50～100	2700	≥52	2	20
二级	国际国内中程航线	21～50	2000	≥45	2	20
三级	短途航线	11～20	1400	≥40	2	14
四级	地方航线	≤10	400	≥30	2	4

（三）机场用地选择和布局要求

机场位置选择应满足以下条件：有充分的机场用地，合理设置跑道位置；考虑自然条件，满足净空要求；机场最适宜坡度为 0.5%～2%，最大允许坡度为 2%～3%；地基条件良好，少暴雨、大雾和鸟类，净空区内人工和自然障碍物的高度均有一定限制，在 1500m 内小于 8m，5000m 内小于 200m。与城市有合理的间距，既不影响城市环境，又能在 30min 内到达城市，一般要求机场距城市 10km 以外，40km 以内，距离过近或过远均不合适；与机场导航通信影响的干扰源保持一定的距离。水文地质条件要好，并注意风向、风频、风速和雾时能见度。为保证飞机可以空中自由降落，场地高度要和周围地区相同或高一些，不宜位于盆地或低洼地。

在机场布局上应注意下列要求：由于飞机要求逆风起飞或降落，跑道应顺着当地的主导风向，并位于城镇的两侧，以避免在上空起飞和降落；机场与城镇之间应保持一定距离，既要考虑干扰，保证净空要求，又要便利旅客来往和货物转运，因此，民用机场与城镇之间不能过近或过远，以10～20km较为适宜，最好不要超出40km；由于飞机起飞与降落的噪声很大，因此，在机场附近不宜布置生活区和精密仪器工业区，而且机场也不宜邻近环境污染源和排烟量大的工业区，以保证飞行的能见度条件；机场通往城镇的道路要求便捷通畅；不要与铁路线平交，也不宜与繁忙的公路混杂，并注意沿线的绿化与市容。

（四）空运地面设施用地面积概算

空运地面设施用地有飞行区用地和服务区用地两部分，这两部分用地之和就是机场的用地面积，机场的用地面积一般都比较大，大型机场通常超过1000hm^2，一般机场也达到200～500hm^2，我国民用机场用地面积见表8-9。

表8-9　我国民用机场用地面积参考表（单跑道）

机场等级	用地长度（m）	用地宽度（m）	用地面积（hm^2）
特级	3200	800	256
一级	2400	700（精密近跑道）	168
二级	2400	500（一般跑道）	120
三级	1700	600	102
四级	550（土面）	550	30.2
	50（有道面）	500	25

复习思考题

1. 交通运输用地规划有什么作用？
2. 如何预测远景交通量？
3. 如何确定公路的等级？
4. 公路的主要技术指标有哪些？
5. 如何进行公路选线？
6. 如何概算交通线占地面积？

第九章　农用地规划

【内容提要】

农业是国民经济发展的基础，农用地是粮、棉、油、果品、林副产品、畜产品和水产品的主要生产基地，对国民经济和国家安全具有重要作用，如何集约利用农用地，提高其利用率和产出率是农用地规划的重要任务。本章主要介绍农用地基本理论知识和方法，农用地规划包括耕地规划、园地规划、林地规划、牧草地规划和水产用地规划。

农用地包括耕地、园地、林地、牧草地及水产用地。根据全国土地利用变更调查（2016 年）①，全国农用地面积为 64512.67 万 hm^2，占土地总面积的 67.86%，其中：耕地面积为 13492.09 万 hm^2，占土地总面积的 14.19%；园地面积为 1426.63 万 hm^2，占土地总面积的 1.50%；林地面积为 25290.81 万 hm^2，占土地总面积的 26.60%；牧草地面积为 21935.92 万 hm^2，占土地总面积的 23.07%；其他农用地 2367.22 万 hm^2，占土地总面积的 2.49%。

第一节　耕地规划

耕地是最珍贵的土地资源，是土地利用的最基本形式。人们依赖耕地获得粮食、棉花、蔬菜、工业用的农产品原料和畜牧业用的饲料等生活必需品，耕地的需求往往对耕地的开发利用具有极大的影响，在耕地供给与需求不能平衡时，就需要采取措施合理组织耕地利用，以正确地解决供需矛盾，故耕地规划意义重大。按照 R. H. Whittake 的估算，全世界耕地的初级生产量约为 11.3×10^{16} kJ，占地球的年初级生产量的 5%左右。人类大约有 8%的食物以及其他生活材料直接来自耕地，以及 95%以上的肉、蛋和奶等人类重要食物是由耕地间接提供。2018 年 2 月 23 日，中华人民共和国农业部举行新闻发布会，着重强调在轮作区实行“一主”与“多辅”相结合的土地利用方式。“一主”，指的是玉米与大豆轮作为主要粮食种植，“多辅”，指的是实行玉米与薯类、杂粮杂豆、油料作物、蔬菜及饲草等作物进行轮作。

耕地规划是对耕作生产要素的系统配置和整体优化，包括耕作方式、地块、水系、田间道路和农田林网等的系统配置。耕地规划包括：耕地组织形式的确定；作物种植区（轮作区）种类和数目的确定与规划；耕作田块（或轮作田区）的规划；田间渠道

---

① 数据来源于自然资源部全国和省级土地利用现状变更调查数据库，其中部分地类的统计数据缺失。

规划；田间道路规划；护网林带的规划以及机井合理布局等。

一、耕地的组织形式

耕地组织形式就是落实作物种植结构和轮作制度的耕地利用方式。我国的耕地组织形式基本上有轮作田区组织形式和耕作田块组织形式两种。

（一）轮作田区组织形式

根据一定的轮作制把耕地划分成轮作区，有大田轮作区、蔬菜轮作区、畜牧场附属轮作区等，又称为固定轮作区或分区轮作。是把一定范围内的土地，根据轮作周期的年限划分成若干个面积相等、土壤肥力相近的轮作田区。轮作田区是作物轮换种植的基本单位，在轮作田区之间按照一定的轮作换茬顺序，在时间和空间上轮换种植作物。

轮作田区组织形式保证轮作田区之间存在时间和空间上的联系，每个轮作田区种植的作物顺序是既定的。例如三年五作轮作田区组织形式见表 9-1。

表 9-1　三年五作轮作组织形式

	第一年	第二年	第三年
第Ⅰ田区	中稻—大元麦或油菜	中稻—绿肥	中稻—大元麦
第Ⅱ田区	中稻—绿肥	中稻—大元麦	中稻—大元麦或油菜
第Ⅲ田区	中稻—大元麦	中稻—大元麦或油菜	中稻—绿肥

实行轮作田区组织形式的地区必须具备如下条件：有适合本地区的科学轮作制度；种植计划比较稳定，年际间作物种植与面积变动幅度不应超过 5%～10%；单位土地经营范围稳定，土地集中连片，产权明晰，农田基本建设标准高。

轮作田区组织形式的不足就是适应市场的灵活性较差。在市场经济体制下，农民种植作物的比例，应随市场的变化而不断变化，作物组成比例和面积不能一成不变。因此，在实践中，预留 1～2 个田块作为机动田，而不是把全部耕地划入轮作区，以便安排一些临时性的种植计划，配置小品种作物和用以调节轮作田区面积间的差异。

（二）耕作田块组织形式

又称为分块轮作或单田轮作。耕作田块组织形式是在同一块耕地上根据作物生长的要求和土壤、水利等情况，划分作物种植区（如棉花区、蔬菜区、旱粮区、水稻区、饲料种植区等），按时间先后安排作物的轮换顺序，作物换茬没有一定的次序，而是根据需要和作物前后茬口，每年每季在田块上具体落实。各田块之间不存在作物的轮换关系，而且这种耕地组织形式对田块大小没有特定的要求，很适合当前农户经营的特点。

这种组织形式的不足之处是，易造成年际间甚至每季作物种植比例和作物产量不稳定，作物安排比较分散，不便于管理和机械耕作。目前我国农村主要都采用这种组织方式，特别是联产承包责任制下，耕地组织形式只能够采用这种组织方式。这种方式的优点是比较灵活机动。

二、耕作田块的配置

（一）耕作田块的概念

耕作田块是以田间道路、护田林带、末级固定沟渠所围成的地段，是进行田间耕作、生产管理、轮作倒茬和平整土地的基本单位。

耕作田块是最基本的耕作和管理单位，它的规模、长度、宽度、方向、形状等要素配置的合理与否，直接影响到田间灌排渠系、田间道路、护田林带等作用的发挥以及机耕效率的提高。所以正确配置耕作田块是耕地规划的一项重要内容。

（二）耕作田块设计

耕作田块的设计，包括两方面内容：一是耕地单元自身的要素的规划，包括单元方向、边长、形状等；二是耕地规划单元地域范围内的田间工程设施（灌排沟渠、护田林带、田间道路等）的规划。

1. 耕作田块的长度

适宜的田块长度有利于提高机械作业效率、灌溉效率和合理组织田间生产过程。长度通常要求根据机械作业、土地平整、农田灌溉和排水等的要求来确定。

（1）机械作业效率。为了提高拖拉机的工作效率，要求耕作田块具有一定的长度。从机械作业的角度出发，田块越长，机械利用率就越高，因为长度越长机械转弯所消耗的时间的比重就越小，因转弯而损坏的地头作物的比重也就越小，这就有利于提高机械的作业效率，减少耗油量，减少机具磨损，降低作业成本和增加作物产量。如东方红-54 型拖拉机进行耕翻时，当田块长度为 300m 时，机组空转弯时间占有效作业时间的 30%，而当其长度为 1000m 时，它的空转弯时间仅占有效作业时间的 4%。田块长度与机组的工作效率有着密切的关系（表 9-2）[①]。但是并非田块越长越好，如播种、施肥等机械作业要求能在地头上种、上肥，收获作物也要求在地头卸粮，因为种子、粮食等要在地头通过道路来运输。

表 9-2　某拖拉机耕地工作效率与田块长度的关系[①]

田块长度（m）	50	100	200	400	600	800	1000
行程利用率（%）	51	68	88	89	93	94	95
班工作量（hm^2）	3.67	4.33	4.87	5.20	5.40	5.47	5.53
所占比率（%）	67.00	79.70	88.50	95.30	97.70	99.00	100.00
亩耕油量（kg）	1.73	1.45	1.03	1.21	1.18	1.16	1.15
所占比率（%）	150.00	126.00	113.00	105.50	102.50	101.00	100.00

从表 9-2 可以看出，机械作业效率随着田块长度的增加而提高，但不成正比例。当田块长度在 400m 以下时，作业效率的变化非常明显，但超过 400m 以上，其变化幅度就不太显著，而田块长度在 500m 左右时，其行程利用率即可达到 90%以上。因此从

① 王万茂，韩桐魁．土地利用规划学［M］．8 版．北京：中国农业出版社，2013.

机械作业要求情况来看，田块长度不能太短，但也不是越长越好。从我国目前情况来看，农业机械化还是有选择地进行，在一个相当长的时期内，许多田间作业，还要人、畜合力去完成，所以田块长度也要兼顾人、畜合力作业的要求。

（2）灌溉效率。田块的长度还要考虑灌溉的要求，在灌溉地区，耕作田块即灌水地段，要根据末级固定渠即农渠要求的适宜长度和控制面积来确定田块的长度。根据有关试验证明农渠长度为400～600m是适宜的。①

另外耕地单元过长，沿长边布置的灌溉农渠，其流量和输水损失就会增加，造成单元上段作物受淹渍而下段作物受旱。从排水角度看，为了控制地下水位于临界深度以下，要求沟内水位保持在设计高程以下，来水尽快送到集水沟（斗沟）或输水沟（下支沟），农沟不宜过长。

总之，确定耕地单元长度要因地制宜，以最大限制因子的条件来确定其适合的长度。田块的长度一般在500～800m或更长一些。平原地区的田块长度较丘陵地区要长些，在旱作地区较水稻区长些。在个体承包制下，单元长度还应考虑承包规模的大小。

2. 耕作田块的宽度

确定宽度时要考虑田间机械作业的幅宽、末级固定渠道的间距和林带防风的距离等因素。

（1）平原地区。一般机械化程度较高，田块的宽度主要是满足机械顺利作业。机械作业要求宽度一般为200～300m。而拖拉机带一台或两台犁进行耕翻时，作业小区宽为50～100m。由于各种机组的工作幅宽不同，所以在具体确定田块宽度时，可参照当地使用量最大的机组的工作幅宽的整数倍确定。

（2）灌溉地区。为了适应灌溉的要求，单元宽度一般以100～200m为宜，最大不超过300m，以便于水稻田的灌溉管理。宽度太大往往造成单元内的小地形不均匀，增加土地平整的工程量。因为末级固定渠道（农渠）沿长边布置，单元的宽度往往是临时渠道的长度，所以确定宽度还应考虑田间临时渠道最宜长度。

（3）风害地区。在有防风要求的风害地区，宽度要考虑护田林带的间距，单元宽度要与林带防风距离相一致。主林带沿田块长边配置，其间距即为田块的宽度，林带的间距取决于有效防风距离，一般为树高的25～30倍，若树高10～12m，护田林带间距则为250～350m。

综上所述，在平原地区田块宽度可在200～400m。水稻地区可窄些，旱地水浇地可宽些。

（4）排水地区。宽度要考虑排水沟的间距，末级固定排水沟的间距就是单元的宽度，而间距主要依据排水地区的自然条件、土壤条件、地面坡度和作物耐淹时间而定。在需要排水的地区，田块宽度要结合排水沟的有效间距来确定，以保证将地下水位控制在临界深度以下。这时排水沟间距与土壤质地，作物对地下水位深度的要求、沟的深度及机械作业要求等因素有关。一般在非盐碱地区，沟深1.0～1.5m时，排水沟间距可采用200m左右，在盐碱地区，沟距可适当缩短。

① 王万茂，韩桐魁．土地利用规划学［M］．8版．北京：中国农业出版社，2013.

3. 耕作田块的规模

根据上述耕作田块的适宜长度和宽度，其规模为 10～13.33hm²。反之，在一定的独立地段上，由于面积已定，也限制了田块的长和宽，所以田块的长宽与规模是相互制约的。

耕地的规模不宜太小，也不宜过大。应根据耕地所处的位置、农业作业的机械等诸多因素综合考虑。一般在平原机械化旱作地区，要求田块具有较大的规模，而在丘陵水田地区，规模就不可能太大。在水稻田内还要进一步划分格田，以便精细平整土地，更好地控制稻田的灌排水和田间作业，格田的规模一般在 0.33～0.4hm²，长度为 50～150m，宽度为 20～40m。

4. 耕作田块的形状

为了适应田间机械作业的要求，避免机械作业时留下狭长楔形地段而难以处理。一般情况下，在不规则外形的地段上划分耕作田块时，田块的形状要尽量规整：①田块理想的形状是正方形或长方形；②直角梯形、平行四边形，要求田块的两个长边相互平行，梯形和平行四边形田块的短边设计得不宜过斜，曲折度不宜大于 30°；③田块设计尽量避免不规整的三角形和多边形。据有关资料表明，在较小的三角形田块上耕翻土地时，空转率要比相同面积长方形田块增加 1.5 倍。三角形、梯形地段的设计如图 9-1 所示①。

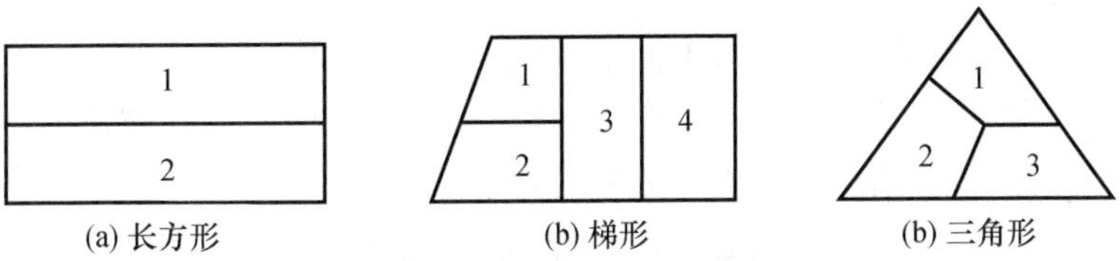

图 9-1　不同形状地段田块设计

在靠近自然边界（河流、深沟、山麓等）较多的地区，最好把自然界线设计成田块的短边，利用自然边界的实际曲线，这样既不影响机械作业又不浪费土地（图 9-2）。

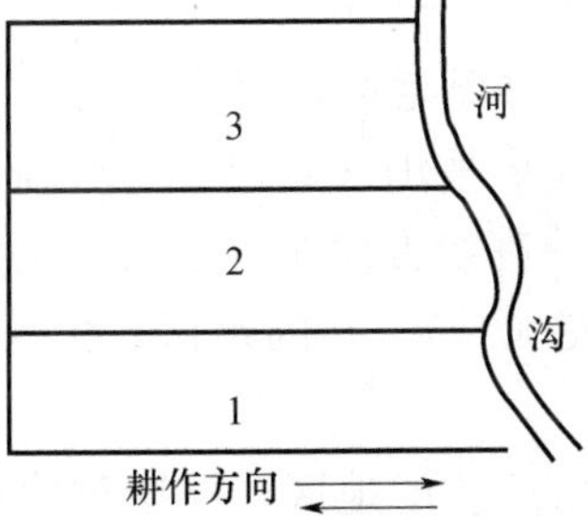

图 9-2　田块短边在曲线边界上

① 王万茂，韩桐魁．土地利用规划学［M］．8 版．北京：中国农业出版社，2013.

5. 耕作田块的方向

一般情况下，耕作田块的方向系指田块的长边方向，也就是耕作与作物种植的方向，也是固定末级灌排沟渠、林带和田间道路的走向。

在选择田块方向时应考虑以下几方面的要求。

(1) 要有利于农作物的生长发育。常见的作物种植大多是实行条状种植，行距大，株距小，田块方向通常是与作物的行向一致的，而作物的行向与作物的光照要求有直接的关系。为了充分满足作物的光照要求，根据日出与日落的方位移动，太阳光线投射到作物东西行向和南北行向的时间不同，如夏半年（春分到秋分）太阳出没偏北，太阳照射到东西行向的株间的时间比南北行向的株间长，温度也较高，这对春播和喜温作物有利，所以夏半年作物东西行种植为好。而冬半年（秋分到春分）太阳出没偏南，投射到南北行的株间时间比夏半年要长，这对越冬作物有利，所以冬半年以南北行种植作物为好。

(2) 要有利于田间机械作业。由于田块方向通常与机械耕作方向是一致的，方向不同，机械作业的地面坡度也就不同，而地面坡度的大小又直接影响到农业机械功率利用程度和耗油量。因此，为了提高田间机械作业效率和质量，田块方向应平行于等高线。

(3) 要有利于水土保持。当耕作方向与等高线走向一致时，可以减少地面径流对土壤的冲刷。等高种植是我国劳动人民在长期的生产实践中创造的一种科学种植方式，但在水分过多的低洼地区，为了顺利地排除地表水，田块方向应垂直于等高线布置，不过其坡度仍控制在1.5°～2°以内，以免造成严重的水土流失。在坡地上，田块方向影响地表径流的大小和土壤的侵蚀量（表9-3）①②。

表9-3　田块方向分别为顺坡与横坡时土壤侵蚀量

雨量（mm）	降雨次数	地面坡度	耕作方向	细沟密度（m/m^2）	片蚀点密度（m/m^2）	侵蚀量（kg/hm^2）
12.2	4	10°～13°	顺坡	1.84	0.9	35775
12.0	4	10°～13°	横坡	0.20	3.1	4200

(4) 要有利于田间灌溉。在灌溉地区，田块方向要考虑地面灌溉的要求。田块方向通常也就是农渠的方向。在地形平坦（<1%）地区，可将灌水方向定为顺坡方向，而在一般条件下，田块以斜交等高线方向布置。临时渠大致垂直于等高线，以获得较好的水头灌地，但在坡度较大（>1%）的地区，田块方向和灌水方向应选择横坡方向。

(5) 要有利于防风。在风害严重的地区，根据防护林的设计要求，主林带应与主害风风向垂直，而主林带一般设置在单元的长边上。而在一般地区，将耕地规划单元设置为方田，单元的四周均有林带，可以防来自任何方向的风，因此，可不考虑林带

① 北方旱区农业学术讨论会论文选编，1983.

② 王万茂，韩桐魁．土地利用规划学［M］.8版．北京：中国农业出版社，2013.

对单元方向的影响。

总之，确定单元方向时要考虑多方面的因素，进行深入的调查研究，根据当地的情况，按主要因素的要求来确定单元的方向，并尽可能多地满足各方面的要求。

6. 耕作田块的土壤质量

耕作田块的要求是耕作田块内土壤、坡向和坡位保持一致，这样同一田块内土壤肥力和土壤耕性才能最大程度保持一致。土层的厚度是土壤发育情况、野外土壤肥力鉴定的基本标准之一。耕作田块的土壤质量要满足作物的基本生长的需求，要求土壤厚度在 15cm 以上；有机质含量在 2%以上；土壤 pH 在 5.5～7.5；含盐量低于 0.3%。

三、田间灌排渠系配置

田间灌排渠系是农田的基本设施之一，应该根据农业生产对灌溉的要求和旱、涝、洪碱综合治理的原则，从实际出发，考虑将来的发展来科学设置。田间灌排渠系是指末级固定渠道（农渠、农沟）以下及耕作田块内的临时渠道（毛渠、毛沟、灌水沟、畦等)。不同地区的灌溉方式差异较大，田间灌排渠道布置形式多种多样。

(一) 平原地区

田间灌排渠系的布置形式如下。

1. 末级固定渠道（农渠、农沟）的布置形式

根据沟渠的作用和相对位置的不同，在平原区一般有以下三种形式：

（1）灌排相邻布置（图 9-3a)。就是把农渠与农沟相邻布置。这种布置形式适用于有单一坡向的地形和排水方向一致的地区，充分利用地形的优势，促进水流的流动。

（2）灌排相间布置（图 9-3b)。即农渠向两侧灌水、农沟承泄两侧的排水。这种形式适用于地形起伏较小的地区。农渠设置在相对比较高的地方，农沟设于相对比较低的地方。这种形式增加了排水的渠道，提高了排水的效率，减少了水的渗透。但该方式占地面积大，工程量大。

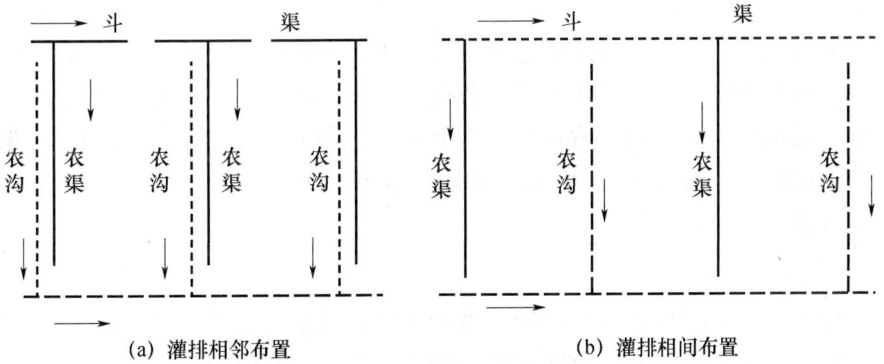

图 9-3　田间灌排渠系布置形式

（3）上灌下排与灌排合一。上灌下排形式也叫竖向结合形式，即排水沟为暗沟，暗沟上面为灌水渠。所谓灌排合一，就是灌溉和排水同用一条渠道。这种形式的优点

是节约耕地，在沿江和滨湖地区用的较多，在广大旱作区不宜采用。缺点是投资较大，不利于控制地下水位，影响作物产量和增加灌溉用水量。

2. 田间临时渠系的布置形式

（1）纵向布置（又称平行布置）（图 9-4a）：灌溉水从毛渠通过输水沟然后进入灌水沟、畦。毛渠、灌水沟、畦的方向宜一致，便于水流的流动。这种布置形式适用于较宽的灌水地段。

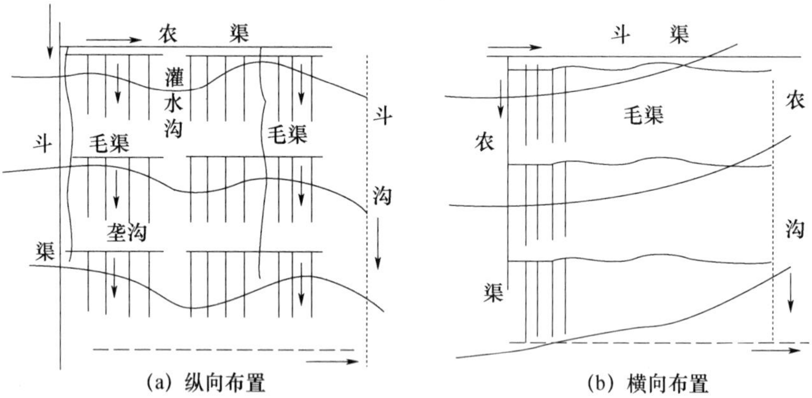

图 9-4　田间临时渠系布置形式

（2）横向布置（又称垂直布置）（图 9-4b）：灌溉水直接从毛渠流到灌水沟、畦。毛渠方向宜与灌水沟、畦的方向垂直，便于灌溉。这种布置形式一般适用于较窄的灌水地段。

（二）山丘地区及低洼排水地区

南方山丘地区的耕地根据地形特点和位置分布，分为岗田、冲田、旁田三种类型，岗田为位于岗顶上的耕地，冲田为介于山岗之间的低平地，旁田是冲岗之间坡地上的耕地。岗田地势高，两边坡水，主要怕旱，一般沿岗脊布置斗渠，在斗渠两侧开农渠，排灌结合；冲田地势低洼，地下水位高，易涝易渍，应以排为主，结合灌溉；旁田地面倾斜，坡度较大，怕旱，应以灌为主结合排水。一般宜采用斗、农两级的渠道。斗渠平行等高线来布置，农渠垂直等高线来布置。低洼排水地区应充分考虑地下水的深度、地表水流速度和土壤脱盐程度，再合理布置末级固定排水沟的间距。一般来说，在非盐渍土地区，一般沟深 1～1.5m，沟距可采用 200m 左右。在盐渍土地区，为了排盐，间距应适当缩小。

（三）井灌区

在降雨比较匮乏但是地下水比较丰富的地区，采用井灌的方式。在开发、利用地下水时，应该注意井的数量、井的位置、井间距离和其他因子（如地形地势、道路交通、工程成本）统筹考虑。

（1）井数的确定。

在一定面积内确定的井数可根据一口井的灌溉面积和井灌溉耕地总面积来确定，计算公式如下：

$$井的数量=\frac{井灌溉耕地总面积}{一口井的灌溉面积} \quad (9\text{-}1)$$

一口井灌溉面积的计算：

$$S=\frac{Q \cdot T \cdot t \cdot \tau}{m} \quad (9\text{-}2)$$

式中，S 为一口井灌溉面积（hm^2）；Q 为一口井出水量（m^3/h）；T 为轮灌天数（d）；t 为每天的抽水时间（h）；τ 为井灌渠系水利用系数；m 为灌水定额（m^3/hm^2）。

（2）井距的确定。

理想状况下，一般可以按照一口井灌溉面积来算，计算公式如下：

$$D=\sqrt{\frac{10000 \cdot Q \cdot T \cdot t \cdot \tau}{m}} \quad (9\text{-}3)$$

其中，D 为井距（m）。

但是，在实际过程中还要考虑井的位置、工程成本等因素。

（3）井位的确定。

井位的布置一般呈行状，保持与地下水流向垂直，各行井位呈棋盘状错开排列。井位置还要考虑地下水位、水质、工程成本等因素。

（四）喷灌区

末级固定排水沟的间距会影响地表水的速度、地下水的深度以及土壤脱盐的程度。在确定末级排水沟的间距和深度的时候，要充分考虑地表作物种类对地下水深度的要求，还要考虑土壤的性质。在水资源比较匮乏的地区（如干旱半干旱地区），应大力发展如喷灌等具有节约水资源的灌溉方式。喷灌的管道与喷头布置与田块配置联系紧密。

1. 管道的布置

对于固定式喷灌系统，需要布置干、支管。对于半固定式喷灌系统，只需布置干管。不同的情况，布置方式也是有区别的：

在地形平坦区，支管应该尽量和作物的种植和耕作方向一致。在丘陵地区，干管应该沿着坡度最大的方向或者沿着分水岭布置。以水井为水源的，井宜设于田块中央，使得干管横贯田块，支管缩短。喷灌的田块最好形状规整，田块长度除了要满足机械作业外，还要满足布置管道的要求。总的来说，管道的布置是在满足其功能的基础上，尽量减少工程成本，以达到各方面的最佳效益。

2. 喷头布置

喷头的布置与其喷洒的方式有关，需保证喷洒不留空白。让相邻喷头喷洒的范围内的边缘有一定的重复，这样使喷洒没有遗漏的地方。喷头喷洒的方式有圆形和扇形两种。

四、田间道路配置

田间道路是田间生产和运输的“动脉”，妥善布置田间道路，对提高劳动生产率有着重要作用。

1. 田间道路的种类

农村道路按其作用和标准的不同，一般分为三级：

(1) 一级为村间路，是联系村庄之间和通往附近乡（镇）的主干道路，为了便于大型运输工具以及农业机械的通行，服务于若干个村，路面宽度要在6～9m；

(2) 二级路为村内交通路，也叫机耕路、田间路，应伸入田间地块，为了便于机械往来通行，考虑调动农机具的需要，由居民点通往田间作业的主要道路，路面宽4～6m，一般多设在耕作田块的短边，服务于一组田块。

(3) 三级路是辅助田间路（田间小道），供直接下地用的田间路，均沿生产田块一端布置，联系主要田间的道路，主要起田间运输的作用，服务于1～2个田块，路宽2m左右，一般多沿田块长边布置。

2. 田间道路配置要求

(1) 要保证居民点与田间有方便的交通联系。道路布局要短而直，可以节约建设用地和工程投资，缩短运输距离，应保证顺利到达每一个耕作田块。

(2) 田间道路应沿田块边界布设，并与排灌沟渠、田块、护田林带和村庄布局相结合，同时，应注意与干路取得衔接，以便形成统一的农村道路网。

(3) 应尽量减少占地面积。路、沟、渠、林要结合配置，道路宽度和密度应按实际需要而定。充分利用现有的道路、桥梁、涵洞和堤坝等各种工程建筑物，以节省基建投资。应使道路跨越沟渠尽量减少，以节省桥涵工程的投资。

(4) 要注意田间道路的技术要求。主要道路的纵坡度不宜太大，在平原丘陵地区不宜超过6%，在山区最大不应超过11%。道路应选在地势平坦开阔和土质坚硬的地方，避免通过易被洪水淹没和低洼沼泽地段。

五、农田防护林配置

农田防护林能够降低风速，减少水分蒸发，改善农田气候，减轻风沙和干旱的危害，为农作物生长发育创造有利的条件，起着保证农田稳产高产的作用，是改善土地生态环境的生物措施。配置农田防护林应注意解决下列问题：

(一) 林带结构

林带结构就是林带的外形和内部构造，主要指林带的宽度、树种组成、种植密度和断面形状等。一般采用林带透风系数作为衡量林带结构的指标，分为紧密结构、透风结构和稀疏结构三种形式。林带透风系数指林带背风面林缘1m处带高范围内平均风速与旷野的相应高度范围内平均风速之比。林带透风系数0.35以下为紧密结构，0.35～0.6为稀疏结构，0.6以上为透风结构。

(1) 紧密型结构林带（图9-5a）。是由多行树木组成的宽林带，一般由乔木、亚乔木和灌木组成，三层树冠，上下枝叶稠密，几乎不透风，中等速度的风几乎不能透过，透风系数为0.35以下。背风林缘的风速很小，但在离开背风林缘后风速迅速增加，很快恢复到原来的风速，防风效果较差。由于防风距离较短，相对有效防风距离为10H（H为树高），而且风积物容易沉积于林前和林带内，故农田防护林不宜采用这种结构。

(2) 稀疏型结构林带（图 9-5b）。由数行乔木，两侧各配一行灌木组成，由 2～3 层树冠组成，在乔木与灌木树冠层之间有不同的小空隙，空隙在断面上分布均匀，气流的主要部分从林带中穿过不改变其总的方向，透风系数为 0.60 以上。最小风速出现在距背风林缘后林带高的 3～5 倍处，风速减低 53％～56％，相对防风距离为林带高的 25 倍，在距林缘 47 倍林带高处风速恢复 100％。这种林带防风效果好，不会在带内和林缘造成积雪和淤沙，所以在风沙严重的地区，可采用此种结构。

(3) 透风型结构林带（图 9-5c）。只由乔木组成，不搭配灌木，大量透风，林带透风系数为 0.35～0.60，防风距离最大，所以风害地区多采用这种结构。最小风速出现在背风林缘后林带高的 5～10 倍处，相对有效防风距离为林带高的 30 倍，以后风速就很快增大。在带内和林缘处风速大，易引起近林带处风蚀。

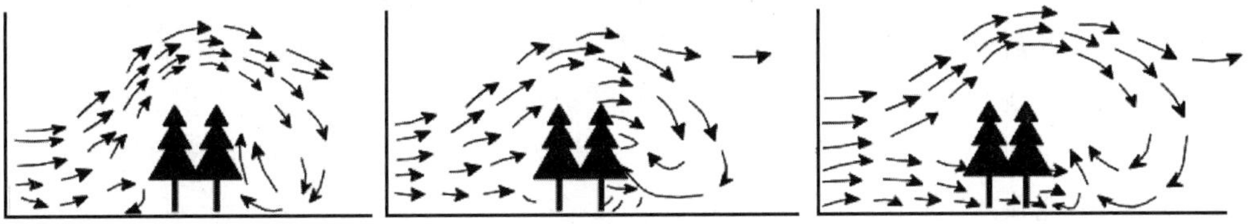

(a) 紧密型结构林带　(b) 稀疏型结构林带　(c) 透风型结构林带

图 9-5　林带结构

(二) 林带方向

实践证明，当林带的走向与风向垂直时，防护距离最远。所以根据因害设防的原则，护田林带应垂直于主害风方向（指 5 级以上大风，风速≥8m/s），且主林带一般沿田块长边配置，防风效果最佳。若由于地形条件限制，不能完全垂直时，可允许偏角有 30°左右的变化，但最大偏角不宜超过 45°，否则防风效果显著下降（图 9-6）。副林带与主林带垂直配置，且一般沿田块短边，这样才能使防风距离最大。纵横交织构成网状，这样既能防止主害风，又能防止其他方向次害风危害。

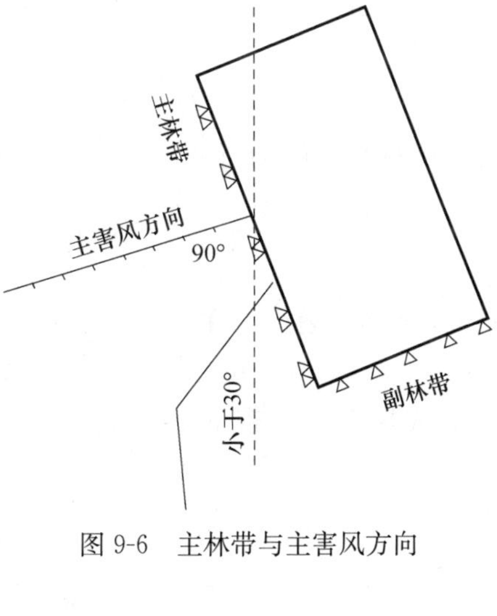

图 9-6　主林带与主害风方向

（三）林带间距

林带间距的大小，取决于林带的有效防护距离，防护距离与树高成正比，同时与林带的结构有关。林带的间距过大，林带间的农田不能全部受到保护。林带间距太小，又会多占耕地。林带的防风间距一般为主要乔木树高的 20 倍至 25 倍，最多不超过 30 倍，但是在 15～20 倍距离内才有明显的防风效果。在风害严重的地区，应把林带间距缩小 15%～20%。在平原农区林带的间距，主要是由田块的边长来确定的。林带间距即田块的长度，一般为 500～1000m，主副林带一起形成林网，每网眼面积为 125～600 亩。

（四）林带宽度

林带宽度以节约耕地和保证有足够的防风效果为原则，确定林带的最小宽度。在干旱半干旱地区营造 4～5 行树的林带比较有效而且经济。林带过窄防风效果差，但并不是越宽越好（表 9-4）。防风效能值为有效防护距离与平均防风效率之积。从表 9-4 可以看出，林带在 5～9 行树时防风效果较好。林带宽度（由速生树种组成的林带）和计划设计的林带纯收入之间存在如下关系式：

$$\tau = 183 - 0.71X \tag{9-4}$$

式中，τ 为每公顷防护面积每年的纯收入（20 平均）；X 为林带宽度（$7.5 \leqslant X \leqslant 20$）。

表 9-4　不同林带宽综合防风效能表

林带宽（行）	有效防护距离（倍）	平均防风效率（%）	综合防风效能值
2	20	12.9	258.0
3	25	13.8	345.0
5	25	25.3	632.5
9	25	24.7	617.5
18	15	27.3	409.5

可见随着林带宽度的增加，所取得纯收入反而减少，因为树木之间互相影响遮阳和争水肥。林带宽度计算公式为：

$$B = (n-1)D + 2S \tag{9-5}$$

式中，B 为林带宽度；n 为植树行数；D 为行距，一般取 1.5m；S 为由田边至林缘的距离，一般取 1～2m。

（五）林带交通口

为了便于拖拉机和各种农机具的运行，在林带长边和短边的交接处应设交通口。一般在主林带的长边，每隔 400～500m 处设一宽度为 6～7m 的交通口，两条林带交通口的位置要错开，以免形成风洞，林带的交叉处交通口应交错配置（图 9-7 和图 9-8）。

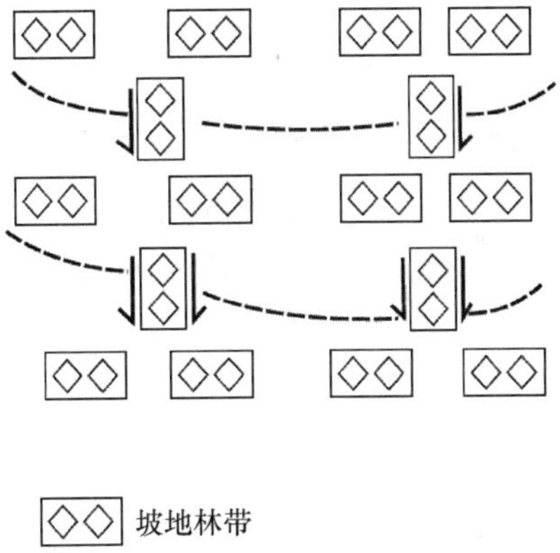

图 9-7 坡地林带交通口位置示意图

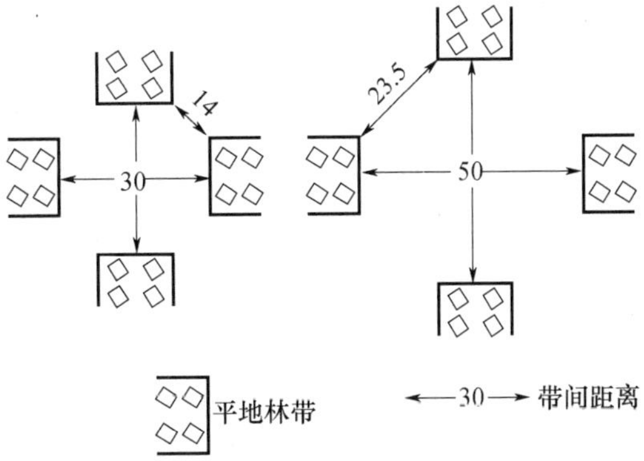

图 9-8 平地林带交通口位置示意图

（六）树种选择与搭配

树种选择适宜与否影响到树木的正常生长发育，树种搭配则影响林带的结构，所以树种的选择和搭配都直接影响农田防护林带的效益。

树种选择要按照“适地适树”的原则，选择最适合当地土壤气候和成林快的树种，还应以枝叶茂密、不串根、干形端直、不易给农作物感染病虫害的树种为主。

在树种搭配上一条林带只宜采用单一的乔木树种，不宜采用多种乔木树种进行行间、株间混交的搭配方式。因为不同树种的生长速度不同，生长慢的会受到抑制，形成不整齐的断面形状，有的甚至只残留一两行乔木，起不到应有的防护作用。

六、田间设施综合配置

田、沟、渠、路、林等项目的配置必须综合考虑和有机结合。

在旱作区，拖拉机路一般两侧植树，开排水沟，形成一路两林四沟，沟起排水、护林的作用。主要田间路和辅助田间路为减少林带对作物遮阳，道路东西走向时，林带栽在道南，南北走向时，林带栽在道西，但在坡地上，道路应布置在林带上方，以保持路面干燥。在灌溉区，一般拖拉机路与林带设在灌水渠与排水沟之间，这样渠沟位于所服务田块的一侧，可以减少渠、沟与道路之间的交叉工程物，同时林带对路沟渠均起到良好的防护作用。有一路两林两渠两沟的形式，也有一路两林一渠一沟的形式。

主要田间道路由于设在灌水地段上端和下端的不同，一般有如下几种配置形式。

（1）田—沟—林—渠—路—田。道路布置在田块的上端，位于灌溉渠道一侧。采用这种布置的优点是，道路位置较高，不易受水淹；道路另一侧紧靠农田，人、畜、机械下地方便。但道路跨越下一级渠道，必须修建许多小桥或涵洞。林带布置在沟渠之间以及路渠之间，植树的行数根据上述二者间的宽度确定。

（2）田—路—沟—林—渠—田。道路布置在田块的下端，位于排水沟的一侧。这种布置形式的优点是便于灌溉和人、畜、机械下地生产。但由于道路位置较低，雨季易积水，渠、沟靠近，排沟边坡易因渠道路渗水而滑坡。因此，林带应设在渠沟之间，对渠坡予以固定。同时，道路穿过农沟，需要修建较多的桥涵，还要在路旁修建水沟，以防道路被淹。

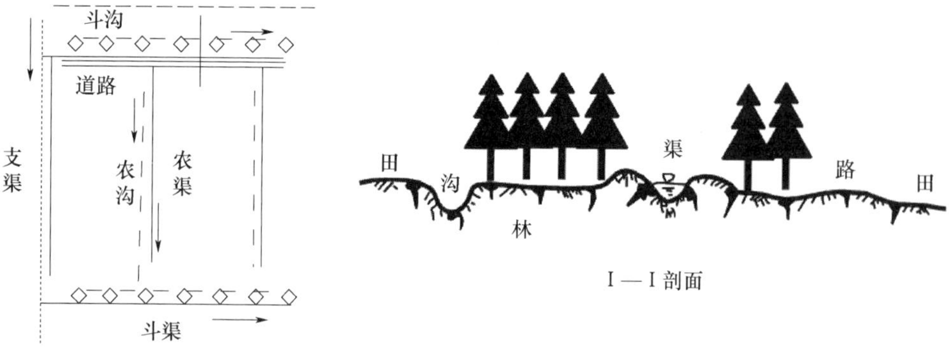

图 9-9　田—沟—林—渠—路

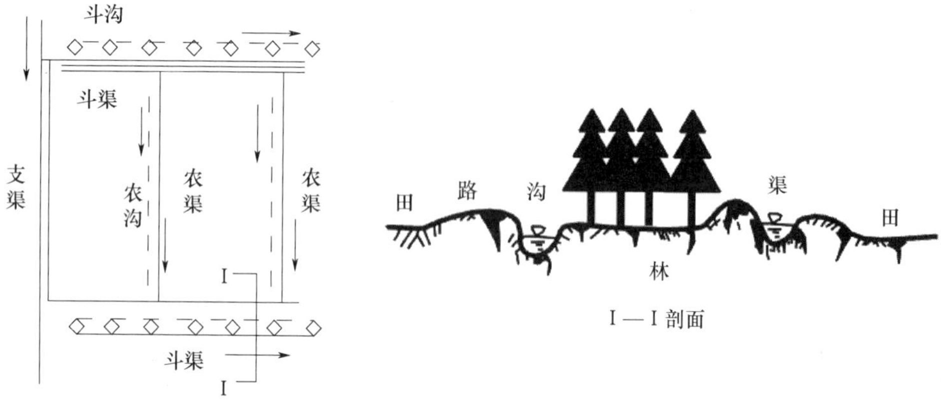

图 9-10　田—路—沟—林—渠

（3）田—沟—林—路—渠—田。道路处于灌水渠和排水沟之间，其优点是道路与下级灌溉排水渠系均不相交，灌排均为便利，但是，由于道路进入田间必须跨越渠道，要修较多的桥涵。另外，以后道路的拓宽也受到限制。植树布置在道路的两侧。

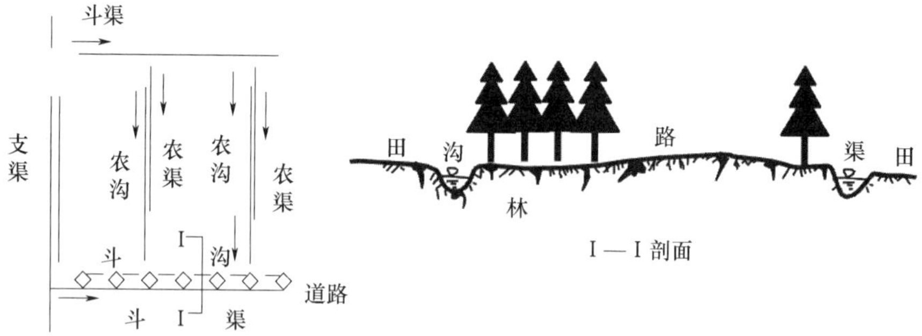

图 9-11　田—沟—林—路—渠

上述三种布置形式各有利弊，具体采取何种形式，要根据当地的具体情况来选择。一般在配制路、沟、林、渠时，先考虑灌溉渠道安排，其次要节省工程量，少占耕地。据有关资料统计，在斗渠级以下的沟渠路占农田基本建设占地12%～15%，为了节约用水和节约用地，今后应大力发展暗沟、暗管排灌和喷、滴灌。

第二节　园地规划

园地是农业生产的重要组成部分，园地包括果树、茶园、桑园、橡胶园和其他经济园地。以下重点介绍果园配置和茶园配置的有关内容，可供桑园、橘园、热带作物园和橡胶园配置时参考。

一、果园配置

随着市场经济的发展，人民生活水平的提高，对各种干鲜果品的需求量将日益增多，大力发展果树与经济树种，对调整土地利用结构，发展商品生产，提高人民经济收入，具有非常重要的意义。

（一）果园用地和树种的选择

1. 果园用地的选择

要把各类果树配置在最适宜生长发育的地段上，配置果园中不同的树种和品种时，应详细考虑它们对气候、地形、土壤、坡位、坡向、地下水位和其他条件的特殊要求。根据果园内各地段的自然条件，将它们配置在最适宜其生长发育的地段上。

不同的果树品种对于用地的要求是不同的，总体来说，选择果园用地要遵循如下一些原则。

（1）在平原区应选择具有良好的排水条件，在丘陵地区，坡度不应超过30°。

（2）坡向依据区域气候特点而定，在北方宜选择阳坡，以便采光增温，在南方宜选择阴坡，以保持土壤湿润；耐旱、喜光、喜高温的树种可配置在阳坡，如桃、杏、柿子等，而苹果、梨最好种在西南坡，如果种植在阳坡，容易发生日灼。

（3）土质条件：土层厚度应在1～1.5m以上，底土宜疏松，以利果树根系发育。

（4）地下水位应距地表1.5～2.0m以上。地下水位太高会影响果树根系的生长发育。

（5）避免风害的影响，切忌将果园选择在风口上。

（6）果园附近有足够的水源，可以供灌溉和其他生产管理之用。

（7）果园要有比较便利的交通条件。

（8）除大型果树农场，或有特殊需要的外，一般果园应尽量利用条件适当，较为零散或居民周围的边角土地，尽量不占或少占耕地。从土地利用的总体安排上，要把较好的土地用作粮食生产，而将果园用地安排在山坡、河滩等地块。

2. 果树树种的选择

我国地域广阔，南北纬跨度大，果树资源丰富。大致以长江中下游河段和秦岭为界，在北纬30°以北主要果树树种有苹果、梨、桃、杏、葡萄、枣、核桃、板栗、柿子、山楂、梅、李、樱桃、银杏、石榴、草莓等。以南为常绿果树带，主要有柑橘、枇杷、荔枝、龙眼、香蕉、菠萝、杨桃、木瓜、橄榄、杨梅、腰果、椰子等。不同树种和品种具有不同的生物学特性，对于气候、环境会有不同的反应。因此，在选择果树树种和品种时应注意选择那些适应当地气候、土壤、地形和水文地质等自然条件，且抗逆性强的优良树种和品种。

（1）适地适树。即选用适合当地的果树品种，考虑是否适应于当地气候、地形、土壤、水文地质等自然条件，如乡土品种或经过试验并证明可靠的引进树种，力求抗逆性强，优质高产。

（2）应考虑市场要求，选择经济价值高的品种栽培。在距城市较近或交通方便的地方，选择的树种、品种，以能满足鲜果长期供应为好。在距城市较远或交通不便的地区，必须选择耐贮藏、耐运输的果树树种和品种。

（3）种植规模和树种类型要适当。从经营性质和销售条件出发，对城郊附近的商品果园和一般自给性果园，果树品种种类宜多样化，以延长水果供应期，丰富人民的生活。对交通不便的商品性果园，应重点选择1～2个树种的3～5个品种为宜，以利实行专业化管理。

（4）注意品种搭配。根据果树的生物学特性选择适当的品种，为异花授粉创造良好的条件，并使早、中、晚熟品种组合适当，既合理利用劳力，又可取得果品市场的优势。

（5）与土地规划其他项目，如绿化、水土保持等项目结合进行，充分发挥果园的效益。

3. 主要果树树种的适生条件

（1）苹果树。

适宜地区——一般冬季有1～3个月低于9℃的低温地区均可种植，海拔高度的限制为800m。

坡度坡向——30°以下的阳坡和半阳坡。终年不见阳光的阴坡不适宜栽种果树。

土壤条件——苹果树对土壤条件要求并不严，但是，土层要深厚，对于过于黏重或砂砾很多的土壤则需要进行挖坑换土。另外，苹果树的抗盐能力弱，但轻盐碱土仍可栽值。地下水位应在地表2.5m以下。造林密度株行距4m×5m，495株/hm^2，成熟年产量18.8t/hm^2。

（2）梨树。

适宜地区——常年绝对温度不低于－30℃的地区可以种植，海拔高度的限制为700m。

坡度坡向——30°以下的坡地均可。

土壤条件——表土深厚肥沃，土质疏松，含盐量不超过0.3%，土壤潮湿但不能积水，对地下水位的要求不严。造林密度株行距5m×6m，330株/hm^2，成熟年产量22.5t/hm^2。

（3）葡萄树。

适宜地区——除过冷和盐碱过重的地区外，一般地区都能种植。

坡度坡向——30°以下的阳坡和半阳坡皆可。

土壤条件——以砂质壤土为宜。耐酸、耐碱、耐瘠薄，抗盐能力强，pH值4～6，地下水位在1m以下皆可。造林密度株行距（2.5～3.5）m×（1.5～2.5）m，1140～2670株/hm^2，成熟年产量7.5t/hm^2。

（4）桃树。

适宜地区——冬季温度在－23℃以上地区，海拔高度一般在400m左右。

坡度坡向——20°以下的背风阳坡为宜。

土壤条件——以排水良好的砂质壤土为宜，避免腐殖质多和黏重的土壤。地下水位要求在1.5m以下。桃树不耐水淹，不能地表积水。pH值应小于8.0。造林密度株行距5m×5m，660株/hm^2，成熟年产量7.5t/hm^2。

（5）柿树。

不适宜－20℃以下地区，海拔高度的限度为250m左右。适宜的坡度为5°～15°，柿树喜光，宜栽植在背风阳坡。对于土壤的要求不严，而且耐旱，以排水良好的黏质土壤或壤土为宜，并要求有一定的土层厚度，盐碱较重的土地或沙地都不宜种植。地下水位要求在1.5m以下，地面不能积水。造林密度株行距5m×7m，285株/hm^2，成熟年产量11.3t/hm^2。

（6）杏树。

适宜地区——适应性较强，一般地区均能栽植。

坡度坡向——30°以下的阳坡和半阳坡皆可，但阳坡比阴坡好。

土壤条件——要求不严，只要盐碱度不高和有一定的土地层厚度即可。杏树最不耐涝，地下水位要求在1.5m以下，地表不能积水。造林密度株行距5m×5m，660株/hm^2，成熟年产量11.3t/hm^2。

（7）核桃树。

核桃树的适宜地区大致与枣树相同。海拔高度可达1000m，30°以下的背风坡、半阳坡。地面不宜积水，地下水位要求在1.5m以下。除重盐碱地外，具有一定土层的土壤均可栽植。造林密度株行距6m×8m，285株/hm^2，成熟年产量7.5t/hm^2。

（8）枣树。

枣树的适应性较强，除过冷地区外均可栽植，特别是大枣。海拔高度可达2000m。适宜于30°以下的背风阳坡。土壤条件要求不严，除强盐碱土外都可栽植，地下水位高低不限，只要能排水即可。造林密度株行距5m×7m，285株/hm^2，成熟年产量10.5t/hm^2。

（9）板栗树。

除过冷地区或石灰质土壤地区外，均可栽植。板栗树喜微酸性和中性土壤，切忌盐碱土，土层要求深厚。海拔高度一般达800m。宜栽于30°以下的背风阳坡。地下水位要求在1.5m以下。造林密度株行距5m×7m，285株/hm^2，成熟年产量3.0t/hm^2。

此外，果树的种类还很多，在规划时必须了解各种树对适生条件的要求，以便做到适地适树。

（二）果园小区设计

果园小区通常指是被道路、灌排渠、防护林所分割的地段。一个果园小区，一般只种一种果树（包括互相授粉的几个品种），是果园生产管理的基本单位。划分果园小区，要让同一小区内的地形、土壤、小气候相近。小区的面积、形状、方向应根据当地的自然条件，因地制宜地确定。

1. 果园小区的设计原则

（1）小区布置达到使道路、林带占地少，从而使果园土地利用率最高。

（2）小区的配置结构便于生产组织管理。

（3）小区的规格与走向有利于提高整体防风效能。

（4）小区的规格与走向要符合水土保持的要求。

（5）小区的形状和边长有利于机械作业。

（6）果园小区的宽度至少为果树行距的 5 倍，以利于品种异花授粉。

（7）在灌溉地区，小区设计应服从灌溉渠系的设计要求。

（8）小区内土壤、气候、光照大体一致。

（9）便于防止土壤侵蚀。

2. 果园小区设计内容

（1）小区的面积。面积大小主要取决于果园规模、地形条件和机械作业程度。可由几十亩到几百亩不等。在平原地区，机械化水平较高的大型果园中，小区面积大一些，面积大小可设计为 3～12hm^2。在山地、丘陵地区划分小区应考虑水土保持、排灌系统、自然割裂情况，一般为 2～3hm^2，在切割程度大的地区可在 2hm^2以下。

（2）小区的长度。小区的长度要兼顾机耕作业和畜力作业两方面的要求，因而边长不可过长，一般以 300～400m 为宜。

（3）小区的宽度。根据沟渠和防风林带确定，还要考虑便于产品运输，一般宽度为 150～200m。

（4）小区的形状。除无风平原地区以正方形为宜外，其他地区均以长方形为宜。这是由于正方形小区有利于双向作业，长方形小区便于配置。在丘陵起伏区，也可沿等高线走向构成宽弯曲形状。

（5）小区的方向。小区的方向应与果树栽植行向一致，在平原区以南北向为宜，以利增加光照和提高温度，在有风害的地区，小区长边方向应与主要害风方向垂直，在地形复杂、坡度较大的山丘地区，小区长边方向应沿等高线布置，有利水土保持。

（三）果园田间工程规划设计

1. 果园防护林配置

果园对防护林带有更加严格的要求，尤其是在干旱、半干旱、高寒以及受主害风侵袭的地区，在果园中必须设置防护林带，以防落果，促进授粉，改良小气候和土壤水分条件。

（1）果园区外围防护林带。果园区外围防护林带设置的目的是果园局部良好的小气候创造条件。一般可栽种行距为 2～2.5m 的速生林带 3～5 行，外侧再辅以灌丛 1～2 行。在山地果园，迎风面的林带要密些，背风面林带可稀些。由于山岭风常与山谷主沟方向一致，所以主林带多顺坡配置，并稍偏向谷口，便于山坡冷空气的排出，故在谷地下部多采用透风结构的林带。

在防护林带与果树行之间，为避免遮阴，一般留出一定的林缘带，保留12～15m的间距，可以减少林带胁地的影响，同时做果园内部道路用，可作为农具转弯的道路。

（2）果园内部防护林网。当果园面积较大时，内部沿小区也可配置防护林，一般果园小区边长和主林带的方向均与主害风方向垂直布置，必要时，沿果园小区的短边设置副林带，并与沟、渠、路的规划相结合。在较大的果园，每隔1～2个小区设置一条主林带，主林带间距应与有效防护林距离一致，一般在150～200m。副林带间距即小区的长度，一般为200～400m。

主林带由5～7行树木组成，副林带由2～3行树木组成，林带结构除果园周围主林带可用紧密型外，为保证园内通风透光的良好条件，其他一般采用疏透或透风型结构。

在陡坡地区，每隔50～100m栽种一行灌丛以利于水土保持。

防护林树种选择上要采用当地乡土树种，适应性强，生长速度快，寿命长，枝多冠密，与果树无共同病虫害，并且要选择有一定经济价值的树种，既能达到防风固沙，改善气候，又能达到增加收益的目的。

2. 果园内道路配置

果园的运输量大，管理费工，合理的道路网配置对果园的管理与运输尤为重要。

（1）平原地区，大中型果园一般设干路、支路和小路三级道路系统，小型果园可不设小路。干路一般设在果园中部，服务于大片小区，呈十字形或井字形分布，外与居民点、公路相通，内与支路相接，通往各个小区，一般路宽以5～6m为宜（两侧加设路肩1～2m）。支路是小区间的道路，服务于货物运输和机耕作业供应线，一般垂直干路，设在防护林两侧（路宽3～4m）。在规模大的小区，为便于小区作业而设置，主要以人行为主，间距50～100m，路宽1～3m与支路垂直。

（2）山地、丘陵果园道路应结合地形条件布置，丘陵地干、支路应尽量设在分水岭上，山地道路应按照地形修筑成迂回盘道，在道路内侧修排水沟，坡降要控制在3%～5%，防止出现冲沟。为节约用地，果园内道路网占地以不超过果园面积的4%～5%为宜。

根据需要设置果园辅助建筑物，包括果园的作业站、工具房、仓库、包装场、给水设施（水池、水井等）、蜂场等。工具房、仓库等应设在果园中心部位，并有干道相通，包装场（堆果场）应在一个小区或几个小区设一处，其面积根据盛果期的产量而定，一般每100t果实需堆果场2亩左右。包装场一般设在小区交叉口的道旁，在山区应选在便于担运、装车之处，为防止果品在堆放中遭曝晒，堆果场应选在蔽阴的坡面上。

养蜂场的配置对果园生产很重要，蜜蜂对促进异花授粉和提高产果率有良好作用。蜂箱离果树越近，产果率越高，养蜂场应分散设在各小区内，每56亩果园至少养蜂1箱。苹果园、梨园最好每10亩养蜂1～2箱。

3. 果园水源及灌、排渠系规划

由于果园移栽树苗，追施肥料、喷施农药及灌溉时，必须确保有充足的水源供给，一般需配置果园灌排渠系，以保证果树在需水时能及时灌溉。平原地区，水源主要靠河流或水井，一般应将水源设置在果园中心位置。大型果园则需设数个水源。

山地果园的水源主要依靠河流、水库或提水灌溉。水源最好布局在果园的上部（水库、蓄水池等），以便自流取水。若不具备建上位水库的条件，可在果园中选适当地点拦洪蓄水，修小塘、小水库或建机站，以动力抽水上山。

灌排系统一般由干渠、支渠和毛渠组成。水从水源通过干渠引至果园，再通过支渠引到小区中，支渠一般沿果园小区短边配置，以利引水灌溉，然后通过灌水沟将水引至果树行间，直接灌溉。灌水沟沿果园小区长边方向布置为宜，干渠比降在 1∶1000 左右，支渠比降在 1∶500 左右。有条件的地区可规划固定式喷灌系统或滴灌系统。

平原果园还应规划排水系统，为节约用地和不影响机械作业，以暗管排水系统为最佳。暗管埋设的深度和间距，根据不同土壤的透水性及地下水位的高低而定，一般深度在 1～1.5m，间距在 12～35m。

果园的排水系统在下述情况下设置：①果园地势低洼，易积水形成土壤过湿或渍涉；②土壤透水性不良或有不透水层；③果园临近江河湖泊，地下水位高；④山地、丘陵地区果园水土流失严重的地方。

4. 果园附属设施的配置

果园附属设施包括给水站、作业站、库房（工具、肥料、农药）、果品库房等。这些建筑的布置应有利于田间作业，便于管理，故应选择在位置适中，对内、对外交通方便的地方。

（四）果树的种植方式

果树种植方式主要指果树株行距、每公顷株数和排列形式。株行距取决于果园小区的形状、方向、坡度、土壤肥沃程度以及各种果树树冠的大小和所需营养面积。果树的排列方式通常有正方形、长方形、棋盘形等几种（图 9-12）。

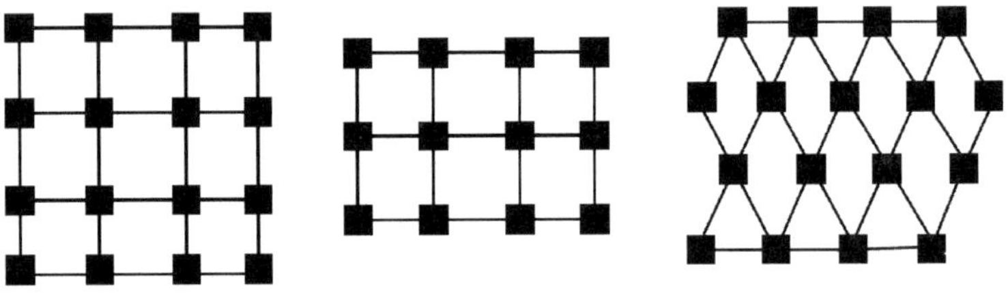

(a) 正方形　　(b) 长方形　　(c) 棋盘形

图 9-12　果树行列配置方式

各种配置方式定植株数计算公式如下：

$$长方形或正方形株数=\frac{种植地面积（m^2）}{行距（m）\times株距（m）} \tag{9-6}$$

几种主要果树的适宜栽植株行距见表 9-5。

表 9-5　果树的适宜栽植株行距

树种	栽植方式	株行距（m）	每公顷株数	备注
苹果	正方形	8×8	150	
		7×7	195	
		6×6	270	
		5×5	405	
	长方形	6×8	210	
		5×7	285	
		4×6	420	
	三角形	—	525	
	双行式	（10+4）×4	360	
		（8+5）×5	300	
		（7+4）×4	450	
葡萄	单篱架	（2～3）×（1.5～2）	1650～3300	
	双篱架	（2.5～3.5）×（1.5～2）		
	大棚架	8×2.5		架长 7～10
	小棚架	12×2.5		架长 7～10
		6×2		架长 5～6
		7×2		架长 5～6
桃		4×5	375～450	平地
		2×6	450～825	山地
杏		（6～7）×（6～7）	375～450	平地
		（4～5）×（4～5）	450～750	山地
李			375～450	平地
		4×6	450～750	山地
广柑		3.6×2.6	1020	平地
		3.3×2.6	1125	山地
广州蜜橘		3×2.6	1245	平地
		3×2.3	1350	山地

在平原地区可采用正方形的果树配置方法，便于纵横向作业，适于大面积机械化作业的平地果园，接收光照条件也较好。优点是果树分布均匀，能得到充分的光照，营养面积也均匀，又便于纵横向的机械作业。适用于风小、地平的大型果园。

按长方形配置时，应使小区长边垂直于主害风方向，有利于改善机械化作业条件和保持水土。长方形种植方式的特点是株距小、行距大，行内实行密植，有利于提高单位面积产量。树行宜沿等高线布置，以利于进行田间耕作。这是一种采用较广的种植方式。缺点是果树的营养面积分布不够均匀。

当坡度超过 4°～7°时，可采用水平沟种植，果树呈棋盘式布置，棋盘形种植的优点是能够充分利用土地，缺点是不利于耕作和通风透光。一般适于小面积陡坡地区。而在山区，坡度超过15°时，最好修梯田种植。

在果园规划中，应因地制宜地选用适宜的种植方式。

二、茶园配置

（一）茶园小区规划

为了便于茶园生产管理，必须将茶园划分为若干个生产小区。在浅丘地区（5°以下），一般不修梯层。小区长度100～150m，宽30～50m。在丘陵地区（5°～25°），为了水土保持，一般采用等高梯层栽植，梯层宽4～20m，长100m左右，小区长边沿等高线设置。

茶树的栽植方式有条植和丛植两种，以条植较好。条植时又分单条植与双条植两种，单条植比双条植的茶树发育好，且便于中耕除草，但双条植防止水土流失较好。

单行条植时，行株距视茶树类型而定。灌木状茶树，行距为1.3m，株距为0.3～0.4m；半乔木状茶树，行距为1.5m，株距为0.4～0.5m。在较陡坡地上必须建筑梯式茶园，为了适应地形和增加株行的要求，行距不必完全相等，可缩小到1.0m或放宽到1.8m。

（二）道路配置

茶园道路一般有干道、支道和步道三种。干道是联系居民点、加工厂、县级公路的主要道路，路宽5～8m。支道主要连接生产小区，路宽3～5m，一般布置在小区边界上。步道是供生产作业、采茶、送肥、运送青叶之用，路宽1～1.5m，茶园道路可按小区规模、茶行作业需要而灵活设置。

（三）灌排渠系配置

茶园一般采用灌排结合形式的渠道网，可采用明渠灌排，也可采用喷灌或地下渠道。灌溉水源可以是小型水库，最好位于茶园以上部位，可以自流灌溉，也可以采用抽水站提水灌溉。在茶园与周围山林交界处应挖截水沟，一般沟宽0.7～1.0m，深0.5～1.0m。干沟可顺坡配置，可修筑成梯级形，既防冲又拦蓄雨水，支沟平行于茶行配置，与干沟垂直，设于梯层内侧，排灌兼用。在等高栽植的茶园，可每隔16～20行茶树设一条支沟。

（四）防护林配置

在茶园四周或内部设置防护林，以减少茶树受旱、受寒和过强的光照，改善茶园小气候，提高茶叶品质。

防护林的宽度一般为10～20m。为了减少阳光照射，调节气温，增加湿度，常在茶园内设置遮阳树，例如在茶园内间作梨树等。据有关研究表明，茶园内遮阳覆盖率以30%左右为宜。为此，一般茶园每隔4～5行茶树种一行遮阳树，树种尽量采用当地有发展前途的经济树木。

第三节 林地规划

林地不仅可提供木材、能源和多种林副产品，还是保持生态平衡的主要组成部分。一般阔叶林在一个生长季里，每天每公顷能消耗1t二氧化碳，生产730kg氧气。按成人每日呼吸消耗氧气0.75kg，排出二氧化碳0.9kg计，每人只需10m^2的森林就可以维持平衡，草地则需50m^2。

一、林地的功能和分类

（一）林地的功能

林地是地球生物量最大的生态经济系统，北方针叶林为300～400t/hm^2，温带阔叶林、亚热带森林为400～500t/hm^2，热带雨林为500t/hm^2，而热带与亚热带荒漠生物量最小，只有2.5t/hm^2，大陆表面的1/3是森林，每公顷的生物总量可达100～400t（干重），为农田或草本植物群落的20～100倍。根据R. H. Whittake的估算，世界林地年初级生产量为10.59×10^7kJ，占整个地球年初级生产总量的49.0%。

林地兼有经济效益、生态效益和社会效益等功能。植树造林是我国的一项基本国策，也是国民经济建设的长期战略任务。据日本林业厅对日本森林生态经济效益的测算结果达12.8万亿日元，我国吉林省环境保护研究所对长白山自然保护区生态经济效益测算结果达76亿元人民币。森林生态系统对气候、土壤、水文等环境因素均有着重大影响。

在森林较好的覆盖下，每公顷每年只流失土壤0.05t；而在没有森林覆盖的地方，每公顷每年流失土壤2.2t。也有人推算，流失1cm厚的土层，在森林中需要8000年；而在裸地上只需3年，在坡耕地上，往往一场大雨就能流失。据估计，地球上的森林每年为人类吸收处理掉二氧化碳数百亿吨，空气中近60%的氧气都来自森林植被。

（二）林地的分类

根据我国森林法把森林分为防护林、用材林、经济林、薪炭林和特种用途林五类用地。

（1）防护林，是利用森林调节气候、防风固沙、涵养水源等有益特性为主要目的的林种。包括水源涵养林、水土保持林、防风固沙林、农田、牧场防护林、护岸林、护路林。树种选择生长迅速、抗风力强、树冠以窄冠型为好，本身具有较好经济价值。

（2）用材林，是以生产用材（包括木材、竹材）为主要目的的森林。用材林是重要的建筑材料，采掘工业的支柱以及造纸的原料。在树种选择时，应注意速生性、丰产性、优质性、稳定性和抗病性等。我国木材需求量大，资源不足，需要大造用材林，对发展林业有着非常重要的意义。

（3）经济林，是以生产果品、油料、饮料、调料、工业原料和药材为主要目的的林种。随着市场经济的确立，从提高经济效益出发，广大地区已逐步将用材林、薪炭林，乃至防护林都用一些经济价值高的林木代替。如河北迁西板栗、宣化葡萄、深州蜜桃、沧州金丝小枣，河北鸭梨、阜平大枣等。

（4）薪炭林，以生产燃料为主要目的的林木。以木为柴是人类的传统习惯，为满足这种对燃料的需求，营造大片林木为薪炭林。有时，薪炭林仅仅作为用材林的一部分，因为所有的林木都可以以其部分不成材作为薪炭用。在林地规划中配置以薪炭用木为主的经济、用材混合林，将是有效利用土地的重要途径。

（5）特种用途林，是以国防、环境保护、科学实验为主要目的的森林和林木。包括国防林、实验林、母树林、环境保护林、风景林、名胜古迹和革命纪念地的林木以及自然保护区的森林。

二、林地的配置

在树种选择和配置时，要考虑造林立地条件、树种生物学特性，还要坚持“兼顾生物、经济”的原则及造林的目的和要求来进行。

为了更好地进行森林经营活动，要划分营林区、林班和小班。营林区要从生产、生活方便，护林防火工作量的大小划定管理范围。其面积大小要依据地形地势、居民点分布情况、树种特性、火险等级、交通条件等而定。其管理半径，以步行最远处不超过 1.5h 路程为宜。其界线最好是结合自然物，如河流、沟谷、山脊等。

林班是营林区内划分的具有永久性经营管理的地段。它是森林资源调查统计的基本单位。通常林班多为两山夹一沟，且以固定道路为界线，其面积一般为 50～200hm^2。小林场的林班面积可在 50hm^2 以下。林班应集中连片，外形力求规整，规划时应对其统一编号。

小班是在林班内根据经营要求和林木特性，划分不同的林分地段（小班）。具体划分应考虑土壤、林种、优势树种、龄级、郁闭度、林型、地位级、出材率、林权等条件。所划同一小班的自然条件应基本一致。小班最小面积应根据使用图纸比例尺大小，以在规划图纸上能明显、准确地反映出来为原则。当使用比例尺为 1∶2.5 万时，小班面积应在 3hm^2 以上。此外，在配置林地时，还应结合道路网及附属建筑物的配置。

道路是开发利用森林资源的基本条件，应根据采伐、集材、营林、护林的要求布置道路网，并与林外道路衔接，尽量做到投资少、服务范围广、平均距离短、运营条件好。

除上述之外，还应布置除望台、防火设施、贮木场、仓库、机械修理站、林业工人居住区和林场、分场办公室、林科站等建筑物。

（1）防护林的配置。防护林因防护的对象和作用不同而密度不同，其配置要求各异。如农田防护林要求一定的结构和透风系数，应具有寿命长、生长稳定、速生、树形高大、冠幅紧密、少病虫害而与农作物又没有相同的病虫害等特点；而水土保持林、沟谷防护林等则要求根系发达、生长迅速、落叶丰富易分解、耐干旱贫瘠、适应性强等特点，地上部分也很密以防雨滴击打和径流冲刷。

（2）用材林配置。用材林又可分大径级用材林和小径级用材林。树种选择，一般多选用速生、丰产、优质树种，如落叶松、杨树、泡桐、刺槐、水杉、马尾松、杉木和竹类等。落叶松立地条件：1000m 以下山地、丘陵，喜欢酸性、较湿润肥沃的土壤，最耐寒，喜光，适宜在我国东北、西北、华北、西南等地区生长。马尾松可在 1000m 以下山地、丘陵、酸性、干旱、瘠薄的土壤中生长，对气候要求不耐寒，喜光，耐风，一般在我国淮河以南种植。泡桐可在平地、轻砂地、石灰性、湿润肥厚、耐旱、不积水土壤中生长，不耐寒，喜光，在我国华北、华中地区适宜种植。水杉可在山脚，溪边的酸性、中性，湿润的土壤中生长，不耐寒，喜光，在我国华中地区适宜生长。杉木可在 1500m 以下山地、丘陵，酸性、湿润肥厚的土壤中生长。喜温喜湿，怕风怕旱，在我国淮河秦岭以南适宜种植。刺槐无论在平地、砂地、黄土丘陵、低山均可生长。对土壤适应性广，很耐干瘠，耐寒，喜光，在我国西北、华北、西南地区适宜种植。

（3）薪炭林的配置。薪炭林要求高密度和较高的生物量。薪炭林应选择生长迅速、森林生物产量高、樵采周期短和易于繁殖的树种，最好是有多种用途的树种，即除作薪材之外还可提供饲料、肥料（指绿肥）、木料和其他林副产品。密植能充分利用太阳光能和土地潜力，从而提高林分群体的生物量，充分利用空间，以促使树木的干枝向燃料价值高的干材增加（即营养多存于树干，少生枝叶），从而提高薪炭林的质量，薪炭林密度在 400～1000 株/亩之间。薪炭林应选择适应性强，对旱、热、冷、瘠、湿、偏酸、偏碱等不良的立地条件有较大的忍耐性的树种。最好选用豆科或非豆科可改良土壤条件的树种，具备发火力强，燃料价值高，燃烧时不发生火花或有毒气体和有刺激的树，根据不同的立地条件，北方可选择油松、河北杨、刺槐、沙棘、胡枝子、柠条、径柳、紫穗槐、辽东砾、臭椿等；南方地区可选用马尾松、枫香、砾树、木荷、胡枝子、紫穗槐、黄荆等，而南方滨海地区可栽植大相思树、大麻黄和新银合欢等。

（4）经济林的配置。经济林以生产果实、树脂、工业原料、木本粮油等为主要目的的林木。种植密度不宜过大，特别以取果实（如油茶、油桐、乌桕等）为目的的林分，应以树冠发育程度最大来确定其密度，如漆树 30～60 株/亩，油茶 70～80 株/亩，千年桐 10～20 株/亩，三年桐 50～60 株/亩，乌桕 15～20 株/亩最为适宜，使树冠得到充分的光照条件，以保证丰产。

（5）环境保护林和风景林的配置。风景林与公园绿地具有创造优美的环境和净化空气的作用，要选择对污染抗性强且能吸收污染气体（SO_2、NO）的树种，如臭椿、榆树、槐树、白蜡、加扬、重柳、紫荆、紫藤、木槿、丁香等。对于疗养、风景区要选择发叶早、落叶晚（常绿最好）、树形美观、色彩鲜明（花果艳丽或以叶代花树种），能挥发具有杀菌能力分泌物的树种，如大部分松属、桉属树。通常在干道两旁栽植高大、浓荫的行道树，环园可栽用材林或果树林，合理搭配常绿树与落叶树，乔、灌、草结合，药用树与果树，观叶树与观花树结合，做到花美叶盛，四季争妍，景色宜人。一般树种有雪松、银杏、玉兰、女贞、梧桐、合欢、樟树、楼树等；南方还有木棉、榕树、南洋杉、棕榈等。

各种树对立地条件（地形、土壤、水文、植被等）要求不同，不仅表现在气候带、海拔高程，而且同带、同高的地方，还有坡向、坡位、土壤差异之分，必须把大小环境条件与树种的生态习性紧密结合配置。如毛竹要求在长江流域山区肥沃疏松的酸性土中生长，立地应背风向阳，三面环山，35°坡以下的山地或平地，土层要厚，排水要好，砂质土壤或黄泥土为好，最忌低洼积水地，忌风吹、雪压、水泡。

第四节　牧草地规划

一、牧草地规划的内容

牧草地是指野生或人工种植草本牧草达 5 年以上可供放牧牲畜的土地。全世界牧场草地的总面积达 $3.155\times10^9\,hm^2$。牧草地是发展草地牧业的物质基础，畜牧业是通过动物养殖生产动物性产品的行业，养殖对象主要是畜和禽。畜牧业提供肉、奶、蛋等动物性产品，以及毛、皮革等工业原料，同时还提供役畜、赛马等为人类服务。

近 40 年来，中国畜牧业发展迅速，畜禽存栏总数和肉、蛋、奶产量逐年增加。目前我国的马、山羊、绵羊的存栏总数居世界第一，截至 2018 年，全国肉类总产量为 8517 万吨，禽蛋产量 3128 万吨，居世界第一。

草地牧业生产过程中受许多因素的影响，包括自然条件（如地貌、气候、土壤等）、植被（如牧草种类、毒草等）、动物（如牲畜种类、习性、野生动物等）、草地管理（如放牧制度、割草制度、草地建设、草地改良、牧草贮藏等）各方面的因素，只有使这些因素间相互协调，形成良性的草地生态系统，才能促进草地牧业的顺利发展。但由于自然灾害、人为破坏和过度放牧，常引起草地退化，使适口性植物长势弱，优良牧草减少，杂草增加，如继续过度放牧，就会导致植物死亡，地面裸露，产生土壤侵蚀。而适当放牧可刺激牧草分蘖，促进牧草生长，家畜粪便撒布于草地，可以增加土壤肥力；此外，科学的管理，增加投入，解决草地供水、灌溉问题，规划牧道以及改良草地等措施都能促使牧草生机旺盛，不断满足牲畜所需要的草料，形成良好的有生产力的草原生态系统。

1. 确定适宜的载畜量

草地载畜量是单位面积草地所能饲养牲畜的头数。载畜量的多少直接影响草地利用状况。载畜量过大，势必造成过度放牧使草地退化；载畜量过小，又会浪费草地。从每头牲畜和每公顷产品与载畜量的关系可以看出，在载畜量低、放牧不足的情况下，牲畜可能充分挑食优良牧草，个体生长快，每头产品量高，但每公顷的产品量低。随着载畜量的增加，每公顷产品量上升，但每头牲畜产品量下降。当载畜量过大时，由于过度放牧，每头牲畜和每公顷产品均急剧下降，只有在载畜量适当、最适度放牧时，才会出现最高产量。

2. 确定适宜的牧草可利用率

牧草可利用率是指在适度放牧条件下允许采食的牧草量，占总牧草产量的百分率。

$$可利用率=（允许采食的牧草量/牧草总产量）\times100\% \tag{9-7}$$

牧草可利用率可以保护牧草提高生机，但牲畜在牧场上的实际采食往往数量不定。实际采食牧草的数量叫采食率，当采食率大于或小于可利用率时，表现为放牧过重或过轻；当采食率接近可利用率时，则放牧适当。

$$采食率=（采食量/牧草产量）\times 100\% \quad (9\text{-}8)$$

牧草可利用率要根据牧草种类、地形情况、水土流失程度、放牧制度、牲畜种类、利用季节、草地类型来确定。

3. 确定适宜的放牧时间

适宜的放牧时间是指草地适宜开始放牧到结束放牧为止的时期。过早或过晚放牧都会影响牧草的生长。一般来说，根据牧草种类和土壤水分状况以及牧草贮存越冬养料或草籽成熟的需要来确定适宜的放牧时间。例如禾本科牧草为主的草地，在禾本科牧草开始抽茎时开始放牧，而在生长季结束前30天停止放牧为宜，但是由于牲畜对饲草的需要要求全年都能均衡供应，往往在适宜放牧以前的时间内也不能停止放牧，所以应采取多种措施，如收割干草、延长放牧、结合补饲等办法，减轻对草地的压力，满足牲畜对饲草饲料的需要。

4. 控制牧畜采食后牧草的剩余高度

牲畜采食后牧草剩余高度应适中，若采食过低，虽然牧草的采食率高，但牧草的再生力受到影响，故既要充分利用牧草，又要保持牧草的生机。

不同草地牧草的生长习性不同，季节不同，生长状况也不同。不同牲畜的采食习性有差异，应区别对待。一般来说，多年生草地放牧后剩余的高度以5～6cm为宜。

5. 建立合理的畜群结构

确定畜群结构要根据当地的草地、气候、饲料、经营管理水平、市场需求等条件来考虑饲养牲畜的种类、品种的搭配，以及同类牲畜中种公畜、繁殖母畜、肥育畜及幼畜占的比例。这样有利于草地的充分利用，便于家畜的饲养管理。不同的牲畜利用植被的方法是不同的，其对牧草的适口性、采食高度均不相同，所以混合放牧可以提高草地利用率。此外，可根据草地条件的差异，配置不同畜群。合理的牲畜分布，要求能把牲畜均匀地分布在放牧区域内，以便能均匀地利用草地，避免牲畜集中到水源附近和优良牧草多的地方。为避免局部过度放牧，组织放牧时要采取相应的措施，如分区围栏，恰当布置供水、供盐的地方，及时更换营地，修筑牧道等，都有利于轮牧制的实施，合理安排牲畜的分布。

二、牧草地规划设计

（一）季节性牧地的划分

季节牧地的划分应根据草地上气候变化、草层的生长和枯萎时间、经营习惯和管理水平等确定。一般可分为两季（夏秋、冬春）、三季（冬、春秋、夏）、四季（春、夏、秋、冬）。如草地面积不大、牲畜又多，可划分两季牧地。

一般冬天寒冷、时间又长的地区，冬季牧地占的比重就大些；而夏季牧地，草层生长旺盛，其比重可相对小些。例如，内蒙古草原季节牧地的划分原则是"夏放梁，冬放洼，春秋两季放沟汊"。具体划分季节牧地应满足以下要求：

（1）冬季牧地。应配置在低洼、避风、向阳的地方，且要求植被覆盖度大，植株较高，不易被雪埋没，距离居民点、割草地、饲料地和基本牧场较近，减轻饲料运输压力，从而保证受灾时补饲比较容易。有较好的水源，并有一定的棚圈防寒设施。总之，应把条件较好的草地留在冬季。

（2）春季牧场。配置要求与冬季牧地相近，同时地形开阔、向阳、风小、植被萌发早。

（3）夏季牧场。配置在地势较高、通风凉爽、蚊蝇较少的地方，如高坡、台地、梁地等，且有可靠水源。这些地方的植被只有在夏季生长旺盛，此时不利用，其他时间更难利用。

（4）秋季牧场。配置在地势较低、平坦开阔、植被茂盛且枯黄较晚的草地上。

在配置季节牧地时除考虑上述要求外，还应按轮牧顺序相邻配置，尽可能使草地集中连片，外形规整，使各季节牧地界线分明，最好配置在整个坡或整个滩上，避免重牧现象，便于管理，各季节牧场便于畜群转移。

（二）放牧地段的布局

各种牲畜及同种家畜的不同品种、性别、畜龄、产品率的畜群，其生活习性和管理方式不同，对放牧地的要求也不尽相同。因此，在放牧地配置时，应首先进行畜群规模的确定，其次计算放牧地面积，最后为各畜群配置放牧地段。

1. 畜群规模的确定

由于不同畜种、畜龄的牲畜对放牧饲料的数量和质量要求不同，各种牲畜的放牧制度也不同，因此，必须把畜群编组，然后根据不同的特点划分不同的放牧地段，并予以固定。

放牧期畜群组成及规模大小考虑以下条件确定：

（1）畜牧场规模。

（2）牲畜的性别、年龄和生产力水平。

（3）畜牧场的组织、管理水平。

一是单纯畜群编组，即同一种牲畜按不同的品种、性别、畜龄、产品率来划分畜群；二是混合编组，即把各种牲畜组成一个畜群。前者适用于一般的划区轮牧及不同畜群的更替放牧方式；后者适用于混合放牧的方式，其目的是更充分利用草层，但管理不便。畜群规模应根据牧草地的生产力高低、饲养管理水平、牲畜种类、总头数、性别、畜龄及生产能力来确定。一般来说，大牲畜的畜群规模要小些，而小牲畜可大一些；平坦牧地畜群头数可多些，山地牧地要少些。畜群规模参见表 9-6。

表 9-6　各种畜群规模

牲畜种类	畜牧规模
乳牛	＜100 头
犊牛	58～80 头
1 岁以上小牛	100～150 头
育肥牛	100～150 头
繁殖母马	80～100 匹

续表

牲畜种类	畜牧规模
2岁以上成年马	100～200匹
马驹	50～80匹
带羔或怀孕母羊	200～300只
去势羊	600～700只
粗毛羊	500～600只
细毛羊	200～300只
羔羊	700～1000只

2. 畜群放牧地段面积的确定

畜群放牧地面积的大小应能保证畜群所需的饲草量。具体计算公式如下：

$$放牧地段面积（hm^2）=\frac{牲畜头数\times放牧天数（d）\times每头牲畜每日食草量（kg/头）}{单位面积草地的产草量（kg/hm^2）\times可利用率} \quad (9\text{-}9)$$

公式中各项参数的确定原则如下：

（1）根据季节牧场的始牧期和终牧期来确定放牧天数。过早放牧不仅会损害牧草的生机，影响其再生力，而且在刚刚解冻的草地上放牧还会破坏草皮。过迟放牧会造成牧草粗老，降低其营养价值。根据一般情况，季节草地在生长期内的始牧期，以牧草萌发后15～20d为宜，也可根据牧草的高度判断。

（2）每头牲畜每天食草量与牲畜的种类、饲养方式有关，当牲畜可以得到部分青储饲料和其他多汁饲料时，每天需要的食草量相应减少。

（3）可利用率、牧草轮作的影响，在实行牧草轮作的地区，不是所有的草地都参加放牧，其中有部分草地处于非放牧休闲状态。这一因素在确定放牧地段面积时不能忽略。

3. 畜群放牧地段的配置

（1）根据不同畜群对牧草的要求，配置相应的放牧地段。①牛群：牛喜食带甜味多汁的禾本科、豆科和杂草类，也觅食各种矮小杂草和灌丛草，最适宜在草层密度大、具有中等高度的草甸草地上放牧。牛在较平坦的坡地和坡顶，采食率达80%，而在陡坡上会下降到20%左右，故配置在平坦地最为适宜，不宜安排在有陡坡的放牧地。②羊群：羊的喜食范围较广，比其他牲畜更能利用低矮牧草。羊利用坡地的能力较强，尤其是山羊在陡坡上仍能采食，适应地形崎岖的地形，对水源要求也较低。但细毛羊不喜跋涉，对粗硬牧草的采食率低，应安排在较好的草地上。但羊不适宜在低洼潮湿的地方放牧，易感染疾病。③马群：适于平坦宽阔或略有起伏的丘陵地，起伏过大或低湿草场均不适于马的放牧。对牧草的质量要求较严，适宜马的草类应为中高型禾草及豆科草。与水源的距离可较远（可达10km）。配置畜群放牧地段时，应首先满足乳牛的要求，其次是牛犊、马，再次是细毛羊，最后是山羊。

（2）配置放牧地段应考虑的因素。放牧场应尽可能有多种植物，以延长放牧期和保证饲草供应的均衡性。不同季节放牧地段不能相距过远；放牧地段应尽量相对集中；放牧地段应顺坡布置，以便每个放牧地段内植被的类型多样，减少地表水下流导致病菌传染；土质黏重、土壤过湿、有机质含量高的土壤易受病源感染，不宜放牧；天然放牧地应尽量靠近水源、畜舍、饲料轮作地，以减少牲畜移动。

（3）考虑水源、定居点、畜圈的位置。每个畜群放牧地段应与水源、定居点、畜圈有方便的联系，且具有独立的水源，以减少驱赶距离，避免传播疾病。各种牲畜的有效经济驱赶距离见表 9-7。

表 9-7 牲畜的有效经济驱赶距离

牲畜种类	有效经济驱赶距离（km）
1 岁以上幼牛	2.5
乳牛	1～1.5
牛	0.5～1
马	4～6
骆驼	4～5
羊	2.5～3

（4）在有人工饲料地时，天然放牧地应与之相邻配置，以便综合利用，减少驱赶距离和运输费用；在地形平坦处，畜群放牧地段尽量设计成集中连片的规整的长方形或方形，以便进一步设计轮牧小区；在地形割裂的地方，放牧地段界线应与自然界线相结合。

（三）轮牧小区的设计

轮牧小区是畜群放牧地段内进行轮牧的基本单位。在放牧地段内划分轮牧小区并按一定的轮换顺序采用不同的放牧时间和利用方式。划区轮牧有利于减少牧草浪费，节省草原面积，可以改进植被的成分，提高牧草的产量和品质，增加畜产品的数量，便于家畜管理，防止病虫害。

1. 轮牧小区的数量和面积

轮牧小区的数量和面积大小取决于草层恢复期限、轮牧周期长短、小区放牧天数、放牧频率、草地生产能力、放牧季节、畜群种类、割草和休闲的小区数等因素。

$$\text{轮牧小区数量} = \text{轮牧周期} \div \text{小区放牧天数} + \text{休闲或割草小区数} \tag{9-10}$$

$$\text{轮牧小区面积} = \text{畜群放牧地段面积} \div \text{轮牧小区数量} \tag{9-11}$$

式中，轮牧周期指在同一放牧地段的小区相邻两次放牧间隔的时间，以天数表示。轮牧周期长短取决于牧草更新的速度，牧草再生速度快，轮牧周期就短，反之则长。牧草再生速度因土壤、气温、雨量、植被种类不同而异，一般轮牧周期为 36～40d。

小区放牧天数的确定，要考虑不同季节牧草的生长速度、牲畜习性的差异。牧草在生产旺盛时期每天可生长 1～1.5cm。其次，在小区连续放牧，应使家畜免受寄生虫病的感染，家畜放牧天数应在可能产生感染之前转移。综合上述要求，一般认为小区放牧天数应不超过 6d。在非生长季节或干旱荒漠草原，小区放牧天数不受此限制。

放牧频率指在一个放牧季节内每个小区重复利用的次数。轮牧周期长，则放牧频率低，反之则高。

轮牧小区的面积一般不能低于以下规模：

100 头乳牛群的轮牧小区面积：4～6hm²；

600 只绵羊群的轮牧小区面积：5～7hm²。

2. 轮牧小区的形状与规格

（1）形状：轮牧小区的形状以矩形最为适宜。

（2）规格：轮牧小区的规格指小区的长度和宽度。

① 宽度：应按畜群横队前进放牧的宽度来确定，即根据畜种头数及每头牲畜在放牧中应占的宽度来确定。为了使牲畜在往返过程中能采食新鲜牧草，小区的宽度应是单程放牧宽度的两倍。每头牲畜放牧时所需最小宽度见表 9-8。

表 9-8　每头牲畜放牧时所需最小宽度

牲畜种类	每头最小放牧宽度（m）
成年牛	1.5～2.0
1～2 岁犊牛	1.0～1.25
1 岁以下犊牛	0.5～1.0
母牛	0.4～0.5
未孕羊、处女羊、去势羊	0.3～0.4
成年马	1.5～2.0
猪	0.5～1.25

② 长度：小区的长度应与牲畜每天往返行走的适宜距离相适应，同时考虑小区长度应与牲畜两次饮水、挤奶、休息时间间隔吻合。也可以按下式进行计算：

$$L=\frac{ST}{2} \tag{9-12}$$

式中，L 为小区长度；S 为畜群放牧时行走的速度，乳牛为 400m/h，羊为 350m/h；T 为昼夜几个主要时间内放牧时间的长短。

3. 轮牧小区的配置

在配置轮牧小区时应考虑草层的特性、地形、风向、水源、野营和牧道的位置，具体考虑如下几个问题（图 9-13）：

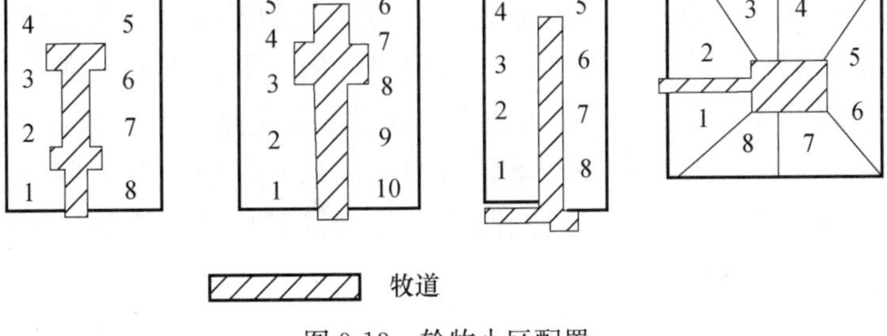

图 9-13　轮牧小区配置

1～10—牧区

（1）轮牧小区应配置在同一类型的草场上，避免牲畜在采食中挑选喜食的牧草，而影响草地的质量。在坡地上应长边沿着等高线配置，使之处于相同的坡向与坡位上，小区内草层生长一致，而且横坡配置也避免牲畜上下坡采食消耗过多能量，且有利于保持水土。

（2）小区的配置要考虑光照、风向对放牧的影响。在放牧时要避免阳光直射家畜的眼睛和因风而影响家畜的进食速度，所以在夏季牧场上，最好将小区长边按东西向配置，使小区短边与畜道走向结合，畜群移动方向最好与主风向相垂直，并尽量避免畜群逆光行走。

（3）小区的配置应与水源、畜圈保持最近的距离，并有良好的牧道相通，以缩短驱赶距离。为此，在配置小区时，应将轮牧小区的短边朝向水源与畜圈，但应避免以水源和畜圈为中心向外呈放射状布置。这样会使水源附近遭到过度放牧，草层退化。

（4）若以河流为饮水水源，则应使小区的放牧顺序自下游向上游排列，以避免河水污染。

（5）各轮牧小区之间应设牧道联系。

（6）小区界线应尽量与自然地物为标志，有条件地区应设置围栏。

（四）割草地规划

割草地是牧草地利用的又一重要方式。秋季产草旺季时打草并加工成青饲料、干草或干草粉加以贮存，以供冬季使用。

根据割草地的总面积、轮割制度、地形条件、草地改良等条件划分数个轮割区，其间面积尽量使之相符。要使轮割区与放牧地、牲畜棚圈有方便的道路联系。

1. 割草地的选择

首先要求草地植株生长旺盛，茎杆高大，且草质好。所以一般以根茎性或繁丛性上疏禾科草类或高大丛生的豆科草类以及上述草类的混合型为好，杂草类在干燥过程中枝叶易脱落，不易调制成良好的干草，其占草地的草类比率以不超过10%为宜。作为割草地，还要求植被的再生能力强。从地形看，地势低平，土壤水分条件较好，集中连片，障碍物少的低洼地草地、河滩草地、河谷地和排干的沼泽地都可以。配置割草地，这些地方牧草生长好，又便于管理和机械割草。

2. 确定轮割制度

用轮作的方式每年轮换利用和管理割草地，调节各地段的割草时期，放牧与割草相结合叫作轮割制度。割草地如果连年在同一地段同一时期割草，就会限制根部的正常生长、茎叶的发育和种子的形成，从而导致草地和产草量下降。为此，要设计轮割区和轮割地段，在一个轮割区内一般要设计4～6个轮割地段。割草地轮割制度是按一定顺序逐年变更收割时间、收割次数、休闲与培育措施等，这种制度有利于草地植物积累足够的营养物质和形成种子，能改善生长条件，保持草地的生长。

割草地轮割制度因各地自然和经济特点的不同而异，例如在条件较好处，按照牧草的发育阶段及培养草场的要求，轮割制度中包括以下环节：休闲、抽穗期收割、始花期收割、盛花期收割、结籽后收割。

3. 轮割区的划分

轮割区是轮割制度的基本作业单位，可按割草地的总面积、轮割制度、地形条件、割草的机械化程度、草地改良和保护的要求、劳动组织等条件划分为几个轮作区，各轮作区的面积应基本相等，以保证每年获得均衡的产草量。割草场的外形应力求规整，边长应能适应机械作业的要求。轮割区内草层的类型应基本一致，以便于在同一时间内打草，各区与放牧地、牲畜棚圈应有方便的道路联系。

4. 贮草场的设置

牧草收割后经自然风干，含水量降至50%以下，可就地堆放，降至15%和17%时，可长期贮存。从割草地收割的青草，其主要利用方式之一是调制干草，贮存起来以备冬季饲草的不足。调制干草的方法简单，成本较低，便于长期大量贮藏，而且干草所含营养物质比较全面，在保证牲畜越冬上具有重要作用。因此必须正确地规划贮草场，选择场址，确定占地面积，进行贮草场的内部布局。

（1）场址的选择。

长期贮存干草的场所应选在接近畜圈的地方，有道路联系，运输方便，地势干燥、平坦，排水良好，以防干草受潮变质。贮草场要特别注意防火防潮，应设在背风处，四周设围栏，围栏外侧挖沟并种植树木。

（2）贮草场占地面积计算。

贮草场的占地面积可按下列方法估算：

① 确定草堆的形状和规格，计算出草堆的体积。草堆一般有长方形和圆形，堆顶有圆顶、平顶和尖顶等，其规格大小可视具体情况而异。一般长方形草堆的宽度约5m、长度约20m；圆形草堆通常直径约5m，根据草堆的形状和规格，即可计算出每个草堆的体积。

② 实测单位体积干草的质量和草堆总重。单位体积干草质量因收获期的不同和堆放期的长短而不同，干草越密实，其质量就越大。根据草堆体积和单位体积当量即可求得草堆的干草总量。

③ 计算草堆数。根据总的干草需要量和一堆干草的质量即可求得所需草堆数。

④ 根据草堆的占地及间距、草堆与外围的间距和附属设置的占地即可估算出整个贮草场的占地面积。草堆周围应挖泄水沟（宽40cm、深30cm），堆放场围栏外侧应挖壕沟，种植树木。

（3）贮草场内部配置。

一般草堆呈行列状布置，两相邻草堆相隔5m左右，前后两个草堆之间的间距应不小于30m，草堆与贮草场棚栏之间应保持距离在15m以上。草场内要设置贮水池和消防用具及管理人员住房等（图9-14）。

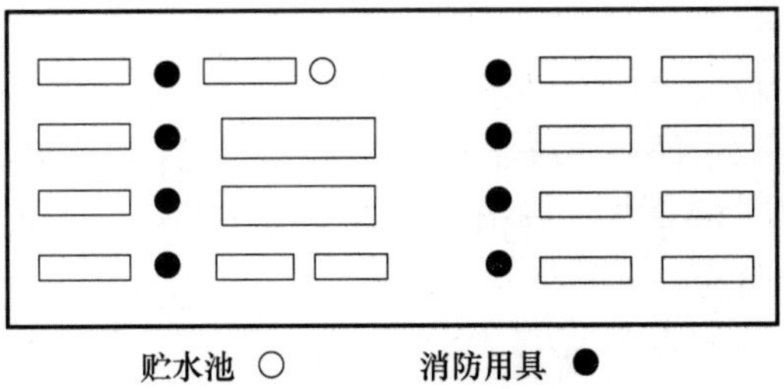

图9-14　贮草场内部配置

第五节　水产用地规划

水产养殖是在人为控制下繁殖、培育和收获水生动植物的生产活动，分淡水养殖和海水养殖。包括养殖鱼类、甲壳类（虾、蟹等）、贝类、藻类、头足类等，为人类提供了丰富的水产食品和其他工业原料。水产品是人类蛋白质食物的重要来源，人类食物蛋白质中有 6%、动物性蛋白质中有 17%来自水产品。鱼类的营养价值很高，如鲤鱼肉含水分 79%、蛋白质 18.1%、脂肪 1.6%、碳水化合物 0.2%。另外，水产品还有矿物质和丰富的维生素 B_1、维生素 D 和维生素 A 等。

我国淡水养殖历史可追溯到公元前 11 世纪，公元前 5 世纪我国就有《养鱼经》问世。海水养殖也有悠久的历史，宋代已有人工培育珍珠，养牡蛎、藻类的记录。据新时代渔业发展趋势研讨会暨《中国水产养殖：成功故事与发展趋势》发布的数据，我国渔业产量大幅度增加，人均水产品占有量大幅度提高。1950 年，中国渔业产量约 100 万吨，占世界 6%，养捕比约为 8∶92；2016 年总产量达 6900 万吨，占世界近 40%，养捕比为 75∶25，水产养殖产量占世界 2/3；1950 年，中国人均水产品占有量仅 1.7 千克，世界人均水产品占有量 7.7 千克；到了 2015 年，中国人均水产品占有量达 48.7 千克，为世界人均水产品占有量 23.8 千克的两倍。我国拥有广阔的海域和纵横交错的内陆江河以及星罗棋布的湖库池塘。近海水面约有 1.5 亿 hm^2，其中可供养殖的浅海、滩涂约 0.0133 亿 hm^2，内陆水面约 0.27 亿 hm^2，其中河流约 0.12 亿 hm^2，湖泊约 0.08 亿 hm^2，池塘水库约 0.067 亿 hm^2，是世界上水面资源较多的国家。

一、水产用地的分类

（一）水体资源类型

（1）按水体形成可分为两大类：

① 自然水体，如江河、湖泊、沼泽、海涂等；

② 人工水体，如水库、池塘、水田等。

（2）按水体运动方式不同可分为三类：

① 流动水体，如河流；

② 静态水体，如湖泊、池塘；

③ 半流动水体，如水库。

（二）水产用地类型

按水体资源类型，将水产用地划分为两类：

（1）天然水产用地，指近海、海涂及内陆江河、沼泽等，主要采用天然捕捞方式。

（2）养殖水产用地，指水库、湖泊、塘堰、人工鱼池、水稻田、人工海水养殖区等，主要采用人工养殖方式。

二、人工养殖场配置

人工养殖场种类繁多，包括养鱼、饲养珍稀水产品（如龟、鳖、鳝、虾、蟹、河蚌育珠等）、栽培水生植物以及进行海水养殖（贝类、海藻、鱼虾等）。

（一）人工养鱼场配置

1. 场地选择

人工鱼池的用地选择应具备以下几方面条件：

（1）水源充足，形成有利于注水和排水的良好条件。只要对鱼无毒害的水，一般都可以使用。例如河流、湖泊、水库和地下水等均可使用。但是，水源必须有稳定性，要防止有毒污水、有害矿水、酸性或碱性过大的水流入池塘。

（2）水质要好。水是鱼类的生产环境，也是鱼类天然饵料的生产基地，水质的好坏，直接影响着鱼的产量。鱼类对水质的要求：水温为25℃左右；酸碱度pH值为6.5～8.5；每升含溶解氧量3mg以上；透明度宜在25～40cm。

（3）交通和供电方便。交通与养鱼有着密切的关系，以有利于鱼种、饵料和成鱼的运输，降低成本。饲料加工、水泵运转及人工管理都需要电力，因此供电应该方便。

（4）土质适宜建池。一般来说，砂土透水性强，壤土和黏土保水性强，修建鱼池以壤土最为适宜。用作养鱼的地面宜稍向东南方向倾斜，这样接收太阳光直射的面积大，光照强，池内水温上升快，有利于鱼类的生长和水中天然饵料的繁殖。在夏季受东南季风的影响，水面容易波动，增加池塘的溶氧量，有利于鱼类的生长。

（5）地形宜建池。平坦开阔为好，但不要占用农田，应充分利用废弃低洼地。

（6）注意防洪安全。按25年一遇标准来考虑防洪安全，并具备排洪措施。

2. 鱼池的布局

鱼池的配置一般有阶梯式和水平式两种形式。

（1）阶梯式。适用于倾斜的地面，即将鱼池呈阶梯状排列。其优点是可充分利用水源，同一水源可流经各处；其最大的缺点是：一旦上段鱼池发生鱼病，就会很快传染到下段鱼池，严重时甚至使鱼全部死亡。克服的办法是采用分池送水、排水的方法，以防鱼病传染。

（2）水平式。就是将鱼池水平排列，适用于较平坦的地面。其特点是水源分别流入各池，互不相干，虽用水稍多，但不易传染鱼病。

鱼池的形状一般以长方形为宜，长宽比约为2∶1或3∶2。这种结构的优点是池塘遮阳小，鱼池的日照时间长，有利于浮游生物的光合作用；夏季多东南风和西南风，水面起波，自动增氧，减少鱼的浮头；另外，管理方便。池埂是鱼池的四壁，具有蓄水和防鱼潜逃的作用，埂宽2～2.5m，坡度一般为1∶2，如埂坡坚实，也可采用1∶1或1∶1.5的坡度。

鱼池的大小与深浅，应根据鱼类的不同生长发育时期和生产管理的要求来确定。鱼池的面积不宜过大或过小。面积过大，操作困难，管理和投饵不便，一旦发生鱼病损失过大；而面积过小，不仅浪费土地（池数多，池埂和空地就多），增加操作次数，水质也不够稳定。一般产卵池（水深1～2m）、孵化池（水深2m）的面积以333.3～666.7m^2为宜，鱼苗饲养池（水深1～1.5m）面积666.7～2000m^2，鱼种饲养池（水深1.5～2m）面积2000～3333.5m^2，成鱼池（水深2.5～3.5m）面积可以在6666.7m^2以上。面积和长宽比确定之后，就可以计算出鱼池的长度和宽度。

鱼池的深度，按其作用的不同而异。鱼苗池一般在1.5～2.0m，鱼种池为2～2.5m，成鱼池在3m左右，可确保鱼类越冬。池底较平坦，形如龟背，并稍向水口倾斜，这样捕捞、清池时，可将池内的水全部排尽，增强阳光照射。如果是产卵池，则池底常铺有8～12cm厚的砂砾以使水质澄清。鱼池结构含水口、滩脚、食场等。

3. 养殖场房位置的选定

（1）养殖场的办公室、实验室、职工住房等场房，应设在养殖场的中心位置，并保证有公路相通，便于饲养管理。

（2）亲鱼池。产卵池及孵化设备紧靠场房，以便于管理。

（3）工厂厂房（如饵料加工厂、水产品加工厂等）和畜牧场等设在离鱼池较远的地方，最好在北面及河流的下游，以避免污染鱼池。

（4）鱼苗池靠近孵化设备，鱼种池围绕鱼苗池，外围与成鱼池相邻，可缩短鱼种搬运距离，减少鱼种的损伤。

（5）抽水机站应设在鱼池注、排干渠的水口处。这种建场方式投资少、见效快，能充分利用水面。

（二）珍稀水产养殖池配置

在养殖场中，除一般的人工养鱼池之外，为了有效利用水面资源，提高经济效益，增加创汇或药用产品，常常因地制宜地建设一些珍稀水产养殖池，其中包括养龟、鳖、鳝、虾、蟹、河蚌育珠等池类。

1. 养龟池

养龟池应建在向阳避风、缓坡的坡角，距沟、河近，进水、排水方便的地方。养龟池最好能做成数个池子，以便分批饲养。饲养池周围应用条石或砖砌筑成高1m以上的围墙，并堵实缝隙，以免乌龟外逃或遭鼠类、野犬入场危害。池底要铺填淤泥，以利乌龟越冬，池水要清洁、常换，池中最好能栽种些水生植物。

2. 养鳖池

根据鳖喜阳怕风、喜洁怕脏、喜静怕惊的习性，养鳖池应建在背风向阳，进水、排水方便，树林荫蔽，少有行人、道路的地方。

为避免互相残害，亲鳖、成鳖、幼鳖要分池饲养。成鳖池面积在1亩以上，池底呈斜面由浅至深，深处可达1.5m以上，浅处在0.8m左右，便于鳖随气温变化活动于深浅之处。鳖池一般为泥底，四壁用条石或砖浆砌抹平，池埂应盖有一端伸入池中15～20cm的石板，防止鳖外逃。幼鳖池在15～20m^2即可，池深1.3～1.5m。

3. 养鳝池

黄鳝喜穴居生活，昼伏夜出寻食，能钻入泥土栖居或活动，养殖黄鳝首先选择避风向阳、水源方便的地方建池。池的规模大小视养殖规模和数量而定。个体家养殖池4～5m^2为宜；集体养殖可建几个池，每池为10多平方米。池型有地下式、半地下式和地上式三种。池深1.5m左右，呈方形，池壁用砖砌抹水泥或三合土，厚度3cm以上，池壁上半部向内倾斜，池底夯实，用水泥或三合土做底，以防黄鳝外逃。

池底用水洗净后，铺上30～50cm厚的肥泥，掺以秸秆、猪牛栏肥，再投以砖头或石块造成穴居环境。泥土上应保持15cm左右的水层，水层与池坎保持30cm的距离，并应设有进、排水口和拦鱼栅。

4. 池塘养蟹

养殖河蟹，首先要繁殖蟹苗。可以从海里捕捉怀卵蟹，也可将性成熟的亲蟹放入海水池（内地可用人工配制海水）中，促使其交配产卵、孵化。当由幼体变成蟹时，可投入湖泊、塘堰、水库、河汊中放养。由于河蟹有钻洞凿穴的习性，土坝附近不能养蟹，以防钻洞毁堤。

5. 河蚌育珠

珍珠是河蚌体内的赘生物。它是贵重的中药材，也是宝贵的装饰品，是创汇物资。河蚌喜在缓流水、泥沙底、浮游生物丰富的水域生活，所以，育珠场一般选在水源充足的塘堰、沟渠、湖汊、水库汊等富营养型水域，其中，尤以养鱼的塘堰为最好。根据食性，在育珠场可养草鱼和鳊鱼，既无争食之矛盾，又可促进河蚌生长，做到鱼、珠双收，但鱼的放养密度要较单独放养减半。

其他如稻田养泥鳅、宽水面养青虾，都是合理利用水面资源的途径。

（三）水生植物用地配置

为了充分利用水面资源，除因地制宜放养各种动物水产外，还应栽培一些水生作物。它们是莲藕、李荠、慈姑、水芋、芡实、菱等淀粉植物；茭白、水芹、莼菜、水菜、豆瓣菜等水生蔬菜；席草、蒲草、芦苇等工业原料植物和绿萍、水花生、水浮莲、水葫芦等水生饲料绿肥。

（1）水生淀粉植物。如莲藕，因品种不同，有的适于水田、稻田栽培，浅水藕只要求水深在0.3～0.6m，最深在1m以内，适于池塘、湖荡栽培的一般属中、晚熟品种，深水藕的水深可达1.5m。

（2）水生蔬菜作物。如茭白，在全国均有栽培，但长江以南居多，作蔬菜栽培一般在抠田区，茭白与藕、慈姑、席草、芡实等轮作，地势较高的水田可与水稻轮作，春、秋两季均可栽植。

（3）水生工业原料。主要指席草、蒲草、芦苇等，席草要求浅水，一般用水田栽培，蒲草、芦苇能耐深水，可栽在潮荡、湖汊和河滩上。它们常与慈姑、莲藕等轮作，以达到合理利用水面和派田的目的。

（4）水生饲料绿肥作物。包括绿萍、水花生、水葫芦、水浮萍和菱草等，可以广泛利用河、湖、沟、塘、港、汊等水面，绿萍还可直接放养在稻田中，它们不占用农田，成本低、产量高、养分全面、肥效稳，对于发展畜牧业，改良土壤，均有显著效果。只要水位不深、水流不急，都应放养这些作物。

复习思考题

1. 简述农用地规划的意义和作用。
2. 简述耕作田块配置的内容。
3. 选择田块方向时应考虑哪些要求？
4. 田间灌排渠系配置的一般要求是什么？
5. 山丘地区如何配置灌排渠系？
6. 简述田间道路的种类及配置要求。
7. 简述农田防护林配置的主要内容。
8. 如何综合考虑田、沟、路、林、渠相互结合配置的方式？
9. 简述果园配置的内容。
10. 茶园规划有什么特点？
11. 如何配置各类林地？

第四部分

土地利用专项规划

第十章　土地利用专项规划概述

【内容提要】

在土地利用总体规划编制之前，如需解决某特定区域某特定土地问题而提出的一套措施、政策或方案，或者在总体规划中提出的综合性政策、措施不足以解决局部地区的特殊问题时，所需编制的专门规划即为土地利用专项规划。它是土地利用总体规划的深入和补充，也是保障土地利用总体规划实施的重要措施。根据国家法律规定，各级土地利用总体规划必须包含土地利用专项规划，一般包括基本农田保护区规划、土地整理规划、土地复垦规划和土地开发规划。

第一节　土地利用专项规划的概念和特点

一、土地利用专项规划的概念

土地利用专项规划是为了特定的目的和解决某个特定的土地利用问题而编制的单项专门性的规划。土地利用专项规划要以总体规划为依据和指导，就其本质而言是土地利用总体规划在专项土地利用上的深入和补充，具有较强的针对性和专一性，是土地利用总体规划的有机组成部分，是实现土地利用总体规划的重要技术措施。

一般在编制土地利用总体规划的同时编制土地利用专项规划，为解决某个特定的土地利用问题，使编制土地利用总体规划更科学和合理。它不同于土地利用总体规划协调整个区域的各种用地安排，而是在不具备编制总体规划条件的地区或为解决当前某类任务时，针对某一方面专门编制土地利用专项规划，对某一用地或专题深入开发，如小流域综合整治规划、基本农田保护区规划等。在内容的广度上，土地利用总体规划超过土地利用专项规划，而在内容深度上，后者超过前者。但两者的最终目标都是通过对土地生态经济系统的调控，合理开发土地，提高土地的利用率和生产率，保护土地生态环境，追求土地综合效益最大化。

二、土地利用专项规划的特点

从上述专项规划的概念可以看到，土地利用专项规划具有土地利用总体规划的一般特点，即具有综合性、长期性、战略性、指导性和动态性。除具有土地利用总体规划一般特点外，还具有其特殊性。

(1) 针对性。

土地利用总体规划是对土地利用全部过程进行宏观控制、协调、综合平衡的战略性的安排，而未对土地利用过程中的某一方面、某一阶段做出具体的安排。广义的土地利用指土地的开发、利用、整治和保护活动过程，而土地利用专项规划则专指针对土地利用过程中的土地整理、土地复垦和土地开发三个方面的规划。

(2) 局部性。

土地利用总体规划的范围是规划区内的全部土地，而土地利用专项规划只是规划区内的部分土地。土地利用专项规划是针对土地利用的开发、整理或复垦的土地进行的规划，是局部存在的。

(3) 具体性。

具体性主要表现在：首先，它是对土地利用具体的某一方面的规划；其次，规划的内容、措施，解决的土地利用问题都比较具体；最后，专项规划的指导性相对减弱，实用性增加，一般都具有具体的实施方法。

(4) 选择性。

土地利用总体规划要对全部土地实行同一类型的规划，规划的目的、任务、内容、程序、方法等基本一致。专项规划针对性较强，不同类型的专项规划其目的、任务、内容、程序、方法、手段等是不同的，具体要根据规划区内土地利用的具体问题，选择相应土地利用专项规划的类型。

第二节　土地利用专项规划的基本类型

土地利用专项规划的类型很多，每一种土地利用方式均可编制相应的专项规划。按照专项规划所涉及土地利用的内容可划分为土地开发整治类、土地保护类等类型，本书重点从以下四种专项规划来进行介绍。

(1) 土地整理规划。

土地整理规划是在一定区域内，依据土地利用总体规划，采用行政、经济、法律和技术手段，对田、水、路、林、村等的综合整治，调整土地关系，改善农业生产结构和生产、生活条件，增加土地可利用面积，提高土地利用率和产出率的国家措施。

(2) 土地复垦规划。

土地复垦规划是对生产建设过程中因挖损、塌陷、压占等造成破坏的土地，根据社会经济生态条件，确定土地可恢复使用目标和方向，所采取的一系列措施和方法。

(3) 土地开发规划。

土地开发规划是通过对地区内具有一定开发潜力和开发价值的土地进行自然、社会、经济评价，确定合理的土地开发利用目标、方向和方式，确定土地开发规模，制定实现开发目标应采取的措施和途径。如宜农耕地后备资源开发规划，沼泽地、滩涂、荒草地、中低产田等开发规划。

（4）基本农田保护区规划。

基本农田是指根据规划期内人口和国民经济对农产品的需求以及建设用地的预测而确定的不得占用的耕地。基本农田保护区是国家用法律的形式确定的基本农田，在一定历史时期内它的数量、范围、用途和布局都不能任意改变。开展基本农田保护区规划是基于我国土地资源缺乏、乱占滥用耕地现象严重、人口与耕地矛盾日益加剧这一情况提出的。其基本任务是在人口数量、土地质量、国民经济发展对土地需求等分析研究的基础上，确定农田保护的规模和保护区的分布，并制定保护措施和有关政策。

复习思考题

1. 解释土地利用专项规划、土地整理、土地开发、土地复垦的概念。
2. 土地利用专项规划有何特点？
3. 土地利用专项规划主要有哪些类型？

第十一章　基本农田保护区规划

【内容提要】

基本农田保护区规划是土地规划的一项重要专项规划。它是从战略高度全面考虑规划期内社会与国民经济发展和本地区人口增长对耕地需求的规划。通过规划合理开发利用耕地，妥善解决吃饭与建设占用耕地的矛盾，确保规划期内实现耕地总量动态平衡。本章重点介绍基本农田保护区规划的概念、意义以及规划程序。

第一节　基本农田和基本农田保护区的概念

基本农田是耕地保护的核心，它是国家从战略角度出发，考虑满足整个国民经济发展和规划期内人口增长对农产品的需求，而必须确保的最低数量的耕地。我国自1994年8月颁布《基本农田保护条例》以来，在基本农田保护方面投入大量的人力和财力，对保障国家粮食安全，维护社会稳定，促进经济社会全面、协调、可持续发展具有十分重要的意义。

一、基本农田的概念

20世纪60年代初，我国提出“基本农田”的概念。1963年11月，黄河中下游水土保持工作会议决议中出现“通过水土保持，逐步建立旱涝保收、产量较高的基本农田”等相关提法。此外，还有高产稳产基本农田和旱涝保收高产稳产基本农田等说法，其核心内容都是高产和稳产，强调了基本农田和一般耕地之间的质量差别，反映了土地内在肥力特征和生产特征。但是其内涵一直没有明确标准和科学依据，而且这种标准有一定的地域性。直到20世纪80年代末，基本农田仍是指生产力高、抗灾能力强的高产稳产农田。进入20世纪90年代，随着人口增加，耕地减少，人地关系逐渐紧张，国家开始重视基本农田数量保护，强调基本农田与人口以及社会发展之间的关系。

1994年8月国务院颁布《基本农田保护条例》，明确了基本农田概念、分等定级方法等内容。1996年5月国家土地管理局、农业部制定《划定基本农田保护区技术规程》，规范基本农田保护区划定操作，并把“承认维持生产所需要拥有的起码土地面积，并抑制进一步分割土地和限制具有生产力的可耕地转向其他用途”列入议程。2011年6月，国土资源部发布《基本农田划定技术规程》（TD/T 1032—2011），标志着我国基本农田划定工作全面进入可操作性、科学化、规范化阶段。

《基本农田保护条例》第二条规定国家实行基本农田保护制度。

基本农田有广义和狭义之分，广义的基本农田是指农田资源，即直接或间接、当前或潜在用于生产基本农产品土地的总称，它包括当前适合条件的耕地和潜在适合条件的林、草地，用于农业生产的沟渠、田间道路等农田建筑物所占用的土地，也包括宜农荒地。狭义的基本农田是指当前耕地的一部分，《基本农田保护条例》（1998 年 12 月 27 日国务院令第 257 号发布）第二条规定：“基本农田，是指按照一定时期人口和社会经济发展对农产品的需求，依据土地利用总体规划确定的不得占用的耕地。”

基本农田应该包含以下三方面的含义：①基本农田与一般耕地的肥力有较大差异，即土地对作物适宜性和自然生产力高低存在差异；②基本农田与一般耕地所处地段的不同，即耕地区位的条件有优劣等别之分；③基本农田是一定时期内人地关系是否平衡的反映，即时段性特点。因此，对基本农田的理解应当考虑农田内在肥力特征、所处区位条件以及不同时期对基本农田的需求状况。

二、基本农田保护区的概念

《基本农田保护条例》（1998 年 12 月 27 日国务院令第 257 号发布）第二条：“基本农田保护区，是指为对基本农田实行特殊保护而依据土地利用总体规划和依照法定程序确定的特定保护区域”。《基本农田保护条例》第八条：“县级和乡（镇）土地利用总体规划应当确定基本农田保护区。”

因此，划定基本农田保护区是保护基本农田的重要手段。基本农田保护区规划的基本任务是在分析研究人口数量、土地质量和数量、国民经济发展对土地需求等内容的基础上，明确基本农田保护的布局安排、数量指标和质量要求。基本农田保护区规划是土地利用总体规划的专项规划，是土地利用总体规划中有关耕地保护内容的深化和完善。

三、基本农田划定

根据《基本农田划定技术规程》（TD/T 1032—2011），基本农田划定指的是“根据土地管理法、基本农田保护条例及相关规定，按照土地利用总体规划，依照规定程序确定基本农田空间位置、数量、质量等级、地类等信息的过程”。基本农田划定就是在空间、数量上和质量上将基本农田落实到具体的地块。

第二节　基本农田保护区规划的意义和原则

基本农田保护区规划是土地利用专项规划的重要组成部分，是为了满足人口增长和国民经济发展的需要，对耕地进行宏观控制与微观管理，切实保护耕地，稳定耕地面积，巩固农业基础地位，深化土地管理的一项重要措施。它是根据人口增长和国民经济发展对耕地的需求，定性、定量、定位地逐地块落实到乡、村，并通过法律、经济、行政、技术等措施，加以限制和保护的一项综合性科学管理土地的方法。

基本农田保护区规划与土地利用总体规划是专项与总体的关系。基本农田保护区规划作为专项规划，是总体规划的深化和完善，应在总体规划的控制和指导下编制。

一、基本农田保护区规划的意义

我国人多地少，耕地资源十分短缺。因此保护耕地，保障子孙后代的基本生存条件是头等大事。基本农田保护区的划定是稳定发展农业的一项根本性措施。其目的是贯彻我国的基本国策和“一要吃饭，二要建设”的方针，统筹安排好各业用地，明确农田保护范围，使土地管理和使用土地有所遵循。开展基本农田保护区规划的重要意义主要有以下几个方面：

（1）开展基本农田保护区规划，是我国耕地保护的重要手段，是稳定和发展农业、缓解人多地少的矛盾的一项根本性措施。

我国人口众多，耕地资源紧缺并且每年以数百万亩的速度递减，多年来我国人口以每年1000多万的速度递增，人地矛盾日益突出，成为制约我国经济和社会可持续发展的重要因素。从可持续发展战略角度来看，加强土地管理，珍惜和合理利用每寸土地，切实保护耕地，是当务之急。

（2）开展基本农田保护区规划，是协调用地矛盾的主要措施之一。

我国政府与联合国开发计划署、联合国粮农组织于1996年完成的《中国土地的人口承载潜力研究》得出结论：中国要养活自己的人口，必须保护耕地，使耕地不低于18亿亩；必须不断提高土地的投入水平，努力实现农业现代化；必须控制人口增长，到2050年，人口不得超过16亿。

（3）开展基本农田保护区规划，为保护耕地提供规划手段。

“二战”之后，世界许多国家面临人口数量剧增，人均耕地面积减少和城市扩张，非农建设占用大量农田，特别是城市边缘带优质农田被占用以及自然灾害和环境污染引起农田损毁和土地退化的问题。在此背景下，许多国家开始了农地保护行动，而划分基本农田，对基本农田实行严格的管理和保护便是主要的措施。

我国《土地管理法》规定，国家实行基本农田保护制度，并详细规定了基本农田保护区的范围、组织实施、用途管制等。这已经从法律上明确了基本农田保护区的地位和作用，因此，规划好基本农田，为保护耕地提供必要的手段，是基本农田保护区规划的主要目的。

（4）开展基本农田保护区规划，为土地管理提供依据，提高土地利用率。

基本农田保护区规划不仅是保护优质高产农田，保障农业可持续发展的需要，也是促进节约利用城镇、交通等建设用地，走内涵挖潜发展道路的必要措施。在实行基本农田保护区措施前，城镇建设用地往往不受制约，任意蔓延，造成许多优质高产农田被占用，而且占用后往往被闲置，极大地浪费了我国极其有限的耕地资源。尤其在经济较为发达的珠江三角洲、长江三角洲和京津唐地区，城市建成区面积的增长更为迅速。城市用地的粗放性扩张不仅占用了城市边缘区大量优质农田，而且使得市区土地集约利用的动力弱化，造成城市土地的低效利用。据估计，我国城市用地总量中约有40%为低效利用。

另外，开发区数量与占地规模失控，不仅数量过多，而且占地规模偏大。乡镇企业用地不经济，“村村点火，处处冒烟”的小而分散特征造成了土地资源的乱占滥用与闲置浪费。农村居民点建设分散，用地超标。一方面是农用土地资源严重流失和人口聚集背景下尖锐的人地矛盾，另一方面却又存在着非农用地长期征而不用、闲置现象。因此，通过划定基本农田并制定有关的法律、法规和政策，严格控制对基本农田的用途转变，从而既保证必要的城镇、交通等建设用地发展的需要，同时又制止随意占地、低效使用土地的行为，促进建设土地的集约高效利用。

二、基本农田保护区规划的基本原则

（1）切实保护耕地的原则。

“十分珍惜和合理利用每寸土地，切实保护耕地”是我国的一项基本国策。划定基本农田保护区，重点是保护耕地资源，以满足人口高峰年对耕地的需求，从数量和质量上通过制定切实可行的措施加以保证。

（2）与土地利用总体规划相衔接的原则。

基本农田保护区的划定必须以土地利用总体规划为依据，基本农田保护区面积的确定受土地利用总体规划的指标控制，以保证总体规划的实施。对区域内各类用地进行综合协调，统筹安排，才能正确处理吃饭与建设的关系，使非农业建设用地与农业用地得到合理配置，形成最佳的社会经济效益，耕地保护目标才能实现。

（3）上下结合、层层落实的原则。

基本农田保护控制指标由全国、省、市、县、乡（镇），逐级下达，以乡（镇）行政辖区为基本核定单位。以村定块，明确四至，设立标志，保护田落实到地块以及地块保护人，以便于管理监督。基本农田保护区划定方案经上一级人民政府审核后，提请同级人民代表大会常务委员会审议通过，并报省人民政府备案。其保护与管理实行由下对上逐级负责保护方法，逐级签订基本农田保护责任书。

（4）因地制宜、统筹兼顾、顾全大局的原则。

在保证基本农田保护面积的同时，合理安排各业用地，充分考虑非农建设的需要。我国城镇人口和城镇用地规模增长速度处在较快发展阶段，基础设施建设规模不断扩大，不可避免地要占用耕地，特别是基本农田。因此，既要保护基本农田，也要满足经济发展对非农建设用地的需求，对农业和非农建设用地进行充分协调、综合平衡、统筹安排。各地区人口分布及社会经济发展的不平衡性，在制定规划时，不同地区实行不同的控制指标和保护率，保证整体控制指标的落实。

（5）保护面积尽可能集中连片，且不打破行政区划完整性的原则。

保证基本农田集中连片有利于农业机械化和规模经营，从而推动农业现代化，提高农业生产效益，而且便于对基本农田实行集中统一管理和加强对基本农田的监测和保护。为了便于基本农田保护区划定、建档和管理，完善和巩固地籍管理体系，划定时不打破村级行政界线。

第三节 基本农田保护区规划的程序

一、准备工作

基本农田保护区规划的准备工作主要包括组织准备、物质准备、制定工作方案、业务培训和资料收集五个方面。

（1）组织准备。主要是成立规划工作领导小组、规划编制技术组，思想动员。①规划工作领导小组由当地政府组织建立，由土管部门、农业部门及其他有关部门的负责人组成，主要负责规划工作的领导和协调工作。②规划编制技术组主要由土管部门和农业部门的技术人员组成，负责收集整理资料，编制规划方案。③思想动员。基本农田保护区规划最终落实到地块，并要有群众的参与，是一项涉及面较广的工作。因此应该运用各种形式，对有关用地部门及基层干部群众广泛开展宣传教育，使群众充分认识到乱占耕地造成的危害和保护耕地的重要性、紧迫性，增强群众的参与意识及保护农田的自觉性和责任感。

（2）物质准备。一是要落实必要的经费。二是要收集规划必需的技术资料和图件，包括土地利用现状调查资料、土地评价资料、土地利用总体规划、农业区划、城镇及村镇规划、社会经济发展规划资料和地形图等。三是准备好规划用的各种仪器、表格及其他用具等。

（3）制定工作方案。主要是制定编制规划的工作和技术方案，对规划工作内容、工作进程、完成时间等做出安排，同时要明确规划的任务和规划年限等。包括：①编制规划的指导思想；②规划编制的内容；③规划编制的程序和方法；④组织实施的方法步骤；⑤时间安排和经费预算等。

（4）业务培训。即对各有关部门、下级规划单位协助收集资料、参与规划方案编制、负责联络的人员进行业务培训。

（5）资料收集。收集区域国民经济和社会发展计划、统计年鉴、人口普查、土壤普查、农业区划、重点建设项目、各部门专项规划、土地利用现状调查和土地利用总体规划等有关资料和图件。基础图件，县（市）用1∶50000～1∶100000土地利用现状图，乡（镇）用1∶10000～1∶25000土地利用现状图。没有现状图的可用地形图补测后绘制。

二、调查研究

调查内容包括三个方面：一是规划地区的自然和社会经济状况调查。二是对农作物分布及耕地分布和利用方式的调查。主要包括耕地数量及其分布，国家确认的粮、棉、油和名、优、特、新生产基地，已列入治理改造计划的中低产田，已在规划中确认的蔬菜基地及农科教实验田的数量和分布。三是对农业生产水平，不同区域、不同地块耕地状况及生产能力的调查。调查方法，一是直接向有关部门收集资料。如上述第一类资料的收集。二是实地踏勘，以已掌握资料为基础，实地调查核实。三是看图说话，室内分析。即在对各地块基本状况进行调查时，可利用土地利用现状图，邀请熟悉情况的基层人员，室内看图说话，逐地块填写外业调查表。室内搞不清的，再到现场对照。

三、分析预测

分析预测以调查研究为基础，以社会经济发展的要求为依据，包括规划期人口、各类农产品需求量、主要农作物单产水平、耕地资源现状和潜力分析、耕地需求量预测等。

（1）耕地资源现状和潜力分析。利用规划基期土地利用现状变更调查资料，结合土地适宜性评价结果，分析规划区耕地的数量、质量及其分布状况，耕地利用特点与存在的问题，耕地的生产和开发利用潜力等，为编制规划提供基础依据。

（2）耕地需求量预测。根据规划期内人口和国民经济发展对农产品的需求、建设用地的发展需求以及上级下达的规划期内非农业建设允许占用耕地的控制指标，对规划期内耕地的需求量进行预测。预测的内容包括规划年人口发展规模、各类农产品需求量、主要农作物单产水平、建设用地需求量预测及基本农田保护面积的测算。对于基本农田保护区规划与土地利用总体规划同步编制的，可直接采用土地利用总体规划的预测成果。

四、规划编制

1. 基本农田保护面积的确定

通过预测规划期内的农产品需求量和单产水平，结合当地的耕作制度等因素，确定满足人口需求和国家计划最少需要的耕地数量；然后考虑规划期内其他各类用地，特别是非农建设用地占用的耕地数量、应该退耕的耕地数量、上级下达的基本农田保护区面积指标，确定本区的基本农田保护区的面积。为了和土地利用总体规划相衔接，基本农田保护区面积还要贯彻土地利用总体规划所确定的基本农田保护区指标。

另外，基本农田保护区面积要符合有关的法律、法规和政策的规定。例如，《土地管理法》中规定，“各省、自治区、直辖市划定的基本农田应当占本行政区域内耕地面积的百分之八十以上”。所以，要确定基本农田保护区面积，需要考虑多方面的因素。

2. 规划成果整理和绘图

主要包括：①绘制县（市）、乡（镇）、村保护区、片、块分布图、规划图；②编制基本农田保护区片、块等级表和保护区面积汇总表、规划表；③编写规划报告和技术总结；④成果资料归档。

五、成果验收与审批

1. 成果验收

规划完成后，需要邀请有关专家和有关部门的人员进行验收评审，根据评审意见对规划进行修改完善。基本农田划定成果验收采取内业审核与实地抽查相结合的方式，按规定进行自检、初检和验收。依据最新土地利用调查成果和土地利用总体规划，对划定地块进行对比分析并实地核实。

初检按照每个县（市、区）不低于新划入基本农田总面积50%的比率进行抽查；验收应按照不低于新划入基本农田总面积15%的比率进行实地抽查核实。

2. 成果审批与报备

基本农田划定成果经验收合格后，报政府部门审批，由各级国土资源管理部门逐级备案。

报备内容：基本农田保护图、表、册、相关工作报告等纸质资料；数据库等电子信息。

基本农田保护区规划的审批可按土地利用总体规划的审批程序报上级政府批准。审批通过后，还需要按规划要求，认真组织好规划的实施。

第四节　基本农田保护区规划的内容

编制基本农田保护区规划应采用上下结合、部门协调的方法进行。所谓上下结合，就是编制基本农田保护区规划时，应把规划控制指标层层下达，再层层反馈，最终形成规划方案；所谓部门协调，就是要以土地管理部门和农业主管部门为主，提出规划目标和基本农田控制指标，同时要兼顾各建设部门的用地需求，尤其要做好与城镇、村镇建设主管部门的协调工作。

基本农田保护区规划的内容主要有以下几个方面。

一、确定基本农田保护目标

根据土地利用总体规划，结合基本农田需求量预测、建设用地需求量预测、规划期内农业用地结构调整分析结果，确定基本农田保护目标。

二、确定基本农田的保护面积

根据土地利用总体规划确定的基本农田保护指标，逐乡镇进行核实，确定基本农田保护面积。确定基本农田保护面积时，不仅要考虑规划期内基本农田的需求量，还要充分考虑本地区人口高峰年的基本农田需求量，把基本农田保护区规划的近期目标和长远目标结合起来。

基本农田保护区面积核实可从两方面进行：一是利用土地利用现状图、面积统计资料、土地评价资料及已有的社会经济资料，对保护面积进行图上核实；二是把初步确定的面积分解下达到下级规划单位核实，由下级规划单位根据各地情况提出反馈意见，在综合各地反馈意见的基础上对初步确定的保护面积进行修改，最终确定基本农田保护面积。基本农田保护面积确定后，可计算基本农田保护率，计算公式为：

$$i=\frac{S}{S_0}\times 100\% \tag{11-1}$$

式中，i 为基本农田保护率；S 为基本农田保护面积；S_0 为耕地总面积。

基本农田保护面积是在人口预测及经济发展对农产品需求和建设用地需求预测的基础上确定的，是基本农田保护区的控制指标。基本农田保护面积确定后，需层层分解下达。

三、基本农田保护面积指标分解

根据下级规划单位的耕地条件、农田单产水平及经济发展的要求，把基本农田保护面积指标分解下达到各下级规划单位，并编制基本农田保护面积指标分解表。乡级基本农田保护区规划，要根据各村的具体条件，把保护面积指标下达到村。

四、确定基本农田保护区等级

确定基本农田保护区等级的依据是基本农田的生产条件、建设状况、作物产量的高低及建设用地的需求等。基本农田保护区可以分为二级：把生产条件好、产量高、长期不得占用的耕地划为一级基本农田；把生产条件较好、产量较高、规划期内不得占用的耕地划为二级基本农田。一级基本农田是长期稳定规划地区耕地数量的基础。其面积的确定应充分考虑到人口高峰年对农产品的需求量，而从经济发展的长远目标来看，二级基本农田中的一部分耕地可能被各项建设占用。

五、明确基本农田保护范围、确定基本农田保护区界线

根据基本农田的控制指标，定性、定量、定位逐地块地落实保护地块，划定保护区界线。

（一）保护范围

按照《中华人民共和国土地管理法》和《基本农田保护条例》的规定：

（1）下列耕地应列入基本农田：①经国务院有关部门或者县级以上地方人民政府批准确定的粮、棉、油生产基地内的耕地；②有良好的水利与水土保持设施的耕地，正在实施改造计划以及可以改造的中、低产田；③蔬菜生产基地；④农业科研、教学试验田；⑤国务院规定应当划为永久基本农田的其他耕地。

根据土地利用总体规划，铁路、公路等交通沿线，城市和村庄、集镇建设用地区周边的耕地，应当优先划入基本农田保护区；需要退耕还林、还牧、还湖的耕地，不应当划入基本农田保护区。

各省、自治区、直辖市划定的永久基本农田应当占本行政区域内耕地的80%以上。

（2）为基本农田生产服务的农村道路、农田水利、农田防护林和其他农业设施，以及农田之间的其他零星土地，可以划入基本农田保护区。

（3）土地利用总体规划已预留为建设用地的土地，不再划入基本农田保护区。

（4）基本农田保护区的边界应依据上一级土地利用总体规划的规划目标和分区要求，参照已有的相关规划，综合考虑生态环境建设安排、基础设施建设用地布局、城乡建设用地扩展边界划定等因素确定，尽可能利用明显的线形地物或河川、山脊、林带等自然、人工地物界线，兼顾行政界限。

（5）基本农田保护区划定中，可以多划一定比例的基本农田，用于规划期内补划不易确定具体范围的建设项目占用基本农田，包括难以确定用地范围的交通、水利等线型工程用地，不宜在城镇村建设用地范围内建设又难以定位的独立建设项目（如防灾救灾建设、社会公益项目建设、城镇村重要基础设施建设、污染企业搬迁等）。同时，列明可在基本农田保护区内安排的建设项目清单。

（二）管制规则

（1）基本农田保护区内鼓励开展基本农田建设，可进行直接为基本农田服务的农村道路、农田水利、农田防护林及其他农业设施的建设。

（2）土地整理复垦资金应当优先投入基本农田保护区。

（3）基本农田保护区内非农建设用地和其他零星农用地应当优先整理、复垦或调整为基本农田；规划期内确实不能复垦或调整的，可保留现状用途，但不得扩大面积。

（4）基本农田保护区内，严禁安排城镇村建设用地和未列入项目清单的其他非农建设项目。

（5）在不突破规划的基本农田规模的前提下，列入项目清单的建设项目占用基本农田时不再补划，简化相应用地报批程序。

六、基本农田保护区的布局

在落实非农建设用地允许预留耕地的位置和范围的基础上，根据当地基本农田保护的控制指标以及耕地资源的实际状况，遵循一定的原则，确定应划入基本农田保护区的范围标准，通过内业预划定，实地勘察、核对和丈量，具体划定基本农田保护片块，对保护片块编号、登记造册，并在每个保护片上设立保护标志牌。

《基本农田保护条例》第十一条：基本农田保护区以乡（镇）为单位划区定界，由县级人民政府土地行政主管部门会同同级农业行政主管部门组织实施。

划定的基本农田保护区，由县级人民政府设立保护标志，予以公告，由县级人民政府土地行政主管部门建立档案，并抄送同级农业行政主管部门。任何单位和个人不得破坏或者擅自改变基本农田保护区的保护标志。

基本农田划区定界后，由省、自治区、直辖市人民政府组织土地行政主管部门和农业行政主管部门验收确认，或者由省、自治区人民政府授权设区的市、自治州人民政府组织土地行政主管部门和农业行政主管部门验收确认。

（1）实地勘查。以基本农田保护区规划文件和图件为基础，以乡（镇）为单位，逐村实地踏勘。通过实地勘查落实一、二级基本农田保护片、块、保护区实地界线和建设预留地的范围。对规划图上的界线有不正确的地方，要及时向上级政府提出，经批准同意后，在图上绘制正确的界线。

（2）编号登记。对划定的基本农田保护片、块、区和建设预留地进行编写登记，内容包括四至、面积、利用类型、保护级别和用地类型。

基本农田保护片、块编号方法。如：A，B，C，…，Z 表示乡（镇）代号；A_1，A_2，A_3，…，A_n表示 A 乡（镇）各村代号；A_{1-1}，A_{1-2}，A_{1-3}，…，A_{1-n}，表示 A_1 村内各片代号。

填写保护地块登记表及保护区面积汇总表。不同级别的基本农田保护区规划，需要编制的表格内容和形式不同。主要包括以下几种表格：①保护地块登记表(表 11-1)。该表以村为单位，统计到地块，由村负责填写。记载的主要项目包括：地块利用类别、地块面积、地块名称、所在图幅、权属情况、地块四至、作物产量等。如果是风景旅游区或其他保护区，要说明利用情况。②基本农田保护区分类面积统计表（表 11-2)。此表为乡（镇）级统计表格，主要对村级保护片块面积进行统计。表格主要记载的项目包括：保护片块编号、各级保护区面积、建设预留地面积、保护责任人、耕地保护率等。③县（乡）基本农田保护区面积汇总表（表 11-3)。此表为县或乡对基本农田保护面积进行汇总的表格。

表 11-1 保护地块登记表

单位　　　　乡（镇）　　　　村　　　　　　　　　　　　　　　　　　年　月　日

序号	利用类别	面积（亩）	地块名称	所在图幅编号	权属情况	水利状况	肥力状况				四至				生产力水平				其他利用情况	备注
							有机肥	N	P	K	东	西	南	北	作物名称	单产（kg）	总产（kg）	总产值（万元）		

表 11-2 基本农田保护区分类面积统计表

单位　　　　乡（镇）　　　　　　　　　　　　　　　　　　　　　　年　月　日

权属	利用类别	片块数	面积（亩）	生产力水平				保护比率	备注
				作物名称	单产（kg）	总产量（kg）	总产值（万元）		
合计									

表 11-3 基本农田保护区面积汇总表

单位　　　　县　　　　　　　　　　　　　　　　　　　　　　　　　年　月　日

乡	人口		耕地		基础年产量及订购量			规划年粮食需求及订购量			基本农田保护区面积					
											面积（亩）	产量		保护区产量比需求量增减情况（增或减）	保护比率（%）	备注
	基础年末人口（人）	规划年末人口（人）	基础年末耕地（亩）	规划年末耕地（亩）	粮食单产（kg）	粮食总产（kg）	订购量（kg）	合计	基本口粮（kg）	订购量（kg）		单产（kg）	总产（kg）			
合计																

（3）签订公约。在登记的基础上，签订保护公约，确定保护责任人，明确责任人的保护面积、界线、责任和奖惩制度。

（4）设置标志。保护标志主要包括保护区界桩和保护标牌两种。保护标志的设立必须以规划图上保护标志的分布为依据。保护标志应设在保护区、片、块和分界线上。在村边、路旁及建设用地与保护地块矛盾突出的地段应设保护标志。保护标牌可每一个或几个保护片设立一个。标志牌上的内容包括保护片、块和区分布示意图，保护范围，本保护片、块、区内基本农田面积、等级、期限、保护措施（村规民约等）。保护标志一般应以县为单位统一编写。

七、制定基本农田保护区的保护措施

国务院颁布的《基本农田保护条例》和《中华人民共和国土地管理法》为基本农田保护区划定、保护和监督管理提供了具体的法律依据。

（1）设立保护标志，落实保护人。保护区划定后，乡（镇）建立保护标志，注明保护片编号、四至境界、面积、保护责任人和保护规定。保护标志设在明显易见的地方。相关的承包户必须明确责任。

（2）建立保护管理制度。主要包括：①对于保护田块具体制定保护措施。任何单位和个人不得擅自改变或占用基本农田保护区。如不准在保护区内建房、不准埋坟、不准取土烧窑、不准毁林造林、不准抛荒等。一经发现违反规定的要严肃处理，责令恢复耕地，实行经济罚款。②运用经济手段制约占用基本农田。国家重点建设项目选址确实无法避开而需要占用基本农田保护区内耕地的，必须报国务院批准，征收耕地开发费，或让用地单位开发相应面积和质量的耕地。③严格检查制度，实行奖惩并举。④加强耕地后备资源开发。⑤建立村规民约，建立自我约束机制。

（3）建立地力补偿制度。主要包括：①制定保养标准。根据地力情况、生产指标和培肥土壤的需求，制定有机肥和无机肥的投入量及其比例，以使土壤养分保持动态平衡，地力经久不衰。②建立田间投入和产量档案。③奖惩兑现。对增加投入、提高地力而增产的给予奖励，对掠夺地力、产量下降的给予处罚。

（4）按规定复垦或缴纳耕地开垦费。非农业建设经批准占用基本农田保护区内耕地的，应按“占多少，垦多少”的原则，由用地单位或个人负责开垦与所占耕地的数量和质量相当的耕地；没有条件开垦者或者开垦的耕地不符合要求的，必须按规定缴纳或者补足占用基本农田保护区耕地的开垦费。

（5）加强检查监督，完善基本农田保护机制。基本农田保护是一项长期性工作。因此，土地管理部门应会同有关部门做好动态监测。各级人民政府每年要对基本农田保护区的保护、管理和建设情况进行一次全面检查，乡级检查时要核实到每一个保护地块，检查保护范围、面积和用途有无变化，并将检查情况向上级人民政府做出书面汇报。

八、基本农田调整规则

《国土资源部办公厅关于印发市县乡级土地利用总体规划编制指导意见的通知》（国土资厅发〔2009〕51 号）对基本农田调整做了具体规定。市、县、乡级土地利用总体规划编制中，基本农田调整应当按照面积不减少、质量有提高、布局总体稳定的总要求，遵循以下原则：①依法依规，规范调整。应依据有关法律法规、现行规划实施情况和新一轮规划目标任务，对现状基本农田进行局部调整。严禁借规划修编随意调减耕地保有量和基本农田保护面积，擅自调整基本农田布局。②确保数量，提升质量。调整后的基本农田数量不得低于上一级规划下达的基本农田保护面积指标；调整后的基本农田平均质量等别应高于调整前的平均质量等别，或调整部分的质量等别有所提高；调整后的基本农田数量、质量和布局安排应协调一致。③稳定布局，明确条件。国家和地方人民政府确定的粮、棉、油生产基地内的耕地，集中连片、有良好水利与水土保持设施的耕地，交通沿线、城镇工矿、集镇村庄周边的耕地，水田、水浇地等高等别耕地，土地整理复垦开发新增优质耕地，应当优先划为基本农田。

对于调入的基本农田，要求：①新划为基本农田的土地现状应当为耕地。规划期内预期开发为耕地的未利用地和水域、预期整理复垦为耕地的建设用地、预期调整为耕地的其他农用地等，不得划为基本农田。②高等别耕地、集中连片耕地、已验收合格的土地、整理复垦开发新增的优质耕地等，应当优先划为基本农田。③城镇村建设用地规模边界内作为“绿心”“绿带”保留的耕地，以及城乡建设用地扩展边界内作为生态景观和绿色开敞空间的耕地可以划为基本农田。④地形坡度大于25°或田面坡度大于15°的耕地、易受自然灾害损毁的耕地，不得划为基本农田。

对于调出的基本农田，要求：①低等别、质量较差、田面坡度大于25°、严重沙化不宜农作以及生态脆弱地区水土流失严重的基本农田可以调出。②因损毁、采矿塌陷和污染严重难以恢复、不宜农作的基本农田可以调出。③现状基本农田中的非耕地可以调出。④土地利用总体规划确定的建设用地范围内的基本农田应当调出。⑤零星破碎、区位偏僻、不易管理的基本农田可以调出。

第五节　基本农田保护区规划成果与审批

一、规划成果

基本农田保护区规划成果资料包括：基本农田保护区规划文本、基本农田保护区规划图、基本农田保护区规划说明。

（一）图件成果

基本农田保护区规划图一般在土地利用现状图的基础上编制。内容包括：各类基本农田保护区、主要地形地物、主要居民点、行政界线、权属界线及保护片块号、保护标牌、界桩编号、保护片块面积注记等。一般可用不同颜色或罗马数字区分各等级基本农田。基本农田保护区规划图的整饰可参照土地利用总体规划图的整饰要求进行。

（1）乡（镇）区域土地利用现状图比例尺为1∶10000，图上应标明乡（镇）行政区域界线、居民点界线和各类用地界线。

（2）行政村土地利用现状图比例尺为1∶5000（或1∶2000），图上应标明行政村区域界线、村庄建设用地界线、耕地分布状况和其他各类用地界线。

(3) 乡（镇）区域基本农田保护区分布图比例尺为 1：10000，图上应标明建设用地控制规模和界线，一、二级基本农田分布和界线，基本农田保护区位置和编写，其他各类用地界线。

(4) 行政村基本农田保护区分布图比例尺为 1：5000（或 1：2000），图上应标明建设用地规模和界线，一、二级基本农田分布和界线，一级保护区位置和编写，其他用地界线。

(5) 土地分等定级图一般可在基本农田保护区分布图上标出地块等级，有条件地区也可单独制图。

(6) 基本农田保护区内的工程建设规划图。

（二）文本成果

基本农田保护区规划文本成果包括规划文本和说明两项内容。

(1) 规划文本的内容主要包括：规划地区的自然和社会经济概况；规划地区耕地资源状况，耕地利用的历史变化和现状分析；规划地区年人口发展、农产品需求、单产水平的预测成果，各项建设发展占用耕地数量分析预测结果；基本农田保护区规划目标，保护面积，一级、二级基本农田面积；基本农田保护面积指标分解、实施规划的政策措施等。

(2) 规划说明主要表述划定的成果和依据，特别是图纸无法表述的内容，主要包括：规划地区自然、社会经济概况；规划的指导思想、基本原则和技术要求；各项调查研究、分析预测的方法和结果；规划目标的确定；保护面积的确定；保护指标的分解；规划图的编制等。规划说明着重阐述规划过程中应掌握的技术要点、新方法的应用、难点问题的处理等。

二、规划审批

根据《基本农田保护条例》的规定，各级基本农田保护区规划要报上一级人民政府批准。全国基本农田保护区规划报国务院批准，县级以上行政区基本农田保护区规划经本级人民政府审定后，报上一级人民政府批准，乡级基本农田保护区规划报县级人民政府批准。经批准的基本农田保护区规划需要调整的，必须经原批准机关批准。

复习思考题

1. 解释基本农田的概念。
2. 简述基本农田保护区规划的概念和内容。
3. 基本农田保护区规划的意义和原则有哪些？
4. 基本农田保护区规划的内容有哪些？
5. 基本农田保护区规划的程序有哪些？
6. 基本农田保护区规划有哪些主要成果？
7. 基本农田保护区规划审批程序有哪些？

第十二章　土地整理规划

【内容提要】

土地整理规划是土地利用总体规划的专项规划之一，是土地利用总体规划的重要内容，是完善、落实土地利用总体规划的重要措施和手段。编制土地整理规划，实施土地整理，能够有效调整土地利用关系，改善土地利用结构。

第一节　土地整理

一、土地整理的背景

农业是人类社会生存和发展的根基，农业的发展离不开土地，特别是耕地。我国是用占世界10%的耕地，养活占世界22%的人口。我国人均耕地1.59亩，不及世界平均水平的45%。人地矛盾，特别是人与耕地的矛盾尤为突出。而且我国的耕地资源质量总体水平低下，高产田仅占总耕地面积的21.5%，中低产田则占总耕地面积的78.5%。耕地总量无时不受到建设用地挤占、土壤沙化退化、水土流失等现象的威胁。面对我国十分有限的耕地资源，从某种意义上讲，开展土地整理工作，是我国社会经济发展和土地利用战略的必然选择。早在1979年3月邓小平同志就指出："要使我国实现四个现代化，至少有两个重要特点是必须看到的：一个是底子薄……第二个是人口多耕地少……这种情况不是很容易改变的。"

面对耕地总量不足和耕地面积锐减的严峻形势，我国虽然提出了耕地总量动态平衡的政策，但是城镇化进程的加快使得这一平衡很难实现。要长期保持我国耕地总量的动态平衡，必须进行土地整理补充耕地。通过整理土地，①可以调整土地关系，改善土地生产条件，提高土地的利用率和产出率。②实施迁村并点工程、开发复垦工程，增加耕地资源的供给量。③整理坑洼、滩涂、废弃土地供应非农建设用地，使非农建设侵占耕地降到最低限度。④通过土地整理，科学规划，合理开发、利用土地资源，增加有效农田面积，实现经济、社会、环境三大效益的良性循环。⑤通过市地整理，挖掘城市存量土地潜力，提高土地利用率和产出率[①]。

① 严金明．中国土地利用规划：理论、方法、战略［M］．北京：经济管理出版社，2001.

二、土地整理的概念

土地整理是人类利用历史过程中逐步形成的。据有关文献资料的记载，“土地整理”一词最早出现于德国、法国和俄国等欧洲国家，随后，加拿大、日本、韩国、南斯拉夫、匈牙利等国也陆续开展了土地整理实践活动。在德国巴伐利亚州，第一块土地合并的文件可追溯到1250年。“土地整理”的概念首次出现在1886年巴伐利亚王国的法律中，根据这项法律设立了土地整理专门机构和规定了其实施程序。法国的土地整理始于1705年，于1919年颁布了土地调整法。1953年，联邦德国在以前有关土地整理法律规定的基础上，制定颁布了第一部《土地整理法》。俄国的土地整理开始于17世纪，并完成了全俄土地资源调查与划界，于1779年在莫斯科建立了世界上第一所土地整理学校，即现今俄罗斯国立莫斯科土地整理工程大学的前身。“整理”一词的意思是“使有条理有秩序”，“土地整理”从字面的意思理解，就是使无序、混乱的土地有条理、有秩序。目的是使土地利用方式、强度和结构适应特定发展时期的特定目标。

在土地整理的发展历程中，国外和我国台湾地区土地整理经过不断调整和完善，最终形成完整的体系。德国、法国、俄国、加拿大等国，将调整土地利用结构和土地关系，实现土地利用规划目标的实施过程，称为土地整理；日本称为土地整治或整备；韩国称为土地调整；我国台湾地区称为土地重划。虽然名称不同，但土地整理的主要内容基本相同，其中德国、俄国和我国台湾地区的土地整理具有代表性。

德国土地整理在19世纪及以前时期，主要内容是针对农地分散、零碎，实施集中，以改善农业生产经营条件。20世纪30年代，结合基础设施和公共事业开展土地整理。到20世纪70年代，德国土地整理的内容又增加了景观和环境保护，通过土地整理追求经济、社会、环境效益的统一。土地整理的重要作用在于地产增值，在实施过程中，要与公民、乡级政府、农业局、自然保护管理处、水利局、测量局、森林局、公路局、文物管理局、航运局等单位进行长时间的协商，以取得上述单位和私人的谅解和支持。

俄国的土地整理体系非常完整，其主要任务是调整土地关系，组织土地利用和土地资源管理。土地整理需要解决的主要问题包括：建立和完善土地占有和土地使用制度；实施土地占有、土地使用、土地租赁和经营的各种形式和措施；确定土地税赋和地租及征地补偿费；确定城市、城镇和农村居民点的用地界线；论证各项水利工程和自然保护设施的建设和相应的投资计划；为合理利用土地创造良好的空间条件；制定自然景观的保护和改善，土地复垦，低产土地改良，防治水土流失、盐渍化和沼泽化，防治土地污染等各项技术措施体系；制定土地调整，田块整理，田间沟渠和护田林带、轮作田区和轮牧田区、田间道路等设计方案并加以实施。

在我国台湾地区，土地整理被称为土地重划，是指改进土地利用环境与增大土地利用交通的一项重要措施，其主要内容包括调整地块的高低、大小和形状以及分布状况，改善交通、水利和其他环境条件，划定各区土地和各种利用方式的土地范围。具体操作分为市地重划和农地重划，分别于1979年和1980年颁布《市地重划实施办法》和《农地重划条例》。市地重划的功能是使城市土地使用与城市计划实施密切配合，以加速城市建设发展；消除土地畸零不整现象，提高土地利用价值；减少公共设施用地取得的困难，将公共设施预留地化为大众负担；道路、沟渠、市场、公园、广场等与社会生活直接相关的公共建设可提前开辟；以地区财力完成地区建设，减轻居民负担；利用低废地以供兴建居民住宅等。农地重划的功能是使农户田块集合成片，便于集中管理，减少田块之间往返所费时间和劳力；使农场房屋集中，减少田界用地，压缩非耕种土地，增加生产面积；对农场道路作系统调整，以便利交通，加速周转产品；修筑合理的排水灌溉系统，做到田块排灌畅通；规定农场的最小面积，以防止再度分裂；调整田块的大小与形状，以利于田间机械作业；实施各项土地改良措施，以提高土地产出率；土地分配与地价分割等①。

我国的土地整理历史悠久，最早可以追溯到公元前 1066 年西周时期的井田制度，这可以说是我国古代土地整理的具体表现。据史籍《商君书·徕民篇》记载："地方百里者，山陵处什一，薮泽处什一，溪谷流水处什一，都邑蹊道处什一，恶田处什二，良田处什四，以此食作夫五万，其山陵、薮泽、溪谷可以给其材，都邑道足以处其民，先王制土分民之律也。"②

我国土地整理在不同时期也有不同的发展轨迹。中华人民共和国成立初期，斗倒地主分田给贫下中农，以实现耕者有其田为主要目的；20 世纪 50 年代后期，人民公社化，土地收归集体，为体现"一大二公"的思想，土地整理则通过"一平二调"，以变更权属关系为主要内容；20 世纪 60 年代受自然灾害和"文革"影响，土地整理处于停滞状态；20 世纪 70 年代重视农业，全国农业学大寨，土地整理转向以大搞农田基本建设为主，以平整土地、合并田块，兴建新村，整理沟渠和道路来组织土地利用；20 世纪 80 年代，土地整理以推行农民联产承包责任制及兴办乡镇企业为主线，土地利用方式与用地结构均发生巨大变化；20 世纪 90 年代，国民经济迅猛发展，耕地锐减，土地整理开始转到以编制土地利用总体规划来大力挖掘土地利用潜力，增加耕地面积，提高耕地质量的主方向，同时通过土地整理来改善生产、生活条件和环境。

纵观土地整理工作的历史，其初衷基本上都是整理农地，解决农业生产中的土地利用问题，改善农业用地生产条件，提高农用土地的利用率和产出率。当社会经济发展到一定阶段时，对土地资源的利用逐渐从单一的管理向综合开发利用转化，其土地整理的内涵也在不断增加，在整个社会以及经济领域中所起的作用也日益提高。在我国，土地整理（land readjustment 或 land arrangement）是指在一定区域内，依据土地利用总体规划和土地利用计划的要求，采取行政、经济、法律和技术手段，对土地利用方式、利用强度及土地关系等进行调整，消除土地利用中的各种限制因素，增加有效耕地面积，提高土地质量和利用效率，改善生产、生活条件和生态环境的活动③。

三、土地整理的类型

我国土地整理工作虽然刚刚起步，但土地整理对象的范畴很广，它既可以是多层

---

① 严金明．中国土地利用规划：理论、方法、战略［M］．北京：经济管理出版社，2001.

② 山陵、薮泽、溪谷流水、都邑蹊道分别指山林、水草沼泽、河流水域、城市及道路。

③ 张占录，张正峰．土地利用规划学［M］．北京：中国人民大学出版社，2006.

面、多要素的，也可以是单一的。但从地域表现形态看，大致可分为农地整理和市地整理。

（一）农地整理

根据我国国情，现阶段土地整理一般指农地整理，《土地管理法》第四十一条规定：按照土地利用总体规划，对田、水、路、林、村综合整治，提高耕地质量，增加有效耕地面积，改善农业生产条件和生态环境。

农地整理是我国当前和今后相当长一段时期土地整理的主要内容。农地整理是以土地利用的平面布局调整为主，其特点在于以增加有效耕地面积并提高耕地质量为中心，通过对田、水、路、林、村实施综合整治开发，改善农业生产和土地利用条件、居住环境和生态环境。农地整理包括：

（1）农田整治。兴建或改造沟渠和田间道路，建立健全节水、节地、高效的排灌系统，建立农田防护林带，清除耕地中的坟头，填平农田中的废坑塘，以及平整土地等。

（2）农地改造，改良土壤。以提高耕地质量为主要目的，如改造中低产田、改造盐碱地、提高土壤肥力、坡地改为梯田等。

（3）地块调整，归并零散地块。重点是把细碎、零散的地块集中起来（山区除外），便于规模化经营和机械化作业。

（4）调整农地结构。主要是开发利用滩涂、水域、荒草地等，以替换占用良田的园田、鱼池、牧草地，从而保持和增加耕地面积。

（5）农村建设用地整理。包括村庄的治理和乡镇企业用地整理，如治理“空心村”，充分利用村内空闲地与空宅，缩并零散村落，增设公共设施等，关停污染企业，把零散分布并占用耕地或宜农的企业迁入统一划定的工业园区，缩小乡镇企业用地规模等以及工矿废弃地、废砖窑的复垦还田等，还包括水利、交通工程建设中占压废地的整理。

（二）市地整理

对城镇而言，土地整理主要是立足于内部挖潜，集约利用土地，充分利用建成区内的闲散地，并对已被利用的土地结合产业结构调整和提高城市功能的需要，在用途、布局与产出率方面重新进行优化配置，从而全面提高城市载体功能，并改善城市环境。交通、工矿用地整理也是土地整理的重要组成部分。

四、土地整理的工作程序

土地整理的程序可以归纳为如下五个步骤。

（1）选择土地整理单元。

在收集有关土地利用的自然、社会、经济资料的基础上，分析研究土地整理的潜力，准备土地整理的资金和技术条件，确定土地整理的目标和要求。经与初选区域有关单位、个人充分协调，取得理解和支持后，选定开展土地整理的单元并予以公告。

（2）编制土地整理规划。

根据选定单元土地利用规划的原则要求，编制土地整理规划设计，并经广泛征求土地整理参与者的意见，修改完善规划和设计后申请批准。

（3）审批土地整理方案。

依据制定的法律或政策性规定，通过一定的法律程序，审查土地整理规划设计，经过批准的，向社会公告后加以实施。

（4）组织土地整理实施。

按照批准的土地整理规划和设计，在区域范围内动员人力、物力、财力，开展土地整理活动。土地整理实施通过调查和测量确定权属，进行工程建设，经过土地评估并重新配置后，最终经登记发证的法律手段以确认土地整理成果。

（5）土地整理成果检查验收。

在完成土地整理任务，达到预定目标后，开展地籍更新、资料汇总和归档等工作，形成报告，经法律规定的程序审查验收。

第二节　土地整理专项规划

一、拟订方案

在土地整理资料调查、土地整理潜力分析和划定土地整理区的基础上，拟订规划方案。

根据上级规划下达的土地整理指标和要求，因地制宜进行调整落实，提出土地整理规划方案，必要时可提出两个以上方案供选。土地整理规划方案内容应包括土地整理的性质、规模、分区布局、投入产出量和综合效益评估等。

二、可行性分析

土地整理规划的可行性分析分为经济效益分析和环境效益分析。

（1）经济效益分析。土地整理的可行性分析首先应考虑经济可行性。一方面体现在通过土地整理，更加充分合理利用土地资源，使土地的使用率、产出率得以提高。另一方面，在土地整理中，应考虑投入产出比，分析土地整理投入在经济上是否合理，必须切合地方实际，量力而行。

（2）环境效益分析。土地整理必须以保持土地生态系统的良性发展、改善生态环境为前提。

三、规划成果

土地整理专项规划成果包括规划文本、规划说明、规划图件和规划附件。

（1）规划文本的主要内容。

①前言。②基本概况。③土地整理潜力分析。④土地整理的目标和方针。⑤土地

整理规划方案。⑥土地整理区。⑦规划效益评估。⑧实施规划的措施。⑨附表、附图。文本后应附必要的简表和土地整理潜力、土地整理规划示意图。

（2）规划说明的主要内容。

①编制规划的简要过程。②规划编制原则和指导思想。③主要规划内容的说明。④规划的可行性分析和多方案比较。⑤规划的协调情况和不同意见的处理。

（3）规划图件。

包括土地整理规划图和土地潜力现状图。比例尺一般应与同级土地利用总体规划一致（1∶25000～1∶50000）。

土地整理规划图应以土地利用总体规划图作为底图，用重色绘制土地整理规划内容。包括：各类整理区界线（可用复区表示）；县乡行政界线；村、镇、独立工矿及占地面积大的用地单位的规划用地范围；沟、路、林、渠等的规划走向和位置等。

土地潜力现状图应在土地利用现状图上加工绘制，主要内容有：待开发土地后备资源；各类废弃地和其他闲置土地；拟调整改造的农村居民点及城镇工矿用地；拟调整的沟、路、林、渠等。

（4）规划附件。

包括专题研究报告、基础资料及其他相关资料、工作报告等。调查研究报告和规划编制协调过程中形成收集的专题报告，包括未利用土地资源开发、废弃地复垦、村镇体系布局、基础设施布局等。

基础资料包括规划编制过程中收集的各种资料和图件，有关的法规文件、规程、标准等。

工作报告的内容有：规划的组织领导、参加人员、编制人员、编制方法、工作体会和存在问题等。

复习思考题

1. 解释土地整理的概念。
2. 土地整理的类型有哪些？
3. 土地整理的目的及其意义有哪些？
4. 什么是农地整理？农地整理主要有哪些内容？
5. 土地整理的工作程序有哪些？
6. 土地整理规划的成果包括哪些内容？

第十三章　土地复垦规划

【内容提要】

据国家土地部门的初步估计，我国因生产建设而人为破坏的土地在21世纪中期将达6000万亩，其中约一半可恢复成农用地。现在每年仍以70万亩的速度递增。因此，矿区土地复垦与生态重建已引起全社会的关注。在目前土地资源日趋紧张的情况下，提高土地的利用率和生产力成为土地规划的主要任务和目标，土地复垦规划在土地利用专项规划中具有重要地位。同时，土地复垦也是确保耕地总量动态平衡的措施之一。

第一节　土地复垦

一、土地复垦的概念

目前，各国对土地复垦的概念非常不一致。英国矿业与环境联合委员会的定义是：将废弃的场地改作某种用途。美国的定义是：为将因采煤而影响的土地恢复成林地、草地、农地、娱乐场所或其他高于或相当于采前生产力水平的用途，而采取的各种措施。俄罗斯的定义是：以恢复被破坏土地的生产效能以及改善环境条件为目标的各项工作的综合。

在我国，广义的土地复垦是指凡是在生产过程中，因挖损、塌陷、压占等造成破坏的土地，采取整治措施，使其恢复到可供利用状态的活动。既包括开采矿产资源、烧制砖瓦、燃煤发电等生产建设活动造成土地破坏和废弃地，还包括各种污染、自然灾害造成破坏废弃的土地等。

由于采矿业是破坏土地最严重的行业，因此，狭义的土地复垦是指对工矿业用地的再生利用。

2011年2月22日国务院第145次常务会议通过的《土地复垦条例》中的第二条明确了土地复垦的含义，即对生产建设活动和自然灾害损毁的土地，采取整治措施，使其达到可供利用状态的活动。

我国土地紧缺的压力越来越大，土地问题已成为国民经济发展的一个严重制约因素。近年来，我国一方面有计划地开发荒地以缓解人地矛盾；另一方面，各项生产建设正使大量土地遭到破坏。据1990年国家土地管理局公布：我国每年因生产建设破坏的土地达2万～2.67万 hm^2，并预测到2050年全国因生产建设而人为破坏的土地将达到400万 hm^2。这些被破坏的土地，不但使耕地减少，而且使环境恶化，特别是采掘工业，不仅破坏和改变着地表下200～400m以内地层，而且严重影响地表的生态环境，常常引起塌陷、污染、水土流失、滑坡等灾害，占用耕地还会引出农民生产与生活安置等社会问题。

综上所述，土地复垦是保护土地资源的重要途径，对改善生态环境具有重要意义。

二、待复垦土地的类型

我国待复垦土地的类型多、分布广、成因复杂，破坏性质和程度不同。按其破坏性质和成因可以分为如下几大类：

(1) 直接挖损地表而破坏的土地。主要是由露天采矿、挖砂取土、采石淘金、烧制砖瓦石灰、修建道路、兴修水利和城镇、农村建设等生产和建设活动中人为因素造成的。这类废弃地在全国各地都有分布，尤以矿产资源比较丰富、开采历史长、经济和交通发达地区为多。

(2) 地面塌陷的土地。主要是因地下开采矿产资源和地下工程建设挖空造成的。主要分布在华北、东北等煤炭基地，破坏的土地绝大部分是耕地，而且是良田沃土。

(3) 压占破坏的土地。主要是因废渣、煤矸石等工业固体废弃物以及废弃公路、铁路、城镇生活垃圾和废弃建筑物压占造成的。主要分布在工矿区、城镇郊区等。我国是世界第一大煤炭生产和消费国，煤炭占全国能源生产和消费总量的70%，并且这一结构在相当长的时期内不会有较大的改变。

(4) 污染废弃的土地。主要由“三废”污染造成。主要分布在工矿区比较集中和乡镇企业比较发达的地区。

(5) 零星闲散地和农村废弃地。大多是因多年人为造成荒废的，主要是废塘、洼地、村边地头边角地。

(6) 自然灾害损毁的土地。这类土地主要分布在洪涝灾害较重的地区，涉及多省、区，以黄河、长江以南地区为多。

土地复垦潜力：全国因工矿生产建设挖损、塌陷和压占废弃的土地约400万hm^2(6000万亩)，复垦可补充耕地的潜力约153.33万hm^2 (2300万亩)，占补充耕地总潜力的11%，其中集中连片的约40.67万hm^2 (610万亩)。

工矿废弃地集中分布在大型矿山和资源型城市周边，主要是几十年来开发建设中形成的历史旧账。

第二节　土地复垦规划

一、土地复垦规划的概念

土地复垦规划是指在一个时期内，对土地复垦工作的总体安排，包括根据一定的自然、社会经济条件确定复垦的进度，复垦措施，复垦后的土地利用等。土地复垦规划应与土地利用总体规划相协调，各行业的土地复垦规划应由各行业管理部门负责编制，并纳入土地利用总体规划之中。

二、土地复垦规划的内容

国务院发布的《土地复垦条例》第三条指出，土地复垦遵循“谁破坏，谁复垦”的原则，第四条规定土地复垦应当坚持科学规划、因地制宜、综合治理、经济可行、合理利用的原则。复垦的土地应当优先用于农业。因此，做好土地复垦工作必须首先做好土地复垦规划。土地复垦规划主要内容包括以下几个方面。

1. 现状调查

包括复垦区土地条件和环境条件的调查，主要调查复垦区的土质条件、环境条件、土地被破坏程度及工矿企业经营状况等。

（1）区域环境条件调查。包括复垦区域的气候、气象、地形、地貌、水文、植被等自然环境条件调查和复垦区的道路交通、供水供电、人口、人均耕地、土地生态环境质量等调查。

（2）土质条件调查。包括表土的理化性质、厚度、有机质含量、pH 值、土壤水分、微量元素、有毒有害物质含量、石砾含量等。

（3）土地被破坏程度调查。包括复垦的挖损和塌陷范围、深度、被污染土层的厚度、地表堆积物的高度和范围等。

（4）工矿企业的采矿及经营状况。包括采矿方法、采矿工艺流程、废弃物的堆放方法，企业在土地复垦方面的投资能力、技术和设备条件、用地需求等。

2. 复垦土地的适宜性评价

复垦土地的适宜性评价不仅针对农业用途，还需要针对建设用途，即不仅评价土壤肥力状况，还要评价土地的地基承载力，为确定土地用途和采取合理复垦措施提供依据。评价应充分考虑废弃地的自身条件，即废弃地的塌陷深度、污染程度、堆积物的数量及堆积高度、压占面积等。此外，还应综合考虑复垦的资金投入，确定土地复垦利用的方向，复垦方法及表土、充填物来源等，发挥复垦土地的最佳效益。

3. 确定复垦目标和方向

通过复垦土地适宜性评价、土地复垦的投入产出分析及土地需求状况预测等，确定土地复垦目标，包括复垦规模、复垦用途、复垦效益等方面。在此基础上，确定复垦土地的利用结构及主要指标，可采用一定的指标，如开发利用率、复田比、水面率等来反映。

4. 复垦工程设计

土地复垦的对象不同，因而复垦工艺和措施不同。如挖损地复垦基本工艺流程为：表土地剥离—采矿或取土形成采空区—采空区回填—表土铺覆—复垦地利用；压占地复垦的基本工艺流程则为：堆积物搬迁或推平—土地平整—底土和表土铺覆—复垦地利用；被污染地的复垦工艺流程一般为：被污染土层剥离或化学清洗或表面覆盖—覆土利用。复垦用途不同，复垦的工艺流程也不同。复垦为建设用地的，挖损地回填时应分层夯实，表土覆盖以能满足绿化要求即可；复垦为鱼池、游泳池的，则需对塌陷区底层、四周边缘进行整理或固化边坡，规划好进排水系统等；复垦为耕地、林地的，其表土层的厚度应能满足农作物和林果生长的要求。此外，还需要采用不同的复垦技术，包括生物技术和工程技术。复垦生物技术包括快速植被恢复技术、生态工程技术和土壤改良的生物技术。土地复垦工程技术包括充填复垦和非充填复垦。前者包括研石充填复垦、粉煤灰充填复垦和其他充填复垦；后者包括疏排降复垦、挖抬平复垦、梯田式复垦及其他充填复垦形式。

土地复垦设计应与矿山设计及生产建设设计同步进行，这样可以大大提高复垦效益。以露天采矿为例，复垦设计内容如下：

（1）矿区平面布置。根据生产状况，划分开采区、充填区、堆场区，合理安排采运路线。

（2）表土与底土剥离。用石料回填采空区的，表土、底土运往堆场储存；用粉煤灰、泥砂充填的，表土、底土堆积于采空区周围以作堤坝用。

（3）矿山开采过程中的弃石、尾矿直接回填采空区到一定高度，根据要求进行压实、平整。

（4）底土与表土的铺覆、复垦后利用。

5. 复垦工程概预算

在完成复垦工程设计后，需要编制整个工程的概预算，详细列出每一项目的预算资金和每一阶段所需的资金量。包括土地复垦费用计算、土地复垦费用的提取等。土地复垦费用一般指土地复垦所需的直接费用，勘测设计、施工管理等间接费用和不可预见费用等。根据“谁破坏，谁复垦”的原则，土地复垦费应由生产建设单位负责。凡基本建设中破坏的土地或复垦后直接用于基本建设的，复垦费从该项基本建设投资中列支；生产过程中破坏的土地，土地复垦费从企业更新改造和企业发展基金中列支。

按照工程项目进行分类，然后汇总；还要按照工程项目进展的先后次序编制预算。复垦工程概预算还要对资金来源、到位时间、使用安排等进行详细说明。复垦工程概预算可以作为复垦土地效益评价的依据，也是对复垦规划实施进行监督的手段。另外，复垦工程概预算的编制有利于合理节约地使用投资，降低复垦成本。

6. 编制土地复垦规划的实施计划

编制土地复垦规划的实施计划，是落实复垦规划的一项重要内容。计划中应包括分期实施项目、主要工程、三材总耗量、设备类型和数量、工程总投资、单位面积复垦费、人员定额、年经营费预测、年收益预测、计算还本年限等。应根据复垦土地的条件、企业生产状况、资金条件等，确定规划期内每年应复垦土地的数量及单位的复垦指标，并作为土地复垦管理的主要依据。同时要将土地复垦计划纳入国民经济发展计划，加强对土地复垦的监督检查。

7. 开展复垦效益评价

土地复垦后效益的预测与分析，主要评价实施复垦工程后可以达到的经济、社会和环境生态效益。

8. 编制复垦规划成果

编写复垦方案报告并附以必要的图件和表格。

9. 制定土地复垦规划的保障措施

（1）组织保障。土地复垦应引起各级政府和有关部门领导的重视，认真贯彻执行和实施《土地复垦条例》，加强领导。

（2）资金保障。建立土地复垦基金，保证资金渠道通畅。以破坏土地的单位为主，国家重点扶持，各级人民政府要从农业基金和收取的耕地占用税、城镇国有土地使用税、土地出让转让金中拿出一部分给予重点扶持和奖励，加大复垦力度。

（3）管理考核。建立土地复垦长远规划和计划统计的指标体系，纳入各级政府和各行业部门领导任期目标责任制，列入企业经营、管理的考核范围。

（4）制度保障。建立和完善土地复垦的有关政策法规和各项制度，强化管理，严格执法。实行“谁复垦，谁受益”的原则，以调动各方面的积极性，尤其是对现已破坏的土地要制定优惠政策鼓励复垦。

（5）科技投入。充分发挥和调动科技人员参加废弃土地复垦的积极性，大力推广应用农业科学技术，从资金投入上确保废弃土地复垦开发高科技的推广和应用。

复习思考题

1. 解释土地复垦和土地复垦规划的概念。
2. 待复垦土地包括哪些类型？
3. 土地复垦规划的主要原则有哪些？
4. 简述土地复垦规划编制的主要依据。
5. 土地复垦规划的主要内容有哪些？

第十四章　土地开发规划

【内容提要】

土地开发作为扩大土地的有效利用范围、提高土地利用率和生产力的重要手段，是土地利用“开源”的主要方式之一。因此，加强对土地的开发管理，是土地管理工作的一项重要内容。

第一节　土地开发的概念与分类

一、土地开发的概念

土地开发是指通过采取工程、生物和技术等措施，将未利用土地改造成农用地或其他用地的活动，未利用土地包括荒山、荒地、荒滩、荒水等；或使土地利用由一种利用状态改变为另一种状态的活动，如将农地开发为城市建设用地。未利用土地的开发要统一规划，同时还要注意保护和改善生态环境、防治水土流失和土地荒漠化，严禁在生态脆弱的地区进行盲目开发，同时根据开发区域的地域特点和土地适宜性以及土地利用总体规划，确定土地的适度开发规模和土地用途。通过土地开发活动，可以有效地扩大土地利用范围，使原来不适宜某种用途的土地变为适宜于该用途的土地；同时，通过土地开发活动，可以有效地改善土地利用条件，提高土地利用效率。

二、土地开发的分类

（1）土地开发按开发后的土地用途来划分，可分为农用地开发和建设用地开发两种形式，其中，农用地开发包括耕地、林地、草地、养殖水面等的开发；建设用地开发指用于各类建筑物、构筑物用地的开发。

（2）土地开发按土地开发主体的不同，一般分为土地一级开发和土地二级开发。

① 土地一级开发，是指政府实施或者授权其他单位实施，按照土地利用总体规划、城市总体规划及控制性详细规划和年度土地一级开发计划，对确定的存量国有土地、拟征用和农转用土地，统一组织进行征地、农转用、拆迁和市政道路等基础设施建设的行为，包含土地整理、复垦和成片开发。

② 土地二级开发，是指土地使用者从土地市场取得土地使用权后，直接对土地进行开发建设的行为。

（3）按照我国现阶段未利用土地的类型，可以将土地开发分为以下类型[①]。

① 宜农荒地的开发。是指在现代经济技术条件下，将可以开垦的天然荒草地、疏林地、灌木林地和其他未被利用的宜农土地开发成可利用土地的过程。

宜农土地后备资源开发潜力：全国有宜农土地后备资源4424万hm^2（66360万亩），其中宜耕土地后备资源约988万hm^2（14820万亩）。可开发补充耕地约586.67万hm^2（8800万亩），占补充耕地总潜力的44%。

宜耕土地后备资源60%以上分布在西北部地区，水资源相对短缺，生态环境比较脆弱，开发利用制约因素多。

② 闲散地开发。闲散地开发主要是将尚未利用的面积零碎、分布散乱的土地开发成为可利用土地的过程。

③ 中低产田开发。就是利用现有的经济技术条件，对中低产田进行技术改造，使其利用条件得以改善的过程。中低产田开发是农业土地开发的主要任务。

④ 沿海滩涂开发。沿海滩涂主要指分布于海洋两岸潮间带的那部分涨潮淹没、退潮露出的土地。海涂开发的形式多种多样，如围海造田、围海养殖，可用作工业排废处理场所，也可填海进行城市建设等。

⑤ 城市新区开发。城市新区开发又称为城市土地的第一次开发，将城市新建城区内的农业土地转化为城市用地并进行城市基础设施配套建设，使其适应城市建设需要的过程。城市新区的开发重点是在城市规划的基础上，进行城市道路、供水、供电、供气、防洪、排涝等基础设施的建设。

⑥ 城市土地再开发。随着城市建设的发展和科技水平的进步，原有的城市建设区的基础设施、城市布局、城市功能、城市环境以及城市建筑，均已不能满足现代城市生活的需要，为此而进行的原有城市建筑地段的再加工、再改造过程。

第二节　土地开发规划

一、土地开发规划的概念

土地开发应在土地开发规划指导下进行，土地管理部门通过编制土地开发规划，全面安排本地区内土地资源的开发利用，并对具体区段的土地开发利用做出规划设计。

土地开发规划是通过对区域内具有一定开发潜力和开发价值的土地进行自然、社会、经济评价和开发的可行性论证，以确定土地开发利用目标、开发方式、开发模式，制定实现土地开发目标应采取的措施和对策的一项措施，即对规划地区内待开发土地的开发利用所做的全面安排或设计。

二、土地开发规划的任务

土地开发规划的总任务是使一切能利用的土地全部得到合理利用，使土地生产力

---

① 吴次芳．土地利用规划［M］．北京：地质出版社，2000.11.

和利用率得到充分发挥。具体包括以下几方面任务：

（1）确定土地开发的目标和方向。

编制土地开发规划要在对待开发土地的自然、社会、经济条件进行分析评价及开发可行性研究的基础上，提出与待开发土地条件相适应的土地开发目标及开发方向，为土地开发决策及确定土地开发规划方案提供依据。

（2）制定土地开发规划方案，提出土地开发的具体措施。

土地开发规划要合理确定待开发土地的利用结构和布局、各项工程设施的规划布局及开发资金、开发方式和开发速度等。

（3）提高土地利用率。

土地利用率是反映土地利用程度的指标，是指已利用的土地面积占土地总面积的比率。提高土地利用率，一方面要加强对荒地、零星闲散地等后备土地资源的开发利用；另一方面要做好对被破坏了的土地的复垦工作。同时要提高土地的农业利用率、垦殖指数和复种指数，严格控制非农业建设用地。对于城镇和农村建房，可通过旧城、旧村庄的改造，统一规划，合理布局，增加建筑层数等来解决用地紧张的矛盾，尽量少占或不占耕地。

（4）提高土地生产力。

土地生产力一般用一定时期内（通常为一年）单位土地面积上产出的产品数量或产值来表示。一个地区土地生产力的高低，与土地自然条件（如土壤、气候、地形等）及土地利用状况（如集约化程度、种植制度、利用方式等）有关。据统计，我国现有低产农田约占耕地总数的40%，通过规划，对这部分土地应增加投入，采用新品种、新技术及经济等措施来提高单位面积产量，变低产田为高产田。除农用地以外，非农业建设用地也应计算土地的产出率。

（5）通过规划，保护和改善生态环境。

编制土地开发规划，注意把土地开发、利用、保护、治理有机地结合起来，在土地开发中保护生态环境，保护土地生态系统良性循环，这样才能保持土地长久的生产力，使土地达到永续利用。

三、土地开发规划的类型

土地开发规划可分为城镇土地开发规划和农用地开发规划，两者内容各有侧重。

（一）城镇土地开发规划

城镇土地开发有多种形式，根据城镇土地开发所在区域的不同，可分为新区开发与旧区开发。旧区开发是在原有城镇建成区范围内进行的，必须符合城镇土地利用总体规划。而新区开发是在原有城镇建成区范围以外进行的，开发前需要编制规划。应该注意的是，新区开发不是孤立进行的，制定规划要处理好新区与建成区的有机结合。

规划主要包括以下内容：

（1）土地勘测调查和社会经济情况的调查。

（2）土地开发的可行性论证。

（3）开发区的总体布局与功能分区。

（4）水、电、道路等基础设施的规划布局。

（5）小区规划设计。

（6）土地开发实施计划，包括开发时间、规模、地段开发顺序等内容。

（7）土地开发技术方法。

（二）农用地开发规划

农用地开发是以农林牧渔为中心的土地开发，大的开发区还包括水利、道路设施和保护水土的生物工程设施的配置，综合性垦区要设置居民点。因此，农用地开发规划比较复杂，应注意多方面因素。开发规模、时间、地点的决策，既要考虑社会经济技术条件的制约，还要适合土地资源特点；待开发土地的利用规划也不能单纯设计农业土地的安排，要统筹协调，进行总体规划。其中，省、地、县或跨地县的区域性土地开发总体规划是从宏观上进行控制，乡镇或农业企业内土地开发规划则要求具体、详细。

一般情况下，农用地开发规划应包括以下内容：

（1）待开发土地资源评价。主要是对土地及其形成要素进行评价，确定土地适宜性和生产力，分析土地开发的有利条件和限制因素。

（2）土地开发的可行性论证。

（3）确定土地开发目标和方向。

（4）确定待开发土地的利用结构和布局。

（5）配置保护生态的生物工程设施。保护生态是土地开发的中心环节，编制规划时，要分析预测土地开发可能引起的生态破坏和土地污染，采取措施，积极预防。

（6）土地开发规划方案的实施措施与计划，主要确定土地开发的时间、地点和方法。

四、土地开发规划编制程序

1. *初始商讨阶段*

初期研讨会，提出问题，提出设想，确定开发目标。

2. *准备阶段*

包括组织准备和资料准备。组织准备包括人员组织和制订工作计划、业务培训等。资料准备包括土地利用现状调查、可开发土地资源调查，搞清土地可开发资源的数量、质量、分布，了解土地的自然、社会及经济状况。

3. *编制开发规划阶段*

（1）土地资源开发可行性分析。主要从自然条件、社会经济条件和技术条件等方面进行分析。自然条件分析主要是对待开发土地资源的自然因素进行分析，考察土地开发利用的有利条件和限制因素，判断开发的可行性和开发后对周围自然环境造成的影响。社会经济分析是从开发的资金、人力、物质等方面分析开发的可行性。科学技术直接关系到土地开发的形式和效果，应从技术水平、设备、人员素质等方面进行分析。

（2）待开发土地资源评价。是在调查的基础上，通过对影响土地生产能力的主要自然性状（气候、土壤、地貌、地形、水文、植被等）和社会经济条件进行分析、评估，鉴定土地对于某种特定用途的适宜性和限制性，从而确定待开发土地资源的适宜用途、开发潜力及开发目标和开发利用的价值，为开发规划提供科学的依据。

主导因素与综合分析相结合是待开发土地资源评价的基本方法，即在评价待开发土地资源时，对气候、地形、土壤、植被、水文和地质等自然因素进行全面综合分析，研究各因素之间的相互关系，找出影响不同地区、不同类型待开发土地资源的主导因素，并对其进行重点评价。

（3）确定开发方向、目标和规模。①社会需求和经济建设的需要。分析一个地区的社会需求要有全局观念和追求长远利益的观念，要分清主次，确定该地迫切需要解决的问题。②待开发土地的适宜性和生产力。这是土地开发的基础和前提条件，提出目标时要考虑土地的适宜性，切忌凭空想象，应严格遵循自然规律。③经济能力和技术水平。土地开发一般需要充足的资金和一定的技术手段，制订规划时，对此要有充分的认识，以免半途而废，浪费土地资源和人力、物力、财力。

（4）确定待开发土地利用结构和布局。土地开发规划的结构和布局一般是分区提出各类土地的比例和构成，配置各业用地时应考虑的如下条件：①生物与生态环境的最佳结合，取决于物种特性和环境系统功能的配置。因此，安排各业用地时首先要充分考虑土地的空间特性，按土地的海拔、坡度、坡向、坡形和土壤肥力状况，因地制宜配置各业用地。②考虑区位因素，依据待开发土地距离居民点、道路、水源的远近，适当安排其用途，以满足生产资料、产品运输和灌溉的要求。③考虑各业之间的相互关系，优化农林牧渔结构。配置待开发土地的用途要与周围土地的利用情况有机结合。④着眼将来，考虑进一步农业现代化的要求。农作要求适当集中连片，并与土地治理相结合，以利于机耕。

（5）土地开发方案的评价。土地开发带来的生态、社会、经济效益问题是土地开发的敏感问题。规划方案的优劣必须从这三个方面进行评价。尤其应考虑经济效益和土地开发对生态的影响。

（6）确定开发方案。在几个方案中选取“三大效益”最优的方案作为入选方案，并参照可行性论证结果确定开发方案。

4. 实施阶段

制定开发措施，保障规划实施。着重从加强领导、制定优惠政策、合理组织开发形式等方面考虑，如：组织集体开发；确定人力、物力、资金的投入水平；确定规划的实施方法步骤，编制土地开发计划包括中期和年度开发计划，确保土地开发规划的落实。

复习思考题

1. 解释土地开发、土地开发规划的概念。
2. 土地开发包括哪些类型?
3. 土地开发规划的主要类型有哪些?
4. 简述土地开发规划的任务。
5. 简述土地开发规划的编制程序。

第五部分

土地利用规划的实施管理与GIS技术的应用

第十五章　土地利用规划的实施与管理

【内容提要】

规划重在实施，如何实施则需要有效的管理手段和方法。本章主要介绍土地利用规划实施管理的基本内容，包括土地用途管制制度、土地利用的动态监测、土地利用规划环境影响评价等。

第一节　土地用途管制

一、土地用途管制的概念

“管制”由英文“regulation”翻译而来。通常意义上的“管制”是指管制主体为了特定目的，依据一定的规则，对构成特定社会的个人和构成特定经济的经济主体的活动进行限制的行为①。

《中华人民共和国土地管理法》第四条规定，“国家实行土地用途管制制度”，把实行土地用途管制制度作为国家土地利用制度以法律形式加以固定。确立了以土地用途管制为核心的新型土地管理制度，并将土地利用总体规划审批权、农地转用和土地征用审批权、耕地开垦监督权、土地供应量控制权集中在中央和省政府，同时将执行的权力下放到市、县政府。在法律上确定了土地利用总体规划的地位、作用和审批程序，以土地利用总体规划作为土地用途管制的依据，规定了农用地转为建设用地的审批权限，上收征地审批权和完善乡村建设用地管理，以法律形式确定了用途管制作为我国土地管理的根本制度。

我国 1999 年开始正式实行土地用途管制，以代替原来实行的分级限额审批制度，主要内容是强化了土地利用总体规划和土地利用年度计划的法定效力。立法依据是《宪法》第八十九条国务院行使的职权之一——“主权性行政特权”，主要内容是通过编制土地利用总体规划划定土地用途区域（农用地、建设用地、未利用地），确定土地使用限制条件，严格限制农用地变更为建设用地，特别是要保护耕地。核心是依据土地利用规划对土地用途转变实行严格控制。

因此，土地用途管制应该包含以下内涵：

---

① 王文革．论土地用途管制制度［C］//中国环境资源法学研究会，中山大学．生态文明法制建设：2014 年全国环境资源法学研讨会（年会）论文集（第一册）．中国法学会环境资源法学研究会，2014：11.

（1）土地用途管制是一种约束机制，规范土地的使用，防止土地资源的浪费和不合理使用，保证土地资源的可持续利用，促进社会经济的可持续发展。

（2）必须经过一定的科学程序和法定程序，确定土地的具体用途。这种具体用途是一种法定用途，具有法律意义，它是符合各级土地利用总体规划及其相对应的详细规划要求的用途。

（3）土地用途变更的申请许可证。一般来讲，在符合土地利用规划的前提下，土地用途由甲用途变成乙用途时，必须由土地使用者提出书面申请，经土地管理部门依法审查并获批准，领取《土地用途变更许可证》，办理土地用途变更登记等手续后才能完成土地用途从甲用途到乙用途的变更。

（4）土地使用者未经批准，擅自改变用途以及国家机关工作人员和有关管理部门非法批准改变土地用途必将受到经济、行政和法律的处罚。

综上，土地用途管制可以理解为：国家为了实现土地资源的最优配置和合理利用，促进经济、社会和环境的协调发展，通过编制土地利用规划确定土地用途分区和土地利用规则，规定土地用途，明确土地使用条件，实行用途转用许可制，而对土地用途采用行政、经济和法律的手段进行强制性管理的法律制度。

二、土地用途管制与土地利用规划的关系

2009 年 1 月 15 日通过的《土地利用总体规划编制审查办法》规定："土地利用总体规划是实行最严格土地管理制度的纲领性文件，是落实土地宏观调控和土地用途管制，规划城乡建设和统筹各项土地利用活动的重要依据"。2009 年 5 月 25 日，《国土资源部办公厅关于印发市县乡级土地利用总体规划编制指导意见的通知》（国土资厅〔2009〕51 号）中明确了土地利用总体规划中的建设用地布局与管制要求，使得新一轮土地利用总体规划成为我国土地用途管制的有效手段。事实上，土地用途管制制度是建立在土地利用总体规划基础上，并依靠土地利用总体规划的法律表达来实现的。

因此，土地利用总体规划是实施土地用途管制的依据，用途管制则是落实土地利用总体规划的手段和措施。建立有效的土地用途管制制度是以土地利用总体规划的编制和实施为前提的。土地利用总体规划就是在土地利用结构调整基础上，划分土地用途区，落实用地布局。土地利用分区的主导用途是管制的用途，也是规划确定的土地利用方向。同时鼓励次要用途向主要用途转变，也可暂时维持现状，但不能变为其他用途。土地用途管制可解决土地利用总体规划的法律地位并保证规划实施。依土地用途管制制度的规定，使用土地的单位和个人必须严格按照土地利用总体规划确定的用途使用土地。未经规划的地区或规划未经批准的地区，不得擅自改变土地利用现状。而且，实行土地用途管制制度，要求交通规划、水利用地规划、林地规划、城市用地规划等专业规划服从土地利用总体规划，通过各专业规划的实施来保证土地利用总体规划的全面实施。

三、城乡建设用地空间管制制度

1999 年起，我国开始实行土地用途管制制度，即国家编制土地利用总体规划，规

定土地用途，将土地分为农用地、建设用地和未利用地。要求严格限制农用地转为建设用地，控制建设用地总量，对耕地实行特殊保护。

通过三轮规划的实施，土地用途管制制度取得了良好效果，农用地特别是耕地快速下降趋势得到缓解，建设用地集约利用水平不断提高，对保障国家粮食安全和促进国民经济平稳较快发展起到了积极的作用。与此同时，通过规划实施，也暴露出一些不足，主要是土地用途管制局限在土地用途分类及其数量规模基础上，没有直接涉及土地的空间属性及其影响，因而在规范土地利用空间秩序、引导土地利用布局方面发挥的作用受到较大局限。

随着经济的发展、城市化的推进，建设用地的空间扩展日益成为现在乃至将来我国土地利用变化的主要特征。尤其是近十年来中国城市化空间失控现象越来越明显，形成了蔓延式、分散式的扩张，如不能对此态势进行有效的遏制，必然会严重阻碍我国的经济建设进程。为了进一步促进土地节约集约利用，加强建设用地规模控制，在土地利用总体规划中增加了建设用地管制分区的内容。

一是实行城乡建设用地扩展边界控制。即按照分解下达的城乡建设用地指标，在各级土地利用总体规划中逐级落实用地规模和布局，并对其中的城镇、工矿、农村居民点等非线性用地，划定规划期内用地的扩展边界，明确管制规则，引导土地的合理利用。通过综合运用经济、行政、法律和科技手段，加强对用地布局的监管，把新增建设用地严格控制在扩展边界范围内，防止城乡建设用地盲目和无序扩张，有效减缓建设对耕地特别是基本农田和其他重要生态环境用地的侵占。

二是落实城乡建设用地空间管制规则。立足城乡建设用地扩展边界，细化对区域土地利用的空间划分，针对不同区域，实施差别化的土地利用管理措施。城乡建设用地扩展边界内，要在现行基础上简化农用地转用审批环节，强化跟踪监管，同时要加强建设项目在节约集约用地方面的审查和管理，推进土地利用方式转变。城乡建设用地扩展边界外，原则上只能安排能源、交通、水利、军事等必须单独选址的建设项目，严格限制城、镇、村和工矿用地的无序蔓延。

三是完善建设项目用地前期论证。加强建设项目用地前期论证，强化土地利用总体规划、土地利用年度计划和土地供应政策等对建设用地的控制和引导。建设项目选址应按照节约集约用地原则进行多方案比较，优先采用占地少特别是占用耕地少的选址方案。

总体上看，城乡建设用地空间管制的主要精神是，扩展边界内土地用作非农建设用途要简化审批程序，而扩展边界外的土地用作非农建设要从严进行审批和监管，通过行政经济手段，引导城乡建设向扩展边界内集中。

建设用地管制分区是为引导土地利用方向、管制城乡用地建设活动所划定的空间地域，在市、县两级土地利用总体规划中，通过划分建设用地管制边界，确定相应的建设用地管制区，即市、县土地利用总体规划中要明确建设用地的“三界四区”。“三界”即城乡建设用地规模边界、城乡建设用地扩展边界和禁止建设用地边界。“四区”即允许建设区、有条件建设区、限制建设区和禁止建设区。“三界四区”的划分是建设用地规模空间管制的主要依据。

1. 建设用地空间管制要素

（1）边界。

为加强对城乡建设用地的空间管制，市、县、乡级土地利用总体规划应当根据管理需要，因地制宜地划定以下建设用地边界：

① 城乡建设用地规模边界。按照土地利用总体规划确定的城乡建设用地面积指标，划定城、镇、村、工矿建设用地边界。

② 城乡建设用地扩展边界。为适应城乡建设发展的不确定性，在城乡建设用地规模边界之外划定城、镇、村、工矿建设规划期内可选择布局的范围边界。扩展边界与规模边界可以重合。

③ 禁止建设用地边界。为保护自然资源、生态、环境、景观等特殊需要，划定规划期内需要禁止各项建设的空间范围边界。

（2）区域。

建设用地边界划定后，规划范围内形成允许建设区、有条件建设区、限制建设区和禁止建设区 4 个区域（图 15-1）。

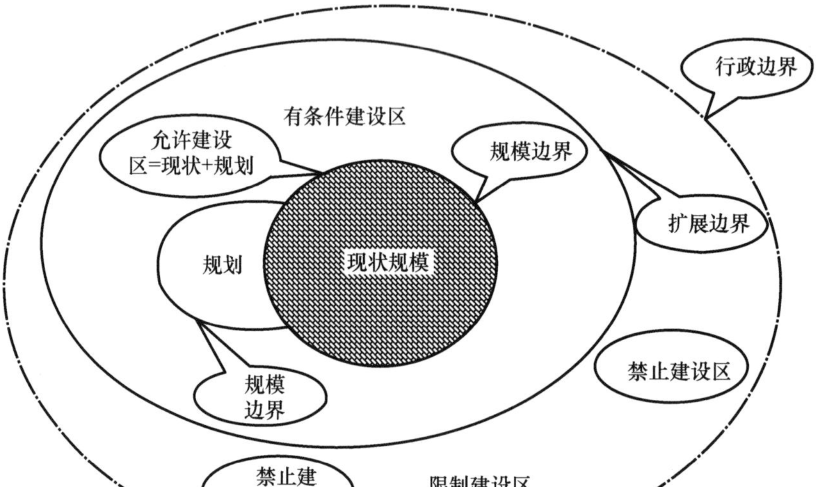

图 15-1　建设用地管制边界和建设用地管制分区

① 允许建设区。城乡建设用地规模边界所包含的范围，是规划期内新增城镇、工矿、村庄建设用地规划选址的区域，也是规划确定的城乡建设用地指标落实到空间上的预期用地区。

② 有条件建设区。城乡建设用地规模边界之外、扩展边界以内的范围，在不突破规划建设用地规模控制指标的前提下，区内土地可以用于规划建设用地区的布局调整。

③ 限制建设区。辖区范围内除允许建设区、有条件建设区、禁止建设区外的其他区域。

④ 禁止建设区。禁止建设用地边界所包含的空间范围，是具有重要资源、生态、环境和历史文化价值，必须禁止各类建设开发的区域。

2. 建设用地空间边界与管制分区划定要求

（1）允许建设区与建设用地规模边界。

建设用地规模边界按照有利发展、保护资源、保护环境的要求，在建设用地适宜性评价以及与其他相关规划充分协调的基础上，根据各类建设用地规模控制指标划定。允许建设区应涵盖规划期内将保留的现状建设用地和规划新增的建设用地，划分为城镇、村庄、工矿等不同类型。允许建设区布局应进行多方案比选，优先选择有利于保护耕地和环境、节约集约用地的方案，尽量利用存量建设用地和未利用地，少占农用地特别是耕地。

（2）有条件建设区与建设用地扩展边界。

有条件建设区在建设用地规模边界外，按照保护资源和环境、有利于节约集约用地的要求划定，避让优质耕地和重要的生态环境用地。城、镇等建设用地扩展边界应尽量采用主要河流、高速公路、铁路、绿化带、山体等具有明显隔离作用的地物。在无原则性冲突时，建设用地扩展边界可采用其他相关规划的同类边界。

（3）限制/禁止建设区和禁止建设用地边界。

自然保护区核心区、森林公园、地质公园、列入省级以上保护名录的野生动植物自然栖息地、水源保护区的核心区、主要河湖的蓄滞洪区、地质灾害高危险地区等，划入禁止建设区。县、乡级土地利用总体规划，可将规划期内要拆迁复垦的现状建设用地划入限制/禁止建设区。上述区域外的土地一律划入限制建设区。

3. 建设用地空间管制规则

（1）允许建设区。

① 区内土地主导用途为城、镇、村或工矿建设发展空间，具体土地利用安排应与依法批准的相关规划相协调。

② 区内新增城乡建设用地受规划指标和年度计划指标约束，应统筹增量与存量用地，促进土地节约集约利用。

③ 规划实施过程中，在允许建设区面积不改变的前提下，其空间布局形态可依程序进行调整，但不得突破建设用地扩展边界。

④ 允许建设区边界（规模边界）的调整，须报规划审批机关同级国土资源管理部门审查批准。

（2）有条件建设区。

① 区内土地符合规定的，可依程序办理建设用地审批手续，同时相应核减允许建设区用地规模。

② 规划期内建设用地扩展边界原则上不得调整。如需调整，按规划修改处理，严格论证，报规划审批机关批准。

（3）限制建设区。

① 区内土地主导用途为农业生产空间，是开展土地整理复垦开发和基本农田建设的主要区域。

② 区内禁止城、镇、村建设，严格控制线型基础设施和独立建设项目用地。

（4）禁止建设区。

① 区内土地的主导用途为生态与环境保护空间，严格禁止与主导用途不相符的各项建设。

② 除法律法规另有规定外，规划期内禁止建设用地边界不得调整。

第二节　土地利用动态监测

一、土地利用动态监测的含义

土地利用规划在实施过程中，为保障规划的顺利实施，需要在日常的监督检查工作基础上，进行土地利用动态监测。土地利用动态监测的主要技术手段是利用多时相（不同时期）的卫星遥感数据经过遥感技术进行判读，可以准确地掌握某一区域土地利用现状及其变化情况，从而了解规划的实施进展。当前，土地利用监测在国家、省、地市、县各个层次都有开展，其重点是监测城市周围的耕地变化和建设用地扩张情况。

土地利用动态监测是指运用遥感、土地调查等技术手段和计算机、监测仪等科学设备，以土地详查的数据和图件作为本底资料，对土地利用的动态变化进行全面系统的反映和分析的科学方法。土地利用动态监测体系构成如图 15-2 所示。

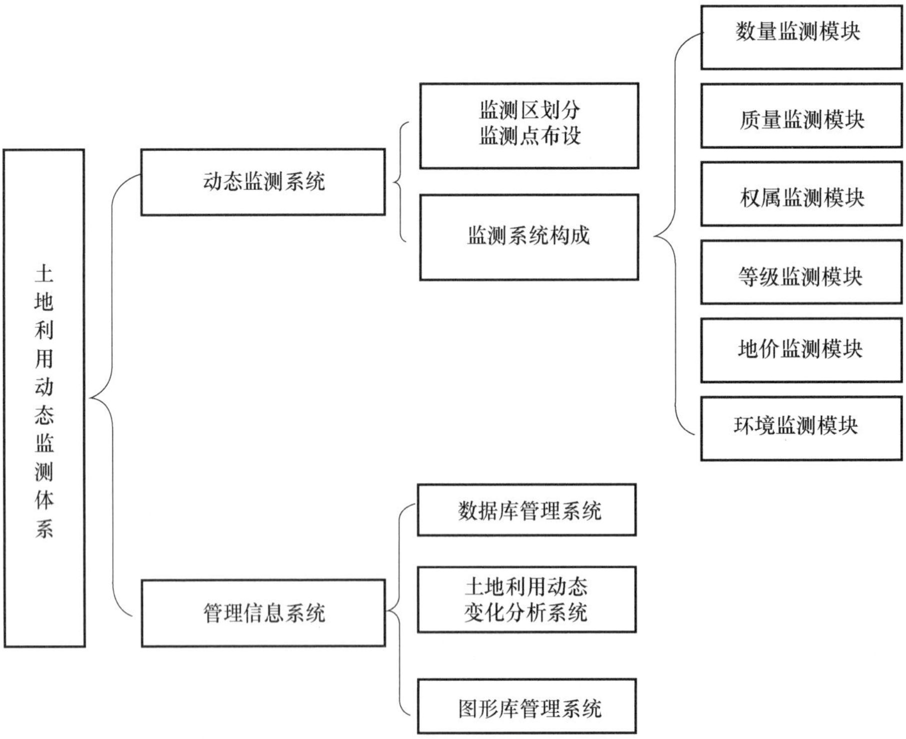

图 15-2　土地利用动态监测体系构成

二、土地利用动态监测的内容

从土地管理的目标和任务来看，土地利用动态监测的内容主要包括：

（1）区域土地利用状况监测。

通过土地利用状况的监测来反映土地利用结构的变化，对土地利用方向的变化进行控制和引导。其中，耕地变化和城市建设用地扩张是监测关注重点，不仅需要监测耕地和城市建设用地总规模的数量变化，还要分析耕地的减少影响机制，如耕地减少是建设用地占用，还是其他农业结构调整的原因。建设用地扩张占用农用地或者耕地，具有可逆性特点，耕地还能恢复，而被耕地转化为建设用地后，就难以恢复。所以城市规模的快速扩张也是关注的重点，如长沙市各县、区城市建设用地面积的变化情况，反映出城市用地的扩张速度非常之快（表 15-1）。

表 15-1　长沙市各县、区城市规模历年变化情况（hm^2）

城市规模	1996 年	2000 年	2011 年	2012 年	2013 年	2014 年	2015 年	2016 年
长沙市	85187.9	186634.5	28672.9	29288.7	30303.9	30726.8	32185.5	33119.1
芙蓉区	11278.5	21217.1	2643.6	2665.8	2671.5	2683.3	2708.9	2737.8
天心区	22823.8	35951.8	3179.9	3193.3	3203.0	3237.8	3247.2	3263.5
岳麓区	946.0	35046.2	6851.9	7113.9	7759.1	7945.7	8293.8	8535.7
开福区	30142.5	50656.5	4643.2	4740.7	4935.1	5048.2	5312.6	5387.8
雨花区	13542.7	34638.7	6214.8	6353.4	6402.8	6421.1	6545.7	6583.8
长沙县	—	—	3338.7	3369.2	3373.6	3382.3	3727.4	4071.9
望城县	—	—	—	—	—	—	275.5	407.1
宁乡县	—	—	—	—	—	—	—	—
浏阳市	—	9124.2	1800.9	1852.5	1958.9	2008.4	2074.4	2131.4

（2）土地政策措施执行情况。

监测政策的制定依靠准确的信息，同时信息又是执行政策的反馈。土地利用监测就是获取土地信息和反馈土地政策、检验土地管理措施执行结果的主渠道。如规划目标实现情况监测、建设用地批准后的使用情况监测、土地违法行为监测等。这一类的监测一般是专题监测。如为落实中央〔97〕11 号文件的决策精神，切实保护耕地，对违反用地进行大清查，需要对耕地的增减变化和建设用地的扩展情况进行专题动态监测，及时摸清情况，掌握信息。既要对政策公布前土地利用状况调查摸底，又要跟踪监测政策公布后的执行情况，报送决策部门参考。

（3）土地生产力监测。

土地生产力受制于自然和社会两大因素，呈现出动态变化。尤其是自然因素对土地生产力的影响，主要影响因素是气候和大气条件。如干旱、异常的大暴雨和降雪量明显增多，冷暖急剧交替等。这些因素的变化还会在地区间、年际间表现出强烈的差异。另外，砍伐森林、灌溉田野、建设城市、疏干沼泽等人类活动也会导致近地面气层的温度、空气湿度、风速等的小气候变化，从而影响农业生产的地域环境。而气候条件又直接影响土壤风化，影响土壤物质移动的特点和土壤中水、气、热的状况，从而使得农用地生产力呈现动态变化。这就需要进行动态监测，掌握生产力动态变化的方向与规律，为调整生产力布局和确定合理对策提供依据。如《基本农田保护条例》中规定，县级以上农业行政部门应当逐步建立基本农田保护区内耕地地力与施肥效益长期定位监测网点，定期向本级人民政府提交保护区内耕地地力变化状况报告以及提出相应的地力保护措施，并为农业生产者提供施肥指导服务。土地生产力监测的重点是土壤属性、地形、水文、气候、土地的投入产出水平等指标。

（4）土地变更调查。

土地变更调查是对自然年度内的区域土地利用现状、权属变化以及各类用地管理信息所开展的调查、监测、核查、汇总、统计和分析等项活动。依法进行土地变更调查是实施土地利用规划动态监测的重要依据。土地变更调查应在上年度土地利用遥感监测全国“一张图”的基础上，将国土资源管理部门日常管理形成的“批、供、用、补、查”用地管理信息实时叠加到“一张图”上，逐步实现实时变更，以保持相关信息的连续性与现势性，并于年底按统一时点要求，全国更新各级土地调查数据库。土地变更调查应当依据当年覆盖全国的最新遥感影像数据、加工制作遥感正射影像图、内业提取当年新增土地利用变化图斑适时完成，并对调查范围内每一变化地块进行实地调查核实。在此基础上开展数据分析，编写年度土地利用变化情况分析报告。

三、土地利用动态监测的技术方法

土地利用动态监测的技术方法主要有：遥感技术、土地调查与统计技术、土地信息系统。

（一）遥感技术（RS）

遥感技术有卫星遥感和航空遥感两种。卫星遥感资料具有空间的宏观性和时间的连续性等特点，其优势在于大面积地动态监测（图 15-3）。主要可用于土壤沙化、草原退化、土壤侵蚀、沿海滩涂的开发利用、土地受灾面积等土地利用的动态变化的监测。航空遥感具有分辨率高、荷载量大、机动灵活的特点，用航空遥感做点状或带状的抽样调查或典型调查，是补充和检测卫星遥感调查的必要手段。主要可用于耕地增减变化和建设用地扩展速度的监测，农田防护林体系、自然保护区生态环境监测等。

1. 遥感技术在土地利用监测中的应用

由于各国各地区的社会制度、自然条件、发展水平和管理体制等的差异，遥感技术在土地利用监测中的应用程度不尽相同。例如，加拿大、澳大利亚这些疆域辽阔的国家，在经济活动少的荒漠地区使用卫星遥感资料监测，在人口稠密的发达地区则使用航空遥感方法。如在法国，卫星遥感资料作为土地监测的辅助资料，配合航空遥感和地面调查做样点布设。我国从“六五”计划开始，就开展了遥感土地利用调查应用研究。原国家土地管理局成立后，在国务院统一部署下，组织完成了全国县级土地详查，东部地区采用航空遥感为基本方法完成了比例尺 1∶10000 土地利用调查制图，西

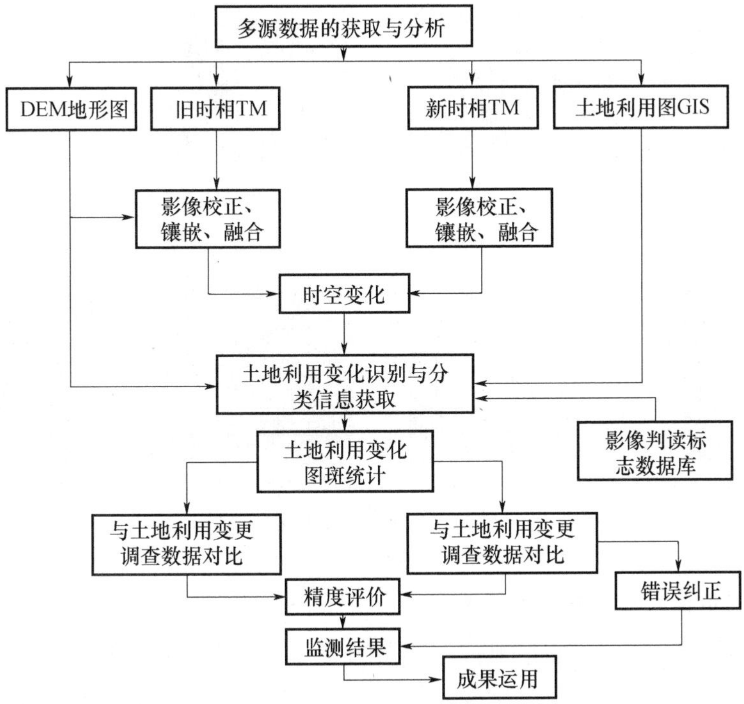

图 15-3　土地利用动态监测遥感方法

部地区采用卫星遥感和航空遥感相结合的方法完成了 1∶15000、1∶100000 土地利用调查。这一成果为各级政府制订经济建设规划、计划，为农业、工业、水利、能源、交通等各专业部门制订规划、计划提供了可靠的数据资料，为各项管理工作提供准确依据，已在经济建设、农业生产和土地管理中发挥了重要作用，也为我国开展土地利用动态监测提供了完整、可靠的本底资料。同时，利用 TM、SPOT 等多种数据，进行目视解译、分析和计算机自动分类制图等资料编制了 19 个城市和 100 个城市的城市扩展与耕地变化等内容的图面资料。这些工作为发展遥感技术在土地监测中的应用、建立纳入土地管理业务系列的监测体系提供了技术依据（图 15-4、图 15-5）。

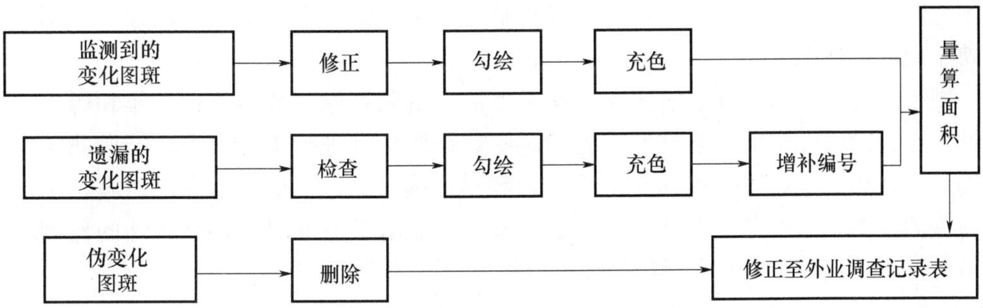

图 15-4　土地利用动态监测工作流程

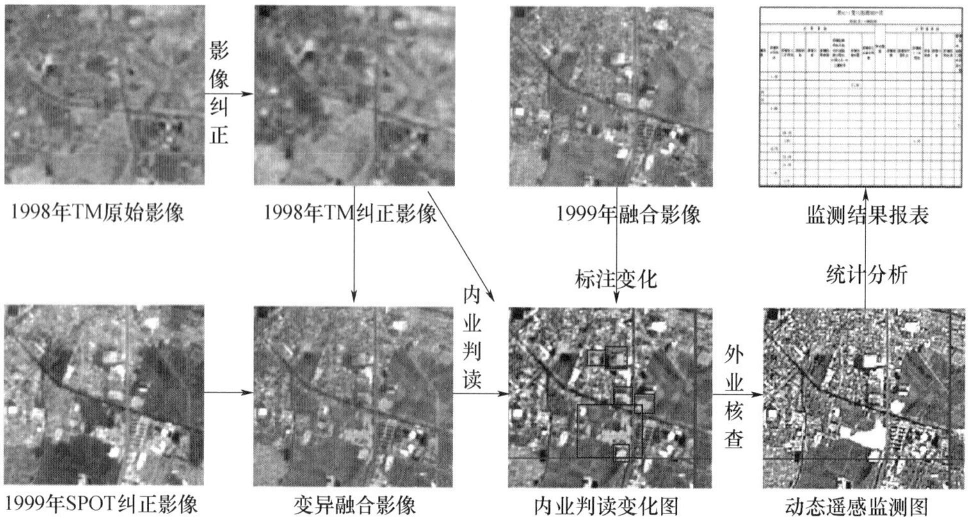

图 15-5 遥感在土地利用动态监测中的应用

2. 土地利用监测对遥感资料的要求

（1）遥感资料分辨率。衡量卫星遥感资料在土地利用监测中应用效果的主要标志是识别地类能力和地类面积量测精度。地类判读精度和面积量测精度主要取决于遥感资料的分辨率，同时也与判读地物的光谱特征有关。

根据现有实践推论：若单纯用卫星遥感方法做土地利用监测，地面分辨率 3m 的资料可满足土地详查 1：10000 成图调查要求；分辨率 15m 的资料可满足土地详查 1：50000 成图调查要求；分辨率 30m 的资料可满足 1：100000 成图调查要求。

（2）遥感资料的覆盖面。利用卫星遥感资料进行全国或全省土地利用监测，需要定期提供其辖区境界线内全面覆盖并具有特定时效性的遥感资料，这是开展土地利用监测工作的前提。

（二）土地调查与统计技术

土地调查的方法主要有详查、抽样调查、重点调查等。运用土地调查与统计可以对土地利用结构调整、土地等级变化等进行分析。一般在遥感资料的基础上，需要通过土地调查进行检查和补充，在遥感资料缺乏的地区或年份，也只有依靠土地调查来反映土地利用状况。

城镇地籍调查、农村土地详查、农村土地变更调查等一系列调查工作和历年土地统计工作目前已在全国普遍开展。利用这些数据和信息进行土地利用动态监测，能够准确地反映出土地利用结构的变化情况，数据准确可靠、精确度较高，能满足土地微观管理的需要。缺点是工作量大，时点性差，仅适用于小范围的和专题性的监测，对区域性的土地利用监测不太适用。

（三）土地信息系统（LIS）

《中华人民共和国土地管理法》第三十条规定，国家建立全国土地管理信息系统，对土地利用状况进行动态监测。土地管理信息系统本身就是一门技术，可以对各种信息、数据和图形进行处理和输入输出。目前的土地利用动态监测，无论是采用遥感资料，还是土地详查成果，都需要借助信息系统和计算机，对各种信息量进行处理，才能使土地利用监测快速、便捷、准确。

土地管理信息系统是以计算机为核心，以土地资源详查，土壤普查、规划、计划，各种遥感图像，地形图，控制网点等为信息源，对土地资源信息进行获取、输入、存储、处理统计、分析、评价、输出、传输和应用的大型系统工程。土地信息系统的功能主要包括存储、自动检索、更新、三维信息共享、再生、保密等。

土地管理信息系统是一个综合系统。与土地利用监测有关的信息系统有土地利用现状系统与规划系统、地籍系统、土地分等定级系统、土地估价系统、法规监察系统等。其中，对规划信息系统除要求有土地信息系统的一般功能外，还需要能够对各类数据分析和预测，自动生成规划方案并择优，根据监测结构进行规划方案更新等功能。

另外，除上述方法外，还可以借助一些科学仪器和设备进行监测。如运用环境、土壤质量的监测仪器可以对农田生态环境、土壤质量等进行测定和分析。

第三节　土地利用规划环境影响评价

土地利用规划的环境影响评价对提高政府决策的科学化具有重要意义。国外相关方面的研究已有近半个世纪，但我国相关研究还处于起步阶段。

一、土地利用规划环境影响评价的概念①

（一）评价背景

1979 年，《中华人民共和国环境保护法（试行）》首次把对建设项目进行环境影响评价作为法律制度确立下来。这一制度的建立和实施对于企业的优化选址，预防开发建设活动可能产生的环境污染和破坏，发挥了积极作用。但是随着经济活动范围和规模的不断扩大，政策、规划和计划的实施所造成的环境影响越来越突出，于是，针对政策、规划和计划等的战略环境影响评价（SEA）提到重要日程上来。国外的战略环境影响评价，起源于 1970 年生效的美国《国家环境政策法》，并不断发展，目前已为包括美国、加拿大及欧盟等十几个国家和地区在不同程度上接受并应用于决策领域。

随着 2003 年 9 月 1 日《中华人民共和国环境影响评价法》的颁布实施，我国的规划环境影响评价才开始兴起。《中华人民共和国环境影响评价法》第二章第七条规定："国务院有关部门、设区的市级以上地方人民政府及其有关部门，对其组织编制的土地利用的有关规划，区域、流域、海域的建设、开发利用规划，应当在规划编制过程中组织进行环境影响评价，编写该规划有关环境影响的篇章或者说明。"可见，该法规确立了我国规划环评的法律地位，将规划纳入环境影响评价的范畴，明确规定了地市级

① 蔡玉梅，郑伟元，张晓玲，等．土地利用规划环境影响评价［J］．地理科学进展，2003，22（6）：567-575.

以上行政区域范围土地利用规划环境影响评价工作的法律强制性。2009年国务院又颁布了《规划环境影响评价条例》，进一步为规划层面的环境影响评价提供了法律依据。

2005年我国启动的新一轮土地利用总体规划修编过程中开展的土地利用重大问题研究，专门设置了协调土地利用与生态环境关系专题，旨在加强土地利用总体规划的环境影响研究。同年，国土资源部发布了《省级土地利用总体规划环境影响评价技术指引》，为新一轮省级土地利用总体规划环境影响评价工作提供技术参考。随着土地利用总体规划环境影响评价工作理论与实践的深入以及环评要求的提高，2009年国土资源部颁布了《市级土地利用总体规划环境影响评价技术规范（试行）》（国土资厅发〔2009〕79号）（以下简称《技术规范》），同年国家环境保护部也颁布了《规划环境影响评价技术导则——土地利用总体规划》（征求意见稿，2009）（以下简称《技术导则》）。《技术规范》和《技术导则》都给出了土地利用总体规划环境影响评价的一般性原则、工作程序、基本内容、工作方法与基本要求，对于全国开展土地利用总体规划环境影响评价提供良好的指导性和规范性。

（二）概念

土地利用规划的环境影响评价是指对土地利用规划实施后可能造成的环境影响进行分析、预测和评价，提出预防或者减轻不良环境影响的对策和措施，进行跟踪监测的方法和制度，可看作战略环境影响评价的一种。广义的环境评价包括社会、经济和环境综合的方面，狭义的环境评价仅指环境方面。根据我国目前的土地利用规划对生态环境方面缺乏深入研究的状况，当前的土地利用规划环境影响评价主要是指对土地利用规划可能导致的生态环境影响进行评价。

二、土地利用规划环境影响评价与相关评价之间的关系①

（1）土地利用规划环境影响评价是传统的土地利用规划环境效益评价的深化。

过去的土地利用规划在土地利用规划方案选择的时候也进行与社会效益、经济效益并重的环境效益评价，其中已经具有土地利用规划对环境影响的含义。但对土地利用规划与环境之间的作用过程缺乏深入的分析和定量的评价，仅仅从定性的角度考虑，难以真正反映土地利用规划对于环境的影响效果，从而造成了土地利用规划导致的土地生态环境问题。因此，土地利用规划环境影响评价是传统的土地利用规划环境效益评价的深化。

（2）土地利用规划环境影响评价的实质是中宏观、短时间尺度上土地利用变化的环境效应评价的延续。

由于土地利用/土地覆盖变化对全球环境变化产生重要影响，国际土地利用与土地覆盖变化（LUCC）的研究，把土地利用引起的土地覆盖变化的环境效应研究作为重要的内容。但这方面的研究主要集中在微观和小流域尺度，考虑土地利用/土地覆盖变化对气候、土壤、水文以及不同尺度生态系统的影响上。当然，“效应”和“影

① 蔡玉梅，郑伟元，张晓玲，等．土地利用规划环境影响评价［J］．地理科学进展，2003，22（6）：567-575.

响”有时是有区别的。“效应”可以被认为某项活动所引起的影响因子的变化，而这一变化能否成为一种“影响”，则主要取决于它的性质、规模及其他一些特性。可以说，环境影响是对环境效应的性质——正面或负面效应、规模——大的、小的效应，以及环境效应时空特征的表述。由于土地利用规划的实质是对优化区域土地利用的结构和布局，表现为土地利用的变化，而土地利用变化通过直接改变地表的覆盖状况，对地表的生物地球化学循环产生影响，进而对区域生态环境产生效应或影响。从这一意义而言，土地利用规划的环境评价其实质是宏观尺度上土地利用变化环境效应评价的延续。

（3）土地利用规划环境影响评价是战略环境评价（SEA）的中间层次。

战略是一个从全球到地方甚至到部门、企业的概念，具有不同的层次性。而且，一项战略的形成一般都遵循政策、规划、计划（Policy，Plan and Program，简称PPPs）过程，即先在最高层次上形成政策，之后在政策的框架下形成规划，依次在规划的框架下形成计划。由此，从政策、规划到计划不仅体现战略形成的思维顺序，也包含时间顺序和等级顺序，都称为战略环境评价（SEA），即战略环境评价是环境影响评价（EA）在政策、计划和规划层次上的应用。而土地利用规划的环境评价处于中间层次（图 15-6）[①]。

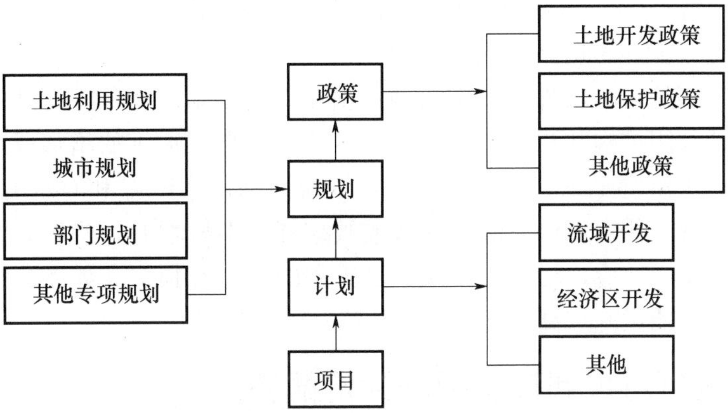

图 15-6　战略环境评价和项目环境评价的关系

（4）土地利用规划环境影响评价是区域环境影响评价（REA）的上一层次。

单一项目的环境影响评价不能体现不同项目之间以及对区域的总体影响，由此，区域环境影响评价得到发展。1988 年国务院颁布的《建设项目环境保护管理条例》明确指出：“流域开发、开发区建设、城市新区建设和旧城改造等区域性开发，编制建设规划时，应当进行环境影响评价”。可见，区域环境影响评价是相对于项目环境评价而言的，具有整体性、可变性和不可叠加性的特点。无论从评价层次上，还是从评价对象、评价内容上考虑，它都是属于 SEA 的一种，是计划层次的 SEA。而土地利用规划环境影响评价作为区域环境影响评价的上层，设定或优化了区域环境影响评价的内容

① 蔡玉梅，郑伟元，张晓玲，等．土地利用规划环境影响评价［J］．地理科学进展，2003，22（6）：567-575.

框架（包括方案、影响内容等），从而使区域环境影响评价更容易识别并集中考虑那些适合于本层次的问题。

三、土地利用规划环境影响评价的内容

土地利用规划的土地利用结构和布局，以及重大工程对各种环境因素及其所构成的生态系统可能造成影响。可能的环境影响主要体现在以下方面。

（1）对土壤的影响。

主要体现在农业土地利用活动（如后备资源开发、农业结构调整等）导致的土地退化问题，包括水土流失、荒漠化、盐碱化等。

（2）对水环境的影响。

对水资源的影响包括水量、水质和空间分布的变化。主要表现在城市土地扩张对水量的影响和农业土地利用结构调整后灌溉用水增加导致的水资源数量供需平衡问题，也体现在对河道、湖泊天然形状的改变上。

（3）对生态系统的影响。

从生态系统的角度看，土地是由不同的生态系统所构成的生态系统，包括农田生态系统、草地生态系统、林地生态系统、湿地生态系统等。土地利用结构的变化直接体现在生态系统的变化上。因此，生态系统的变化也是规划环境影响评价所考虑的重要内容。

（4）对自然灾害的影响。

许多自然灾害是自然条件和人类活动共同作用的结果。在一些特殊的地区，土地利用规划或土地利用结构和布局的调整可能导致一些自然灾害的增加或减少。比如非农业建设用地向水滨湿地的扩展，破坏了水滨湿地的雨水贮存和对水流的缓冲作用，土壤持水能力下降，使洪水调蓄能力降低或被破坏，洪峰增高，持续时间缩短，引起了一系列负面的水文效应，增大了区域洪涝灾害的程度和损失。如在英国的研究实例表明，湿地的破坏使洪峰增高了1.0～1.5倍。

四、土地利用规划环境影响评价的程序

（1）土地利用规划可能引致的环境问题的识别。

土地作为人类活动的载体，人类活动干扰所产生的环境问题都直接或间接地与土地利用活动有关。同时，区域的环境问题是多种多样的，包括大气、水质、噪声、土地的荒漠化、盐碱化、水土流失等。而土地利用规划的环境影响评价主要是针对土地利用规划可能影响或导致的直接或间接累积性的、区内或区外的环境质量问题。从全国的尺度而言，主要考虑土地的荒漠化、水土流失、草地退化、盐碱化问题等。

（2）土地利用规划可能引致的环境影响因子的识别。

评价因子的识别就是确定应考虑的环境影响因子。与项目环境评价主要考虑的水污染物、大气污染物、噪声等直接的环境影响因子不同，土地规划环评重点考虑与可持续性有关的累积性的影响，如水土流失程度、荒漠化程度等指标。

（3）土地利用规划的环境影响评价。

以土地利用规划可能产生的环境影响为基础，将规划可能导致的环境效应与环境

标准进行匹配，评价规划产生的环境影响程度。环境的标准包括定量的和定性的两种。定量的标准包括我国现行相关的环境标准（包括行业标准、自然资源保护的规定等）、规划实施影响范围内的生态环境背景值或本底值、相似地区的类别标准；环境目标来源于法律、相关的规划、相关的标准和地区的政策等，有些是定量的，也有些是定性的。

（4）土地利用规划的建议。

根据评价结果提出土地利用结构或布局调整，重点开发、整理和保护地区设置等建议。具体步骤如图 15-7 所示。

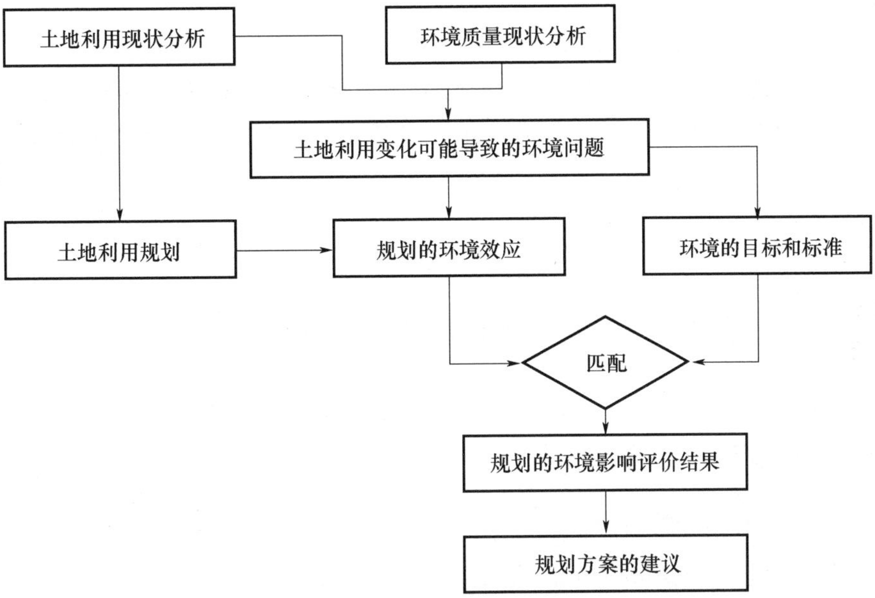

图 15-7　土地利用规划环境评价的程序

复习思考题

1. 土地利用规划成果包括哪些内容？
2. 简述土地利用规划图件编绘的基本要求和程序。
3. 试述土地利用用途管制的内容和特点。
4. 土地利用计划与土地利用规划有何关系？
5. 简述土地利用计划编制的程序和方法。
6. 如何有效实施土地利用计划？
7. 土地利用动态监测有何作用？
8. 土地利用动态监测有哪些内容和指标？
9. 什么是土地利用规划环境影响评价？
10. 土地利用规划环境影响评价实施的步骤有哪些？

第十六章　地理信息系统在土地利用规划中的应用

【内容提要】

GIS是进行地理数据的分析和处理的计算机系统。土地利用规划中涉及大量的空间地理数据的采集、存储、检查、运算、分析、处理以及图形显示，所以GIS在土地利用规划中的作用非常关键。本章主要介绍GIS在土地利用规划中应用的基本知识，内容主要包括：GIS的产生与运用、土地利用信息系统、土地利用信息数据库的建立等。

第一节　GIS的基本含义与运用

一、GIS的基本含义

（一）地理信息系统的概念

地理信息系统（geographic information system，GIS）是一种基于计算机科学、地理学、测量学、地图学等多门学科综合的技术，是一种计算机工具，它可以对在地球上存在的东西和发生的事件进行成图和分析。GIS技术把地图这种独特的视觉化效果和地理分析功能与一般的数据库操作（例如查询和统计分析等）集成在一起。这种能力使GIS与其他信息系统区别开来，从而使其在广泛的公众和个人企事业单位中解释事件、预测结果、规划战略等实践中具有实用价值。地理信息系统与其他信息系统的主要区别在于其存储和处理的信息是经过地理编码的，地理位置及与该位置有关的地物属性信息成为信息检索的重要部分。在地理信息系统中，现实世界被表达成一系列的地理要素和地理现象，这些地理特征至少由空间位置参考信息和非位置信息两个组成部分。

站在不同的角度给出的GIS定义就不同。本书结合GIS在土地利用规划中的应用可以这样来理解GIS：GIS是采集、存储、检查、操作、分析和显示地理数据的系统，由两个部分组成，一方面它是一门学科，是描述、存储、分析和输出空间信息的理论和方法的一门新兴的交叉学科；另一方面，GIS是一组用来采集、存储、查询、变换和显示空间数据的工具的集合，以地理空间数据库（geospatial database）为基础，采用地理模型分析方法，提供多种空间的和动态的地理信息，为地理研究和规划决策服务的计算机技术系统。

（二）地理信息系统的特征

地理信息系统具有以下三个方面的特征：

（1）具有采集、管理、分析和输出多种地理信息的能力，具有空间性和动态性。

（2）由计算机系统支持进行空间地理数据管理，并由计算机程序模拟常规的或专门的地理分析方法，作用于空间数据，产生有用信息，完成人类难以完成的任务。

（3）计算机系统的支持是地理信息系统的重要特征，因而使地理信息系统能快速、精确、综合地对复杂的地理系统进行空间定位和过程动态分析。

（三）地理信息系统的构成

一个完整的GIS主要由四个部分构成，即计算机硬件和系统软件、数据库系统、数据库管理系统、应用人员和组织机构。计算机硬件和系统软件是开发、应用地理信息系统的基础，数据库系统反映GIS的地理内容，数据库管理系统是地理信息系统的核心，而应用人员和组织机构则决定系统的工作方式和信息表示方式。系统构成如图16-1所示。

计算机硬件系统是计算机系统中的实际物理装置的总称，包括计算机、打印机、绘图仪、数字化仪、扫描仪等。计算机软件系统主要指操作系统。对于GIS应用而言，通常包括：计算机系统软件、地理信息系统软件和其他支持软件、应用分析程序。人是GIS中的重要构成因素，GIS不同于一幅地图，而是一个动态的地理模型。一个周密规划的地理信息系统项目应包括负责系统设计和执行的项目经理、信息管理的技术人员、系统用户化的应用工程师以及最终运行系统的用户。

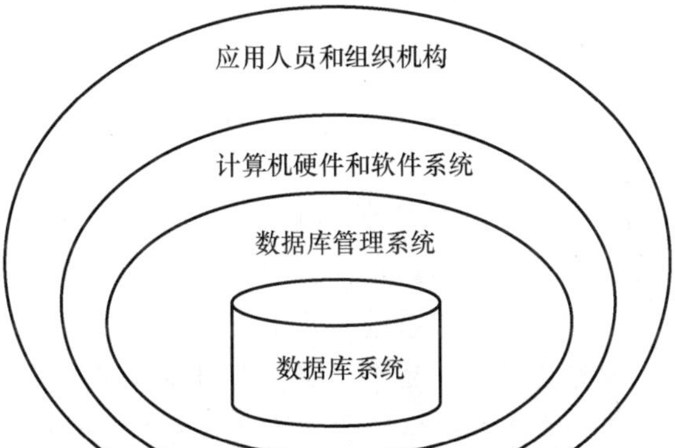

图16-1　地理信息系统的构成

数据库系统在土地利用信息系统中主要指空间数据，是指以地球表面空间位置为参照的自然、社会和人文经济景观数据，可以是图形、图像、文字、表格和数字等。它是由系统的建立者通过数字化仪、扫描仪、键盘、磁带机或其他系统通信输入GIS，是系统程序作用的对象，是GIS所表达的现实世界经过模型抽象的实质性内容。在GIS中，空间数据主要包括以下几方面。

1. 某个已知坐标系中的位置

即几何坐标，标识地理景观在自然界或包含某个区域的地图中的空间位置，如经纬度、平面直角坐标、极坐标等，采用数字化仪输入时通常采用数字化仪直角坐标或屏幕直角坐标。

2. 实体间的空间关系

实体间的空间关系通常包括：度量关系，如两个地物之间的距离远近；延伸关系（或方位关系），定义了两个地物之间的方位；拓扑关系，定义了地物之间连通、邻接等关系，是 GIS 分析中最基本的关系。

3. 与几何位置无关的属性

即通常所说的非几何属性或简称属性，是与地理实体相联系的地理变量或地理意义。属性分为定性和定量的两种，前者包括名称、类型、特性等，后者包括数量和等级；定性描述的属性如土壤种类、行政区划等，定量的属性如面积、长度、土地等级、人口数量等。非几何属性一般是经过抽象的概念，通过分类、命名、量算、统计得到。任何地理实体至少有一个属性，而地理信息系统的分析、检索和表示主要是通过属性的操作运算实现的，因此，属性的分类系统、量算指标对系统的功能有较大的影响。

（四）地理信息系统的功能

地理信息系统包含了处理空间或地理信息的各种基础的和高级的功能。其基本功能包括：数据的获取（data acquisition）、数据的初步处理（preliminary data processing）、数据的存储及检索（storage and retrieval）、数据的查询与分析（search and analysis）、图形的显示与交互（display and interaction）。

图 16-2 说明了这些功能之间的关系，以及它们操作（manipulation）数据的不同表现①。

图 16-2 中可以看出，数据获取是从现实世界的观测，以及从现存文件、地图中获取数据。有些数据已经是数字化的形式，但是往往需要进行数据预处理，将原始数据转换为结构化的数据，以使其能够被系统查询和分析。查询分析是求取数据的子集或对其进行转换，并交互现实结果。在整个处理过程中，都需要数据存储检索以及交互表现的支持，换言之，这两项功能贯穿了地理信息系统数据处理的始终。

1. 数据采集与编辑

数据采集与编辑是 GIS 的基本功能，主要用于获取数据，保证地理信息系统数据库中的数据在内容与空间上的完整性、数值逻辑一致性与正确性等。数据采集的方法与技术很多。GIS 系统能够读取多种格式的数据，包括矢量数据及 Tiff 等格式记录的栅格数据文件或者数据库格式数据。同时，通过数字化扫描的方法可以从纸质地图获取地理数据，常用的如手扶跟踪数字化仪。随着技术的发展，信息共享与自动化数据输入成为地理信息系统研究的重要内容。自动化扫描输入与遥感数据集成最为人们所

① 王万茂，韩桐魁．土地利用规划学［M］．8 版．北京：中国农业出版社，2013. 有修改。

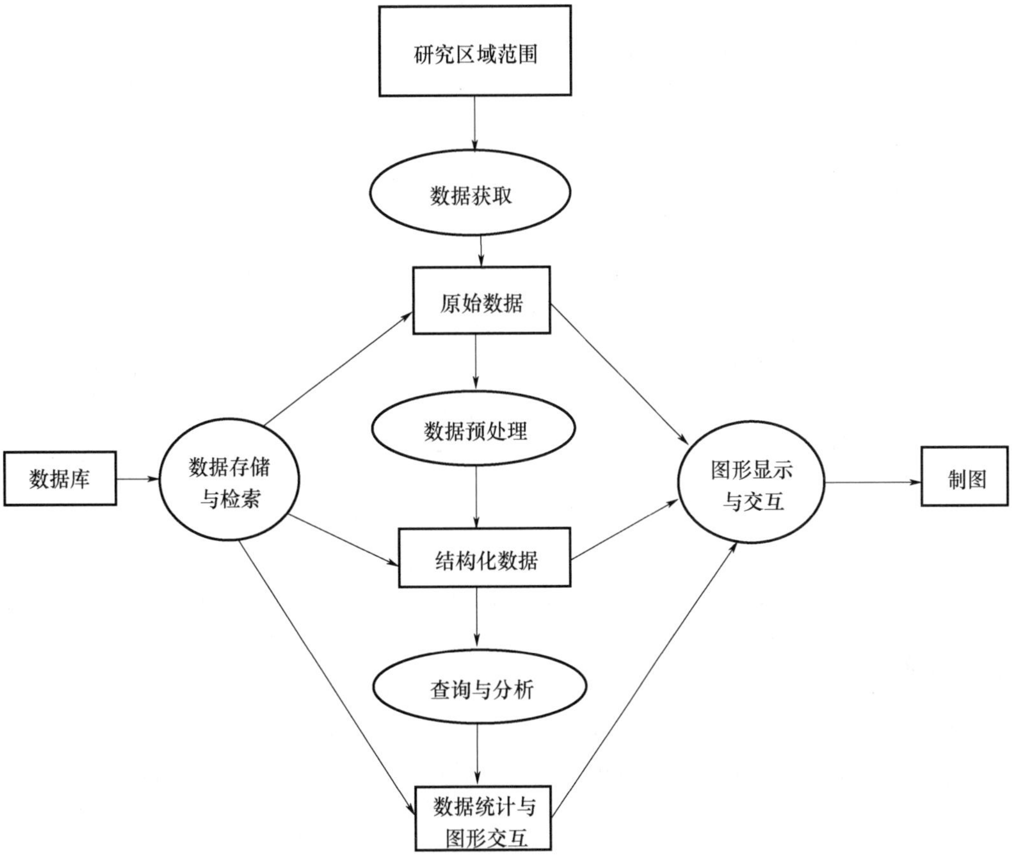

图 16-2　GIS 功能结构图

关注。随着扫描技术的应用与改进，实现扫描数据的自动化编辑与处理仍是地理信息系统数据获取研究的主要技术关键。交互式地图识别是自动化扫描输入方法的一种较为现实的途径。

GIS 系统还提供对现状数据和变更数据进行一般修改编辑功能，并且随时可以进行变更编辑和一般编辑之间的切换。

2. 数据处理

初步的数据处理主要包括数据格式化、转换和制图综合。数据的格式化是指不同数据结构之间的变换，是一种计算量较大且耗时的工作；数据转换包括数据格式转化、数据比例尺的变换等。在数据格式的转换方面，矢量到栅格的转换较为简便，但其逆运算颇为复杂、耗时。数据比例尺的变换主要指比例尺的缩放、平移、旋转等，其中投影变换最为常用；制图综合（generalization）包括数据平滑、特征集结等。

3. 数据存储与组织

这是建立地理信息系统数据库的关键步骤，涉及空间数据和属性数据的组织。栅格模型、矢量模型或栅格/矢量混合模型是常用的空间数据组织方法。大多数 GIS 中采用了分层技术，即根据地图的某些特征，把它分成若干层（如道路层、水系层、公共设施层等），整张地图是所有层叠加的结果。在与用户的交互过程中只处理涉及的层，而不是整幅地图，因而能够对用户的要求做出快速反应。数据库技术是数据存储和管理的支撑技术。在GIS中，数据库具有数据量大、空间数据和属性数据联系紧密，以及空间数据之间具有显著的拓扑结构等特点，因此GIS数据库管理功能，除了与属性数据有关的DBMS功能之外，还需要具备对空间数据的管理功能。

4. 空间查询与分析

空间查询是地理信息系统以及许多其他自动化地理数据处理系统应具备的最基本的分析功能；而空间分析是地理信息系统的核心功能，也是地理信息系统与其他计算机系统的根本区别。就数据查询而言，GIS具有双向查询功能：既可以根据图形信息查询相应的属性信息，也可以按照属性数据的特点查询相对应的地理目标。此外，还可以通过对地理目标的空间分析获得新的派生信息和知识。

5. 图形与交互显示

地理信息系统为用户提供了许多用于地理数据表现的工具，其形式既可以是计算机屏幕显示，也可以是诸如报告、表格、地图等硬拷贝图件，尤其要强调的是地理信息系统的地图输出功能。一个好的地理信息系统应能提供一种良好的、交互式的制图环境，以供地理信息系统的使用者能够设计和制作出高质量的地图。除了常见的二维平面地图之外，地理信息三维显示也成为地理信息一个重要的表现方式。利用三维显示技术，可以更为直观形象地表现地理环境信息，更容易让用户接受和理解。

6. 地图制作

GIS是电子地图（矢量化地图）制作的重要工具。采用GIS可以将数据矢量化，从而使与空间有关的各种数据（信息）叠加到电子地图上。地图制作是将用户查询的结果或是数据分析的结果以文本、图形、多媒体、虚拟现实等形式输出，是GIS问题求解过程的最后一道工序。输出形式通常有两种：在计算机屏幕上显示或通过绘图仪输出。在一些对输出精度要求较高的应用领域，高质量的地图输出功能对GIS是必不可少的。这方面的技术主要包括：数据校正、编辑、图形修饰、误差消除、坐标变换和出版印刷等。

除上述功能外，GIS还有其他一些功能模块。例如，交通和环保部门可以利用网络分析模块进行最佳路径分析，并可追踪调查污染源的流经渠道；城市规划和土地管理部门可以通过对土地适应性分析实现对各种土地开发活动科学性的评估。此外，基于数字高程模型（DEM）的地形分析是GIS的重要功能。其中，包括等高线分析、透视图分析、坡度分析、坡向分析、断面分析、地形表面面积和填挖方体积计算等。

地理信息系统功能遍历数据采集—分析—决策应用全部过程，可用于回答以下问题：

（1）位置（location）：对象在何处？

（2）条件（condition）：符合特定条件的实体在何处？

（3）趋势（trend）：某个地方发生某个事件，及其随时间的变化过程如何？

（4）模式（pattern）：对象的分布存在何种空间模式？

（5）模拟（modeling）：如果具备某种条件将会发生什么？

二、GIS 的主要应用领域

地理信息系统是电子政务建设的基础支撑平台之一，它能够赋予电子政务空间辅助决策的功能，从而可提高政府机构的科学决策水平和决策效率。20 世纪 60 年代加拿大建立世界上第一个地理信息系统之后，GIS 的应用得到了突飞猛进的发展。经过几十年的发展，GIS 已经被应用到资源调查、环境评估、灾害预测、国土管理、城市规划、社会经济统计与分析、地籍测绘、邮电通信、交通运输、军事公安、水利电力、公共设施管理、农林牧业、统计、商业金融等绝大部分与空间信息有密切关系的领域。

（一）测绘与制图

地理信息系统技术源于计算机辅助制图。地理信息系统技术与遥感、全球定位系统技术在测绘界的广泛应用，为测绘与地图制图带来了一场革命性的变化。主要表现在：地图数据获取与成图的技术流程发生了根本的改变；地图的成图周期大大缩短；地图成图精度大幅度提高；地图的品种大大丰富。数字地图、网络地图、电子地图等多样的地图形式为用户应用带来了巨大的便利（图 16-3）。

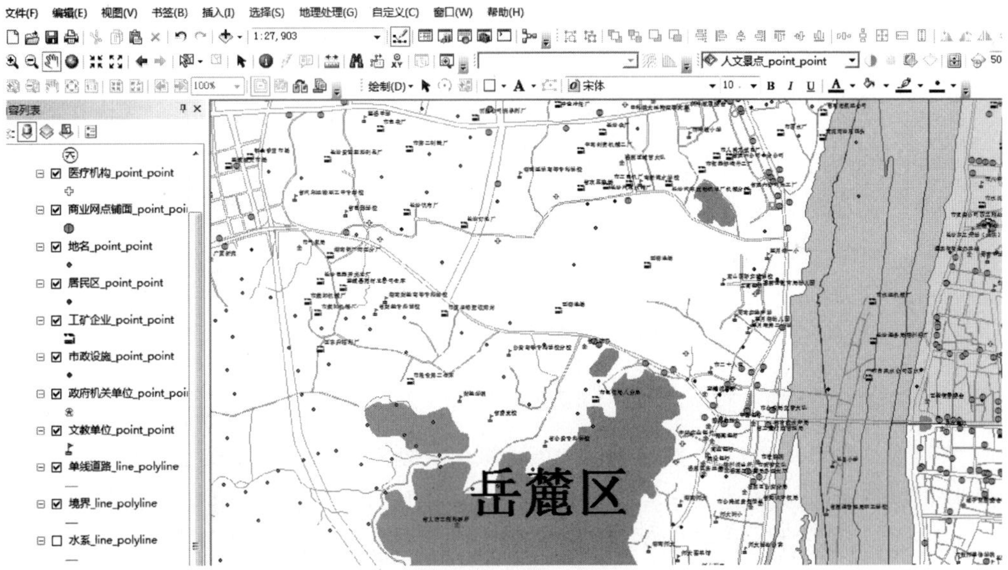

图 16-3　绘制城市地图

（二）环境评估与管理

利用 GIS 建立环境模型和环境信息系统，能进行区域生态规划、环境现状评价、环境影响评价、污染物削减分配的决策支持、环境与区域可持续发展的决策支持、环保设施的管理、环境规划等。对环境的变化及发展趋势进行预报分析，同时通过统计分析及模拟研究为环境保护提供决策依据。此外，GIS 技术也已被用来建立植物种类与栖息地及环境因素有关的信息系统中。

（三）资源管理

资源的清查、管理和分析是 GIS 应用最广泛的领域，也是目前趋于成熟的主要应用领域，包括森林和矿产资源的管理、野生动植物的保护、土地资源潜力的评价和土地利用规划等。该系统的主要任务是将各种来源的数据和信息有机地汇集在一起，GIS 软件能在一个连续无缝方式下管理大型的地理数据库，这种功能强大的数据环境允许集成各种应用，最终用户通过 GIS 的客户端软件可直接对数据库进行查询、显示、统计、制图以及提供区域多种组合条件的资源分析，为资源的合理开发利用和规划决策提供依据。GIS 在土地利用规划中的应用非常广泛，在土地利用现状图 16-4 中，可以通过区编辑工具，选取某一个图斑就可以得出这一图斑的各种属性数据，包括 ID、面积、周长、地类名称、地类图斑代码等信息。

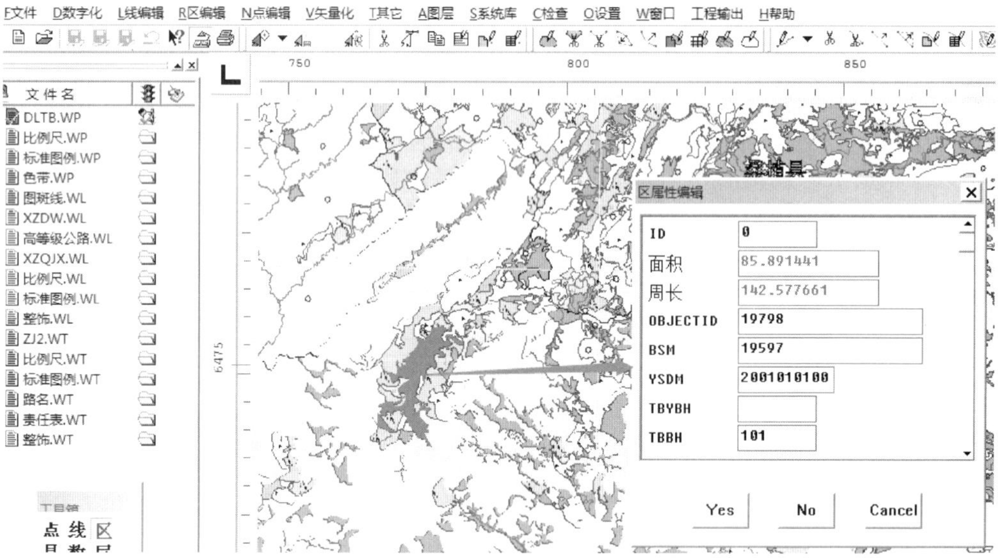

图 16-4　GIS 在土地利用规划中的应用

（四）城市规划和管理

空间规划是 GIS 的一个重要应用领域，城市规划和管理是其中的主要内容。例如，在大规模城市基础设施建设中，如何能保证绿地的比例和合理分布，如何保证学校、公共设施、运动场所、服务设施等能够有最大的服务面（城市资源配置问题）等。通过 GIS，我们可以实现规划方案设计辅助决策、规划土地管理及划拨、市政道路规划与管理、市政管线规划及管理、城市设计辅助方案等。在图 16-5 中，通过 GIS 软件，可以帮助解决国土部门的许多日常工作和行政事务。GIS 在国土资源电子政务系统中的应用在决策支持、审批流程中，主要有土地规划的各种审批、建设用地审批、土地供应审批和地籍发证过程中应用广泛。

图 16-5　GIS 在城市土地规划审批中的应用

（五）土地信息系统和地籍管理

土地和地籍管理涉及土地使用性质变化、地块轮廓变化、地籍权属关系变化等许多内容，借助 GIS 技术可以高效、高质量地完成这些工作。在图 16-6 中，通过 GIS 对城市地块使用数据的统计，对土地违法多发区加强防范，最大限度地减少违法行为。解决了因土地执法监察部门人员少、缺少交通和通信工具，特别是执法监察网络存在的土地违法行为发现难的问题。

图 16-6　GIS 在地籍管理中的应用

（六）社会调查与统计分析

GIS 在国外已被广泛地应用到人口学、选举、人文地理等方面，我国也已经开始开展这方面的研究和应用工作。GIS 平台下的数据可视化操作，具体包括：矢量数据可视化、栅格数据/TIN 数据可视化、3D 数据可视化综合、成果制图及可视化表达（图 16-7）。

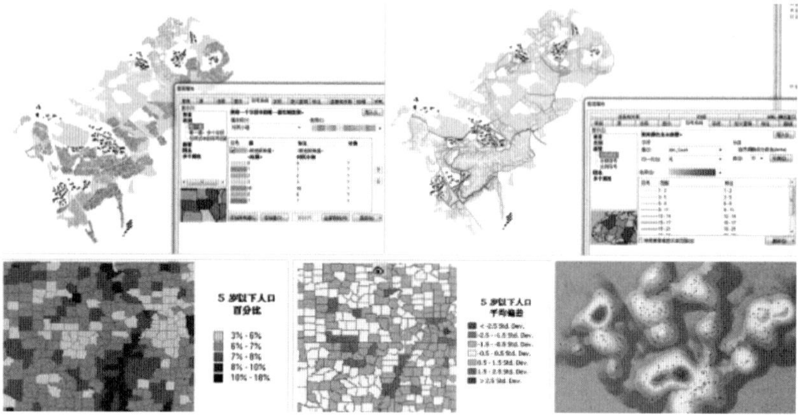

图 16-7　人口统计数据的可视化表达

（七）地学研究与应用

地形分析、流域分析、土地利用研究、经济地理研究、空间决策树、空间统计分析、制图等都可以借助地理信息系统工具完成。Arc GIS 系统就是一个很好的地学分析应用软件系统。可以利用 Arc GIS 系统中的空间分析工具创建地形，并制作地形的等值线、坡度、坡向、山体阴影等（图 16-8）。

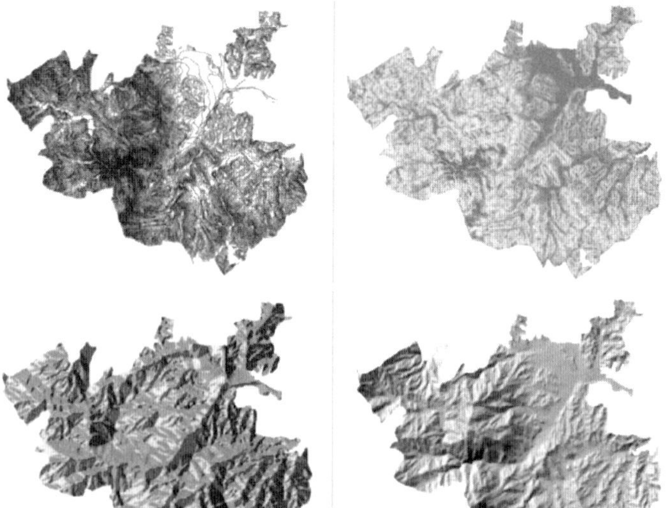

图 16-8　基于 GIS 平台的地形分析

（八）智能交通

智能交通系统（intelligent transportation system，ITS）就是充分利用 GIS 技术及现代化的通信、定位、传感器以及其他与信息有关的技术来减少交通拥挤，提高交通量，改善交通安全状况，充分利用路网资源并减少对环境的影响，快速实现交通信息的采集和传递，在人、车、路之间构造最优时空模型，从而合理分配交通资源，改善地面交通条件的一项有战略意义的系统工程。

将空间信息技术和通信技术相结合，在道路交通领域实施智能交通系统，不仅能大大改善交通问题，而且能改善全球环境，促进经济可持续发展。城市交通网络包括交通线路和交通站点，线路主要包括城市轨道线路、城市公交线路、城市道路等，站点主要包括轨道交通站点、公交站点、城市对外枢纽站点等。对城市交通网络进行评价可以帮助我们了解城市的交通状况和城市空间结构（图 16-9）。

图 16-9　城市的交通状况和城市空间结构

（九）精准农业

自 20 世纪 90 年代以来，精准农业（precision agriculture，precision farm 或 cyber farm）作为基于信息高科技的集约化农业出现，并已成为农业可持续发展的热门领域。所谓精准农业，是将 GIS、GPS、RS、计算机技术、通信技术、网络技术、自动化技术等高科技集成，并与地理学、农业、生态学、植物生理学、土壤学等基础学科有机地结合起来，实现在农业生产过程中对农作物、土地、土壤从宏观到微观的实时监测，以实现对农作物生长、发育状况、病虫害、水肥状况以及相应的环境状况进行定期的信息获取和动态分析，通过专家系统的诊断和决策，制订实施计划，并在 GPS、GIS 集成系统支持下进行田间作业的新型农业（图 16-10）。

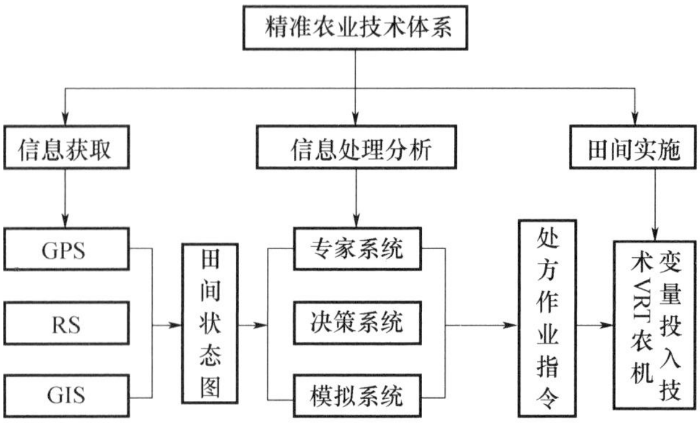

图 16-10　精准农业技术体系框架

（十）数字化战场

未来的战争将是数字化战争，即数字化部队在数字化战场进行的信息战。它是以信息为主要手段，以信息技术为基础的战争，是信息战的一种形式，GIS、GPS、RS是其重要的技术基础。其特点是信息装备数字化、指挥控制体系网络化、战场管理一体化、武器装备智能化、作战人员知识化和专业化。而数字化战场则是数字化部队实施作战的重要依托。所谓数字化战场，就是以数字化信息为基础，以战场通信系统为支撑，实现信息收集、传输、处理自动化、网络一体化的信息化战场。

第二节　土地利用信息系统

地理信息系统是在计算机软件和硬件支持下，运用系统工程和信息科学的理论，科学管理和综合分析具有空间内涵的地理数据，以提供对规划、管理、决策和研究所需信息的技术系统。

土地利用信息系统是地理信息系统在土地利用规划中应用的一个专题子系统。根据土地利用规划管理的目标和要求，一个实用的土地利用信息系统通常具有数据的获取与收集、数据的处理和分析、数据的存储及检索、数据的查询与分析、图形的显示与交互等功能。数据获取是从现实世界进行观测以及从现存文件、地图中获取数据。有些数据已经是数字化的形式，但是往往需要进行数据预处理，将原始数据转换为结构化的数据，以使其能够被系统查询和分析。查询与分析是求取数据的子集或对其进行转换，并交互现实结果。在整个处理过程中，都需要数据存储、检索以及交互表现的支持，也就是说，这两项功能贯穿了地理信息系统数据处理的始终。

一、数据的获取

土地利用规划中面对的数据可分为空间数据和属性数据，两者的数据获取的主要途径见表 16-1。

表 16-1　数据获取的主要途径

数据类型	获取的途径
空间数据	野外测量、摄影测量、遥感、纸质地图数字化、已有资料利用
属性数据	遥感判读、实地调查、社会经济调查与统计、已有资料利用

1. 空间数据的获取

空间数据获取是地理信息系统建设首先要进行的任务，它可以有多种实现方式，包括数据转换、遥感数据处理以及数字测量等，其中已有地图的数字化录入，是目前被广泛采用的手段，也是最耗费人力的工作。在 GIS 中，录入的内容包括空间信息和非空间信息，前者是录入的主体。目前，空间信息的录入主要有两种方式，即手扶跟踪数字化和扫描矢量化。

（1）手扶跟踪数字化。尽管手扶跟踪数字化（manual digitising）工作量非常繁重，但是它仍然是目前最为广泛采用的将已有地图数字化的手段。

利用手扶跟踪数字化仪可以输入点地物、线地物以及多边形边界的坐标。其具体的输入方式与地理信息系统软件的实现有关，另外一些 GIS 系统也支持用数字化仪输入非空间信息，如等高线的高度、地物的编码数值等。

（2）扫描矢量化。随着计算机软件和硬件更加便宜，并且提供了更多的功能，空间数据获取成本成为 GIS 项目费用中最主要的成分。由于手扶跟踪数字化需要大量的人工操作，使它成为以数字为主体的应用项目瓶颈。扫描技术的出现无疑为空间数据录入提供了有力的工具。

常见的地图扫描处理的过程如图 16-11 所示。由于扫描仪扫描幅面一般小于地图幅面，因此大的纸地图需先分块扫描，然后进行相邻图对接；当显示终端分辨率及内存有限时，拼接后的数字地图还要裁剪成若干个归一化矩形块，对每个矩形块进行矢量化（vectorization）处理后生成便于编辑处理的矢量地图，最后把这些矢量化的矩形图块合成为一个完整的矢量电子地图，并进行修改、标注、计算和漫游等编辑处理。

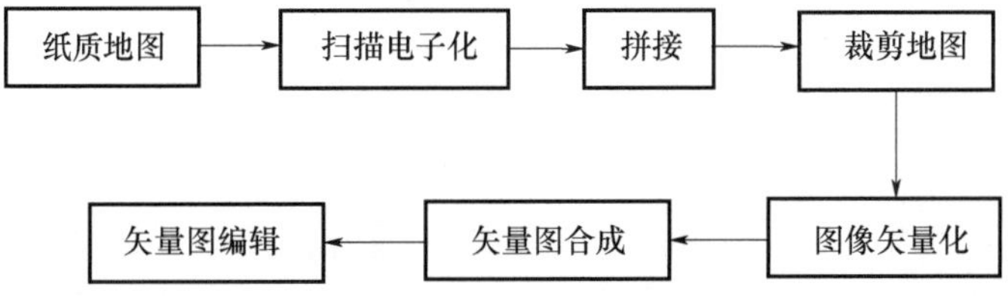

图 16-11　地图信息处理流程图

在扫描后处理中，需要进行栅格转矢量的运算，一般称为扫描矢量化过程。扫描矢量化可以自动进行，但是扫描地图中包含多种信息，系统难以自动识别分辨（例如，在一幅地形图中，有等高线、道路、河流等多种线状地物，尽管不同地物有不同的线型、颜色，但是对于计算机系统而言，仍然难以对它们进行自动区分），这使得完全自动矢量化的结果不那么“可靠”，所以在实际应用中，常常采用交互跟踪矢量化，或者称为半自动矢量化。

2. 属性数据的获取

属性是对物质、特性、变量或某一地理目标的数量和质量的描述指标。在地理学和制图学中，属性被视为地球表面某一点、点集中特征与事实的描述。

土地利用信息系统的属性数据即空间实体的特征数据，一般包括名称、等级、面积、周长、地类代码、地类名称等。属性数据的内容有时直接记录在栅格或矢量数据文件中，有时则单独输入数据库存储为属性文件，通过关键码与图形数据相联系。

要输入属性库的属性数据，通过键盘即可直接输入，而要直接记录到栅格或矢量数据文件中的属性数据，则必须先进行编码，将各种属性数据变为计算机可以接受的数字或字符形式，便于土地利用信息系统存储管理。

二、数据的处理

由于数据来源、输入格式、数据之间的匹配等不统一的情况，必须通过数据处理，才能获得净化的数据文件，使存储的数据符合规范化标准，以及使提供的数据形式便于和更符合进一步使用和分析的需要。

（一）图形坐标变换

在地图录入完毕后，经常需要进行投影变换，得到经纬度参照系下的地图。对各种投影进行坐标变换的原因主要是输入时地图是一种投影，而输出的地图产物是另外一种投影。进行投影变换有两种方式：一种是利用多项式拟合，类似于图像几何纠正；另一种是直接应用投影变换公式进行变换。

在投影变换过程中，有三种基本的操作：平移、旋转和缩放。

1. 平移

平移是将图形的一部分或者整体移动到笛卡尔坐标系中另外的位置［图 16-12（a)］。

2. 缩放

缩放操作可以用于输出大小不同的图形［图 16-12（b)］。

3. 旋转

在地图投影变换中，经常要应用旋转操作［图 16-12（c)］。

（二）图形拼接

在对地图进行数字化以后，由于图幅比较大或者使用小型数字化仪时，难以将研究区域的地图以整幅的形式来完成，这时需要将整个图幅划分成几部分分别输入。在所有部分都输入完毕并进行拼接时，常常会有边界不一致的情况，需要进行边缘匹配处理（图 16-13)。边缘匹配处理，类似于下面提及的悬挂节点处理，可以由计算机自动完成，或者辅助以手工半自动完成。

除了图幅尺寸的原因，在实际应用中，由于经常要输入标准分幅的地形图，也需要在输入后进行拼接处理，这时，一般需要先进行投影变换，通常的做法是从地形图使用的高斯-克吕格投影转换到经纬度坐标系中，然后进行拼接。

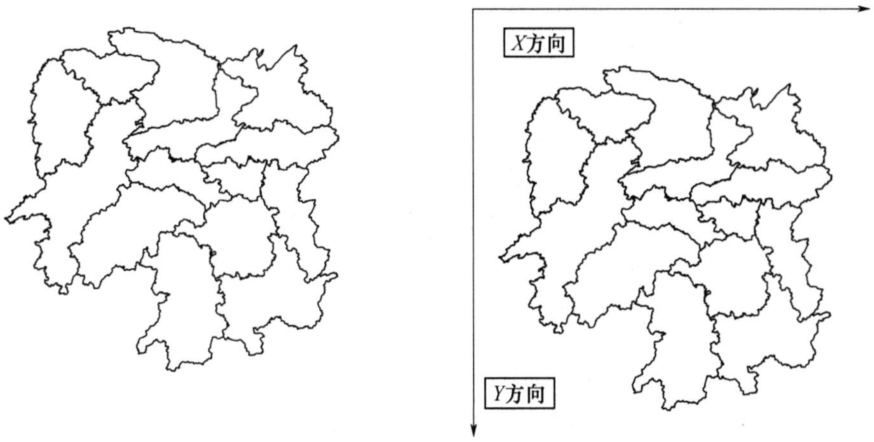

(a) 平移

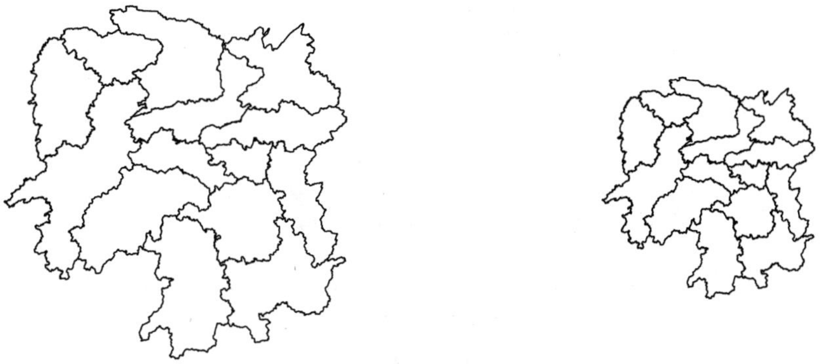

(b) 缩放

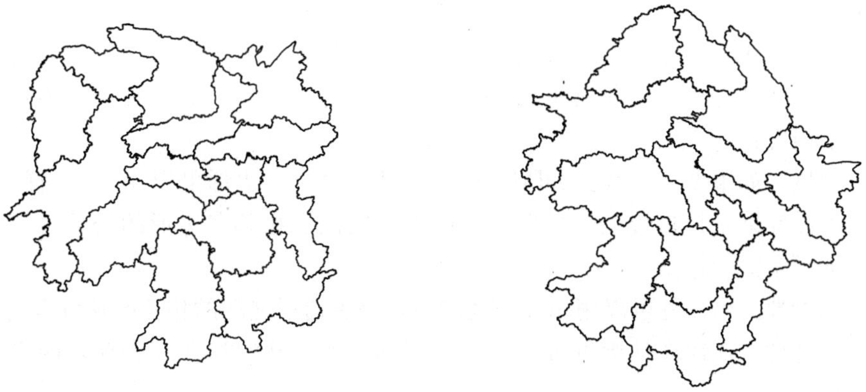

(c) 图形旋转

图 16-12　图形的平移、缩放和旋转

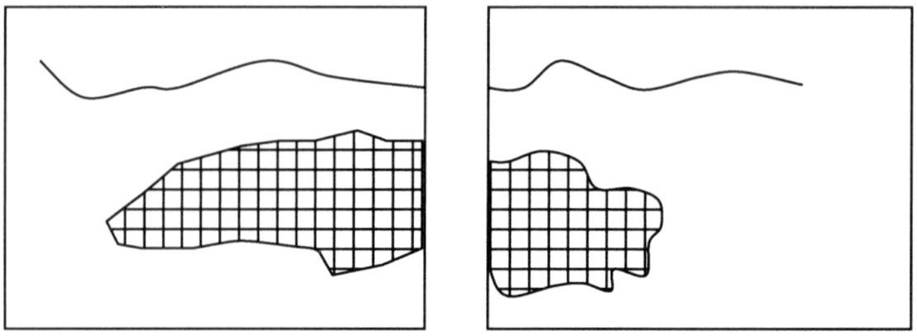

(a) 拼接前

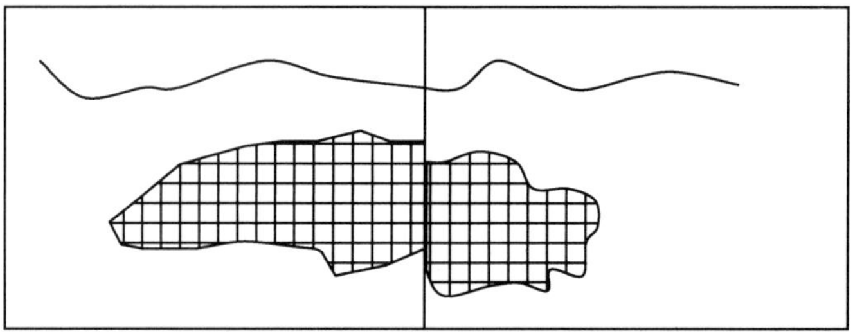

(b) 拼接中的边缘不匹配

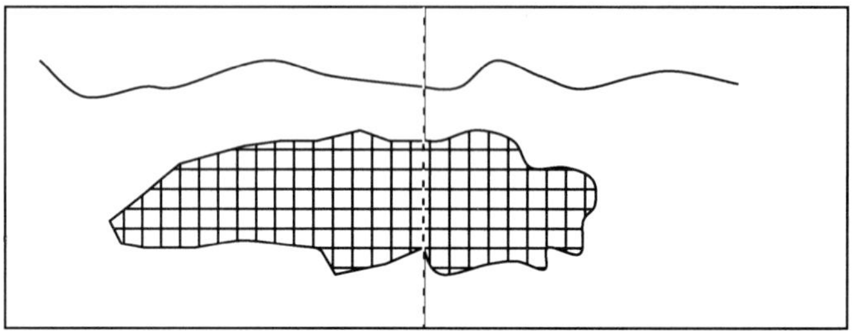

(c) 调整后的拼接结果

图 16-13　图幅拼接

(三) 拓扑生成

在图形数字化——无论是手扶跟踪数字化还是扫描矢量化——完成后，大多数地图需要建立拓扑，以正确判别地物之间的拓扑关系。在 GIS 数据管理中，拓扑关系可以定义以下内容：

(1) 区域。如果多边形数据 DIME 数据模型，每个多边形可以用一组封闭的线来表示，而不需要记录封闭线上的所有点，避免两次记录相邻多边形的公共边界，这样减少了数据冗余。

(2) 邻接性。另一种可以用拓扑描述的属性是多边形之间的相互邻接性。

(3) 连通性。连通性是指对弧段连接的判别，连通性的建立和表现是网络分析的基础。

① 图形修改。在建立拓扑关系的过程中，一些在数字化输入过程中的错误需要改正；否则，建立的拓扑关系将不能正确地反映地物之间的关系。

在数字化后的地图上，错误的具体表现形式有：

a. 伪节点 (pseudo node)。伪节点使一条完整的线变成两段 (图 16-14)。造成伪节点的原因常常是没有一次录入完毕一条线。

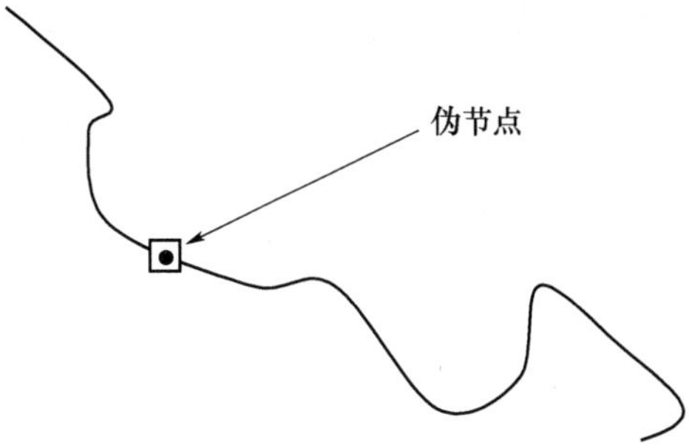

图 16-14　伪节点

b. 悬挂节点（dangling node）。如果一个节点只与一条线相连接，那么该节点称为悬挂节点，悬挂节点有多边形不封闭［图 16-15（a)］、不及和过头，节点不重合［图 16-15（b)］等几种情形。

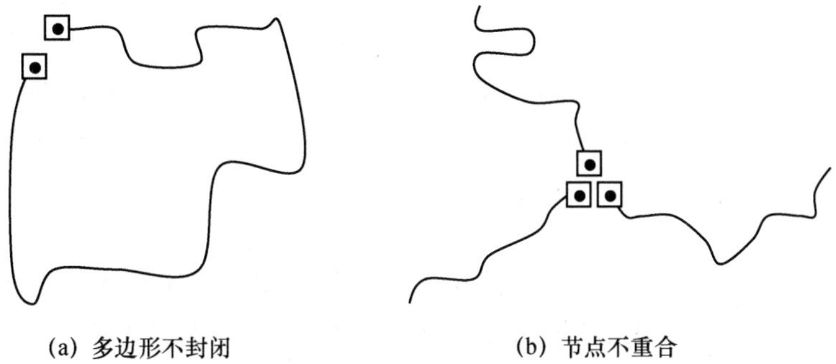

图 16-15　悬挂节点的两种情形

c. “碎屑”多边形或“条带”多边形（sliver polygon）。条带多边形（图 16-16）一般由于重复录入引起。由于前后两次录入同一条线的位置不可能完全一致，造成了“碎屑”多边形。另外，由于用不同比例尺的地图进行数据更新，也可能产生“碎屑”多边形。

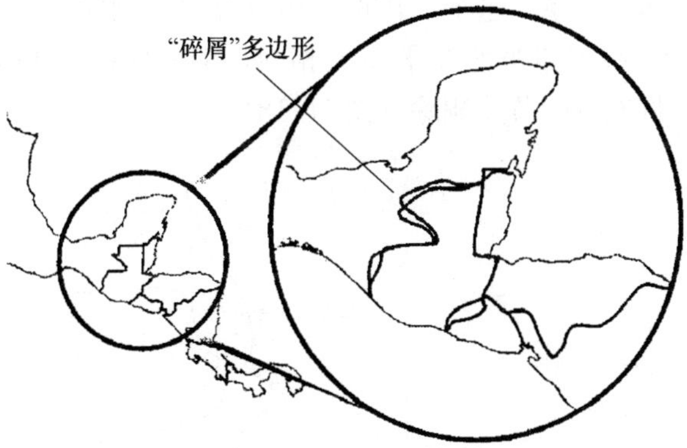

图 16-16　“碎屑”多边形

d. 不正规的多边形（weird polygon）。不正规的多边形（图 16-17）是由于输入线时，点的次序倒置或者位置不准确引起的。在进行拓扑生成时，同样会产生“碎屑”多边形。

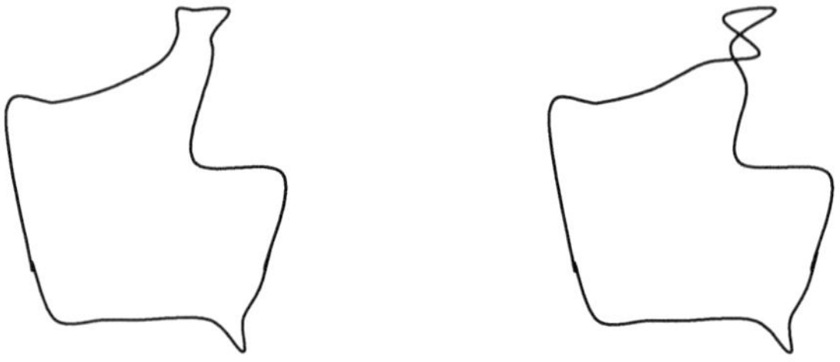

(a) 正常多边形　　(b) 不正规多边形

图 16-17　不正规的多边形

上述的错误，一般会在建立拓扑的过程中发生，需要进行编辑修改。一些错误，如悬挂节点，可以在编辑的同时，由软件自动修改，通常的实现办法是设置一个“捕获距离”，当节点之间或者节点与线之间的距离小于此数值后，即自动连接；而其他错误需要进行手工编辑修改。

② 建立拓扑关系。在图形修改完毕之后，就意味着可以建立正确的拓扑关系。拓扑关系可以由计算机自动生成，目前大多数 GIS 软件也都提供了完善的拓扑功能；但是在某些情况下，需要对计算机创建的拓扑关系进行手工修改，典型的例子是网络连通性。

正如拓扑的定义所描述的，建立拓扑关系时只需要关注实体之间的连接、相邻关系，而节点的位置、弧段的具体形状等非拓扑属性则不影响拓扑的建立过程。

a. 多边形拓扑关系的建立。如果使用 DIME 或者类似的编码模型，多边形拓扑关系的表达需要描述以下实体之间的关系：多边形的组成弧段；弧段左右两侧的多边形，弧段两端的节点；节点相连的弧段。

多边形拓扑的建立过程实际上就是确定上述的关系。

b. 网络拓扑关系的建立。在输入道路、水系、管网、通信线路等信息时，为了进行流量以及连通性分析，需要确定线实体之间的连接关系。网络拓扑关系的建立包括确定节点与连接线之间的关系，这个工作可以由计算机自动完成，但是在一些情况下，如道路交通应用中，一些道路虽然在平面上相交，但是实际上并不连通，如立交桥，这时需要手工修改，将连通的节点删除（图 16-18）。

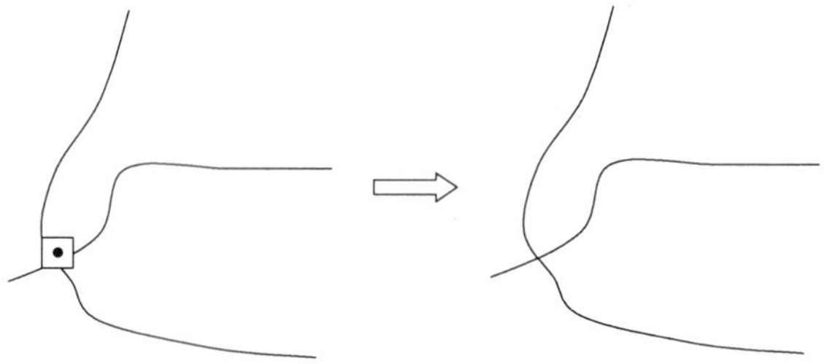

图 16-18　节点的编辑，将实际不连通的线路形成的节点删除

（4）数据格式转换。

不同格式的图形数据在转换过程中，由于图形数据的结构表示方法及转换算法不尽相同，会产生误差，如在一种数据格式中显示的同一地物，经转换后其地理位置可能发生偏移。纠正数据转换误差的方法是提高转换程序算法的准确性和对数据结构表示的兼容性。

数据格式的转换一般分为两大类：第一类转换是不同数据介质之间的转换，即将各种不同的源材料信息，如地图、照片、各种文字及表格转为计算机可以兼容的格式，主要采用数字化、扫描、键盘输入等方式。第二类转换是数据结构之间的转换，而数据结构之间的转换又包括同一数据结构不同组织形式间的转换和不同数据结构间的转换。

三、数据的存储

数据的存储是建立地理信息系统数据库的关键步骤，涉及空间数据和属性数据的组织。

土地利用数据按其特征可分为空间数据和非空间数据两大类。空间数据有基础地理信息、土地利用规划基期信息、土地利用规划期信息以及注记信息；土地利用非空间数据包括土地利用规划数据的基本属性数据以及与之相关的其他属性数据。

空间数据主要以土地利用总体规划图、土地利用专项规划图、土地利用现状基期图的形式存在，包括图形和属性数据。非空间数据主要是以各种文档、报表等形式存在。县（市）级土地利用规划数据类型如图 16-19 所示。

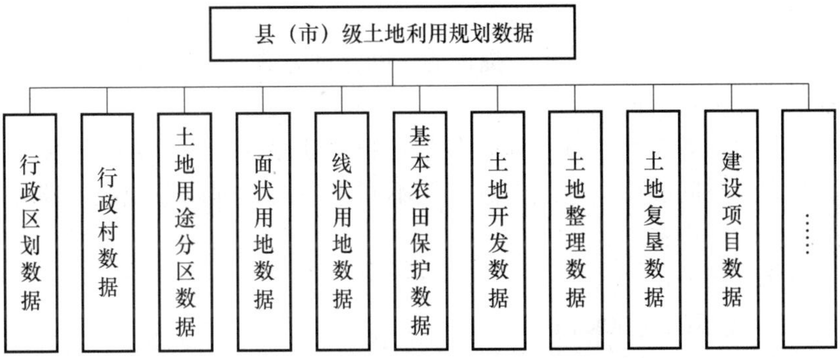

图 16-19　县（市）级土地规划利用数据类型

对于土地利用规划的空间数据，需要进行分层和编码，用以确定信息在数据库中的存储方式和关系。系统数据库包括基础地理信息、土地利用规划基期信息、土地利用规划期信息以及注记信息。为了各种比例尺数字图形的输出以及对地理要素进行存储、分析、输出等操作，实现地理信息存储的标准化和信息资源的共享，要对土地利用规划空间数据的主体要素进行编码。

土地利用规划管理信息系统是以数据库为核心的，完善的数据库体系是土地规划系统正常运行的基础。为了达到数据共享，首先要对规划所需数据进行统一分类、统一编码。数据库主要包括土地利用现状数据、土地利用规划数据、地形数据、行政分区数据、道路交通数据、统计汇总数据和办公信息数据。

另外，土地利用规划管理信息系统的基本要求是实现图形、属性数据统一管理的基础；因此，在分别建立空间数据库、属性数据库的基础上，将空间实体与其所对应的属性记录建立一一对应的关键字，实现空间数据与属性数据一一对应，这样就可以对图形、属性数据进行统一管理，实现图形、属性数据的快速双向查询检索。

四、数据的查询与空间分析

土地利用信息系统具有多种途径的数据查询能力和空间统计分析功能。

（一）数据查询

查询和定位空间对象，并对空间对象进行量算是土地利用信息系统的基本功能之一，它是进行高层次分析的基础。

图形与属性互查是最常用的查询，主要有两类：第一类是按属性信息的要求来查询定位空间位置，称为“属性查图形”。如在中国行政区划图上查询人口大于4000万且城市人口大于1000万的省有哪些，这和一般非空间的关系数据库的SQL查询没有区别，查询到结果后，再利用图形和属性的对应关系，进一步在图上用指定的显示方式将结果定位绘出。第二类是根据对象的空间位置查询有关属性信息，称为“图形查属性”。如一般地理信息系统软件都提供一个“INFO”工具，让用户利用光标，用点选、画线、矩形、圆、不规则多边形等工具选中地物，并显示出所查询对象的属性列表，可进行有关统计分析。该查询通常分为两步，首先借助空间索引，在地理信息系统数据库中快速检索出被选空间实体，然后根据空间实体与属性的连接关系即可得到所查询空间实体的属性列表。

在大多数土地利用信息系统中，提供的空间查询方式有：

（1）基于空间关系查询。

空间实体间存在着多种空间关系，包括拓扑、顺序、距离、方位等关系。通过空间关系查询和定位空间实体是地理信息系统不同于一般数据库系统的功能之一。如查询满足下列条件的城市：

① 在京沪线的东部；

② 距离京沪线不超过50km；

③ 城市人口大于100万；

④ 城市选择区域是特定的多边形。

整个查询计算涉及空间顺序方位关系（京沪线东部）、空间距离关系（距离京沪线不超过50km）、空间拓扑关系（使选择区域是特定的多边形），甚至还有属性信息查询（城市人口大于100万）。

简单的面、线、点相互关系的查询包括：

① 面面查询，如与某个多边形相邻的多边形有哪些。

② 面线查询，如某个多边形的边界有哪些线。

③ 面点查询，如某个多边形内有哪些点状地物。

④ 线面查询，如某条线经过（穿过）的多边形有哪些，某条链的左、右多边形是哪些。

⑤ 线线查询，如与某条河流相连的支流有哪些，某条道路跨过哪些河流。

⑥ 线点查询，如某条道路上有哪些桥梁，某条输电线上有哪些变电站。

⑦ 点面查询，如某个点落在哪个多边形内。

⑧ 点线查询，如某个使用结点由哪些线相交而成。

（2）基于空间关系和属性特征查询。

传统的关系数据库的标准 SQL 并不能处理空间查询，这是由关系数据库技术的弱点造成的，对 GIS 而言，需要对 SQL 进行扩展。对传统的 SQL，要实现空间操作，需要将 SQL 命令嵌入一种编程语言中，如 C 语言；而新的 SQL 允许用户定义自己的操作，并嵌入到 SQL 命令中。

（3）地址匹配查询。

根据街道的地址来查询事物的空间位置和属性信息是地理信息系统特有的一种查询功能，这种查询利用地理编码，输入街道的门牌号码，就可知道大致的位置和所在的街区。它对空间分布的社会、经济调查和统计很有帮助，只要在调查表中填了地址，地理信息系统可以自动地从空间位置的角度来统计分析各种经济社会调查资料。另外这种查询也经常用于公用事业管理、事故分析等方面，如邮政、通信、供水、供电、治安、消防、医疗等领域。

（二）空间分析

空间信息分析的内容极为丰富，作为土地利用信息系统的核心部分之一，它在地理数据的应用中发挥着举足轻重的作用，主要包括空间信息叠加分析、网络分析、缓冲区分析和空间统计分析等方法。

（1）叠加分析。叠加分析是地理信息系统最常用的提取空间隐含信息的手段之一。该方法是将有关主题层组成的数据层面，进行叠加产生一个新数据层面的操作，其结果综合了原来两层或多层要素所具有的属性。叠加分析不仅包含空间关系的比较，还包含属性关系的比较。叠加分析的目的是寻找和确定同时具有集中地理属性的地理要素的分布，或是按照确定的地理指标，对叠加后产生的具有不同属性级的多边形进行重新分类或分级。叠加分析可以分为视觉信息叠加、点与多边形叠加、线与多边形叠加、多边形叠加、栅格图层叠加。

点与多边形叠加，实际上是计算多边形对点的包含关系。矢量结构的 GIS 能够通过计算每个点相对于多边形线段的位置，进行点是否在一个多边形中的空间关系判断。例如一个中国政区图（多边形）和一个全国矿产分布图（点），二者经叠加分析后，并且将政区图多边形有关的属性信息加到矿产的属性数据表中，然后通过属性查询，可以查询指定省有多少种矿产、产量有多少，而且可以查询指定类型的矿产在哪些省里有分布等信息。

线与多边形叠加，是比较线上坐标与多边形坐标的关系，判断线是否落在多边形内。计算过程通常是计算线与多边形的交点，只要相交，就产生一个使用结点，将原线打断成一条条弧段，并将原线和多边形的属性信息一起赋给新弧段。叠加的结果产生了一个新的数据层面，每条线被它穿过的多边形打断成新弧段图层，同时产生一个相应的属性数据表记录原线和多边形的属性信息。根据叠加的结果可以确定每条弧段落在哪个多边形内，可以查询指定多边形内指定线穿过的长度。如果线状图层为河流，叠加的结果是多边形将穿过它的所有河流打断成弧段，可以查询任意多边形内的河流长度，进而计算它的河流密度等；如果线状图层为道路网，叠加的结果可以得到每个多边形内的道路网密度，内部的交通流量，进入、离开各个多边形的交通量，相邻多边形之间的相互交通量。

多边形叠加是GIS最常用的功能之一。多边形叠加将两个或多个多边形图层进行叠加产生一个新多边形图层，其结果将原来多边形要素分割成新要素，新要素综合了原来两层或多层的属性。

栅格数据结构空间信息隐含属性信息明显的特点，可以看作最典型的数据层面，通过数学关系建立不同数据层面之间的联系是GIS提供的典型功能。空间模拟尤其需要通过各种各样的方程将不同数据层面进行叠加运算，以揭示某种空间现象或空间过程。例如土壤侵蚀强度与土壤可蚀性、坡度、降雨侵蚀力等因素有关，可以根据多年统计的经验方程，把土壤可蚀性、坡度、降雨侵蚀力作为数据层面输入，通过数学运算得到土壤侵蚀强度分布图。这种作用于不同数据层面上的基于数学运算的叠加运算，在地理信息系统中称为地图代数。

（2）网络分析。对地理网络（如交通网络）、城市基础设施网络（如各种网线、电力线、电话线、供排水管线等）进行地理分析和模型化，是地理信息系统中网络分析功能的主要目的。网络分析是运筹学模型中的一个基本模型，它的根本目的是研究、筹划一项网络工程如何安排，并使其运行效果最好，如一定资源的最佳分配，从一地到另一地的运输费用最低等。其基本思想则在于人类活动总是趋于按一定目标选择达到最佳效果的空间位置。

（3）缓冲区分析。邻近度（proximity）描述了地理空间中两个地物距离相近的程度，其确定是空间分析的一个重要手段。交通沿线或河流沿线的地物有其独特的重要性，公共设施（商场、邮局、银行、医院、车站、学校等）的服务半径，大型水库建设引起的搬迁，铁路、公路以及航运河道对其所穿过区域经济发展的重要性等，均是一个邻近度问题。缓冲区分析是解决邻近度问题的空间分析工具之一。

缓冲区生成的前提是已对地物生成了拓扑关系，缓冲区本身实质上也是一个图斑类型的拓扑，其拓扑数据表结构与一般的图斑数据表结构完全相同，只不过这种拓扑中只有一个图斑。因此缓冲区分析实际上是把缓冲区与另外一个图斑拓扑进行叠加。如一条河流穿过一片农田，假定洪水泛滥时河两侧100m范围内被淹没，要求统计出被淹的农田总面积及每块地被淹的面积。首先对河流图层生成网络拓扑，再对农田图层生成图斑拓扑，两个拓扑进行叠加，即可达到对面积进行统计汇总的目的。

（4）空间统计分析。多变量统计分析主要用于数据分类和综合评价。数据分类方法是地理信息系统重要的组成部分。地理信息系统存储的数据一般具有原始性质，用户可以根据不同的使用目的，进行提取和分析，特别是对于观测和取样数据，随着采用分类和内插方法的不同，得到的结果有很大的差异。因此，在大多数情况下，首先是将大量未经分类的数据输入信息系统数据库，然后要求用户建立具体的分类算法，以获得所需要的信息。

第三节　土地利用信息数据库的建立

土地利用信息系统的研究对象是土地，它利用现代计算机技术将土地要素信息有机地结合在一起，并以数据流的方式在信息系统中构成了一个复杂而有序的整体，这个整体就是数据库系统。土地利用信息既有空间定位意义，又有资源权属、经济属性的意义，它们以信息载体——数据的形式存储在计算机系统中，形成的数据库系统通过数据库管理系统来实现各功能模块和计算机硬件资源间的数据调用。可见，数据库管理系统是土地利用信息系统的心脏。建立数据库不仅是为了保存数据，扩展人的记忆，更是为了帮助人们去管理和控制与这些数据相关联的事物。

一、概述

（一）基本概念

数据库是集中、统一地保存、管理着某一单位或某一领域内所有有用信息的计算机系统。

数据库管理系统是管理数据库的核心软件，建立在操作系统的基上，由三部分组成：语言、数据库管理控制程序和数据库服务程序。

土地利用信息系统的DBMS采用混合管理方式：用GIS系统管理空间数据，用关系型数据库管理系统管理属性数据，空间数据与属性数据通过内码建立连接。

数据库技术是20世纪60年代初开始发展起来的一门数据处理自动化综合技术。数据库就是为一定目的服务，以特定的数据存储的相关联的数据集合，它是数据管理的高级阶段。数据库是关于事物及其关系的信息组合，早期的数据库物体本身与其属性是分开存储的，只能满足简单的数据恢复和使用。数据定义使用特定的数据结构定义，利用文件形式存储，称之为文件处理系统。

文件处理系统是数据库管理最普遍的方法，但是有很多缺点：首先每个应用程序都必须直接访问所使用的数据文件，应用程序完全依赖于数据文件的存储结构，数据文件修改时应用程序也随之修改；另外的问题是数据文件的共享。由于若干用户或应用程序共享一个数据文件，要修改数据文件必须征得所有用户的认可。由于缺乏集中控制，也会带来一系列数据库的安全问题。

（二）数据库管理系统

数据库管理系统（DBMS）是在文件处理系统的基础上进一步发展的系统。DBMS在用户应用程序和数据文件之间起到了桥梁作用。DBMS的最大优点是提供了两者之间的数据独立性，即应用程序访问数据文件时，不必知道数据文件的物理存储结构；当数据文件的存储结构改变时，不必改变应用程序。

（1）采用标准DBMS存储空间数据的主要问题。

用标准的DBMS来存储空间数据，不如存储表格数据那样好，其主要问题包括：

① 在GIS中，空间数据记录是变长的，因为需要存储的坐标点的数目是变化的，而一般数据库都只允许把记录的长度设定为固定长度。不仅如此，在存储和维护空间数据拓扑关系方面，DBMS也存在着严重的缺陷。因而，一般要对标准的DBMS增加附加的软件功能。

② DBMS一般都难以实现对空间数据的关联、连通、包含、叠加等基本操作。

③ GIS需要一些复杂的图形功能，一般的DBMS不能支持。

④ 地理信息是复杂的，单个地理实体的表达需要多个文件、多条记录，或许包括大地网、特征坐标、拓扑关系、空间特征量测值、属性数据的关键字以及非空间专题属性等，一般的DBMS难以支持。

⑤ 具有高度内部联系的GIS数据记录需要更复杂的安全性维护系统，为了保证空间数据库的完整性，保护数据文件的完整性，保护系列必须与空间数据一起存储，否则一条记录的改变就会使其他数据文件产生错误。一般的DBMS都难以保证这些。

（2）空间数据库。

地理信息系统的数据库（简称空间数据库或地理数据库）是某一区域内关于一定地理要素特征的数据集合。

空间数据库与一般数据库相比，具有以下特点：

① 数据量特别大。地理系统是一个复杂的综合体，要用数据来描述各种地理要素，尤其是要素的空间位置，其数据量往往很大。

② 不仅有地理要素的属性数据（与一般数据库中的数据性质相似），还有大量的空间数据即描述地理要素空间分布位置的数据，并且这两种数据之间具有不可分割的联系。

③ 数据应用广泛，例如地理研究、环境保护、土地利用与规划、资源开发、生态环境、市政管理、道路建设等。

（3）GIS数据管理方法主要有4种类型：

① 对不同的应用模型开发独立的数据管理服务。这是一种基于文件管理的处理方法。

② 在商业化的DBMS基础上开发附加系统。开发一个附加软件用于存储和管理空间数据和空间分析，使用DBMS管理属性数据。

③ 使用现有的DBMS。通常是以DBMS为核心，对系统的功能进行必要扩充，空间数据和属性数据在同一个DBMS管理之下。需要增加足够数量的软件和功能来提供空间功能和图形显示功能。

④ 重新设计一个具有空间数据和属性数据管理及分析功能的数据库系统。

二、数据库的建立方法

建立空间数据库的目的是将分幅分层生产的数据进行整理，使之符合统一的规范和标准，并对数据进行有效组织、管理，便于空间数据的查询、分发与制图。所以空间数据库的基本要求是：数据是标准化、规范化的，采用统一的编码和统一的格式。当需要在整个区域范围内对空间数据进行操作时，必须建立逻辑上或物理上无缝的数据库。在平面方向，分幅的数据要组织成无缝的一个整体，在垂直方向，各种数据通过一致的空间坐标定位能够相互叠加和套合。空间数据库管理系统要有高效的空间数据查询、调度、漫游及数据分发与制图等功能。

数据库是土地管理、土地利用 GIS 重要的核心组成部分，依其信息内容可分为两大类：基础信息数据库和专题信息数据库。基础信息数据库是空间型数据库，它的主要内容是城市大比例尺地形图（1：500、1：1000 或 1：2000）的数字化数据，辅之以其他基础性的社会经济信息。专题信息数据库可以是空间型数据库，也可以是空间定位型关系数据库，主要是用专题信息数据（图形或统计数据）建成的数据库。依其不同专题内容又可进一步细分为若干子库（或分库），如规划管理信息数据子库、地籍信息数据子库、房地产管理信息数据子库、交通管理信息数据子库和建筑管理信息数据子库等。

土地利用规划 GIS 数据库和数据子库与各个子系统之间有着密切的联系。基础信息数据库除作为基础信息子系统的主要组成部分外，它还要与专题子系统链接，向它们提供相关基础数据。各种专题数据库或数据子库除作为相应子系统的主要组成部分外，还可能被其他子系统调用。因此，应考虑各个子系统的需要，遵循共享数据库原则，对土地利用规划 GIS 的数据库进行统一设计和建设，不应仅按子系统需求分别设计和建设各自的数据库，否则会增加存储数据的冗余度。

（一）数据库设计的基本要求

（1）应该对大量的数据体用非冗余结构予以定义，并根据需要使其能同时为不同的用户使用（批量处理、交互处理、联机和面向事物的）。

（2）在插入、修改和删除数据元素时，数据元素的结构、相互关系和从属性应保持不变。

（3）应用程序不依赖于数据库中的数据组织方法和存放位置，即数据独立。这通常包括两种含义：其一是不同的应用程序可按其所需的数据结构去访问库中的数据；其二是当库中的数据组织发生变更时，不需要重新编写或修改已有的应用程序。

（4）系统对库中数据的存储进行控制，防止无关用户对数据的非法存取以及有意或无意的破坏，以保证数据的安全性。

（5）系统要保证数据在逻辑意义上的正确性、有效性与兼容性。因此，系统要提供各种保护手段（如数据差错的检查与修复等），以防止任何可能危害完整性的情况发生。

（6）要有一些辅助程序，用于数据库的维护以及经常性的组织和必要时的数据库恢复操作。

（7）要便于用户对数据进行独立的写入、修改、补充和删除。

（8）要有不断扩充和更新的能力。

在数据库建设中，作为数据规范的数据字典也同样起着重要的作用。数据字典即所谓关于数据的数据，是对数据库的数据和应用程序的一种管理方法。在数据库的标准化方面，数据字典应该是重点考虑的一个问题。

数据字典一般包括数据类型的名称、关于数据的描述及其存储的地址、如何使用等内容。其描述的主要项目有：数据项、记录、文件、模式、子模式、数据库、数据用途、数据来源、应用模型和用户情况等。

（二）数据库建立

无论采用何种 GIS 基础软件，数据库的建立均应包含数据源的选择、预处理、数据采集或录入、数据编辑和库体建立以及贯穿始终的数据质量控制等步骤。

1. 数据源的选择

土地利用规划 GIS 数据源是建立土地利用规划 GIS 数据库所需各种数据的来源。数据源有多种形式，如各种比例尺、专题地图、资料文档、统计报表、遥感影像、野外测量数据、数字摄影测量数据、现有的各种专题和统计数据库等。不同的系统，数据源的差别很大，数据源的质量良莠不齐，应对它们进行分析和筛选。通过对数据源的分析选择，确定建立土地利用规划 GIS 数据库所依据的主要数据源和各种补充资料。

选择数据源应考虑以下几个方面的因素：

① 数据源的内容。应按系统设计的目标选择那些内容详尽、完整，且能满足用户应用的原始资料。

② 数据源的精度和质量。应选择精度能满足用户需求，坐标系统易于转换、质量良好、具有权威性的原始资料。

③ 数据源的现势性。选择最新的、能反映现势情况的原始数据资料。

④ 数据源加工难易程度。图形数据应选择比例尺接近、易于采集处理的原始图件。若既有分版图，又有全要素图，应优先选择分版图。现有数据资料应选用格式易于转换的。

⑤ 数据源介质。图形数据应优先选择变形小的聚酯薄膜片介质，纸介质次之。

⑥ 数据源形式。优先选择数字形式的数据资料。

2. 预处理

经过选择的数据源资料，一般要经过预处理才能借助数字化或其他途径转换成系统数据库可用的数据。预处理工作的主要内容包括：

① 现势更新。作为数据源的图形资料，特别是各种比例尺地形图，应在数字化前对其进行现势更新，使之尽可能好地反映土地现势情况。

② 专题地图转绘。用作数据源的各种专题地图，由于坐标系统、精度等方面的差异，往往与作为背景基础的地形图不完全一致，无法配准。应在数字化前以地形图为基础，将专题内容进行转绘，使之能与地形图基础协调，为数据的精确配准奠定基础。

③ 图画处理。用作数据源的地形图或专题地图，在数字化前，还需进行必要的图面处理，如将不清晰或遗漏的图廓角点标绘清楚，将模糊不清或因模拟形式的局限而中断的各种线状图形进行加工，以减少数字化和数据编辑处理的工作量。

④ 统计报表整理。用作数据源的各种专题数据和统计报表，在录入前应进行整理，包括数据项名称、度量单位的统一、统计单元与空间图形的匹配、公共项目设计等。

⑤ 数据转换。用作数据源的现有数据或数据库，需要根据土地利用规划 GIS 设计，对现有数据（库）项进行选择，对数据项的名称、类型、字长等定义进行调整，

对数据记录格式进行转换等。对于图形数据有时需要做投影转换，对于遥感数据还需要进行几何校正和分类处理。

⑥ 制作预处理图。对于地形图或专题地图上需采集的要素，按规定的分类编码进行选取和标绘，制作预处理图，以便于数字化作业。对于某些 GIS 软件，需分层存储数据，预处理图应分层制作。

3. 数据采集或录入

数据采集分扫描数字化和手扶数字化两种方式。无论采用何种方式采集数据，都应注意以下方面：

① 采集精度符合质量控制的要求。

② 采点密度应合理，密度过大会增加不必要的工作量，密度过小会使图像失真，或经数学变换后图形误差增大。

③ 点状要素应采集符号的几何中心点或定位点；线状要素应沿中轴线采集；面状要素应采集多边形边界和标识点，边线应严格闭合。注意避免按图形符号的图案进行采集，符号采集圆弧、双线符号采集两条并行线条等。因为这种数据仅能用于输出绘图，而不能用于系统各种空间分析应用。

④ 图上汉字应作为属性采集，一般不要处理为图面说明注记。如有必要按原图位置写汉字时，可做特殊处理，采用人机对话处理或另外采集注记位置点等。如有可能，还可通过编写软件，实现汉字的自动注记。

扫描数字化是越来越普遍采用的数字化方式，它具有速度快、精度高、劳动强度低等优点。扫描数字化需要一定的设备条件和配套的栅格编辑和矢量化软件。为保证采集数据质量，应规定扫描的最低分辨率和矢量化的采点密度。对用于影像库的影像（照片）扫描，也不能一味追求分辨率，应综合考虑软硬件的处理能力和查询显示速度。

手扶数字化目前仍在使用，尤其是对较简单的图形要素，手扶数字化比扫描数字化效率更高。此外，更新或补充少量内容时，也常用手扶数字化仪。手扶数字化分点方式和流方式，应结合图形特点分别选用，一般多采用点方式。

屏幕数字化是一种将扫描和手扶数字化结合起来的方法，即以扫描的栅格图形数据为背景，在屏幕上用人机对话方式采集数据。这种方法的优点在于可将图形放大，比较准确地采点，提高精度，减轻劳动强度。

数据录入值统计报表或属性数据的输入。为了统一表的格式、减少差错，最好先编制专用的录入软件。对于易混淆或较长的代码，不要人工逐字录入，应尽量采用灵活的菜单或图标等录入方法。

4. 数据编辑

由于在数据采集的录入过程中不可避免地会产生错误，进入系统的图形数据或多或少存在一些问题，因此，数据采集、录入完成后，要对其进行必要的编辑处理，以保证数据符合技术要求。数据编辑处理工作是按检查、编辑修改、再检查、再编辑修改、再检查……循环进行的，直到不再发现问题和错误为止。

图形数据的编辑工作，一般利用地理信息系统基础软件提供的功能，或数据采集软件提供的编辑工具进行。图形数据的编辑工作包括点、线、面数据的增加、删除、移动、链接、相交等。对于带属性的图形数据，在编辑阶段还要对其属性数据进行增加、删除或修改等。

利用具有拓扑关系的地理信息系统软件建库时，还应建好拓扑关系，并对其进行检查。扫描数据的编辑处理包括去噪声、彩色校正、矢量化等。此外，数据的几何校正、投影变换、接边处理等也应在编辑处理阶段进行。专题统计数据的编辑处理主要是检查表中记录数据的正确性，进行增加、删除、修改等。

在数据编辑处理阶段，还应建立和完善图形数据与属性数据或专题统计数据之间的对应链接关系。

5. 库体建立

利用所选 GIS 基础软件提供的库管理功能，将经过编辑处理的图形数据进行入库处理，建成数据库实体。

在库体中，图形数据的存储单元视地理信息系统基础软件的不同而不同。为便于数据快速查询检索，一般选择某一种空间区域范围作为基本存储单元，也称分区。基本存储单元可以是图幅分幅，可以是某一规则区域，也可以是不规则区域，如大城市下属的区、县或县下属的镇、街道办事处等行政区域单元，有的软件采用无缝存储方式，即将数据库覆盖的整个区域范围作为一个存储单元，把所有图幅的图形数据全部连接成一片（分层或不分层）存储。

考虑到图形数据的复杂性和使用方便，图形数据在库中一般应按总体设计和子系统设计规定的数据分层方案存放。只有当区域范围不大、数据内容简单、数据量小时，才考虑不分层存放的可能性。

专题统计数据和属性数据经过编辑处理后，也需按照所选用的关系数据库管理软件的要求，进行入库处理，建立各种链接关系、索引表等，以便对数据进行有效的管理和快速查询检索。

为保证数据的安全性和保密性，在建立数据库实体时，应当同时建立密码和设定权限，控制对数据库的读、写、修改等操作。

6. 数据质量控制

为保证数据质量，尽可能避免出现错误和对发现的错误进行修改，建库过程中应不断进行检查修改，自始至终加强数据质量控制。

对图形数据，可以在屏幕上进行目视检查，利用软件或绘制检查图进行检查；对专题统计数据和属性数据则主要通过打印表格，对照原始资料进行检查，也可以显示或绘图来发现异常数值。检查出的错误和问题均应根据原始资料进行修改处理。

对数据的质量检查和修改需要反复进行，最后还应当进行专门的检查验收，从而最大限度地减少错误，确保质量。

复习思考题

1. 什么是地理信息系统？
2. 地理信息系统的主要功能以及与其他信息系统的区别有哪些？
3. 地理信息系统的数据类型有哪些？
4. 土地利用规划 GIS 中数据获取途径主要有哪些？
5. 空间分析的一般步骤有哪些？并举例子加以说明。
6. 土地利用规划 GIS 中数据库的建立过程主要包括哪些方面？

参考文献

［1］王万茂．土地利用规划学［M］．北京：中国大地出版社，1996.

［2］王万茂．土地规划［M］．南京：江苏科技出版社，1988.

［3］马克伟．土地大辞典［M］．长春：长春出版社，1990.

［4］陈洪博．土地科学词典［M］．南京：江苏科技出版社，1992.

［5］董德显．土地利用规划［M］．北京：中国展望出版社，1990.

［6］白发润．中国城市土地利用总体规划研究［M］．长春：吉林人民出版社，1997.

［7］宋启林．中国现代城市土地利用学［M］．北京：中国建筑工业出版社，1992.

［8］中国大百科全书地理学编辑委员会．中国大百科全书：地理学［M］．北京：中国大百科全书出版社，1990.

［9］欧名豪．土地利用规划控制研究［M］．北京：中国林业出版社，1999.

［10］朱德举．土地科学导论［M］．北京：中国农业科技出版社，1995.

［11］张占录，张正峰．土地利用规划学［M］．北京：中国人民大学出版社，2006.

［12］严金明．中国土地利用规划：理论、方法、战略［M］．北京：经济管理出版社，2001.

［13］刘书楷．土地经济学原理［M］．南京：江苏科学技术出版社，1989.

［14］毕宝德．土地经济学［M］．北京：中国人民大学出版社，1990.

［15］林英彦．土地利用概要［M］．台北：台湾文笙书局，1995.

［16］王万茂，韩桐魁．土地利用规划学［M］．8 版．北京：中国农业出版社，2013.

［17］彭补拙，周生路，等．土地利用规划学［M］．南京：东南大学出版社，2003.

［18］安国辉．土地利用规划［M］．北京：科学出版社，2008.

［19］刘文锴．土地利用规划学［M］．徐州：中国矿业大学出版社，2012.

［20］罗士军，廖发良．土地利用总体规划［M］．长沙：湖南师范大学出版社，2008.

［21］M. A. 根杰利曼，等．土地规划设计［M］．王万茂，译．北京：农业出版社，1992.

［22］黄顺婷，杨木壮．国土资源承载力评价研究现状及其展望［J］．广东土地科学，2014，(4)：41-48.

［23］王峰兵．新时期国土资源利用管理问题探析［J］．江西建材，2014（2）：276.

［24］斯密．国民财富的性质和原因的研究［M］．北京：商务印书馆，1972.

［25］李嘉图．政治经济学与赋税原理［M］．北京：商务印书馆，1972.

［26］许学强，周一星，宁越敏. 城市地理学［M］．北京：高等教育出版社，2009.

［27］刘艳中，陈勇．土地利用总体规划［M］．武汉：中国地质大学出版社，2014.

［28］蒋凯．土地利用总体规划［M］．沈阳：辽宁人民出版社，1992.

［29］何沈方．舟山市土地利用总体规划：2006—2020 年［M］．杭州：浙江大学出版社，2011.

［30］河北省土地管理局．县级土地利用总体规划编制技术方法［M］．北京：农业出版社，1990.

［31］董黎明，林坚．土地利用总体规划的思考与探索［M］．北京：中国建筑工业出版

社，2010.
[32] 史忠良，肖四如．资源经济学 [M]．北京：北京出版社，1993.
[33] 许涤新．生态经济学 [M]．杭州：浙江人民出版社，1987.
[34] 李玲．国土资源管理概论 [M]．北京：中国人民大学出版社，1999.
[35] 陈百明．土地资源学概论 [M]．北京：中国环境科学出版社，1996.
[36] 高冠民，谢庭生，朱发庆．国土学概论 [M]．北京：中国环境科学出版社，1992.
[37] 何芳．土地利用规划 [M]．上海：百家出版社，1994.
[38] 包浩生，彭补拙．自然资源学导论 [M]．南京：江苏教育出版社，1999.
[39] 倪绍祥．土地类型与土地评价 [M]．北京：高等教育出版社，1992.
[40] 苏壁耀．土地资源学 [M]．南京：江苏教育出版社，1994.
[41] 顾凯平，高孟宁，李彦周．复杂巨系统研究方法论 [M]．重庆：重庆出版社，1992.
[42] 倪绍祥．新一轮土地利用总体规划中的土地质量评价探讨 [M]．北京：中国大地出版社，1998.
[43] 王万茂．土地利用规划学 [M]．北京：科学出版社，2006.
[44] 于凤桐．土地利用规划 [M]．北京：中国大地出版社，1999.
[45] 张金字．基本模糊综合评判的土地利用规划实施评价方法 [J]．国土资源科学管理，2005 (5)：82-86.
[46] 赖力，黄贤金，张晓玲．土地利用规划的战略环境影响评价 [J]．中国土地科学，2003，17 (6)：56-60.
[47] 赖力．中国土地利用的碳排放效应研究 [D]．南京：南京大学，2010.
[48] 黎诚．土地利用总体规划实施评价研究 [D]．咸阳：西北农林科技大学，2008.
[49] 涂姗，李江风．土地利用总体规划实施评价方法研究：以桂林市资源县为例 [J]．国土资源科技管理，2006 (1)：55-59.
[50] 蔡运龙．自然资源学原理 [M]．北京：科学出版社，2000.
[51] 王丹，杨小艳，郑剑，等．基于 MLR、GM (1，1) 和 PCA-BP 三种模型的连云港建设用地需求量预测研究 [J]．科技通报，2019，35 (01)：60-65.
[52] 董祚继．土地利用规划管理手册 [M]．北京：中国大地出版社，2002.
[53] 梁学庆．土地资源学 [M]．北京：中国科技出版传媒股份有限公司，2011.
[54] 孙在宏，陈惠明，乔伟峰，等．土地管理信息系统 [M]．北京：科学出版社，2005.
[55] 王万茂．土地利用规划学 [M]．北京：中国农业出版社，2008.
[56] 林培．土地资源学 [M]．北京：北京农业大学出版社，1991.
[57] 国家土地管理局科技宣教司．土地利用规划 [M]．北京：改革出版社，1993.
[58] 包存宽，陆雍森，尚金城，等．规划环境影响评价方法及实例 [M]．北京：科学出版社，2004.
[59] 刘康，李团胜．生态规划：理论、方法与应用 [M]．北京：化学工业出版社，2004.
[60] 朱德海．土地管理信息系统 [M]．北京：中国农业大学出版社，2000.
[61] 欧名豪．土地利用管理 [M]．北京：中国农业出版社，2002.
[62] 王万茂．土地利用规划学 [M]．7 版．北京：中国大地出版社，2008.
[63] 郝晋珉．土地利用规划学 [M]．北京：中国农业大学出版社，2007.
[64] 何永祺．土地利用总体规划 [M]．沈阳：辽宁大学出版社，1991.
[65] 王万茂．土地资源管理学 [M]．北京：高等教育出版社，2003.
[66] 江美球，刘荣芳．城市学 [M]．北京：科学普及出版社，1988.

[67] 许学强，周一星，宁越敏，等．城市地理学［M］．北京：高等教育出版社，2000.

[68] 彭补拙，周生路，陈逸，等．土地利用规划学［M］．2版．南京：东南大学出版社，2013.

[69] 同济大学．城市规划原理［M］．北京：中国建筑工业出版社，1989.

[70] 陈曦，刘秀华，刘勇. 重庆市丘陵区耕作田块修筑工程的设计研究［J］. 江苏农业科学，2015，43（3）：341-345.

[71] 黄传龙．果树品种选择及苗木购买应注意的几个问题［J］．柑桔与亚热带果树信息，2005（4）：25.

[72] 马军．果园灌排水技术［J］．现代农村科技，2012（16）：51.

[73] 郑海金，陈秀龙，宋月君，等．江西省水土保持生态果园典型建设模式与效应［J］．中国水土保持，2018（10）：24-26.

[74] 杨菲．胶东沿海丘陵茶园防护林的小气候特征［D］．泰安：山东农业大学，2015.

[75] 崔清梅，张强，周洋，等．“内环式”栽培模式在老茶园改造中的应用［J］．中国茶叶，2018，40（04）：40-42.

[76] 吴春争，冯益明，舒清态，等．基于SPOT5遥感影像的小班区划技术［J］．东北林业大学学报，2011，39（7）：120-122，127.

[77] 芳芳．内蒙古牧草地面积变化及退化加剧的驱动力研究［D］．呼和浩特：内蒙古大学，2018.

[78] 高秀芳，折维俊．天然草地划区轮牧管理利用［J］．农业与技术，2018，38（18）：242-243.

[79] 张颖．耕地水产养殖化流转风险识别与评价研究［D］．上海：华东理工大学，2015.

[80] 黄康康．现代渔业用地规划实施背景下水产健康养殖综合效益评价［D］．武汉：华中农业大学，2016.

[81] 倪达书，汪建国．我国稻田养鱼的新进展［J］．水生生物学报，1988（4）：364-375.

[82] 陈雨生，房瑞景，乔娟．中国海水养殖业发展研究［J］．农业经济问题，2012，33（6）：72-77，112.

[83] 陈银蓉，梅的，代兵，等．城市土地利用总体规划实施评价研究［J］．中国人口·资源与环境，2006，16（6）：101-107.

[84] 崔功豪，魏清泉，陈宗兴．区域分析与规划［M］．北京：高等教育出版社，1999.

[85] 邓红蒂，董祚继．建立土地利用规划实施管理保障体系［J］．中国土地科学，2002（06）：4-10.

[86] 付梅臣，王金满，王广军．土地整理与复垦［M］．北京：地质出版社，2007.

[87] 傅伯杰，陈利顶，马克明，等．景观生态学原理及应用［M］．北京：科学出版社，2001.

[88] 高甲荣，齐实．生态环境建设规划［M］．北京：中国林业出版社，2006.

[89] 高向军．土地整理理论与实践［M］．北京：地质出版社，2003.

[90] 管韬萍，周雨涛．城市经营性土地储备规划理论与实践［M］．南京：南京大学出版社，2012.

[91] 国家土地管理局科技宣教司．土地利用规划［M］．北京：改革出版社，1992.

[92] 海热提，王文兴．生态环境评价、规划与管理［M］．北京：中国环境科学出版社，2004.

[93] 何芳，叶嫔华．土地储备也应编制规划［J］．中国土地，2006（11）：22-23.

[94] 吴次芳．土地利用规划［M］．北京：地质出版社，2000.

[95] 邓爱珍，李福平．土地利用规划［M］．北京：地质出版社，2014.

[96] 胡振琪．土地整理概论［M］．北京：中国农业大学出版社，2007.

[97] 时伟．我国煤矿塌陷区土地利用方式综述 [J]．安徽农学通报，2015，21（Z1）：96-97，112.

[98] 何国清，杨伦，凌赓娣，等．矿山开采沉陷学 [M]．徐州：中国矿业大学出版社，1991.

[99] 崔继宪．煤炭开采土地破坏及其复垦利用技术 [J]．煤矿环境保护，1997，11（1）：35-40.

[100] 陈健，张崇德．乌鲁木齐地区采煤塌陷特点、危害与治理研究 [J]．西部探矿工程，2004（10）：82-84.

[101] 毛汉英，方创琳．兖滕两淮地区采煤塌陷地的类型与综合开发模式 [J]．生态学报，1998，18（5）：450-454.

[102] 沈渭寿，曹学章，金燕．矿区生态破坏与生态重建 [M]．北京：中国环境科学出版社，2004.

[103] 孙艳青，刘厚风．兴隆庄煤矿塌陷区生态修复措施探讨 [J]．山东科学，2002（4）：61-65.

[104] 蔡玉梅，郑伟元，张晓玲，等．土地利用规划环境影响评价 [J]．地理科学进展，2003，22（6）：567-575.

[105] 李明光，陈新庚，桑艳鸿，等．分层环境影响评价研究 [J]．环境保护，2002（5）：33-35.

[106] 陆书玉．环境影响评价 [M]．北京：高等教育出版社，2002.

[107] 尚金城，包存宽．战略环境评价导论 [M]．北京：科学出版社，2003.

[108] 刘艳芳．多尺度耕地供需动态平衡预警体系研究 [J]．武汉大学学报（信息科学版），2004，29（5）：420-425.

[109] 崔铁军．地理空间数据库原理 [M]．北京：科学出版社，2007.

[110] 龚健雅．地理信息系统基础 [M]．北京：科学出版社，2001.

[111] 上海市信息化委员会．城市地理信息系统：原理、应用与项目管理 [M]．北京：科学出版社，2008.

[112] 宋小东．地理信息系统及其在城市规划与管理中的应用 [M]．北京：科学出版社，2001.

[113] 邬伦，刘瑜，张晶．地理信息系统：原理、方法和应用 [M]．北京：科学出版社，2001.

[114] 郑新奇，韩荣青，刘金花，等．土地管理地理信息系统 [M]．武汉：武汉大学出版社，2008.

[115] 赵丽元．基于 GIS 的土地利用、交通与空气质量一体化 [M]．北京：科学出版社，2016.

[116] 科技部国家遥感中心．地理信息系统与管理决策 [M]．北京：北京大学出版社，2000.

[117] 李满春，任建武，陈刚，等．GIS设计与实现 [M]．北京：科学出版社，2003.

[118] 李满春，余有胜，陈刚，等．土地利用总体规划管理信息系统的设计与开发 [J]．计算机工程与应用，2000，36（8）：144-146.

[119] 乔丹玲．浅谈城市规划与城市土地储备交易的关系 [J]．广西城镇建设，2005（12）：52-54.

[120] 曲福田，等．经济发展与土地可持续利用 [M]．北京：人民出版社，2001.

[121] 孙施文，周宇．城市规划实施评估的理论与方法 [J]．城市规划汇刊，2003（2）：15-20.